八方文化企業公司
GLOBAL PUBLISHING CO. INC.

目 錄

我怎樣與日本時評結下不解之緣………… 1
　　——代序

第一輯：政壇風雲與派閥力學

佐藤三選與黨內外阻力………………………… 9
佐藤向日本報界的最後挑戰…………………… 12
田中角榮上台的前前後後……………………… 16
田中內閣危機與"錢脈政治"…………………… 21
鬥爭激烈的"大福之戰"………………………… 27
大平病逝帶來的衝擊…………………………… 31
從鈴木上台看"不可思議"的日本政局………… 35
論田中案與日本式民主………………………… 42
"黨憂角笑"的奇妙現象………………………… 44
中曾根如履薄冰………………………………… 48
"田中曾根政治"之剖析………………………… 52
田中派內訌的來龍去脈………………………… 57
　（一）"擁立二階堂"是怎麼一回事？
　（二）田中神話的結束
　（三）竹下登創立"創政會"
　（四）竹下"背叛"帶來的衝擊
　（五）田中"癱瘓"加速派閥重組
田中病倒帶來的衝擊…………………………… 73

（一）田中愛女壟斷田中病況情報
　　（二）二階堂急於繼承田中"遺產"
　　（三）竹下虎視眈眈、伺機以待
　　（四）各派閥新領袖搶着接棒
田中病倒一年以來的日本政壇……………………86
中曾根權術與日本新政局…………………………92
　　（一）"年輕領袖"爲誰辛苦爲誰忙？
　　（二）如何突破"反中曾根包圍網"？
　　（三）籠絡少壯派、孤立元老派
　　（四）潰不成軍的反對黨
　　（五）討好竹下登、排擠二階堂
　　（六）新"中曾根丸"能否遠航？
"岩手補選"慘敗後的中曾根處境…………………109
日本報章怎樣評價岸信介…………………………114
"竹二之爭"牽動政局………………………………119
錯綜複雜的"安、竹、宮"三角戰…………………124
中曾根爲何選擇竹下當新總裁？…………………129
中曾根政治手腕的總結……………………………131
　　（一）玩弄派閥政治之高手
　　（二）以外交加強國內政治地位
　　（三）頻向禁忌問題發出挑戰
　　（四）做完半個"總統式首相"美夢
竹下上台六個月……………………………………141
東京股票醜聞與財相宮澤…………………………147
稅制改革與竹下權術………………………………151
海部怎樣攀上首相寶座？…………………………156

沒有田中的"田中式"政治遊戲⋯⋯⋯⋯⋯⋯⋯ 161
眾議院大選前夕政局分析⋯⋯⋯⋯⋯⋯⋯⋯⋯ 165
大選之後再看日本政局⋯⋯⋯⋯⋯⋯⋯⋯⋯⋯ 170
安倍病情與政治遊戲⋯⋯⋯⋯⋯⋯⋯⋯⋯⋯⋯ 174
安倍逝世加速派閥重組⋯⋯⋯⋯⋯⋯⋯⋯⋯⋯ 176
竹下派為甚麼拋棄海部？⋯⋯⋯⋯⋯⋯⋯⋯⋯ 179
宮澤將成為日本新首相？⋯⋯⋯⋯⋯⋯⋯⋯⋯ 182
竹下派支持宮澤上台欲擒故縱⋯⋯⋯⋯⋯⋯⋯ 186
宮澤喜一能有多大作為？⋯⋯⋯⋯⋯⋯⋯⋯⋯ 189

第二輯：史觀、軍備與大國意識

"萬國博外交"與"軍艦進行曲"⋯⋯⋯⋯⋯⋯ 195
法庭判文部省檢查教科書違反憲法⋯⋯⋯⋯⋯ 198
"軍閥"——為東條翻案⋯⋯⋯⋯⋯⋯⋯⋯⋯ 205
震撼日本的三島切腹事件⋯⋯⋯⋯⋯⋯⋯⋯⋯ 211
三島事件以後的動向⋯⋯⋯⋯⋯⋯⋯⋯⋯⋯⋯ 216
法庭判"自衛隊"違憲⋯⋯⋯⋯⋯⋯⋯⋯⋯⋯ 220
小野田藏匿菲島三十年⋯⋯⋯⋯⋯⋯⋯⋯⋯⋯ 226
美艦進入日本港口是否攜有核武器⋯⋯⋯⋯⋯ 230
從中村事件看"神奇的日本人"⋯⋯⋯⋯⋯⋯ 236
社論十五則：⋯⋯⋯⋯⋯⋯⋯⋯⋯⋯⋯⋯⋯⋯ 243
　（一）論日本的擴軍
　（二）日本"敏感問題"的剖析
　（三）美日"同盟"所爭何事？
　（四）36年後看8月15日

（五）日本人的戰爭史觀
　　（六）從江崎姍姍來遲談起
　　（七）日本的"進出"史觀
　　（八）日本的"北人南物"論
　　（九）"福田主義"五週年
　　（十）日本教科書風波還未平息
　（十一）日本政治家爲何常"失言"？
　（十二）從西德聲討希特勒談起
　（十三）日本紀念"北方領土日"
　（十四）放棄"大日本"的幻想
　（十五）日本軍費將突破1%頂限
日本人怎樣看待太平洋戰爭？……………………267
日本高官爲何鼓吹"侵略無罪"論？………………270
"昭南"遺臣心態與史觀的剖析……………………277
日本國際化的障礙在哪裏？…………………………282
日本人在東南亞的震撼………………………………285
一等國的"二枚舌政治"………………………………291
日本"國際化"背後的優越感…………………………295
國土廳長官奧野爲侵略戰爭辯護……………………298
"奧野鬧劇"帶來的訊號………………………………302
日本電視台怎樣傳達戰爭真相？……………………307
從日裔美國人獲賠償問題談起………………………310
剖析日本的派兵法案…………………………………312
　　（一）與和平掛不上鈎的"聯合國和平合作法案"
　　（二）日本爲何急於派兵海外？
　　（三）戰後日本派兵論系譜

（四）假聯合國之名的派兵論
（五）日本輿論怎樣看待派兵問題？
（六）參院補選與派兵法案
（七）派兵立法受挫後的新策略

掃雷艇出航與海部南訪……………………………………… 335
海部南訪有些甚麼成果？…………………………………… 339
在日本看日相海部的"反省"………………………………… 343
海部"反省"後的反應………………………………………… 346
日本的傳媒與"自衛隊海外救災論"………………………… 349
日本傳媒與偷襲珍珠港紀念日……………………………… 353

第三輯：虛虛實實的外交動向

日本的傳統外交及其今後政策……………………………… 359
佐藤"大國外交"觸礁………………………………………… 364
評日本"亞洲通"的東南亞論………………………………… 368
泰國學生抵制日貨運動來龍去脈…………………………… 375
日本輿論看泰國抵制日貨…………………………………… 382
蘇聯向日本推銷亞洲安保體系……………………………… 385
"資源小國"的阿拉伯政策…………………………………… 390
從田中將訪問東南亞談起…………………………………… 394
田中南訪前夕談日本的東南亞觀…………………………… 399
田中南訪之後再談日本的東南亞觀………………………… 404
馬六甲海峽與"祥和丸"事件………………………………… 409
社論十五則：………………………………………………… 414
（一）東京經濟峰會與亞細安

（二）日本應停止經援越南
（三）"經濟動物"本色不變？
（四）飄摇不定的日本外交
（五）日本與亞細安
（六）日本和環太平洋共同體
（七）從鈴木將訪亞細安談起
（八）"日本熱"中談日本
（九）"日本式"的外交
（十）從美日貿易摩擦談起
（十一）日本與西方工業國的摩擦
（十二）日韓關係透視
（十三）"禮儀外交"行得通嗎？
（十四）中曾根南訪是否成功？
（十五）評日本的"第二次開國"

在北海道看日蘇領土紛爭…………………………438
（一）開場白——我為甚麼北上？
（二）歷史上的一段恩怨——爭執焦點之一
（三）大戰與國際協定——爭執焦點之二
（四）"問題早已解決"——蘇聯的基本立場
（五）"親善"與"領土"無關——複雜的國際關係
（六）現狀成為"定局"——日本的恐慌與焦慮
（七）蘇聯威脅北海道——是虛？是實？
（八）"還我四島"——響徹日本雲霄的呼聲
（九）魚乎？領土乎？——何者為重？
（十）展望——四島會歸還日本嗎？

越南外長阮基石東京之行透視…………………………471
從全斗煥總統訪日看日韓關係…………………………476

日本"雙簧外交"的剖析	479
日圓增值後美日之間的爭執	483
蘇聯對亞洲的新姿態與蘇日關係	487
從美日關係演變看日本的內政與外交	494
美日貿易戰白熱化	505
中曾根訪美空手而歸	509
鄧小平談話與日本的反應	512
竹下登如何實踐"誠實外交"？	516
四小龍處境與日本態度	518
日本將如何展開"新皇室外交"？	522
日蘇外長互摸"領土""經濟"底牌	525
日本式外交與國際社會常理	529
評日本的"外壓利用論"及"內政干預論"	532
"遺憾"乎"道歉"乎？	535
——日韓兩國所爭何事	
從"遺憾"到"痛惜"	540
——日韓如何清理歷史難題	
盧泰愚訪日之後的"日韓夥伴關係"	544
盧泰愚訪日後看日韓歷史恩怨難題	548
戈爾巴喬夫帶給日本甚麼禮物？	552
評海部俊樹的北京之行	556
日本"新天皇外交"面臨考驗	560
評"日本沒有面孔論"	563

附錄

從東南亞看日中關係⋯⋯⋯⋯⋯⋯⋯⋯⋯⋯⋯566
　　——與田中宏教授對談
日本首相竹下登獨家書面訪談⋯⋯⋯⋯⋯⋯⋯579
日本專家眼中的日皇裕仁與日亞關係（座談）⋯⋯583
戰後日本政治外交大事表⋯⋯⋯⋯⋯⋯⋯⋯⋯590

我怎樣與日本時評結下不解之緣
——代序

如果說，留學日本在某種程度上稱得上是"向日本學習"或者是"向東學習"的話，筆者與同年代或更早時期留日的同學，該是戰後最早向日本取經的一批亞洲青年吧！

筆者是在1966年抵達日本的。那是一個青年人充滿熱情、富於使命感的時代。記得曾在留學生刊物的一篇文章中，看到如此之開頭語："留日這條道路，我們總算是走上了！……"閱畢感觸良深，似有被賦探索這個百年來與亞洲各國恩恩怨怨、糾纏不清的國家的任務一般。

對於五六十年代的亞洲青年，走上留日這條道路並非易事。當時，人們對日本瞭解不多。不，準確地說，亞洲人眼中的日本，除了"神風敢死隊"，就是到處推行"三光政策"的"皇軍"（東南亞華人稱之為"蝗軍"）。到那殘暴的國家，到底能學些甚麼？不少人赴日之前，都曾遭受家長、師友的反對，被勸三思再行。加以當時戰敗後的日本百業待興，經濟雖然已經復蘇，但如果是從"投資"的"實惠"角度着眼，留學日本並非可行之道。

"戰後的日本應該有別於戰前，飽受戰敗慘痛經驗教訓的日本人，應該不會重走戰前老路。"

"日本作為亞洲唯一的工業先進國，對於戰後的新興國家，該有借鑒之處。"

不少留日青年都持有如此看法。至於留日學生是少數派，那更成不了裹足不前的理由。

"走一條少人走的道路，看一看另一個世界！"

"正因為這條路鮮有人走，對富於挑戰性的青年來說更具誘惑力！"不少當時的青年，就是抱着這種心情踏上扶桑之島的。

"留日這條道路，我們總算是走上了！"在有關日本的信息相當缺乏的時代裏，留日青年似乎都在自覺或非自覺地把所看所學，親身的經歷與感想乃至文化的震撼等傳達給遠方的親朋。筆者是學習新聞學的，為了理論結合實踐、學以致用，從抵日第二年起，便開始以各種不同筆名向新加坡的兩大華文日報《星洲日報》和《南洋商報》投稿。內容除了一小部分是日常生活的感受，大都是政治、外交、經濟、軍事與文化等方面的介紹與分析。由於筆頭勤快，有個時期差不多每一兩週都有文章見報。《星洲日報》多發表於〈通訊版〉，有時也見於〈天下事版〉；《南洋商報》則刊於〈綜合版〉，編者還特冠以"本報駐日特約記者"之名目，以示重視。

為了瞭解國內的最新情況及研究報紙編採動向，筆者還以空郵訂閱了《星洲日報》。那時稿費甚低，每千字15新加坡元。年底結算，稿費與報費恰好相抵。如加上在日本購買報刊資料以及空郵投遞等費用，給報館寫通訊稿，自然是"赤字"開支，入不敷出。

不過，不停寫稿的刺激與鞭策，使筆者在七年留日期間，養成了廣泛收集資料，隨時觀察各方動向的習慣。遇有自己無法解答的問題，必定尋根問底，向日本師長、朋友或留學的前輩請教。60年代後半期至70年代初期，正是日本經濟迅速膨脹，國內各種矛盾顯露，日本人為探索新出路而展開全國鳴放爭論的時代，傾聽各家各派的看法，熟讀彼此之主張，比較他們之間的差異，對有志於從事新聞工作的青年來說，倒是一個剖析日本的良好機會。筆者早期對日本的認識，可以說得益於時代匪淺。

1973年初，筆者在立教大學修畢新聞學博士課程，即前往《朝日新聞》社研習三個月。該報破例讓一個外國人深入到各部門研習，使筆者不僅有幸全方位目睹了日本權威大報的實際運作過程，實地接觸了許多書本上沒有的東西，也進一步加深了對日本各方面的認識。

同年夏天,筆者加入《星洲日報》,擔任研究主任兼社論委員。老總黃思先生分派給我的任務,除了每週撰寫一篇國際問題的社論,就是闢了一個叫〈新聞眼〉的3000字專欄,要我每週針對國際熱門話題提出分析,後來則改為替週日隨報分送的《星洲週刊》撰寫6000字的〈天下事版〉專欄。每週要找個國際熱點,填滿6000字的版位,確是一項苦差。何況國際風雲變幻無端,不能預先動筆,結果往往得在截稿前開夜車。不過,現在回頭想想,這段每週被壓著寫幾十頁稿紙的日子雖然苦些,但確是一種難得的學習與鍛煉。為應付寫作需要,筆者得廣泛閱讀國內外的時事報刊,尤其留意其社論與專欄言論態度與表現手法。筆觸所至,從留學時期的純日本問題,擴展到全球國際事物。當時最怕聽到的就是某國家突發政變。因為,這意味著非要大大"惡補"不可。為了向讀者交代事件的來龍去脈與歷史淵源,翻閱百科全書與收聽海外各電台之廣播是少不了的作業。即使如此,仍會有"書到用時方恨少"之感。

　　1976年至78年,筆者請假前往英國留學。主要目的,是利用大英圖書館收藏的報紙原件等資料,撰寫有關中國近代報業發展史的博士論文。同時,也在薩塞斯大學(Sussex University)修讀國際關係學。這段時間,政論寫作雖暫時擱筆,卻涉獵了不少西方學者有關亞太問題(特別是日本問題)的專著,從中不但瞭解了西方學界的研究動向,得到一些方法論的啟示,也發現到,不少西方學者對東方事物的觀察角度與我們存有頗大差距。有些所謂權威專家的論述,片面性比較明顯。究其原因,有的是為了配合某些政策上的需要,有些是只接觸表面現象就急於下結論。結果是隔靴搔癢,不著邊際。

　　從西方專家日本論的優缺點中,筆者進一步加強了評論日本的信心。細心的讀者可能已經發現,這點在後來的時評中有所反映。在這之前,如果說,筆者所寫的日本時評有不少是基於感性認識與過於依賴所能接觸到的資料,在這之後,相對上能在資料的基礎上進行自由探討。

1979年至83年,作為《星洲日報》的社論委員兼執行編輯,筆者除每週撰寫兩篇(一度增至三篇)有關國際問題的社論外,每遇重大國際事件,均及時在頭版的〈放眼世界〉專欄提供長篇分析(部分文章收錄於拙著《國際問題縱橫談》)。為了使讀者瞭解最新形勢發展,往往是早上辦公之前寫出底稿,抵達報館後,立即翻閱剛收到的各國通訊社的電訊稿,補充後定稿發出。愛開玩笑的同事把忠於職守者稱為"盡忠報報"的報人,筆者當時"盡忠報報"的精神,可說是十分徹底。當然,那時,"盡忠報報"的同僚比比皆是,自己也并未有絲毫特殊之感。

1983年3月16日,《星洲日報》與《南洋商報》合併,成為《南洋·星洲聯合早報》及《南洋·星洲聯合晚報》。筆者隸屬《早報》,繼續撰寫社論及專欄。隨着兩報合併,社論陣容加強,筆者得以騰出工夫外出"充電",於1984年至85年,在日本國際交流基金會的專家研究計劃下,到東京大學新聞研究所作客座研究員。忙裏偷閑,也不忘替報館定期撰寫〈日本風向〉專欄。1987年10月,《聯合早報》決定在東京設立辦事處,筆者受命為首任駐日特派員,負責日本及朝鮮半島的報導與評論。一直到1989年4月中旬,筆者過了一段極其忙碌的東北亞特派員生活。竹下登的上台與被迫同意下台、"黑色星期一"的股票大風暴、韓國總統的直接選舉、利庫特醜聞的爆發與收拾、日皇裕仁病危及逝世……等一系列大事件,都發生於這一時期。筆者積極追踪報導有關動向,寫了不少分析文章。

1989年4月中旬,筆者離開報館轉至東京大學新聞研究所任教,開始人生另一旅程。一次,老友相聚,交談中萌生整理《日本政治評論二十年》的念頭。隨後,新加坡世界科技出版社董事主席潘國駒博士到東京時,表示有意出版拙著,更給筆者帶來了極大的鼓勵。只是,進入研究所之後,在教學與研究的同時,還為幾本有關中國報業史及日本大眾傳播媒介的日文書籍與學術論文的出版忙得團團轉。加以東京的學術研究會、演講會等活動十分頻繁,選稿與整理工作只好暫停。而在這期間,日本的政治、外交與軍事等領域花樣疊出,筆者雖離報界,仍為新加坡《聯合早報》撰寫〈東北亞焦點〉專欄,也常為馬來西亞《星洲日報》、香港《明報》、台灣的《中國時報》及《日本文摘》等撰稿。因此,兩年多來對日本時事的評論雖沒赴以全力,但也未曾完全停筆。

拖至今日,總算把過去二十餘年來應時塗寫的"急就章"結集成册,呈於讀者面前,也算是自己日本時評寫作的一個學習小結。所收文章除更正個別字眼、刪除個別重複段落之外,基本上保持原貌。為讓讀者瞭解時代背景,文末都署有發表年月。此外,為使本書時間連貫、結構完整,一部分曾刊於舊著的文章也重複收錄。

新加坡世界科技出版社潘國駒博士欣然同意出版這一既非科技、又無利可圖的中文政論集,在此謹致謝忱。同時,也謝謝在本書出版過程中,先後員起編輯工作的韓川元先生及吳可雨先生,以及協助審稿與校閱的舊同事張清江先生及本所研究生孫盛林同學。此外,新加坡文化界老前輩、著名詩人兼書法家潘受先生為本書題寫書名,更使拙著增輝不少,謹此表示萬二分之謝意。

1991年12月 書於東京大學新聞研究所

第一輯

政壇風雲與派閥力學

佐藤三選與黨內外阻力

正如各方預料一般，日本現任首相佐藤榮作終於在財界的極力擁護下，再度蟬聯為自由民主黨總裁（執政黨黨魁，也是當然的首相）。

在這次選舉中，最使佐藤頭痛和坐立不安的，莫過於由前外相三木武夫和黨內實力集團前尾繁三郎組成的反佐藤大合唱了。正當日本國內物價猛漲、學潮四起、冲繩選舉保守勢力卻在衰退之際，三木等人提出"人心一新"，阻止佐藤"三選"之口號，對於黨內中間派議員來說是頗有吸引力的。有鑑於此，三木武夫毅然辭去外相要職，宣布角逐總裁，不讓佐藤專美。《每日新聞》記者即深刻地描繪出了三木急於登上龍門之焦慮心情與抱負："三木一天只睡四小時。他從早到晚四處遊說，就連才當一年的新議員，也常被他遊說到深夜。在三木的心目中，無論如何，目前之政局一定要扭轉。"三木之用心苦矣！

然而，依照傳統，單靠遊說與綱領，那是不夠的。為了應付這次選舉，三木從各方籌募了十三億日圓（相當於叻幣一千萬元）作為基金，向二百餘名非主流派議員展開"銀彈攻勢"，然而仍然不能如願以償。據《每日新聞》分析，在這次競爭中，日本財界幾傾全力支持佐藤，這就促使主流派在金錢的計算單位上，和反主流派大大的不同。據報導，有些中間派議員從三木那兒獲得三百萬日圓（相當於叻幣近三萬元），但最終仍然投佐藤一票。究其原因，無非後者"銀彈"大大壓倒前者。為此，《每日新聞》指出：自民黨總裁競選，歸根結底是一場激烈的"鈔票戰"。

日本財界之所以捨棄三木、前尾，拒絕"人心一新"而三選佐藤，是有其政治、經濟背景的。《朝日新聞》清楚指出：日本經濟成長政策是以發展高度資本主義為目標的。目前的發展已快達到了產業必須重新劃分的壟斷資本階段。為完成這一階段的任務，財界公認只有佐藤方能勝任。因為要加強大企業在國際競爭的能力，首先就得穩定國內的政治，繼續堅持和加強"日美安保體制"，從而加緊推行和促進"政經一體"的經濟政策。在這一方面，財界頗欣賞佐藤榮作強硬反共路綫，及其果斷鎮壓國內學生運動政策。他們寄望佐藤今後能變本加厲，採取更強硬措施，以面對一九七〇年"反安保體制"運動之挑戰。三木、前尾固然也聲言堅持和加強"安保體制"，然而論其政策與手腕，卻不能和佐藤強硬作風相比擬。在這非常時期，日本財界不願中途換馬，他們對於不徹底的"溫和路綫"及其"革新作風"是不感興趣的。

治安文教將被重視

三選後笑逐顏開的佐藤在記者會上，首先就指出：總裁選舉結束了，希望黨內各派能拋棄成見，精誠合作。對於記者提出有關"人心一新"之詢問，佐藤只強調將加強"舉黨體制"（即舉全黨之實力共同奮鬥）。

佐藤也表示將重視治安與文教內閣成員人選。目前日本的大學正在鬧學潮，據非正式統計就有一百所，究其原因，則以不滿現行保守教育制度為最多。這些學潮爆發在"日美安保條約"檢討年——一九七〇年的前夕，是有其重大意義的。因此，如何採取強硬措施取締學運，或如何改革大學制度，以緩和學生不滿情緒，即成為佐藤內閣急需解決之難題。特別是對於已經罷課近半年的代表性大學——東京大學學潮，政府之決策更顯得急不容緩。

另一方面，日美外交關係亦為佐藤政策之一焦點。各方預料佐藤將於秋天訪問美國，拜會來屆總統尼遜，以調整日美在亞洲之政策。屆時，有關冲繩基地、日美安保條約延續等重大問題，將被提出商討和作出決定。冲繩基地問題，可以說是夾在日美之間的一顆計時炸彈，要是處理得不好，隨時都有提早爆炸的可能。

七〇年大風暴的考驗

當然，佐藤內閣所要面對的最大難關，莫過於一九七〇安保大風暴。一提起"安保風暴"，人們馬上就想起一九六〇年當佐藤胞兄，即前首相岸信介決定與美國前總統艾森豪威簽定"日美安全保障條約"時的情景。當時，日本的反對黨、工人、學生展開了聲勢浩大的示威遊行，激烈反對條約之簽定。他們把艾森豪威特使哈葛蒂團團包圍，迫使艾森豪威總統取消原定訪日行程。這一"倒岸運動"，終於把岸信介內閣拉垮。現在，輪到佐藤面對這一場面了。佐藤是否會步其乃兄後塵，被示威群眾所轟倒，這是各方極其關注的問題。三木等人在總裁選舉之後，聲言將繼續維持"人心一新推進本部"活動，正說明了他們抱有"伺機以待"的心理。當然，今天國內外形勢與十年前局勢已有很大的不同。十年來日本的經濟發展突飛猛進，佐藤的強硬作風及其魄力，比起乃兄，也有過之而無不及。但與此同時，國內"反體制"勢力也在迅速發展，特別是在佐藤實行經濟高度成長政策而造成物價猛漲之後，此種趨勢更是有增無減。尤其不可忽視的是，日本青年學生近年來反佐藤的行動，一次比一次激烈。自從去年以來，反日共派學生每次行動都頭戴鋼帽、手拿木棍，這和十年前手無寸鐵的示威學生相比較，是大有不同的。面對着這樣的大挑戰，佐藤內閣屆時能否安全地渡過難關，而不致於中途讓三木等人出來掌權，這對於一向認為"政治就是戰鬥"的佐藤榮作來說，無疑將是一場嚴酷的考驗。

（一九六八年十二月）

佐藤向日本報界的最後挑戰

"佐藤榮作宣布引退了！"這對於關心日本時局的人士來說，不算是一項甚麼了不起的新聞。尼遜訪華的決定與實現、中國恢復在聯合國的合法地位、美國新經濟政策之宣布……早已宣判了這位七年多以來高踞日本首相寶座，盲目跟隨美國的保守政客——佐藤榮作外交路綫的總破產。加上近年來日本國內物價飛漲，工業污染嚴重與可怕的"公害病"頻頻發生，佐藤拼命整軍經武並任由物價猛漲與工廠毒煙廢液流布流毒的政策，早已激起了全國人民之公憤。

兩三年以來，不管是哪一家報章的民意測驗，差不多都反映了一個事實，佐藤榮作是戰後最沒有"人氣"（人緣之意）的首相。為此，日本各大報章早在一年多以前（特別是在尼遜訪華計劃公布以後），就在大談"佐藤以後"的日本政壇與政策。他們深信佐藤被迫下台只是時間問題。與此同時，日本執政黨內各大派閥，也在半明半暗地向財閥們伸手籌募基金，拉攏中小派系，企圖推出其首領角逐總裁（黨魁）選舉。很明顯地，一場為爭奪"佐藤以後"的首相寶座而展開的前哨戰早就開始了。

面對着國內外重重難題與黨內外強大輿論壓力，已經連任了數屆首相而仍然戀棧政權不肯輕易放手的佐藤榮作，在一連串政策宣告破產之後，終於不得不在六月十七日宣布交出政權。然而，這位官僚出身、一向態度傲慢、舉止魯莽的日本首相畢竟缺乏一般政治家欣然引退讓賢的大方與風度，也沒有引咎辭職，負起失敗責任之足夠勇氣。就是到了宣布引退那天，他還怒氣沖沖痛罵日本報界"不公正"，並聲言他的下台並非向輿論界低頭。他甚至在記者會上喝令各報記者滾蛋，串演了一幕別開生面的下台醜劇。

一國宰相喝令記者滾蛋

　　這幕醜劇比起佐藤宣布下台之消息顯然更加惹人注目。其經過是這樣的：

　　當天早上，佐藤的臉色就不大好看。十時十五分，當他遇到記者時就充滿敵意地喊道："今天不想見你們的臉！"接近中午，佐藤在首相官邸露天集會上就開始抨擊日本報界。他說：

　　"我的恩師吉田（指已故首相吉田茂）在掌權後曾經向報章低頭，我的下野卻絕非敗於報紙。……我的任期要到十一月才屆滿，也有人認為在這之前我是沒有必要辭職的……。可是令人討厭的是，報章卻等得不耐煩而有所偏倚。……大眾傳播一有偏倚就非常嚴重，我對於報章最近的報導感到遺憾。偏倚一方的報導太多了。大眾傳播的經營者難道沒有必要加以反省的嗎？……"

　　在當天下午的記者會上，佐藤火氣就更加大了。當時各電視台攝影記者都安排好笨重機器，瞄準鏡頭，準備向全國現場放映首相宣布下台消息。會場上也坐滿了各報記者，場面十分熱烈。殊不知電視畫面首先傳來的卻不是佐藤在宣讀引退的莊嚴表情，而是一些令人感到莫名其妙，純為發洩私憤，語焉不詳的談話片斷：

　　"電視攝影機在哪裏？在哪兒？電視攝影機，NHK（日本放送協會之簡稱，係日本國營電視台）在哪裏？……今天要講的是這類的話。我不打算和新聞記者諸君講話……。一定要愛惜電視……把電視冷落地置於角落真過意不去。……"

　　接着，首相開始攻擊報界：

　　"我要和國民直接對話。一經過報紙，成為文字（內容）就不同了。對於報章，有偏倚的報章我是討厭的，非常討厭的。我之所以重視電視，意思就在這裏，我要和國民直接對話。……回去吧，記者諸君，走開些，讓電視攝影機移到中央……。"

　　說罷，佐藤忽然離開會場。與電視結下不解之緣的首相，此刻似乎忘記了多年來幫他掌政的好伙伴——電視攝影機即使不放在中央也能把他拍得清清楚楚一樣。不！他的真正目的是要叫所有的記者滾蛋，藉以發洩多年來被挖苦與譏笑所壓下來的悶氣。

但是，"作為一國宰相"（佐藤頗愛如此自稱），如此氣量未免太笑話了。就是在場的佐藤親信、自民黨幹事長保利和官房長官竹下等人一時也被嚇得目瞪口呆，不知所措。經過他們的一番勸說，佐藤好不容易才答應跑回講壇。為了挽回面子，他企圖把剛才那番談話歸咎於自己"科學知識"之缺乏（即以為電視機要放在中央才會拍得清楚）。但是，如此自圓其說能騙得了誰呢？

瞬刻之間會場空空如也

針對上述事件，"內閣記者俱樂部"的負責人即向首相抗議道：

"對於總理剛才針對報紙的批判，我們絕對不能容忍。把電視和報紙區分，認為報紙不負責任，應該優先電視之說法是我們所不能允許的，完全不能允許的。"

"那就請便吧！我是無所謂的。"佐藤宰相又再冒火了，他右手大力拍着桌子喊道："請出去吧！"

記者席上一片嘩然。"走吧！""走吧！"一剎那間，會場空空如也。遺留下來的只是那沒有靈魂的大型機器——電視攝影機。面對着冷落的場面，孤獨的宰相自以為勝利了。他得意地堆着笑臉，面對相機鏡頭，開始他的演說：

"那很好！諸位國民！大家對於剛才我的談話也許會有各種各樣批評。不過，只有電視能够傳達真相，才能傳達我的心情……。"

佐藤仍在喋喋不休地發揮他那套"電視偏愛論"。

對於佐藤痛斥報界的這幕劇，當場退席抗議的記者們不用說，就是他們所隸屬的各大報館當局也都感到問題嚴重。當天下午四時，東京的九大報館與通訊社（包括親官方的《產經新聞》）的總編輯在日本記者俱樂部召開緊急會議，聯合發表了一篇抗議文：

"十七日首相佐藤在官邸宣布下台時所發表之言論，顯然對於言論機關之使命缺乏基本認識。特別是對於報紙之誹謗言辭，決非民主主義國家首相所應持有之態度。我們要求首相鄭重反省。"

與此同時，當天晚報與第二天報紙，也都集中火力炮轟佐藤之"暴言"與列舉他八年來向報界所發出挑戰。《朝日新聞》形容這是佐藤先生私憤爆發的一天，也是"當權者'不容許批評'之體制暴露的一天"。

佐藤執政八年，到底蘊藏了多少"私憤"？顯然並非我們這兒所能談完。然而，從他口口聲聲大罵日本報界在報導中國問題方面有所"偏倚"之言談中，可以看出佐藤近年來最大"私憤"，莫過於各報對其敵視中國政策之一致抨擊與要求早日恢復中日邦交主張。因為佐藤心裏明白，他的"人氣"之所以如此低落與被迫提早下台，有一半以上的原因是和他的對華政策有關的。雖然如此，佐藤榮作並不願意也不可能因此而承認自己的錯誤與失敗；相反地，惱羞成怒的他卻把矛頭轉向國內輿論界，責怪他們唱對台戲。佐藤如此之氣量與橫蠻態度其實早在幾個月以前，他下令逮捕《每日新聞》記者西山（該記者從官廳女秘書獲得有關日美"沖繩密約"電報，拆穿了在這之前佐藤一再保證之謊言而被捕，惟在全國輿論壓力下獲釋放）的事件中已經暴露無遺。

針對佐藤偏愛電視，討厭報章的論調，日本報章毫不客氣地指出，"這是不得人心的保守政權的通病！"十二年前，佐藤胞兄、甲級戰犯岸信介在前往華盛頓準備簽署"日美安保條約"的途中，就曾經怒斥日本報道："日本報紙是不可靠的，我除了體育版之外，甚麼也不看！"想不到十二年後的今天，佐藤在退陣前夕，還得步其胞兄後塵，向日本報界大發雷霆。不，應該說，佐藤在最後一次記者會上所爆發的"私憤"與"失態"程度，比起岸信介當年的發言是有過之而無不及，因為幾年來他在國內外聲譽之低落，恐怕連他那位早已聲名狼藉的哥哥也要自嘆不如！

（一九七二年七月）

田中角榮上台的前前後後

被喻為戰後最不得人心的日本首相——佐藤榮作在國內外輿論界的喝倒彩聲中下台了，取而代之的是他的舊閣僚——前通產相田中角榮。

許是人們對於八年來佐藤政策的不滿已經達到了足以爆炸程度，儘管田中角榮並不見得就會改變日本現有基本政策，人們對於他擊敗福田赳夫（佐藤理想繼承人）而榮任首相似乎給以過多掌聲。特別是被佐藤"討厭"，"敵視"的日本報章，幾個星期以來更是充滿着一片歡呼聲。由於田中出身自新潟縣的一個貧窮的農村與只受完小學教育，他們便給田中封上了"庶民宰相"、"平民首相"的稱號；由於田中聲言"喜歡"報章與新聞記者，他們便讚美田中肯聽民意並期待他尊重輿論機關。總之，打從田中角榮獲勝那天開始，日本報章便在儘量從他出身與過去之言行尋求有別於佐藤榮作——典型的官僚政客之處，有意無意地誇大了田中角榮及其內閣之"民主性"、"革新性"，這就很容易地給一般讀者帶來了如此錯覺：隨着田中角榮攀登龍門，日本官僚政治已告結束，東京政治空氣可能會因此煥然一新。

事實又是怎樣呢？且讓我們從這次自民黨總裁選舉之內幕談起吧！

財界操縱下之角逐戰

一談起自民黨總裁選舉，日本人首先聯想起的便是金錢與政治的交易。原來自民黨的黨魁,並非由全體黨員或其代表直接選出,而係由該黨眾參議院議員再加上各府縣一名代表共四百餘名代表投票產生。加以黨內大小派閥公然林立,大大方便了日本財界向各派閥進行政治投資。財閥們可以根據喜好,撥出資金捐獻給各派閥,從而發揮其影響力。根據六月二十一日日本《官報》透露,各財閥以"政治獻金"名目,捐給各派之款項大略如下:

福田(赳夫)派——六億七千萬圓
田中(角榮)派——六億五千萬圓
佐藤(榮作)派——五億四千萬圓
大平(正芳)派——五億一千萬圓
三木(武夫)派——四億四千萬圓
中曾根(康弘)派——四億三千萬圓
....

這些數字,還是《官報》公開承認的,實際款項據說是在十倍以上。有了這些"獻金",各派閥首領不但可以因此而"滿足"自己屬下的"需要",鞏固其領導地位,同時還可以通過它收買和拉攏其他派系成員。在自民黨派閥史上,由於不滿自己派系首領"過於吝嗇"而"跳槽"者大有其人。可見財閥之"政治獻金"無疑就等於各派閥發展勢力的基金。為財界"投資"越多的派閥,其勢力就越大,其首領也就越有機會當首相——這已經成為了自民黨內一條顛撲不破的定律。

各派閥首領最渴望財界"投資"的時候,該是總裁選舉之前夕了。特別是競爭劇烈的時候,財閥的"投資"就顯得更為重要,也就是說,財界操縱選舉顯得更加突出。這次田中角榮與福田赳夫為爭奪總裁寶座所展開的所謂"角福之戰"可以說是戰後以來最為激烈的一次。因此有關金錢賄賂等的收買活動,也就比任何一屆之選舉顯得更為公然與大膽。

七億圓收買一個派閥

據《週刊新潮》報導，這次原本已宣布角逐總裁戰的中曾根康弘之所以中途改變主意，放棄參加競選，其中大有文章。原來中曾根（前任防衛廳長官）派在自民黨內是一個不大不小的派閥，以目前各派勢力對比來看，他還沒有足夠力量問鼎總裁要職。然而，這位海軍出身的前防衛廳長官現在還是壯年時代，他在黨內"前途"是無量的。就是他自己，也把希望寄托在"下屆之下屆之選舉"上，因此他參加競選與否，對他個人來說，目前意義並不大。可是，如果從這次"角福激戰"的背景來看，中曾根參戰與否，其影響卻非同小可。據日本報刊分析，在中曾根派四十餘名成員當中，除了數名親福田分子之外，幾乎都傾向田中派，因此如果中曾根沒有參加競選，其屬下可能會多數投田中的票，這對於一心一意想當首相的福田來說，是十分不利的。不僅如此，中曾根出馬，還會影響黨內許多中小派系之態度。這些中小派系，大凡都無固定立場與原則，他們往往游離於各大派閥之間，遇到選舉期間，則左右逢源，態度含糊不清，不到最後關頭不明確表示立場。為了保住自己在黨內之勢力和謀求新內閣的一官半職，他們往往支持獲勝可能性較大的大派閥。因此，倘若中曾根退出競選，他們轉而支持田中的可能性是很大的。由此可見，中曾根態度對於"角"、"福"雙方的宣傳心理戰，也起着一定的作用。正因為如此，在這場激烈角逐戰中，中曾根成為了雙方籠絡、收買的主要對象。

那麼，他們雙方到底動用了甚麼法寶去爭取中曾根呢？據說，福田的戰術是拚命鼓勵他出馬參戰，甚至願意替他籌募競選基金；田中方面則除了用錢收買他退出競選之外，還答應讓他在新內閣中擔任要職。這場前哨戰到了六月二十一日中曾根宣布退出並支持田中角榮為止方告結束。根據自民黨一位叫中川俊思（六十九歲）的議員向《週刊新潮》透露，中曾根放棄參加競選，是在接受田中派七億圓賄賂之後方作決定的。這位執政黨的老議員在指出"這是一項大醜聞"之同時,還透露中曾根把其中四億圓平均分配給其他忠誠跟隨者,每名可以拿到一千萬圓,條件當然是投票支持田中。如果這項暴露確實的話,田中無疑的已經成功地收買了中曾根派,大大地加強了他在爭奪戰中之優勢。與首相寶座相比,七億圓的代價是微不足道的。

中日復交時勢所趨

瞭解自民黨總裁選舉之內幕,人們可以清楚地認識到儘管田中角榮並非官僚出身,其上台卻完全是依靠財界的支持。因此,把田中捧為"平民首相"、"庶民宰相",顯然忽視或掩蓋田中能夠上台之真相。

當然,日本財界之所以中途換馬,放棄佐藤及其繼承人福田而選擇田中是有其原因的。其中一項主要原因是,日本財界希望藉此打開由佐藤反共反華政策所造成的日中對立僵局,從而和中國進行貿易,以便解救日本經濟即將面臨的資源與市場危機。正因為田中內閣是在佐藤榮作政策失敗之後,以及日本財界渴望和中國貿易之情況下誕生的,新內閣首要任務便是處理"中國問題"。從新政權成立以來各種跡象來看,中日恢復邦交可以說是時勢所逼,而非田中"平民氣質"使然。

除了"中國問題"之外,田中內閣內外政策基本上仍然沿襲佐藤路綫。這,可以從田中重用中曾根為"通產相",起用自民黨內"憲法修改委員會"會長稻葉修為文相(教育部長)和恢復在佐藤時代擔任過"短命的防衛廳長官"(由於自衛隊軍機與民航機相撞,造成百餘名無辜搭客死傷事故而被迫引咎辭職)增原惠吉的職位清楚看出。中曾根、稻葉和增原三人都是自民黨內知名擴軍論者,他們出任新內閣重要職位,正說明了日本對外政策不變。至於對內方面,田中角榮雖然拋出了洋洋大觀的"日本列島改造論",惟一般反應都認為對於被"公害"與"物價"所困擾的日本人民並無直接的幫助。日本在野黨就指出其結果只是把"公害"擴散到全國罷了。

《周刊朝日》在總結佐藤向報界挑戰的言行錄時，一開頭就先引用《紐約時報》一位著名記者的談話影射佐藤與美國總統之命運相同。這段話是這樣的：

"幾乎所有的美國大總統，都是在報紙的讚美聲中就任，惟在任期屆滿將要離開舞台時，卻留下了非難報紙之台詞。"

這段引話的後半部對於現在正受日本報章歌頌的田中角榮是否適用，就要看他今後如何推行政策去決定了。

（一九七二年八月）

田中內閣危機與"錢脈政治"

"田中首相幾時辭職？""誰將繼任日本首相？"這是一個月來關心日本政局人士密切注視的問題，也是一個月來通訊社經常報導的問題。

促使人們感覺到田中政權岌岌可危，無法繼續生存的原因，可以列為以下幾點：

第一，由於日本物價猛漲，通貨膨脹嚴重以及經濟衰退，越來越多的日本人對於田中政府深感不滿。許多民意測驗顯示，田中內閣所獲之支持率，已從前年上台時的百分之五十三降為百分之十八，成為了戰後最不孚眾望的政府。

第二，在今年七月七日舉行的參議院選舉，田中所屬的自由民主黨，獲得了財界驚人數字的政治獻金，大肆展開"金權政治"，弄得日本政壇烏煙瘴氣，引起選民的強烈不滿。因此，儘管自民黨在選舉期間動用了各種法寶，包括推舉紅歌星、名演員（過時影壇人物如李香蘭）當候選人，並由日本商社出面拉攏選票等，選舉結果卻顯示自民黨之"權威"面臨空前挑戰——該黨所獲議席為全體議席之一半，成為了該黨成立二十七年以來所遭受到的最大挫折。

第三，在選舉期間，備受田中派（主流派）排擠的三木武夫（前副總理，係三木派首領）與福田赳夫（前財相，係福田派首領），在選舉結束之後即相繼退出內閣，大大地削弱了自民黨內的團結。他們也極力抨擊田中與自民黨所推行的"金權選舉"，認為只有"徹底改革自民黨體制"，方能"挽回人心"。由於三（三木）福（福田）兩派都是自民黨內的大派系，因此三福合作，無疑正意味着田中在黨內地位正面臨嚴重威脅。

第四，參議院選舉以後，日本國內先後發生了好幾宗不利田中政府之大事件。首先，是被官方一再保證"安全"的日本第一艘原子船"陸奧號"出師不利，只離開陸奧市兩天便發生了輻射綫外漏的意外事件。這個事件，引起了日本輿論界極端不滿，紛紛指責政府草率行事，絲毫不照顧民眾利益。在各地漁民反對"陸奧號"停港的情況下，這艘原子船只好漫無目標地漂流。緊隨着"陸奧號事件"之發生，華盛頓又傳來了另一個動搖田中政權的"爆炸性新聞"：一名前美國海軍中將拉洛克，在美國國會的一個委員會上，供述美艦在進入日本港口之前，並未卸下核武器的事實。這項透露，無疑否定了日本官方一向來再三強調的"日本決不讓擁有核武器戰艦進入港口"之"保證"，也宣判了日本官方多年來拚命鼓吹的所謂"非核三原則"（即日本"不製造，不擁有與不導入核武器"）這項理論之破產。顯然，拉洛克的供述，已經勾起了日本人對於廣島、長崎原子彈之恐怖回憶，也加深了人們對於政府是否與美國有訂下"秘密契約"之疑慮。正是以"拉洛克供證"為導火綫，日本國內人民展開了如火如荼的反美、反基地運動。日本在野黨即宣稱將舉行大規模集會，反對美國福特總統之到訪。

"錢脈人脈"政治危機

如果說，物價高漲、經濟危機、選民支持率降低、參院選舉受挫、自民黨內訌以及拉洛克之供證等，都足以使人感覺到田中內閣政權岌岌可危的話，上月間發售的《文藝春秋》（一家銷路廣大的日本月刊）之揭露田中不擇手段，斂取錢財，則無疑加速了田中政權之危機，幾乎斷送了田中的政治生命。在一篇題為"田中角榮研究——其錢脈與人脈"長達六十頁的文章裏，《文藝春秋》揭露了田中怎樣利用金錢擴張其權力，又怎樣利用其權力囊括金錢之內幕。這篇文章，可以說是在日本政界投下了一顆計時炸彈。日本在野黨與輿論界不用說，就是執政黨內的年輕議員與反主流派分子，也都紛紛發表意見，認為有必要嚴究到底，甚至要求田中即刻辭職。一名反主流的議員便指出："這個問題是關係到國家名譽與自民黨威信的問題，不能予以忽視。"

對於《文藝春秋》的事件，田中最初還三緘其口，不表示意見，直到十月二十二日在"外國記者俱樂部"舉行的午餐會上被追問時，才不得不首次針對有關問題公開發表談話。當時田中的辯解是："《文藝春秋》把我私人的經濟活動與公家的政治活動混為一談，其指責是不能被接受的。"田中並未否認《文藝春秋》的報導，他甚至理直氣壯的說：

"我迄今不改該雜誌所描述的個人本色，我來自工商界，在我的政治生涯不受影響的情況下，我會繼續從事我的商業活動。"

反主流派嚴厲抨擊

然而，實際上，自從有關事件被揭發以後，田中就不斷地與黨內各領導人舉行一連串會議，目的顯然是要求各個派閥繼續支持其政權。對於這次事件，儘管三木強調不應以"派閥角度來處理"，但是平心而論，對於自民黨內反主流派來說，《文藝春秋》事件無疑是提供給他們聯合拉垮田中政權的良好時機。十月二十二日，田中的宿敵福田赳夫在東京都內舉行的一項集會上，便極力抨擊田中的"金權政治"。他說："像今天這樣，人們對於政治產生不滿、不安和不信任的情緒，恐怕是前所未有的吧！在一個憑着金錢可以獲取議員地位的世界裏，今後將會有甚麼出路？尤其令人感到可嘆的是，就連總裁地位，據說也是可以依靠錢財之勢力來決定的。"他認為只有改革自民黨體制，才有辦法改善人們對於自民黨的"醜惡形象"。

十月三十日，三木武夫也發表談話，指出"錢脈"問題不只已經導致自民黨發生危機，它同時也使議會政治產生危機。至於解救途徑，他也認為只有徹底改革黨之"體制"。

田中角榮垂頭喪氣

在自民黨外，抨擊田中、要求田中辭職的聲音就顯得更加洪亮了，日本在野黨社會黨、公明黨等便紛紛要求田中內閣辭職，早日舉行大選。與此同時，日本各大報章也都著論抨擊，要求田中首相早日提出事實，消弭國民對於首相之疑慮。在參議院的決算委員會上，一名社會黨議員即要求政府調查有關事件。這位議員甚至提出一項挑戰，認為如果有關記載並非事實的話，有關當局應以"誹謗名譽罪"控告該雜誌，否則則應斷定田中的罪狀。

正是在黨內外壓力下，素來意氣風發的田中角榮，顯得比任何時候都來得沉寂。《每日英文晚報》便這樣地形容：曾有"電腦化推土機"美名的田中角榮首相，現在卻噤若寒蟬，而且垂頭喪氣，宛如"一座石像"。

出國訪問緩和情緒

儘管如此，十月二十八日，田中角榮仍然毅然而然地動程前往澳洲、紐西蘭和緬甸訪問，進行其資源外交。表面上看來，田中似乎不把"錢脈問題"掛在心上，悠然地出國執行其首腦外交任務。但在東京的觀察家卻幾乎一致地認為首相之目的，係希望通過其"外遊"十二天的期間，避免接觸有關問題，從而緩和各方憤怒之情緒。

但事實上，在田中"外遊期間"，東京卻不斷傳來有關首相即將卸任的消息。原來在田中出國前以及在他離開東京期間，田中及其同僚們，則不斷地與黨內各派保持接觸，尋求各派合作之途徑。鑑於各派態度非常含蓄，加上田中本人舉棋不定，致使黨內議論紛紛。儘管田中的親信內閣官房長官二階堂一再否認有關辭職的謠傳，不少東京政界人士相信在訪問三國之後，田中極可能解散國會或提出辭職。顯然，田中是否留任，完全得看黨內中小派系是否願意繼續予以支持。據通訊社報導,自民黨內甚至曾經一度謠傳將由副總裁椎名出任臨時首相。

重新組閣鞏固地位

許是獲得了大平派、中曾根派之強有力支持,就在歸國途中的十一月八日,田中首相首次表明了其明確看法,決定繼續履行其未完成之任務,全面否定了有關他將辭職的謠傳。

經過與各派磋商之後,十一月十一日,田中首相宣布內閣改組。田中此舉,顯然是要向黨外人士顯示他在黨內仍然獲得其他派系支持,並藉此鞏固其地位。但是,從新內閣成員來看,人們可以知道黨內強有力的反主流派(福田派與三木派)並未予以合作。不僅如此,就是中間派首領的黨副總裁椎名也不在新內閣名單出現。

田中角榮為甚麼迫不及待,在他歸國才告三天,而福特總統即將訪日之前夕,匆匆忙忙地改組內閣呢?一種看法是,在美國總統福特到日本進行"歷史性訪問"時,日本必須擁有一個足夠代表性的政府與他會談,而田中改組政府,無疑是旨在加強福特總統對於田中內閣之信心。

但是,不少日本政界人士和觀察家,則擔心田中此舉之目的,是在延長其政權。日本社會黨、公明黨、共產黨和民主社會黨,對於田中提早改組內閣,置"金權政治"不理的態度便深表不滿。他們要求早日召開臨時國會,嚴加追究有關"錢脈"問題。

政治危機仍然潛伏

福特總統訪日,為甚麼被稱為"歷史性"的訪問呢?

原來,儘管日美關係密切,迄今為止尚未有一位美國總統訪問過日本。一九六○年,前總統艾森豪威曾經為着加強日美之安保條約,而準備前往東京訪問,但是由於當時日本人民反對安保的情緒非常高漲，在一項抗議集會遊行裏，釀成流血事件，致使艾森豪威總統不得不取消原定計劃。前總統尼遜雖然曾計劃訪問日本，惟由於他提早下台而未實現。因此，福特總統將是美國首位總統之到訪，這就難怪東京當局要隆重其事了。

較早時，《朝日新聞》著名專欄"天聲人語"曾形容田中企圖利用一顆載有"兩節火箭"的導彈暫時逃脫人們對於其有關"錢脈問題"之追討。第一節是他到紐西蘭、澳洲與緬甸訪問，第二節則由他招待福特總統。

各方預料，在福特總統訪問期間，至少在自民黨內，有關追討田中"錢脈問題"之聲音將會暫告平息。但是，人們不會忘記的是，由於福特總統是在拉洛克供述美艦運載核武器進入日本，引起日本國內反對美國軍事基地高潮之後到訪日本的，福特總統的到訪會不會激起日本人民的反美情緒呢？

據報導，日本在野黨與團體的即將展開運動，反對福特之到訪，並要求他表明對於核艦問題的看法。由此可見，福特在這非常時刻，抵達東京，固然可以暫時轉移人們對於《文藝春秋》事件之視綫，然而其結果未必對於田中有利。如果這項推測沒有錯誤，田中角榮的第二節火箭，其效果恐怕就要大大減少了。

（一九七四年十一月）

鬥爭激烈的"大福之戰"

在日本的政壇，派閥鬥爭是家常便飯，但像這回大（大平）福（福田）之戰那麼激烈，卻不能不說是有點不尋常。

日本執政黨——自由民主黨這回內訌的導火綫，是由於該黨在上月7日提前大選中的失利。大選的結果，雖然並不足以動搖自民黨繼續控制國會的根基，但反主流派（即非當權派）卻認為大平獨斷獨行，提前宣布大選，應該負起大選受挫的責任，引咎辭職。極力主張大平立刻下台的，除了一心一意想東山再起的前首相福田赳夫之外，還包括1976年大選受挫後被迫讓賢的前首相三木武夫，以及伺機以待的黨內第四大派系領袖中曾根康弘等。

至於當權的大平派，在前首相田中角榮強有力的支撐下，也頑強地抗拒反主流派的壓力。於是乎，一邊是以大平和田中為軸的當權派，另一方是以福田、三木及中曾根為盟的反主流派，雙方即展開了一場激烈的權力鬥爭。

派閥鬥爭由來已久

一個月來，各個派閥的領袖們不知舉行了多少次正式的與非正式的會談，也不知勞駕了多少黨內元老出面調停，但終歸徒勞無功。幾天前，反主流派甚至揚言在國會另外推舉一名首相候選人——福田赳夫，與大平正芳分庭抗禮。各方原本以為這只不過是反主流派的一項恫言，沒想到卻付諸實現。結果，在昨天的眾議院國會上，自民黨破天荒地推出了兩名首相候選人，充分地說明了派閥利益已經遠遠超過了全黨的利益。

自由民主黨是在1955年11月，由自由黨和民主黨兩個保守政黨聯合組成的。打從合併開始，兩黨原有的領袖就為着爭奪黨總裁的寶座而展開激烈鬥爭。換句話說，從自民黨成立那天開始，黨內以不同領袖為效忠對象的派閥，也宣告誕生。隨着該黨勢力的擴大，黨內人事方面也起了不少變化，大小派系也在增加。如果是以國會議員的力量對比為準則，目前各派勢力均衡的局面是如下的：

	田中派	大平派	福田派	三木派	中曾根派
眾議員	49	53	49	30	40
參議員	33	20	24	11	7
共　計	82	73	73	41	47

在我們看來，一個政黨容許幾個公開對立派閥的存在，是一件不可思議的事。但在日本，這不但是一個公開的事實，而且各個派閥都擁有自己的辦事處，也擁有其各自活動的基金（經常是由支持其派閥活動的財界人士提供），儼然有如一個獨立的政黨。

記者在六、七年前曾和日本記者一同前往自民黨各個派閥的總部進行採訪工作。當時令記者驚嘆不已的是，各個不同派系辦事處的中央，都各自懸掛其領袖的大型照片。在交談時，各辦事處的人員也毫不諱忌地攻訐其他的派系，使人懷疑他們根本並不屬於同一個政黨。

角福之戰影響深遠

在自民黨黨內派閥鬥爭史上，1972年的"角（田中角榮）福（福田赳夫）之戰"，可以說是歷來鬥爭最為激烈、影響最為深遠的一場大決鬥。在這場大決鬥中，主要特徵之一是，前首相佐藤榮作決定在總裁選舉中放棄支持其嫡系派閥——田中派，而支持福田派。為此，自命為"保守本流"（即"保守正統派"）的福田赳夫以為穩操勝券，可以榮登寶座。那裏知道出生平民、未曾進過大學之門的田中角榮，並不肯服膺佐藤的安排，居然籌到數目可觀的政治資金，和福田相互展開銀彈攻勢，決一雌雄，結果在大平派的積極支持下，獲得勝利。田中角榮的獲勝，在福田看來，可以說是他從政以來最大的恥辱。"角福"之間的怨恨，即由此而產生，田中與大平的聯盟關係也確定於斯時。

但是，這位曾經一度被日本大眾傳播媒介捧為"庶民宰相"的田中角榮，不久之後就爆出驚人醜聞，牽涉許多貪污案件而被迫退陣。1974年12月，由於"角"、"福"爭執不下，結果由副總裁椎名悅三郎出面調解，指名由黨內第五大派系的首領三木武夫組閣。三木武夫在黨內向來以"在野派"自居，高喊"人心一新"的口號。他在上台之後即下令調查洛希德賄賂案件並逮捕田中角榮。這些言行，在自民黨人看來，不但是過火，而且有損自民黨的威信；加以在1976年大選自民黨受挫，反三木的各個派系便決定要他下台，而由福田赳夫取代。

福田被迫含怨下台

福田赳夫是出身日本大藏省（財政部）的官僚，也是個老練的保守政治家。在任期間，除了對東南亞地區積極展開外交活動，提出"福田主義"之外，也極力加強和歐美的關係。但是，他在位期間不長，就被大平派所拉垮，結果只好含怨在78年底把政權交給大平正芳。不消說，大平之所以能夠擊垮福田，完全是得力於背後田中角榮強有力的支持。

從上述自民黨內派閥糾纏不清的紛爭中可以看出，各派閥間的爭執，與其說是由於政策的差異，不如說是為着爭權奪利。說得清楚一點,七年來自民黨的派閥鬥爭,基本上只能說是1972年田中角榮與福田赳夫"角福之戰"的延長。大平正芳、三木武夫、中曾根康弘雖然偶爾也跑到台前,並且演得頗為賣力,但歸根結底都只是配角,沒有角、福的任何一方在背後支撐與編導,誰的台辭都無法背下去。這便是當前日本自民黨內部力量對比的實際情形。

正因為福田赳夫與三木武夫都不是在心甘情願的情況下下野的,他們都無時無刻不想東山再起;至於中曾根康弘,眼看着黨內四大派系的領袖都相繼出任首相,當然也希望早日輪到他上台,因此他雖明知此屆無法問鼎中原,也不希望大平霸住寶座(日本政界的說法是,在"下任的下任之後可能輪到他")。這就決定了非主流三派一致反對大平的局面了。

長期搏鬥一大回合

面對着"大、福大決戰"、"自民黨大分裂"的危機,自民黨人也曾嘗試各種辦法,希望避免公開攤牌。在尊老敬賢的日本社會裏,方法之一是請黨內元老出面調解。在這次的紛爭中,82歲的副總裁西村也曾受邀出面調解,甚至有人主張由他指定首相,有如前副總裁椎名悦三郎在角福之戰中,宣布由三木出任首相一般。但是,這回的決鬥,派系利益與個人恩怨畢竟超過了黨的利益,加以西村本人屬於田中派,各方都不敢全面授權由他"定奪一切",他的調解工作也就注定要宣告失敗了。

黨內領袖們協商方式宣告失敗,長老調解工作又不順利,"首相、總裁分離論"(即首相和黨主席分由不同派系領袖擔任,藉以滿足各方的要求)等折衷方案也不為各方所接受,這一切説明了各派利益的難以調和。現在,這場鬥爭雖然以大平的勝利而告結束,然而自民黨內派閥的鬥爭並不因此而告結束。認真的説,這回大福之戰,不過是角福長期搏鬥的另一個回合罷了。

(一九七九年十一月)

大平病逝帶來的衝擊

日本首相大平正芳突然病逝了！誰將成為執政黨自由民主黨的新總裁？誰將成為日本新首相？這是大家都非常關心的問題，也是誰也無法回答的問題。

但是，有一點卻是非常肯定的，那就是大平的病逝，將促使自民黨內出現短暫的團結，有利於執政黨贏取行將於本月22日舉行的參眾兩院的大選。

"鈍牛"首相憂鬱病逝

死，在日本，也許比其他國家，顯得更加神秘，或者說是肅穆。它，有時是強有力的號召，有時是無情的控訴，也有時是博取同情最有效的武器。戰前，一個兵士死了，就升為"軍神"，就成為刺激戰友"為國效勞"、發揚武士道精神的好榜樣。戰後，東京大學女學生樺美智子在示威中喪生，曾經促使60年代的"倒岸運動"（即打倒前首相岸信介的政治運動）和"反對日美安全保障條約運動"邁進高潮。1970年，著名右翼作家三島由紀夫切腹自殺，也在日本掀起了一股軍國主義的妖風，甚至有一部份自稱和三島思想迥異的"全共鬥"左翼激進派學生，也到三島墓前獻花致敬⋯⋯。

在相對上，大平的死顯得比較平淡，他既沒有流血，也沒有留下慷慨激昂的言辭；他，就象日人替他取下"鈍牛"的綽號一般，默默地佔據着首相的寶座，然後默默地，充滿憂鬱地離開人間。雖然沒有人願意公開地說他死於自民黨的派閥鬥爭，但是誰也知道，如果沒有你排我擠，殘酷無情的政治鬥爭，也許他還會活得長久些。日本的一家大報曾刊登四張漫畫尖刻地譏諷派閥鬥爭：第1張是大平病倒了，躺在床上；第2張是前首相福田捧着鮮花去探病；第3張是福田關心大平的病況；第4張是醫生取出X光的底片，發現大平心中有一個難以除去的陰影：福田……

貪污、腐敗的代名詞

談起日本政壇的派閥，日本人馬上想起：金錢、權力和地位；也有人會破口大罵，認為那是"貪污"、"腐敗"、"墮落"的代名詞。平心而論，戰後日本的派閥，與其說是有明確的政治綱領或鮮明的主張，不如說只是一股為了謀求一己或派系利益而形成的"壓力集團"。同樣屬於自民黨，任何人只要能够糾集三幾個議員，從大小財閥那兒籌得一筆政治基金，他便可以宣布其派閥成立。小派閥可以"倚小賣小"，周旋在大派閥之間，謀求一官半職或經濟利益；大派閥以其聲勢之浩大，可以通過各種正當或不正當的途徑，收羅中小派系在其旗下，以便抗拒它的勁敵。這就決定了在每次總裁（中選者自動成為首相）選舉前夕，自民黨內必然出現"金錢舞弊"的現象。政治家從大商人那兒籌得大筆基金，以便鞏固政權；大商人撥出大筆基金，希望政治家上台後照顧他們的利益。這便是戰後日本政界與財閥之間最基本的相互關係，這也就是為甚麼東京貪污事件頻頻發生，從未間斷的原因。

八年之間四次決鬥

在過去短短的八年之間，日本先後換了四名首相，執政黨內曾出現過四次"大決鬥"：

①1972年，連任了八年首相的佐藤榮作被迫下台，他手下的兩名強人田中角榮和福田赳夫，便展開殊死戰，雙方各施法寶，極盡

賄賂收買和籠絡的能事。這便是出名的"角福之戰"。

②1976年，執行逮捕前首相田中角榮，調查貪污案件的三木武夫首相被迫下野，福田上台。

③1978年黨內總裁初選，大平正芳在田中派的強有力支持下擊敗福田，福田含怨交出政權。

④去年10月，大平提前舉行眾議院大選，由於自民黨席位反比選舉前少了一個議席而遭受黨內非議。福田聯合三木和中曾根，企圖迫使"鈍牛首相"大平讓賢，但宣告失敗。這便是持續了40天之久的"大福之戰"。

從"角福之戰"延續到"大福之戰"，說明了自民黨的派系鬥爭，不但沒有絲毫緩和的徵兆，反而是越來越加激烈。特別是到了上月17日，一部份不滿大平的反主流派議員甚至作出了"叛黨"的決定，在反對黨提出不信任政府的動議時，拒絕支持政府，導致大平內閣的垮台。這一切，說明了自民黨已經公開分裂。自民黨能否在6月22日大選獲勝？黨內各個派閥會不會為了掌權，轉而和在野黨合作？新政府會不會是一個軟弱的聯合政府？一切是不明朗的，誰也不敢妄加預測。這便是大平首相在一個多星期前進入醫院"療養"的背景。

無理取鬧黨威下降

在自民黨現有派閥當中，田中角榮、三木武夫、福田赳夫和大平正芳都先後當了首相，只有中曾根康弘例外。田中由於涉及貪污案，暫時無法再問津首相寶座，因此傾全力支持忠實盟友大平。三木、福田是含怨下台的，他們無時無刻不想東山再起，中曾根則游離在大派閥之間，投機取巧，伺機以待。這便構成了五大派系混戰的局面。但這種只為個人、派閥利益而展開的毫無原則（有時甚至是鬧意氣）的鬥爭，不但大大地降低了自民黨在選民中的威信，也使到黨內的少壯派對於政治前途感到悲觀。

對於許多自認為有才幹，年齡在五、六十歲的中堅幹部來說，如果讓上述的老頭子們繼續鬧下去，不但自民黨元氣大損，也使他們永遠喪失了問鼎首相寶座的機會。他們都擔心在老頭子們的爭吵聲中，自己也日益衰老而毫無作為。他們認為老邁的派閥領袖應該即刻讓賢而由他們接棒。

新的一代要求接棒

於是乎，一個由少壯派所組成的所謂"準實力者之會"便告誕生。他們的成員包括宗教研究會會長玉置和郎參議員、三木派的河本敏夫、福田派的安倍晉太郎、田中派的金丸信、竹下登（財相）和中川派的中川一郎等。他們都強調"派閥的弊病"，要求"解散派閥"。他們也嚴厲追究大平首相無法出席在威尼斯舉行的西方工業七國峰會的責任，要求長老移交政權給第二代接班人。

少壯派新領袖們在此刻發出上述的呼聲，是能起一定反響的。由於選民們已經厭倦了福田、三木等老頭子們的派閥紛爭，大財閥們也許會願意提供更多的政治基金給新領袖，因此越來越多人相信，福田、三木東山再起的可能性甚微。

但是，無論如何，不管是以投機取巧聞名的中曾根，或者是少壯派的新領袖要上台，仍然還得依靠舊有派閥的支持。換句話說，新領袖們即使誕生，實際上只是意味着自民黨內派閥的重新組合罷了。

大平的死，也許真的會使自民黨內的派閥鬥爭暫告緩和，也可能迫使戀棧政權的長老早日讓賢，但要剷除和財閥有着千絲萬縷關係的派閥，要"淨化"自由民主黨，真是談何容易！

自民黨的派閥正在分化，重組……。一場更加殘酷的派閥大搏鬥，也許還在後頭哩！

（一九八〇年六月）

從鈴木上台看"不可思議"的日本政局

在自由民主黨議員高喊"萬歲！"的歡呼聲中，鈴木善幸政權誕生了！

鈴木善幸，何許人也？外國人不知道，日本的一般民眾也不見得就清楚。

那麼，剛剛在大選中告捷的日本執政黨，為甚麼要選出這樣一位"知名度不高"的政治家，出任首相呢？

乍看起來，真不可思議，或者說甚至是有點荒唐。但是，熟悉日本政治、關心日本政壇動向的朋友相信都會同意，自民黨的派閥鬥爭，原本就是"不可思議"，或者說是"近似荒唐"的政治。從這個角度來看，在這"不可思議"的政治圈裏，出現"黑馬"和奇妙的政治現象，也就顯得不足為奇了。

本文即嘗試透過這"不可思議"的政治現象，分析現代日本政治的權力結構，以及有關權力轉移的真相。

派閥鬥爭由來已久

自由民主黨是在1955年，由兩個保守的政黨——自由黨和民主黨合併而成的。打從這個新政黨成立當天開始，舊自由黨人和舊民主黨人，其實就是黨內既成的兩大派系。這兩股勢力經過多年的權力鬥爭，以及力量的重新劃分和組合，便逐步形成今日各式各樣的派閥。

派閥的成立，不消說，是為了維護和爭取同一集團成員的政治地位和利益；至於派閥領袖的願望，小則成為內閣部長，大則有朝一日，登上首相寶座。為了達到上述的目的，大小派閥的領袖們，除了竭盡所能，糾集同黨的國會議員在其旗下，並向各大小財閥籌募政治基金，以壯大其聲勢之外，就得和黨內的不同派閥，一邊搞"聯合"，一邊展開尖銳的鬥爭。

一般而言，旗鼓相當的大派閥，由於利害衝突的地方多，因此相互聯合的可能性較小；與此相反，中、小派閥由於勢單力薄，只好投靠大派閥，以便在內閣中謀求一官半職，或贏取一定的經濟利益，因此它們和其他派閥搞聯合的可能性比較大。當然，在這之中，有的派閥在政治鬥爭的過程中，表現得比較"溫和"，容易和其他派閥相處（例如，大平派就被田中派視為"忠實的可靠盟友"）；有的派閥則表現得過於急求功利，"見利忘義"，而使其他派閥對它提高警惕、採取敬而遠之的政策（例如中曾根派）。

君子協定？公開決鬥？

但是，不管是"較為忠厚"的派閥，或者是以狡詐見稱的派閥，在政治權力鬥爭的漩渦裏，它們之間是否要聯合，或者"鬥爭"。最終還是以雙方的利益和彼此力量的對比，以及後台老板的大小為決定因素。

在自民黨建黨的前半期，黨內派閥鬥爭其實就很激烈。但是，也許是為了保持建黨初期的一團和氣，也可能是反對黨在一定的程度上還對執政黨構成威脅，因此，幾位元老雖然公開爭權奪利，也展開激烈的派閥搏鬥，並鬧出許多醜聞，但在某種程度上，還保持"君子風度"，不敢像今日的派閥領袖那樣狂妄和囂張。

自民黨內的權力鬥爭，經常是以選舉黨總裁前後為最高潮。因為自民黨是執政黨，誰成為黨總裁，就無疑成為內定首相。一般上，總裁的選舉方式有二：其一是通過派閥領袖們的私下談判，訂立"君子協定"，選出一個各方（或者黨內大多數派）所能接受的領袖出任；其二是鬧到黨代表大會上，以投票方式決一雌雄。

"密室裏的黑暗政治"

在談判過程中，派閥領袖們訂立密約，他們或者以大臣的官位私下授受，或者答應在下屆首相選舉時，支持對方的領袖出任首相，作為換取不同派閥支持的條件。這種通過秘密協商，進行政治交易的組閣方式，日本有人認為是違背西方民主政治的精神，是蒙蔽民眾，而由少數人決定國家前途的"密室裏的黑暗政治"。

不過，這種充滿神秘、傳奇性的"密室裏的黑暗政治"有時也未必就能調協各派閥的利益；在這樣的情況底下，只好交由黨代表大會去"票決"。因此，各派閥競相籌募競選總裁基金，以及通過"銀彈攻勢"，收買不同派系的議員，便成為了歷屆黨代表大會前夕必然出現的怪現象。

很明顯地，不管是通過"君子協定"，或者是"票決"方式選舉黨總裁，都是有利於黨內的元老和大派閥，而不利於年輕的領袖和中、小派閥。於是乎，環繞着"總裁、首相的選舉制度"，黨內不滿份子，或者說非主流派（非當權派），在不同時代提出了各種不同的改革方案。

中小派閥"革新"理論

一曰"首相公選論"。這是自民黨少壯派議員中曾根康弘早年提倡的首相選舉制度，主要目的是為了打破派閥領袖"決定首相人選"的壟斷局面。他主張首相應由全國選民以直接投票方式選出，取代目前從議員當中選舉首相的制度。他認為只有這樣，才符合立法、行政、司法三權鼎立的民主政治原則。這個理論，不消說，有利於小派閥首領以及雄心萬丈的"青年領袖"，因為它提供了他們直接問鼎寶座的機會。但是，近幾年來，隨着中曾根逐步升為黨內"元老"，他已不再熱心提倡這"真正民主"的制度，因為他十分清楚："君子協定"的派閥政治，是越來越有利於他出任首相了。

二曰"人心一新論"。這是自稱自民黨內在野派（反主流派）的三木武夫在出任首相前提倡最力的政治口號。他認為當時自民黨的官僚政治過於迂腐，應該來個大革新，換一下領導層的臉孔。可是，在他出任首相期間，由於堅持徹底調查洛希德賄賂案件，而造成黨內危機，加以大選後自民黨席位大減，而被迫下台。有趣的是，福田赳夫和大平正芳在迫使三木讓賢，除了抨擊三木缺乏領導能力之外，所提倡的政治口號也是"人心一新論"。

"總裁、首相分離論"

三曰"總裁、首相分離論"。

這是主要派閥在勢均力敵、僵持不下時的一個折衷方案。換句話說，就是改變目前黨領袖為當然首相的方式，而主張讓兩個派閥領袖分享總裁和首相的地位。這個折衷方案雖然已被提倡多年，可是卻無法付諸實現。推究原因，這種安排宛如各獲半塊麵包，勢力較弱一方也許勉為其難接受，但略佔優勢的一方卻往往斷然拒絕。

四曰"世代交替論"。

這是黨內少壯派（多為五、六十歲）渴望早日接棒，向黨內元老提出挑戰的論調。他們認為自民黨要革新，要有衝勁，只有促進黨內的新陳代謝，擺脫"老人政治"。這項呼聲雖然為時已久，但真正形成壓力集團，卻是在最近大平內閣被投以不信任票，黨內危機重重，各派閥少壯派組成"準實力者之會"之後的事情。

"派閥解散"的神話

五曰"派閥解散論"。

這是迎合一般民眾厭惡派閥鬥爭的心理，而提出的政治口號。

歷年來每當自民黨發生危機時，總有部份黨人以清高的姿態出現，籲請停止派閥鬥爭或解散派閥，但事實上派閥的鬥爭不但未見緩和，反而加劇；難怪一家日本報章在評介不久前三木派宣告"派閥解體"時，形容它為"謊話"，並帶譏諷的口吻指出："再也沒有一個政黨，比起自民黨對解散派閥更加熱心了。"

除此之外，為了調解派閥領袖的紛爭，自民黨內也曾出現"小派閥領袖定奪"論，或"長老裁決"論，企圖通過第三者以魯仲連姿態，作出"公平"判決，挽救黨的危機。這種方式，雖然也有成功的例子（例如前首相三木武夫，便是在小派閥首領椎名的"裁決"下上台的），但歸根結底，這只能成為過渡時期的臨時措施，因為一旦大派閥領袖撤消對首相的支持，他就非下台不可了。

勢力均衡下的產物

綜上所述，可以看出許多改革或折衷方案，其實只是不同派閥在不同時期，為着自身利益，提出的宣傳口號罷了。這些口號或者政治主張，有些雖然頗為動聽，但如果仔細分析，仍然擺脫不了派閥政治的範疇。說得極端一些，即使是在這之中，看來最富有革新意識的所謂"派閥解散論"，其實也只是政客們為了保存或者擴大自己的派閥勢力，提出的嘩眾取寵的政治口號。例如三木派宣告"解散"，其實是為了方便同派內的河本敏夫競選首相，以及成立"河本派"，藉以保存和擴大三木派的實力。瞭解了自民黨權力的結構，以及權力的轉移方式，我們不難發現到，鈴木善幸首相的上台，實際上是自民黨派閥相互妥協的產物。但是，近年來展開大搏鬥的派閥，為甚麼忽然間肯坐下來"和談"呢？

財閥要求政治安定

首先，必須指出的是，自民黨派閥大搏鬥的醜聞，不但造成了黨分裂的危機，也使人民對自民黨感到厭倦。為了改變國人眼中的形象，自民黨內以及支持該黨的財閥，莫不認為黨應該趁着大平病逝的時刻，爭取"同情票"，暫時緩和派閥的鬥爭。

其次是，在黨內少壯派要求接棒，以及國人普遍不滿"老人（爭吵）政治"的情況下，福田赳夫、三木武夫等幾位"搏鬥能手"已經失去了問津首相寶座的機會。他們被迫退出（決非由於大平病逝產生"內疚"心理而自動離開）首相角逐場，無疑地為黨內各派的"和平協商"鋪平了道路。

當然，必須一再強調的是，這種"密室裏的協商"，仍然離開不了派閥的政治。沒有獲得大派閥的支持，任何人都休想成為日本的首相，難怪不少敏感政治觀察家都認為鈴木的上台，全靠田中角榮前首相在撐腰，而發現鈴木內閣隱現着"角影"（田中角榮的影子）了。

"和"局能維持多久？

自民黨捨棄"知名度高"，有"風見鷄"（望風轉舵，投機取巧，有如"變色龍"）之綽號的中曾根康弘，說明了各大派閥在僵持不下的局面下，寧可選擇一位威脅性不大的"中庸之士"出任首相，藉以保持和平衡彼等在黨內和內閣的勢力，也不希望黨內力量對比有太劇烈的變化。它也再次說明了中小派閥領袖（不管是中曾根派的中曾根康弘，或者是舊三木派，現為"河本支持派"的河本敏夫），如果不全面投靠大派閥，他們的政治前途便難有所保障。

很清楚的，以"和"字為座右銘的鈴木政權的誕生，並不意味着自民黨內今後將一團"和"氣，它只能解釋為田中派和福田派經過殘酷大搏鬥後，出現的暫時"和"局（田中派略佔優勢，福田派同意"和")。至於這"和"局能維持多久,除了要看鈴木處理國內外問題的政治手腕之外,更重要的恐怕還得看大派閥們幕後的政治交易,以及各派閥勢力的消長。

由此可見,通過"君子協定"、"密室政治"而產生的鈴木政權,看來似乎有如"推理小說一般"(前首相福田赳夫語)的不可思議,但認真分析,其實只是有別於公開"決鬥"的另一形式的派閥鬥爭!

(一九八〇年七月)

論田中案與日本式民主

東京地方法院上週宣判日本前首相田中角榮貪污罪名成立，坐監四年的新聞，曾引起世界各地輿論廣泛的關注。

不少外國報章認為，這是日本民主政治成熟的鐵證。因為它説明了在日本社會，一個人不管是怎樣有權有勢，只要違背國家的法律，就得面對法律的制裁，無法逃脱。這正是民主社會行政、立法、司法三權鼎立，相互監督不可或缺的精神。

表面上看來，日本司法嚴守中立，的確是體現了日本徹底奉行戰後民主主義的精神。特別是被認為是"第四權力"的大眾傳播媒介，七年來更緊追着"洛希德賄賂案"不放，競相發表調查、追蹤的專題報導（日人認之為"調查報道"），更給人留下深刻印象，驚嘆戰後日本民主尺度的寬大。

但是，人們在佩服日本嚴守三權鼎立的民主精神，以及稱讚日本報人伸張正義，暴露真相的勇氣之餘，卻不能不發出一些問號：這個被喻為前所未有的"前首相被捕案或定罪案"，對"淨化"戰後日本政壇的貪污風氣，到底起了甚麼樣的作用？它對"田中軍團"（田中派閥由於勢力強大，日人將之形容為"軍團"）勢力的削弱，是否有着重大的影響？

令人遺憾地，答案是否定的。七年來，儘管日本司法鐵面無私，日本大眾傳播媒介追踪不放，田中派的勢力不但沒有削弱的跡象，反而迅速地膨脹。在國會，其派系議員從75名增至100名；在其出身的選區，田中以獨立人士身份參加競選，一而再，再而三地成為眾議院議員。至於已故前首相大平正芳，前首相鈴木善幸和現任首相中曾根康弘之所以得以掌政，更完全依賴田中的撐腰。

由此可見，檢察司發出逮捕令或者東京地方法院作出判決是一回事，田中官運繼續亨通又是另一回事。兩者既無緊密的聯繫，彼此也相互起不了甚麼影響作用。這可以說是日本獨有的政治倫理現象。

尤其令人注意的是，田中角榮在被判有罪之後，不但表示不滿，準備上訴，而且還堅決拒絕辭職。他甚至公開揚言："為了維護我國的民主主義，為了不讓黑暗的政治倦土重來，我將繼續前進，一步也不退讓。"

田中之所以敢發出這樣強硬的聲明，不消說，是因為有着"田中軍團"在背後以及故鄉選民的支持。換句話說，在田中看來，只要他的財力雄厚，只要"田中軍團"的勢力不削弱，他便可以堂堂正正地繼續在幕後控制着日本的政局。至於"司法"和"輿論"，根本動不了他的一根毫毛，不足為懼。

由此看來，田中案固然在某種程度上體現了日本民主主義精神的一面，但在"金錢政治"仍然處於主流，日本的政治倫理無法確立的今天，田中案與其說是反映了日本民主政治色彩的濃厚，不如說是說明了民主主義在強權下，顯得虛弱與無力，無法發揮民主制度應有的監督與約束的作用。從這角度來看，在形式上，日本的民主政治，比起發祥地的西方國家，也許是有過之而無不及，但談到素質，可就要大打折扣了。

（一九八三年十月）

"黨憂角笑"的奇妙現象

"自民黨慘敗"、"中曾根地位動搖",當外電傳來上述消息時,人們雖然感到吃驚,但仍然還可以理解。政論家可以馬上指出,這是選民對"田中曾根政治的批判"。換句話說,人們既可以將此理解為選民對自民黨"金權政治"的不滿,也可以解釋為一年來中曾根的國內外政策並未贏得民眾的好評。

然而,緊接著,外電卻傳來了"田中角榮壓倒性獲勝"、"田中派勢力依然最大"的報導。這個結果,可就不太容易解釋了。因為,從簡單的事實來看,自民黨席位大減,是和田中貪污案分不開的。現在自民黨因為洛希德賄賂案而失去36個席位,但"罪首"的田中及其嫡系的一伙人卻都贏得極高票數,田中本人甚至還獲得22萬張選票,打破他從政以來的最高紀錄。這就難怪田中黨人在大選後要哈哈大笑,舉起雙手,高喊"萬歲"了。

針對這一矛盾的奇妙現象,日人稱之為"黨憂角笑"(即自民黨憂慮而田中角榮歡笑)。

是甚麼因素,促使"黨憂角笑"呢?

幾天前,在回答記者長途電話的訪談時,東京《朝日新聞》對外通訊部長功力照夫指出:田中票數激增,原因有三:

1. 新潟區的特殊性;
2. 田中派內部團結一致,全力以赴;
3. 田中派佔據自民黨內要職,處於有利地位,提前展開競選的準備活動。

偏袒田中提前大選

田中派掌握自民黨要職的幹事長（即秘書長），是田中派不敗的原因之一。因為幹事長不僅對選舉日期有重大發言權，也比其他派系更早獲曉選舉的準確日期。自民黨各派系十分重視這個職位，原因即在於此。

特別是這次的大選，非田中派的自民黨人都認為時機不宜；他們主張田中作出個人犧牲，引咎辭職，從而挽回自民黨的聲譽。然而，從田中派的角度來看，田中辭職不僅意味着田中個人政治生命的結束，也意味着田中派勢力從此式微。這是不符合田中派的利益的。因此，儘管他們知道此刻提前大選，必然對自民黨不利，但仍然認為值得火拼。他們甚至希望，通過大選的勝利，得以"清洗"田中的罪名，從而擺脫田中角榮及其派系當前的尷尬處境。於是乎，在田中辭職與提前大選的兩者之間，自民黨人必須選擇其一。田中派的黨要傾向於提前大選，自不在話下。至於黨總裁的中曾根康弘，由於勢單力薄，一度舉旗不定。

"首相者，帽子也！"

10月間，田中角榮講了一句名言："首相只不過是一頂帽子。"觀察家認為這是田中向中曾根發出的警告：只要寡人不高興，隨時可以中途換馬。

緊接着，中曾根會晤田中，表面上是在於試探田中本人去留的意願，但分析家相信會談的真正內容，是討論提前大選的課題以及探試田中是否將繼續支持他當首相。以同意提前大選換取田中的支持，似乎是當時雙方達致的協議。

換句話說，在力量懸殊對比的情況下，有"風見雞"之稱的中曾根為了保住首相的寶座，終於遵循田中及黨幹事長（田中派）的看法，提前於12月舉行大選。中曾根這一投機的抉擇，位居黨內要職的田中派當然早就知曉，也早就料到。因此，在田中罪名成立之初，即已積極展開各種收買和拉攏選票的競選活動。這是田中在這次大選中處於不敗之地的原因之一。

田中派系空前考驗

那麼，田中派又怎樣團結一致，全力以赴？新潟區又有甚麼特殊性呢？

原來，在司法、輿論及黨內其他派系的強大壓力下，田中角榮及其黨羽知道，這是"田中軍團"成立以來面對的最大考驗。因為，選舉結果不僅影響田中個人榮辱及田中派在黨內勢力的盛衰，而且還直接或間接地影響着許多與田中有千絲萬縷關係的財界的利益。由於有着上述危機感，"只許成功，不許失敗"，便成為田中黨人這回參加競選的座右銘。特別是新潟區，還從東京來了一個高舉"聲討田中"大旗的著名作家野坂昭如，更使"越山會"——田中的忠實支持者，不能不團結一致，嚴陣以待。

為了保證田中角榮贏得最高的票數，"越山會"不僅利用農村社會"地緣"、"血緣"的關係，也發動"金緣"及其他的法寶。

日本三大報章之一《每日新聞》就指出，在新潟區及田中具有影響力的區域，"越山會"、市鎮村長和企業三者的關係是緊密掛鈎的。

例子之一是：官方正在建設一座橫跨福島縣境內的三國川水壩。原本負責拍攝工程的攝影人員，由於不屬於"越山會"派系，而被有關當局解除合約。

例子之二是：在新潟縣長岡市，有一個叫做"倫理研究會"的團體，因為在其內部刊物登載了一篇批評田中的文章，而遭受"越山會"的強烈抗議。結果是，該團體的新潟負責人不得不表示道歉，並收回已經發給會員的五千份月刊。

綜上所述，我們可以瞭解到，所謂"角笑"，在某種程度上，其實是建立在"講人情、拉關係"及"威迫利誘"的基礎上。日本有人形容田中利用選民，攀上權力中樞，再運用中央掌權的影響力，偏袒其選區，撥款興橋建路，拉攏選票的作法，是在推行"利誘(Luring of Interests)政治"。

只要"利誘政治"還能收效，只要講"地緣"、"血緣"的保守政治土壤未受破壞，"角笑"的"田中王國"便將能持續下去。至於日本全國各地（特別是大城市）談論得極其起勁的"政治倫理"、"政治道德"，在田中勢力深透的區域（特別是鄉村），恐怕就不容易找到知音了。

（一九八三年十二月）

中曾根如履薄冰

日本首相中曾根康弘能不能渡過今秋的難關，蟬聯為自由民主黨的總裁呢？這是關心日本政局的人士無時無刻不關注的問題。

在去年12月大選之前，中曾根要保住首相寶座，只要田中角榮點頭就行了。但去年10月田中貪污罪名成立，12月大選自民黨慘敗之後，中曾根面對的壓力不只來自田中，還來自反主流派。反主流派領袖不僅要求中曾根表明對田中問題的態度，而且還要他引咎辭職。

在反主流派憤怒的責難中，中曾根當時只好擺出"低姿態"，一一拜會黨內元老（包括反主流派領袖福田赳夫和三木武夫等），"謙誠地"接受他們的訓導，以求他們息怒。為了贏得反主流派對他的支持，中曾根當時還許下諾言，保證今後要"努力擺脫田中派的影響"。

中曾根的上述態度，很容易使不瞭解日本內情的人士產生誤解，以為以投機取巧聞名的日相已經改弦易轍，不再投靠田中。等到日本新內閣組成，大家才恍然大悟，這其實只是一項宣傳花招，因為田中派依然是內閣當中最有勢力的派系，共擁有六個席位，和舊內閣沒有兩樣。

反主流派息怒原因

那麼，反主流派為甚麼會接受中曾根這項"換湯不換藥"的安排呢？理由是：

1.反主流派充份地認識到黨內各派系力量對比的實際情況,因此只要強大的田中派在表面上作出讓步,不再控制自民黨及內閣的秘書長職位,各派也就不再追究中曾根的責任。

2.反主流派之所以向中曾根施加壓力,無非是要在內閣中爭多一個半個席位,從而擴大其派系的勢力。既然目的已經達到,反主流派也暫時可以"息怒",支持中曾根。

除此之外,另一個更加重要的因素是,誰都知道今年是自民黨的總裁選舉年,秋天才是首相爭奪戰的真正時刻。換句話說,各派放過中曾根一馬,不逼他即刻下台,主要是瞭解到總裁選舉日期就要來臨,屆時再向他攤牌也不遲。

當然,對於中曾根來說,他決不希望自己領導的是一個"短命內閣"。為了延長其內閣的壽命,他正千方百計,絞盡腦汁,想出不少妙方。

其一是,他知道在自民黨各派系的新首領當中,有資格問鼎首相寶座的,計有鈴木派(即前大平派)的第二號人物宮澤喜一,田中派的竹下登(現財相)、福田派的安倍晉太郎(現外相)及河本派(即前三木派)的河本敏夫(現任經濟企劃廳長)。其中河本及安倍由於其派系勢力不大,對中曾根暫時還構不成重大的威脅;至於竹下,由於受到田中醜聞的牽累,暫時也不可能出面競選總裁。這樣一來,中曾根的勁敵,就只有宮澤喜一了。各方都相信,只要宮澤這回出任黨秘書長或內閣要職,下屆的首相則非他莫屬。正因為認識到這一點,一心一意想蟬聯首相的中曾根,在改組內閣時,雖吸收其他各派系的新領袖入閣,但卻排擠宮澤。不僅如此,中曾根也故意挑選鈴木派的第三號人物(即鈴木派內宮澤的對手)田中六助出任黨秘書長,取代鈴木派原本推舉宮澤的建議。

中曾根下這步棋的目的,一方面是在於削弱宮澤的政治影響力;另一方面也旨在分化鈴木派的力量。

其二是,中曾根雖然口口聲聲表示要削弱田中派的影響力,但他內心明白,如果要繼續當首相,最終還是非臣服田中不可。因此,他在新內閣順利誕生之後，便積極建議將田中派的元老之一，也是田中的心腹的二階堂進（前自民黨秘書長），捧為黨的副總裁。

宣傳日本的"人情味"

其三是，中曾根之所以沒有"人氣"（人緣也），一方面固然是因為他望風轉舵，見利忘義，沒有固定的主張和政策；另一方面是，他迷戀戰前的軍國時代，處處喜歡擺出海軍出身者的姿態，高唱甚麼"日本航空母艦不沉論"，予人一種"鷹派中的鷹派"和不近人情的形象。

為了改變其形象，為了爭取國民的同情和支持，據說中曾根正在積極展開宣傳攻勢，力圖使人相信他富有"人情味"。日本官方頻頻發出中曾根與其孫子下圍棋，及坐禪等照片，顯然是有其用意的。

不僅如此，為了減少與報界之間的摩擦，削弱輿論界對他的批評，中曾根也一改大選前嚴厲抨擊報界的態度。據東京《每日新聞》報導，在今年年初報界的一個新年團拜會上，中曾根就極力表示要謙虛地聽取全國國民的意見。他甚至低聲下氣地說："今後我的每一言行舉止，都會十分謹慎，如履薄冰……"。

針對中曾根今後應採取的態度，負有替日相排紛解難任務的內閣秘書長藤波孝生指出："嚴肅的總理、細心的宰相和謙虛的康弘，將是中曾根康弘今後所應走的道路。"他還補充說，中曾根今後也將會十分重視黨最高顧問團（即由前首相們組成的元老會）的意見。

排擠宮澤，討好田中派，擺出"柔軟"的姿態，宣傳"人情味"，乃至表示要謙虛地聽取最高顧問團的意見，是不是意味着中曾根的官宦之道從此平坦呢？評論家們都不敢樂觀。日本有人就這麼比喻，中曾根突破重重困難，組成第二次內閣，並非意味着其政治前景是"雨後天晴"，而是所謂"雨後薄日"。中曾根今後的政治道路，正如他自己所形容一般，是如履薄冰，隨時都有摔交乃至受到嚴重創傷的可能。

(一九八四年一月)

"田中曾根政治"之剖析

長野縣大地震、自民黨總部縱火事件以及東京一億六千萬日圓大劫案,是日本小市民近日來最熱門的話題。但對於永田町(日本官廳所在地)的政治圈人士來說,當前最令他們關心的問題,莫過於今秋自民黨總裁的選舉,以及各個派系在總裁選舉後力量對比的變化。

中曾根向田中靠攏

一九八四年一月,中曾根康弘在大選受挫後,好不容易才組成第二次內閣,他當然不希望十月底就被拉下台。法寶之一,就是盡量向田中派靠攏。因為,儘管前首相田中角榮被東京地方法庭宣判貪污罪名成立,田中派依然是自民黨內最大的派閥。在自民黨參眾兩院議員當中,田中派佔了一百二十人,處於優勢。換句話說,只要田中角榮首肯,中曾根要蟬聯自民黨總裁,是不成問題的。中曾根不顧黨內反主流派的反對,將二階堂進(田中的親信,由於涉及洛希德賄賂案,而被稱為"灰色的高官")擢升為黨副總裁,目的不外是要向田中角榮表示"忠誠",討他的歡心。

中曾根這一"臣服田中"的策略果然奏效。不久前,田中角榮在其派系的研討會上,就明確表示田中派不會派人角逐今秋的總裁選舉。他還建議修改黨章,把黨總裁的任期從兩年延長到五年。

田中的這項發言,實際上等於是間接表示,田中派將支持中曾根繼續出任首相。田中派所以不參加總裁選舉,當然是因為受到貪污案所累。在不得已的情況底下,唯一的辦法,就是找個"聽話的管家",維護田中派的利益。中曾根以看風使舵、投機取巧聞名,原本不是太恰當的人選。但從過去一兩年的實踐中,田中明白,中曾根雖有狡計卻也最講究實利。因此,只要田中派在黨內保持最大的實力,並對中曾根予以嚴密的監視,中曾根是跳不出其如來佛的掌心的。不但跳不出去角榮的掌心,為了實際的利益,中曾根還可能會利用其"智慧"與"魄力",協助田中派渡過各種"聲討政治倫理"之難關。這就是田中此刻不準備換馬的原因。

河本敏夫一馬當先

在田中公然表示要維持現狀,繼續推行"田中曾根政治"之後,擺在自民黨各派系面前的,只有兩條路:一是承認既成的事實,趕快靠攏"田中曾根",以期早日分得一點好處;二是正面對抗,並通過展示實力,以便在談判桌上和中曾根討價還價,或者是為下任(甚至是"下任的下任")的總裁選舉鋪路。

正如前首相三木武夫一般,三木派繼承人河本敏夫(河本派首領,現任經濟企劃廳長官)一馬當先,表示要角逐總裁的選舉,充分地表現了反主流派"善戰"的精神。河本指出,中曾根在籌組第二次內閣時,曾公開許下諾言要排除田中的影響力,但實際行動卻和諾言不成正比。對於現行的經濟政策,河本也表示不滿,他主張大幅度減稅。換句話說,聲討田中的政治倫理及主張減稅,是河本參加總裁競選的綱領。與此同時,被認為是福田派的繼承人的安倍晉太郎(現任外相)也躍躍欲試,聲言不放過競選總裁的機會。福田派的人士就公然揚言:"安倍首相"的上台,只是時間的問題。他們希望這個日子早日到來。

安倍發表"競選綱領"

為了配合總裁的競選，安倍不久前提出"新經濟活力論"，主張儘量動用民間的經濟潛力，從而刺激經濟的成長。他同時還倡議進行"創造性的外交"，以便維持今日世界的和平與繁榮。

安倍晉太郎另一受人注意的原因是，他雖為福田派的繼承人，但卻與敵對派系田中派的繼承人竹下登（現任財相）有深厚的個人交情。不少評論家相信，前首相福田赳夫與田中角榮結下的恩怨，到了安倍與竹下年輕一代掌權時就將告一段落，屆時自民黨內各派閥合縱連橫的策略，可能將會大為改觀。

在各派系當中，最受各方關注的應該是鈴木派的動向了。

鈴木派在黨內是第二大派系（擁有七十八議席），也是田中派長期以來最忠實的盟友。田中派在"受難"之後，曾經兩度把寶座讓給其派系的黨魁（即已故前首相大平正芳及前首相鈴木善幸）。但田中角榮對於鈴木派的繼承人宮澤喜一（前外相，現為鈴木派代主席），一向沒有好感。兩者的性格、作風始終格格不入，難以攜手合作。倒是該派的第三號人物田中六助，與田中派關係十分密切。中曾根在籌組第二次內閣時，故意排除宮澤，而挑選田中六助為黨秘書長，一方面固然是為了削弱宮澤的政治影響力，另一方面也達到分裂鈴木派及討好田中派的目的。

宮澤並不因此而退縮。近幾個月來，他正在展開各種攻勢，準備角逐總裁的寶座。其步驟包括：

一、透露大平正芳在逝世前曾留下遺言，指名由他為大平派繼承人（手法頗接近華國鋒當年引用毛澤東"你辦事，我放心"的遺言）。

二、鼓吹"資產倍增論"，批判現行的經濟緊縮政策。

三、私下訪問田中角榮，尋求後者的支持。

鈴木派內部鬧分裂

引用大平的"遺言",目的當然是希望早日正式成為鈴木派合法繼承人(即由目前的代主席升為主席)。但這個"遺言",馬上就遭受同一派系內田中六助等人的否定。他們既不大相信大平曾經做過上述的主張,也不認為此刻是宮澤出任該派系首領的"成熟時機"。

與此同時,身為自民黨秘書長的田中六助還在黨的研討會上,公開批判"資產倍增論"而主張"人心與教育,才是重要的課題"。

宮澤暗地裏向田中角榮求援,也遭受後者的拒絕。在田中看來,要"臣服寡人",至少得像中曾根一般,表面上顯得服服貼貼,而不是像宮澤那樣,一面要求援助,另一面卻深恐田中沾污其"清潔"的形象,不敢光明正大地拜會田中。不少評論家認為,宮澤的碰壁是預料中事。

派閥內鬧分裂,派閥外的長期盟友(田中派)又不準備支持宮澤參加總裁競選,鈴木派該往何處去?

出路有二:一是留在主流派內,放棄參加總裁競選,但要求"田中曾根"分配更多內閣與黨的要職給該派系。這是鈴木善幸所指的"協商方式"與"有條件的鬥爭";二是從主流派轉為反主流派,向福田派和河本派靠攏。這是派系內支持宮澤的"主戰派"的主張。

除此之外,不少派內人士認為此刻應採取十分謹慎的政策,因為一旦得罪田中派,宮澤不僅當不了本屆首相,以後恐怕也難登上寶座。

"田中曾根"聲勢壓人

針對各派系新首領提出的治國政策,擁有"田中王牌"的中曾根首相表示:不管由誰當首相,自民黨的政策都不會有太大的改變。意思是說,競選總裁,根本不用去爭論甚麼施政方針。

至於各派提出的"協商精神",中曾根認為,只有在承認中曾根蟬聯總裁的基礎上,才有商談之必要,否則免談。

與此同時,近日來田中派也一再表示,各派希望通過總裁競選而要求大幅度改變現有內閣及黨務要職勢力的均衡,是不可能辦到的。田中角榮還暗示,明年日本可能會舉行大選。弦外之音是,各派系用不著為本屆的競選而大傷腦筋,因為好戲還在後頭。

總而言之,在相互利用的基礎上,現階段的田中派與中曾根派已經組成鞏固的主流派合作關係,決心繼續推行"田中曾根政治"。要如何攻破"田中曾根"的堡壘,從而擴大自己派系的影響力,並為未來的總裁競選鋪路,這就要看各派閥新領袖們如何善用金錢、時機與狡計了。自民黨的總裁競選,無疑將是各派閥繼承人較量權術與展示政治手腕的不可多得的良機。

(注)所謂"田中曾根政治",指的是中曾根雖然是首相,但是實際上卻受到田中幕後的操縱。

(一九八四年十月)

田中派內訌的來龍去脈

日本執政黨自由民主黨的最大派閥——田中派正在鬧內訌。先是田中角榮的"第一號忠臣"——二階堂進有意造反,接着是黨秘書長金丸信暢所欲為,現在是少壯派領袖竹下登組織"創政會",成立"派中派"。

田中派會不會因此而瓦解?田中角榮對其屬下是否還擁有控制力?竹下登為甚麼敢在這個時刻展開"奪權鬥爭"?"創政會"的成立對自民黨內權力的轉移,將起甚麼樣的作用?自民黨的派閥會不會因此而重組?派閥的重組會不會影響日本的國內外政策?

本文予以詳細的報導和分析。

(一) "擁立二階堂"是怎麼一回事?

以前首相田中角榮為首,曾經被認為"凝結力最強",有"田中軍團"之稱,在實際上左右着日本政局發展的自民黨田中派,正面臨內部大分裂。

田中派之所以被譽為"田中軍團",主要是因為該派系聲勢浩大,是黨內最大的派閥。加以該派閥財力雄厚,受到日本財界強有力的支持;因此,儘管田中角榮涉及洛希德賄賂案,甚至在前年被東京地方法庭宣判罪名成立,田中派的勢力卻有增無減,儼如勢不可擋的"軍團"。在一九八四年十二月的全國大選中,自民黨由於"田中貪污案"所累而受到挫折,失去了三十六個席位,但"罪首"田中及其嫡系的一夥人卻贏得極高票數。這一奇妙現象,日本稱之為"黨憂角笑"（即自民黨憂慮，田中角榮歡笑）。它生動地説明，田中角榮雖然被迫退到幕後，但仍然擁有操縱日本政治的最大本錢。已故首相大平正芳、前首相鈴木善幸及現任首相中曾根康弘，無一不是在田中的支撐下，才攀上首相的寶座。難怪有人形容田中是"日本首相的製造者"，他在目白的官邸，也成為政界要人例常必須"朝拜"的所在地。

但，這個由"皇上皇"田中領導，被形容為針打不進、水潑不入、百戰百勝、所向無敵的"田中軍團"，在去年卻開始露出了破綻。出面打破"田中軍團"神話的，不是別人，而是田中角榮的老搭檔——被認為是田中"第一大忠臣"的自民黨副總裁二階堂進。

中曾根首相最聽話

原來自從田中角榮被拉下台後，他無時無刻不想東山再起。但是，由於洛希德賄賂案餘波未息，他不敢輕舉妄動，只好採取"保存實力，扶植親信"的手法，間接地控制政局。所謂"親信"，最理想的當然是長期的忠誠盟友大平派（大平正芳逝世後，改為鈴木善幸領導的鈴木派）。大平和鈴木先後成為日本首相，正是田中的傑作。

但是，在鈴木下台之後，首相的人選可就不容易安排了。經過一翻深思熟慮，田中終於決定讓黨內第四大派系首領中曾根康弘試試。有"風見鷄"（風向鷄）綽號之稱的中曾根雖然偶爾也想賣弄"善變"之才華，但只要田中稍有不滿或發一點脾氣，就馬上低聲下氣，顯得服服貼貼。在力量對比懸殊的情況下，中曾根"聽話"之程度比起大平和鈴木，可以說是有過之而無不及。難怪日本報界稱呼中曾根內閣為"田中曾根內閣"。

田中拒絕支持宮澤

一九八四年十一月,是自民黨總裁選舉的季節。田中要不要繼續支持中曾根,無疑是後者能否繼續當政的決定性因素。當時有意問鼎首相寶座的人選計有:鈴木派代理會長宮澤喜一,福田派代理會長安倍晉太郎和河本派(前三木派)領袖河本敏夫。

在三者之中,福田派及河本派與田中角榮素有瓜葛,田中自然不願予以支援。至於鈴木派,雖然原為田中派盟友,但田中對宮澤一向缺乏好感,一來是因為在性格上兩者格格不入;二來在田中眼中,宮澤恃才傲物(在日本政圈中,宮澤被認為是才子派,英語講得最為流暢),也許不容易被人操縱。因此,去年夏天當宮澤到田中的別墅叩見求援時,即遭到後者無情的拒絕。田中當時的口吻是:"要提名的儘管可以自由提名,不過,要支持誰我自有選擇和決定。"

在上述情況下,田中派只有兩項抉擇:其一是讓中曾根繼續當政;其二是田中派另推本派候選人角逐黨總裁。

按照常理,田中派要維護本派閥的利益,最好的辦法莫過於推舉本派閥的大將問鼎中原。但是,從田中角榮個人的利益着想,這無疑卻是最危險的一着棋。因為,一旦自己的手下擔任首相,田中的領導權恐怕從此就如泥牛入海,一去不返,等於斷絕自己東山再起的機會。幾經盤算,田中角榮鄭重宣布:在未來的十年內(按:一般預測田中受賄案件將再拖延十年),田中派將不會派人角逐總裁。

田中的這一宣布,顯然是要暗示手下:"除了我本人,誰都不得妄想代表田中派"。這同時也意味着田中派將傾全力繼續支持中曾根。難怪當時的中曾根樂不可支,認為穩操勝券。日本的大眾傳播媒介也形容當時局面為三弱一強。所謂三弱是指鈴木派的宮澤、福田派的安倍和河本派的河本;所謂一強,則非中曾根莫屬。

但是,就在中曾根自認取巧奏效,大眾傳播媒介大唱"三弱一強"歌曲的時刻,永田町(日本政治中樞所在地)忽然傳出"擁護二階堂出任總裁"的驚人消息。

"首號忠臣" 悶悶不樂

二階堂者，田中之密友也。由於涉及洛希德案件，日本報界稱之為"灰色的高官"。對於這位年屆七十五的"忠臣"和元老，田中如果想支持他擔任首相，可以說是輕而易舉的事。但田中對此卻未有任何表示。二階堂對此悶悶不樂，是可想而知的。因為，如果按照田中的意思，二階堂這一生肯定無法攀上首相的高峰。事實十分清楚，再過十年，即使田中由於被判入獄而放棄東山再起的願望，二階堂屆時已高齡八十五，是否還在人間都成問題，哪裏還能實現當首相的美夢。

對於二階堂的這一心態，觀察最深入的莫過於前首相鈴木善幸了。眼看着"三弱一強"、中曾根幾乎肯定蟬聯首相的形勢，黨內不滿的情緒可以說是十分強烈（中曾根在黨內的人緣一向欠佳）。在鈴木的穿針引綫下，以前首相福田赳夫為首的反主流派及在野的公明黨、民社黨等都表示願意擁護田中派的第二號人物二階堂出任首相。純粹從眾議員票數來計算，只要二階堂當時一口答應，"二階堂內閣"是隨時可能誕生的。不過，這樣一來二階堂得與田中公開鬧翻，其結果是田中派正式宣告破裂；而且在田中的反對下，二階堂的內閣當然是壽命難保。加以田中派系內以金丸信、竹下登為首的有力人士強烈反對，福田派的新領袖安倍晉太郎不予以支持，二階堂雖有問鼎首相寶座的野心，卻不得不予以"婉拒"。"擁立二階堂"遂成為一幕未演完的鬧劇。

（二）田中神話的結束

"二階堂鬧劇"雖然未順利演出，但它在日本政壇引起的餘震卻是非同小可。

首先，它間接向當今首相中曾根發出警告：單單投靠田中，未必就是"安全"的保證。中曾根今後仍得小心翼翼，因為，只要條件許可，"擁立二階堂"的鬧劇隨時都有重新搬演的可能性。

其次是，這個事件充分地說明，"田中軍團"其實並不如一般想像的那麼牢不可破。在田中派系內，不滿田中角榮的獨斷獨行，有意問鼎首相寶座者，大有人在。二階堂就是其中的一位。就連田中的心腹都對田中扶植中曾根的作法存有異議，可見田中的權威並不如一般所想像的那麼神聖不可侵犯。

除此之外，"二階堂擁立劇"也帶來另一副作用：在阻止二階堂出任首相的過程中，田中派的另一寡頭——金丸信充分發揮了他的應對能力，一躍成為田中派內引人注目、舉足輕重的人物；論功行賞，他在中曾根新內閣成立後受委為自民黨幹事長（秘書長），掌握黨內處理人事與財政的實權。

在阻止二階堂上台的過程中，金丸確是田中有力的棋子。田中感謝他，中曾根更感激他；然而，在感激之餘，田中和中曾根都對金丸勢力的膨脹，不能說不存有顧慮。

原來金丸雖為田中手下，但論交情，他與田中的關係不如二階堂。加以他在黨內一向主張加速權力的轉移，更引起黨內長老們的反感與不安。論年齡，金丸已屆七十，比起田中還大四歲，田中派即使來個"世代交替"，當然也沒有理由將權力交給他。不過，在金丸身邊還有一匹黑馬，那就是金丸的親家（竹下的長女是金丸的長媳）、當今的財相竹下登。

竹下登現年六十歲，早在田中內閣時代就擔任內閣秘書長，被認為是田中派的當然繼承人。只是由於田中遲遲不肯放手，竹下也只好忍氣吞聲，以"低姿勢"出現。不過，誰都知道竹下在養精蓄銳，積極進行各種拉攏活動，作好"接棒"的準備工作。特別是在過去幾年，自民黨內同年代不同派系的新領袖已開始有轉移權力之徵兆（如鈴木派的宮澤和福田派的安倍，都已先後各成為其派閥的"代理會長"），更使竹下憂心如焚。因為，如果"出馬"的步伐太慢，他要擊垮同年代其他派系"接班人"的可能性就會相對減少了。

田中角榮暴跳如雷

　　"二階堂擁立劇"無疑給竹下製造一個擡頭的良機。因為，第一，從有關事件發生、發展到收場的過程，可以看出田中派元老的田中與二階堂，雖然在壓制少壯派方面步伐一致，但彼此之間其實也是同床異夢，貌合神離。

　　第二，在二階堂"造反"之後，二階堂與田中之間的關係略為緊張，但彼此過後就迅速恢復和好，田中也既往不究，以寬大的態度相待。田中如此的處理手法，固然可以解釋為他的心胸寬大，但也正反映出他對自己的影響力缺乏足夠的自信。既然元老的二階堂可以"造反"，在"造反"不成功之後又能够和田中相安無事，少壯派的竹下為何不可以依樣畫葫蘆，來個"奪權鬥爭"的嘗試？

　　第三，在"二階堂擁立劇"之後，竹下的親家金丸已一躍成為自民黨內掌握實權的黨秘書長，竹下此刻不奪田中之權，還待何時？

　　正是在上述的背景下，從一九八四年十一月開始，田中派閥內以竹下為首的少壯派中堅分子便在秘密籌組"派中派"，以圖推舉竹下為田中派的正式接班人。由於這項籌備工作在高度保密的情況下進行，因此，直到一九八五年一月十七日竹下拜會田中，表示有意成立政策研究會（日人稱之為"政策勉強會"）為止，誰都不知道竹下已做好招兵買馬的準備。即使是竹下拜會田中當天，田中還被蒙在鼓裏，以為是普通的研究會，因此隨口説道：

　　"你要搞甚麼研究會，放手去做吧！"

　　直到真相被揭穿，田中才暴跳如雷，出面干預。那時田中才恍然大悟，原來竹下所要搞的，並不是甚麼普通的"勉強會"，而是政治色彩濃厚、含有"另起爐竈"成立"竹下派"的意義。

　　尤其令田中憤慨的是，竹下拉攏的成員，居然佔田中派全體成員的三分之二，約八十名左右，在這八十名成員當中，不消說當然也包括田中的部分"親衛隊"。連"親衛隊"都"造反"，而且事前不走漏一點風聲，這對於一向以權勢壓人的田中來說，此刻的滋味是可以想像得到的。

（三）竹下登創立"創政會"

田中對金丸及竹下的不滿和難以忍受，也可以從眾議院議長人選安排的爭執看出來。

在田中的心目中，原來有個理想的人選，就是其心腹之一的原健三郎。對於田中來說，議長人選的重要性，不僅可以在議程的安排等技術問題上照顧田中派的利益，而更重要的是還可以設法阻止國會對有關"政治倫理"問題的討論。所謂"政治倫理"問題，其實就是等於在追究田中角榮與賄賂案的政治責任。

按照常理，金丸與竹下當然照顧同派系首領的利益。可是，事實並非如此。身為黨秘書長的金丸不但不遵循田中的指示，反而有意推舉兩個令人難以置信的人選。其一是前首相三木武夫的心腹井出，其二是黨副總裁二階堂。三木是田中的死對頭，也是下令逮捕田中的前首相。讓三木的心腹當眾議院的議長，簡直是開田中的玩笑。至於推舉二階堂當議長，金丸是有其政治算盤的。原來在田中派閥中，較有影響力的元老就是二階堂。在"二階堂擁立劇"發生之後，為了阻止二階堂再"鬧事"，田中支持二階堂接任中曾根以後的首相職務的可能性是存在的。如果二階堂肯接受為議長，這是再好不過的事。因為，在表面上二階堂似乎是升了官，但事際上，議長只是一個有名無實的象徵人物。把二階堂捧為議長，目的正是要二階堂脫離黨務（辭卸黨副總裁之職位），也就是要他放棄出任黨總裁（即當然的首相）的野心。

金丸與竹下的這項策略，不僅獲得有意問鼎下屆首相的"新領袖"，如福田派的安倍的支持，也贏得當今首相中曾根的掌聲。因為，萬一田中支持二階堂或者是"二階堂擁立劇"重演，都意味着中曾根將被擠出首相府。

田中起用二階堂

對於金丸及竹下的策略，在政界已混了數十年的二階堂當然一眼看穿。因此，儘管金丸費了不少口舌，大談甚麼這是一項"友好"的表示，二階堂都一口拒絕。加以田中也對這項安排深表不滿，金丸只好推舉另一折衷人選——坂田為新議長。至於田中支持的原健，金丸根本不加以考慮。

從眾議院議長人選安排的過程，可以清楚地看出，金丸根本不把田中看在眼裏。他一心一意要做的是如何提拔竹下，及替他出任下屆首相鋪平道路。

金丸在議長人選問題上不聽指揮，現在又要搞旨在擁護竹下的"政策勉強會"，如果田中不及時予以強烈的反擊，田中派無疑將成為竹下派。為此，曾經利用金丸牽制二階堂的田中，決定起用二階堂，以便與金丸及竹下對抗。據說田中曾私下表示將讓二階堂出任下屆首相。

與此同時，田中也向其派閥內的議員公開表示，他對竹下搞的"創政會"不感興趣。不僅如此，他還向竹下開出下列幾個條件：

一、"創政會"自始至終只能是一個"勉強會"，不能成為"派中派"。

二、"創政會"的成立儀式，不應在大酒家而應該在田中派的辦事處舉行。

三、"勉強會"的會員只限於田中派成員，不能拉攏其他派系的成員參加。

這些條件，竹下都一一接受，因為除非竹下有意全面脫離田中派，否則在一定程度上，田中角榮的面子還是要照顧的。

不肯交出領導權

二月七日,竹下領導的"創政會"終於如期成立,出席者清一色田中派議員,以少壯派為主流。由於田中的出面干預及竹下的自我約束,出席人數只有四十名,比原定的數目少了一半。雖然如此,單單是四十名,在自民黨內其實就是一大派閥,何況這只是竹下派非正式成立的第一步。難怪日本報界對"創政會"的成立都大事渲染,形容它為田中派內的"政變"和"奪權鬥爭"。

當然,對於竹下來說,最好的途徑是田中心甘情願地把權力"和平"轉交到他手上,但這幾乎是無法辦到的。因為,正如前面所述,田中還存有東山再起的野心。在田中看來,他還有很長的政治生命,他現年只有六十六歲,比起竹下也不過大了六歲。以六歲之差,就要逼他交出權力,就要談甚麼"老一代"和"新一代",田中無論如何是不能接受的。

(四)竹下"背叛"帶來的衝擊

田中的上述心情,竹下當然非常清楚,這也就是為甚麼竹下遲遲不敢以"新領袖"的姿態出現的原因。不過,竹下也明白,如果不讓田中多少瞭解本身的"實力",要田中作出絲毫的讓步是不可能的。"創政會"的成立,是竹下向田中顯示"實力"最直接的方式。

其實,竹下的"實力",早已表現在他對政治基金籌募的數字。因為在日本,政治勢力的消長,是和政治基金的多寡成正比的。據一九八四年九月官方發表的數字,竹下在八三年呈報的政治基金為日幣八億三千萬圓,比起田中的四億九千萬日圓,還多出三億四千萬日圓。

回顧竹下五年來政治基金增長的情形,就可以明顯看出他受到財界強有力的支持：
一九七九年　二億九千八百萬日圓
一九八〇年　三億八千萬日圓
一九八一年　三億八千萬日圓
一九八二年　五億一千萬日圓

換句話說，五年來竹下呈報的政治基金總額高達二十三億九千萬日圓。竹下政治基金逐年增加（一九八三年度呈報的數字，比起前一年高出百分之六十一），其實也反映了他對黨總裁競選之興趣日濃。

至於金錢的來源，正如田中一樣，主要來自建筑業界以及銀行、金融界等。不僅如此，為了贏得財界強有力的支持，竹下也和財界要人建立起密切的關係。例如，住友銀行董事長磯田一郎、小松製作所董事長河合良一、日本電氣公司社長關本忠弘等，都是竹下的密友。

竹下勢力深入各地

除此之外，竹下"集金術"（籌款手法）的另一特徵，是深入各地的鄉鎮。迄今為止，全國各地已有三十四處設有"竹下後援會"，替竹下建立起各種"人脈"與"錢脈"關係。為了爭取各地人士的支持，竹下也模仿田中的"日本列島改造論"，倡議"全國鄉土改造論"。

在財界看好竹下、各地鄉鎮名士寄予極高期望的情況下，不少評論家指出，竹下籌募到的政治基金遠比他呈報的數字要多好幾倍。不過，他並不把全部的基金據為己有，而是分散給親信，有時甚至還分贈不同派系而急需錢用的議員，因為他放的是"長綫"。

從竹下籌募基金的方式、態度及號召力來看，一般評論家都認為他並不遜於田中。竹下與田中不同之處是：論學歷，後者未進過大學，前者卻是早稻田大學畢業生。為了早日登上首相寶座，竹下加緊與早大的校友建立各種"人脈"的關係。早大校友會——"稻門會"，將成為竹下的強有力支持者之一，是可以想像得到的。

竹下自認羽翼已豐

綜上所述，可以很清楚地看出竹下羽翼豐滿，已經具備各種向田中挑戰和對抗的條件。現在，擺在田中面前的只有下列幾條道路：

一、採取全面鎮壓的態度。結果將是，竹下正式另起爐竈，田中派大部分成員將隨竹下而離開，田中派即使還能保留下來，但已不再是舉足輕重的派閥。

二、承認竹下為正式繼承人，自己退居為元老，放棄現有之實際指揮權。

三、在某種程度上容忍竹下在其派閥內建立"派中派"，逐步推行權力轉移的工作。

在形勢比人強的情況下，田中只好按下怒火，選擇"相互容忍"的第三條路。二月十三日，他與竹下舉行了令人注目的會談，雙方強調"同心圓"的重要性；換句話說，只要竹下不要太過分，不要離開以田中為中心的圓軌，彼此還可以相安無事，繼續合作。

這項會談，總算暫時結束了"創政會"成立以來的政治騷動，緩和了"角竹之戰"。不過，觀察家認為，這只是權宜之計。因為會談中，田中並未答應要推舉竹下成為下屆首相的候選人。至於所謂不脫離"圓軌"，也是十分含糊的字眼。田中派系要恢復原有團結，看來已經不可能。

尤其值得注意的是，竹下的"政變"其實並不只是田中內部的叛亂，它也意味着兩代政治家的權力鬥爭，日人稱之為"世代的戰爭"。

自民黨的其他派系，雖然比田中派較早進行轉移的工作，但認真分析，老頭子們還是緊握着權力不放。就以福田派的首領福田赳夫來說，他雖然高齡已達八十，但仍然不肯讓安倍當該派系的會長，只允許他出任"代理會長"。難怪福田派的議員們四處進行活動，希望諾貝爾和平獎能早日落入福田手中，以便讓他早日榮休。至於鈴木派的宮澤（也是"代會長"）、河本派的河本，雖然已是公認的繼承人，但前首相鈴木善幸和三木武夫仍然"熱心指導"，對其派系的動向擁有極大的發言權。不僅如此，每當黨內紛爭無法解決時，還得擡出以前首相岸信介為首的黨最高顧問團，予以調解和裁決。有人就形容，自民黨與其説是朝向新一代接棒的方向，不如説是在推行"老人政治"。

"老人政治"出現缺口

竹下成立"創政會"，無疑是打破了"老人政治"的缺口。田中的無能為力，也將使其他派閥年輕領袖得到一個啟示：只要時機成熟，即使造反，老頭子也奈何不得。有了"創政會"的例子，今後各派系的兩代之爭肯定更劇烈。

為了同"老人政治"對抗，田中派的竹下會不會和福田派的安倍進一步合作呢（竹下與安倍關係一向良好，兩者建立聯合政權的可能性十分高的）？如果田中作出讓步，竹下成為田中派的代表，角逐總裁職位，安倍將採取甚麼策略？雙方的友好關係是否將告結束？在"世代交替"，或者是"世代戰爭"的過程中，自民黨派閥的勢力結構，無疑將會重組與變動。以目前的局面來看，這些重組與變動，對於現任首相中曾根相信不會有利。問題是，誰將繼承中曾根，成為下屆首相？是竹下，還是安倍？是宮澤還是河本？或者在一九八四年"擁立"不成，但仍然躍躍欲試的元老二階堂？

自民黨的"密室政治"與"私下交易"式的權力鬥爭錯綜複雜，不到最後一分鐘，誰也不知道最終的結果。不過，有一點可以肯定的是，不管是老一代的政治家或者是新一代的領袖，"錢脈"與"人脈"仍然是決定他們在政海中浮沉的關鍵性因素。換句話説，新一代的領袖（所謂"新"，其實也都在六十歲以上。）也不可能替日本政治帶來任何清新的氣息。至於日本大眾傳播媒介經常談論的政治倫理問題，更不可能因為派閥領袖易人而有所改變。因為，"金錢舞弊"與派閥政治原本就像一胎雙胞，難以分割。在"創政會"的衝擊下，自民黨派閥勢力的對比將大起變化，但自民黨政府的基本內外政策卻將保持不變。

（五）田中"癱瘓"加速派閥重組

一連寫了上述四篇有關田中派內訌的文章，原來準備暫時擱筆，靜觀日本政局變化，永田町（日本政治中樞）卻傳來了田中角榮中風、右半身癱瘓的消息。田中的"癱瘓"將持續多久？田中的癱瘓是否將造成他的"政治癱瘓"，誰得益最多，誰損失最大？田中派將何去何從，自民黨派閥將可能如何重組……？相信都是讀者急待瞭解的問題。這裏僅作個簡單的分析和探討。

打擊田中"政治信心"

田中右半身的癱瘓，會不會發展為"政治癱瘓"，主要的當然得看其病情的輕重。據醫生宣布，田中得住院三四個星期，但一般觀察家相信，實際的情況可能比醫生所透露的還要嚴重。撇開田中近三四個星期能否復原不談，田中這次中風對他本人及支持者（包括財界人士）的"政治信心"，肯定是一個極大的打擊。尤其值得注意的是，田中中風恰好是發生在"角（榮）竹（下）之戰"之後（正如數年前首相大平正芳和福田赳夫搏鬥之後，患狹心症而死一般），更使人深信田中的中風，和他不滿屬下造反，而受到政治刺激有關。在政治地位動搖，健康又成問題的情況下，田中角榮將對其政治前途作何選擇呢？

答案只有兩個。第一是拼着老命，不管病情如何，緊握着"皇上皇"的權勢不放；第二是自知精力有限，生命要緊，放棄東山再起的野心，找一個恰當的接班人，自己則退居幕後。

可能淪爲政壇配角

要在田中派尋找繼承人，最好的現成人選莫過於財相竹下登。因為竹下領導的"創政會"已擁有四十名會員，佔田中派成員的三分之一，因此，只要田中點頭，竹下隨時都有能力接管田中派，成為日本政壇的第一號紅人。問題是，對於這位敢向他公開挑戰，在他的派閥內挖牆角，甚至可能是導致他這回怒火攻心，一氣而告中風的竹下，田中是否能咽得下那口氣，心甘情願地拱手把領導權交出來？

如果田中拒絕支持竹下，他的另一個選擇，就是支持黨副總裁二階堂進。二階堂雖然也一度思變，但畢竟是田中的老搭檔，對田中的利益（特別是洛希德賄賂案，由於本身被牽連在內，更不可能出賣田中）自然會特別照顧。然而，如果田中支持二階堂，後者肯定不會獲得竹下和金丸為中心的中堅分子的支持。這一來，田中派將正式分裂，以二階堂、田中為首的元老派將不再是左右日本政治方向的一股力量。他們的唯一出路，是爭取和鈴木派或者中曾根派合作，但他們的發言權在相對上將告減小，充其量只能成為政壇的配角，而不可能成為主將。從"首相的製造者"淪為政壇的配角，別說田中與二階堂昔日的威風不復存在，屆時是否有人願意協助田中渡過洛希德賄賂案的難關都成問題。為了對竹下不能小忍而亂大謀，這項抉擇是否正確，顯然值得田中再三思慮。

竹下勢力如日東昇

　　對"創政會"會長竹下登來說，田中病重入院無疑是給他製造一個拉攏田中派其他成員的機會。在對田中前途缺乏信心、"創政會"的勢力似乎如日東昇的情況下，田中的不少親信將從田中的身邊跑到竹下的旗下是可以肯定的。有了田中派更多成員的支持，"創政會"將從財閥獲得更多財源，自不待言。因為，財界人士之所以願意"獻金"，無非是希望他們所支持的政界人士能夠掌權，並在掌權之後特別照顧其利益。因此，誰掌政的機會越大，誰獲得的政治基金也就越多。既然田中可能從此"癱瘓"，何不早日將政治基金轉送給竹下？

　　綜上所述，可以看出，田中中風得益最大的可能是竹下。因為，不管田中的主觀願望如何，在當前的形勢下，他將被迫對接棒問題早日表明立場。田中如果看得開，願意指名竹下為新領袖，"角竹之戰"將告全面結束，竹下就將順理成章成為自民黨最大派閥領袖。

　　反之，如果田中要繼續壓制竹下，竹下領導的"創政會"也許會正式擺脫田中的控制，自立"竹下派"。這一來，最可能出現的局面是，竹下派與福田派新領袖安倍合作，成立"安竹聯盟"，問鼎下屆總裁。至於誰先出任首相，彼此也許得討價還價，以謀達致某種默契。

　　當然，如果竹下獲得田中的支持，在總裁角逐戰中一馬當先，把其他的競爭者遠遠地拋在後頭，那麼安倍等新領袖就未必願意和他合作，而可能與其他派系組成聯盟，阻止竹下奪取首相寶座。因為，在自民黨的派閥鬥爭當中，是沒有是非可言的。派閥的重新組合與派閥成員之增減，並非政策的差異，而純粹是利害關係的變化罷了。

　　瞭解這一點，如果竹下正式成為田中派繼承人，而二階堂又不滿的話，反主流派隨時可能再搞一回"二階堂擁立劇"，至於第二大派閥鈴木派在這場派閥重組的過程中，將扮演何等角色，也備受各方注目。對於該派閥來說,怎樣利用有利的時機,將該派閥的第二號人物宮澤推為首相,無疑是當前的首要任務。

"田中曾根政權"結束

總而言之,隨着"創政會"的成立,田中角榮的部分"癱瘓",田中派的陣容將可能大起變化。如果田中同意讓竹下繼承田中派領導人,這項變化的幅度相對可能縮小。反之,將導致派閥的大重組。其中不僅包括派系成員的相互跳槽,也將影響當前各派閥合縱連橫策略的改變。

然而,不管各派閥成員如何重組,各派閥策略如何改變,中曾根康弘將面對極大的考驗,是可以肯定的。因為早日打垮中曾根,幾乎是各派閥元老和新領袖們的共同願望。從這角度來看,田中"癱瘓"影響最大的,莫過於當今首相中曾根。中曾根在田中中風後坐立不安的心情,是不難理解的。因為田中的"政治癱瘓",其實也意味着"田中曾根政權"的結束,他必須絞盡腦汁,另謀出路。

(一九八五年三月)

田中病倒帶來的衝擊

十餘年來，日本政壇最有權威的人物——前首相田中角榮病倒已經五個月。除了田中家屬，誰也不知道真實的病狀。但一般相信田中即使康復，也不可能東山再起。"田中倒了！"並不只是病倒，而同時也意味着田中在政治上的倒台。換句話說，在實際上，田中時代已宣告結束。

從田中病倒到被判"政治死亡"的過程中，自由民主黨人（特別是田中派）先是爭奪準確的情報（病狀），接着是為繼承其"政治遺產"——"錢脈與人脈"而展開異常劇烈的爭奪戰。

本文分成四篇，着重報導和分析這場爭奪戰以及四個月來"沒有田中角榮"的政局與動向。

（一）田中愛女壟斷田中病況情報

"日本前首相田中角榮病倒了！"
"田中需要三四個星期才能復原。"
"田中在兩三個月內無法視事。"
"田中在病院天台賞花。"
"田中病逝了！"
"不！他還活在人間，只是被女兒帶回家療養。"
"看！這就是田中逐漸康復的照片。"
"………"

幾個月來，有關田中病況發展的各種虛虛實實的消息和謠言滿天飛。日本的大眾傳播媒介不但把田中的病況當為中心話題,連他的掌上明珠——田中真紀子,也成了熱門人物。甚麼"目白(田中豪華私邸所在地)的女帝"、"日本的撒切爾夫人"(最早使用這稱號的是美國《時代週刊》),更是日本傳播媒介喜愛冠予真紀子的外號。

田中角榮政治秘訣

日本的報章、雜誌與電視為甚麼那麼重視田中病況的發展?真紀子為甚麼忽然間被稱為"女帝",成為各方注視的話題人物呢?

原來在日本的政壇,"金錢與(議員)人數",是一個政治家地位起落的決定性因素。一個政治家要想躋入政治舞台的中心,或者是爬上政壇的頂峰——首相,他周圍必須有一批人(議員)。這些人當然是越多越好,因為人多了就是所謂大派閥,人少就是小派閥。但是,要拉攏一批人就得有一大筆錢。無法給人太多甜頭的首領是難以糾集人馬的。"錢多好辦事"這個道理,田中看得最透。果然,在其高明的"集金術"及銀彈攻勢下,他所領導的田中派十餘年來勢力不斷膨脹。在自民黨約四百名國會議員當中,田中派佔了一百二十二名,相當於兩個中曾根派,或者等於福田派與中曾根派的總和。

當然,田中要維持這麼一個強大的"田中軍團"並不簡單。他不但得支付其派閥成員競選的費用,也得在每年的年中(夏季)及年終(冬季)發兩次大紅包(即所謂"津貼")。每個紅包約是吻幣(注:新加坡幣)兩三萬元,單單要發津貼給一百二十二個議員,就得支出兩三百萬元吻幣。這不是中小派閥領袖如中曾根之流所能承擔的。

但是,在田中角榮病倒之後,誰有能力去籌募這些錢(這些錢當然是來自財閥),誰能繼承田中發錢給田中派的成員呢?這是一個大問題。元老的二階堂(也是田中派會長)當然躍躍欲試,少壯派領袖竹下登也蠢蠢欲動。然而，只要田中還未完全離開政界，只要田中並非患上"絕症"，誰都不敢過於明目張膽得罪田中。只要稍一不慎，也許就會斷送自己的政治前途。這是二階堂、竹下等有意問鼎中原者不能不關注田中病情發展的原因。

至於田中派的普通議員，也不能對田中病情掉以輕心，因為如果田中的政治生命真的就快結束，他們就不能不盡速找新的效忠對象。在這問題上，跑得太快或太慢都不好，因為這都將直接影響到他們今後金錢收入的多寡以及政治地位的高低。田中進入醫院之後，自民黨議員（特別是田中派議員）爭先恐後到醫院探望，一方面固然是為了"聊表效忠"（多事的日本記者還把各派系議員看病的人數和次數，做出精密的統計圖表，並加以分析）；另一方面也是想要瞭解田中真正的病情，以便為自己或其派系今後的出路，早日做好準備。

換句話說，探取田中的病況——田中病狀準確的情報，是政治家們擁至東京遞信醫院的主要原因。

"最討厭的是政治家！"

自小生長在"政治家庭"的真紀子，對於政治家們的上述心態，當然瞭如指掌。五月間她向田中派幹部發出"討厭政治家"的談話，充分地反映了她對自民黨人極端不滿的情緒。在她看來，搞政治的根本沒有好人。他們與其說是來探病，不如說是想從病人那兒撈把政治本錢。

在真紀子看來，田中中風及由此產生的後遺症，是與去年的"二階堂擁立劇"及竹下成立"創政會"的事件分不開的。對於這兩位隨時準備接棒的田中派人，真紀子怎能信任？這就是打從田中進入醫院開始，她便謝絕所有的政治家進入病房的道理。

秘書、院長公然撒謊

自民黨人既然不能得到有關田中病況的第一手資料，只好從醫院的醫生及田中的秘書早坂茂三發表的談話，加以推測。但是，自從三月底（也就是田中入院後一個月）醫生發表第三次談話，指出"病人意識完全清醒，但需要一段時期才能復原"之後，就再也沒有公開宣布甚麼。

原來在這段期間，田中的家人與秘書早坂及醫院當局意見分歧。田中家人認為，病人此刻最重要的是休養及進行物理治療，從而逐步恢復體力，因此留院與否並不重要。但早坂秘書不以為然，他認為田中一旦離開醫院，必然引起各方的推測與不安，不利於田中政治勢力。他主張繼續留院，他要繼續扮演"田中情報供應者"（其實是透過操縱情報，間接影響政局）的公關角色。醫院當局也不贊同田中回家療養，因為這可能有損醫院之名譽。

四月二十八日，曾被田中形容為"鐵公鷄"、性格強硬的真紀子，不顧早坂秘書的反對，把田中接回老家。真紀子當初只要求讓其父親暫時出院。哪知道一回到自己目白豪邸，就未再返回醫院。這時候，有關田中的小道新聞層出不窮。"田中失踪了！" "田中逝世了！"等謠言就是在這個時刻傳開的。田中的秘書早坂此刻的焦慮心情可想而知。他一方面向真紀子交涉，要求她把田中帶回醫院，另一方面又向報界撒了大謊：田中曾一度出院，但在五月三日已再入院。

田中長女成爲"女帝"

早坂不但自己撒謊，也要醫院院長渡邊一起撒謊。但是，對於他們的一番"苦心"，真紀子並不買賬，五月十一日，在無法說服田中家人將田中帶回病院的情況下，早坂及渡邊只好尷尬地公開承認說謊，並透露角榮仍在家中療養。五月十六日，田中家人以對病院"缺乏信心"為理由，正式辦理出院手續。

至此，被政治家、新聞記者騷擾了兩個月的東京遞信醫院才恢復了往日的平靜。田中病況的一切情報，從此也完全操縱在真紀子的手中，難怪日本的大眾傳播媒介要稱呼她為"目白女帝"了。

六月七日，"女帝"又再做出驚人宣布，決定關閉在東京平河町的田中事務所及解僱田中的秘書團（其中包括田中的得力助手早坂及專管田中派金錢出納、也是田中情婦的"越山會女王"佐藤昭子）。

這一宣布，不僅反映出田中身旁人物的摩擦正在加劇，也意味着十餘年來主宰日本政治的"皇上皇"在短期內（可能是從此以後）不可能回返政壇。

這無疑也意味着日本政壇從此將進入"沒有田中"的時代。

（二）二階堂急於繼承田中"遺產"

真紀子宣布關閉田中事務所，不消說，衝擊最大的是田中派人。在田中病倒之前，田中派實際上已有兩股勢力正在形成。其一是以少壯派領袖竹下登為首的"創政會"派；其二是元老派領袖二階堂進為首的"反創政會"派。"創政會"成立於一九八五年二月，主張"世代交替"，公然向田中的至高權威挑戰。田中病症爆發，不少評論家歸咎於"創政會"的成立。因為，這是田中派成立以來，派中首次出現"派中派"。田中當時所受的嚴重刺激與氣憤之程度是可想而知的。

至於以二階堂為首的"反創政會"派，雖然對田中有所不滿，特別是對他一再扶植中曾根而不提拔田中派人（當然是指元老）當首相，噴有煩言，但基本還對田中表示效忠。主要原因是，他們自知本身的力量十分薄弱，一旦走出田中的傘下，他們是不堪一擊的。

也許因為這個緣故，一九八四年秋天，在前首相福田赳夫、鈴木善幸等策劃"擁立二階堂"以便取代中曾根時，二階堂雖然又驚又喜,但經過五個小時的戲劇性談判之後,這項"政變"計劃終於胎死腹中,日人把這稱之為"虛幻的二階堂政權"。在這之後,二階堂就急着和田中修好。恰好竹下登成立"創政會",二階堂便出面反對與阻撓。這一招可說是大討田中的歡心。論功行賞,田中就對二階堂許下諾言:"中曾根之後,就讓你當首相"。當時的二階堂當然雀躍萬分,他的反創政會活動也就搞得更加賣力。"必須效忠田中,不應該搞派中派",這是幾個月來,作為田中派會長的二階堂一再向田中派人發出的呼籲與訓令。

由此可見,田中病倒乃至間接被迫宣布引退(至少是在一段相當長的期間內),打擊最大的莫過於二階堂領導的反創政會派。因為,不管是從"金錢"或者"人數"的角度來看,單靠他們自己的力量,是無法壓倒創政會的。也基於這個因素,他們在主觀上都不希望田中病倒(至少是在此刻),更不希望他退出政壇。只要田中還有回返政壇的一天,他們便還可以田中的名義繼續籌募基金與拉攏人數;他們還可以假藉田中的名義,耍弄"挾天子以令諸侯"的政治遊戲。

代替田中分發紅包

然而,事與願違,從目白頻頻傳來的消息,與其說是符合二階堂的如意算盤,不如說是朝着相反的方向發展。這其實也意味着兩派決鬥的日子已為期不遠了。誰將繼承田中的"政治遺產"——"錢"與"人"?這是兩股勢力鬥爭的焦點。

對於二階堂來說,他既然是田中派的會長,順理成章,他就是田中的"正統"繼承人。何況在創政會與非創政會之間,田中決不會站在創政會那一邊。

為了履行作為田中派"正統"領導人所身負的"任務",二階堂在六月十四日,以"木曜會俱樂部"(田中派的正式名稱)會長的身分,發給八十五名未當過部長的田中派議員每人兩百萬日圓的夏季大紅包。一名議員兩百萬日圓，八十五名就得分給一億七千萬日圓（約叻幣一百五十萬元）。二階堂這麼做，目的十分清楚，就是要顯示他有籌募基金與分發金錢的本領。在日本，"集金"與"派送紅包"是證明一個人是否能當派閥領袖最起碼的條件，也是一個政治家要鞏固其政治地位最有效的手段。難怪不少評論家認為，這是二階堂仍未放棄"虛幻二階堂政權"的鐵證。

大搞籌募基金酒會

二階堂的另一花招，是在六月二十日以田中派的名堂，搞一個所謂"勉勵人間二階堂進之會"。（日文"人間"，是中文"人"的意思。）二階堂既沒有田中"日本列島改造論"的明確施政方針，也不會像竹下那麼善於變通田中的口號，而打出"全國鄉土改造論"，他能向黨人銷售的最佳貨色，就是強調他的"人情味"。

籌辦"人間"二階堂鷄尾酒會的主要目的之一，不消說是為了籌募政治基金。這是自民黨最流行、最合法籌募政治經費的手段，也是各派人士展示其"人脈"與"錢脈"的主要方式之一。二階堂酒會的入門券是每張三萬日圓，如果能賣三萬張，就能籌募九億日圓（約叻幣八百餘萬元）。這是主辦當局最初訂下的目標。

對於這個九億日圓的目標，較早時，各界都表示懷疑。因為儘管二階堂年屆七十五，在政治圈子裏搞了三十多年，但畢竟還未建立起自己強大的"錢脈"關係。在洛希德賄賂案問題上，他雖有涉入而被列為"灰色的高官"，但基本上只是扮演田中代理人的角色，而不是一個關鍵人物。

不過，登上政壇頂峰——首相寶座，畢竟是大部分自民黨人終身從政的最高目標。特別是去年秋天"二階堂擁立劇"上演以來，二階堂本人更是躍躍欲試。只要能過一過首相癮，即使是當一任或半任都無所謂。這也許是今日"人間"二階堂的最大願望。因此對於他來說，這次的"勉勵"大會，只許成功，不許失敗。

躍躍欲試想任首相

果然，在二階堂及田中派元老們的支持下，這個令人注目的大會取得輝煌的成果：出席者達七千五百名，一共籌得九億日圓。

一次政治集會就籌得九億日圓，這在自民黨史上，可算是創下最高的記錄。難怪有人認為，不可低估二階堂的潛力，因為至少在表面上，二階堂已經"正統地"接管田中的錢脈——他既有能力在六月十四日分給八十五名田中派議員一億七千萬日圓的夏季津貼，又能在六月二十日通過政治集會籌得九億日圓充當政治基金，加以高齡八十八的自民黨最高顧問、前首相岸信介，還在大會上以發起人代表的身分盛讚二階堂，指出："要處理日本當前面對的問題，除了二階堂君，沒有更加恰當的人選。"二階堂此刻心花怒放是不難想像的。

（三）竹下虎視眈眈、伺機以待

二階堂代替田中分發夏季津貼、成功地召開政治籌款大會，這些的確說明了他在一定程度上已有"能力"成為田中派"正統"繼承人。但是，如果拿二階堂籌款的本事與財相竹下相比，誰都不會看好前者。

實際上，當二階堂以田中派會長名義分發夏季"紅包"，準備以此奠定"正統"領袖地位時，創政會當中就有人主張以創政會會長名義，發給會員夏季津貼。以竹下擁有的政治基金，發一兩億日圓紅包是輕而易舉的事。

但這建議並不為竹下所接受。因為，這一來無疑是宣布田中派分裂，它對竹下接下來的首相角逐戰是極其不利的。

同樣的，儘管竹下早已看穿二階堂的政治酒會真正意圖何在，但基於"保持田中派一團和氣"的願望，他及創政會的其他人士仍然出席捧場。竹下甚至還在會上致辭，宣稱要永遠拜二階堂為師。創政會顧問級的自民黨幹事長金丸，也在會上稱呼二階堂為"我們的首領"。

竹下及其親家金丸這麼重視做表面工夫，主要是他們已洞悉田中派的秘訣不外是"金錢與（議員）人數"這兩個法寶。如果過早和田中派元老們衝突，別說竹下無法早日登上首相寶座，就連金丸能否在秋季保住自民黨幹事長這一重要職位都成問題。因為只要當前一強（田中派）四弱（指鈴木派、福田派、中曾根派和河本派）的局面被打破，不管是由田中派分化出來的竹下派也好，二階堂派也好，都不再是一股舉足輕重的力量。屆時它們充其量只是六弱之一。田中派內的創政會派與反創政會派之所以遲遲不敢放下田中的旗幟、不想分道揚鑣，道理就在於此。

表面尊重派內長老

當然，創政會人士不想和反創政會派公開鬧翻，並不意味着他們坐視二階堂以"正統"身分攀上田中派的第一把交椅。恰恰相反，他們在"尊重"二階堂長老、高唱田中派團結的同時，並不放棄搞創政會的"勉強會"（即有關政策的"學習會"，這是自民黨人搞小集團，搞派系經常利用的名堂），更不忘記拉攏新成員。就以不久前創政會舉行的"勉強會"來說，公然出席的田中派議員就達五十二名。

竹下之所以有辦法拉攏那麼多成員，當然是和他的"集金術"有關。據報導，前一年度竹下公開呈報的政治基金為七億圓，如果再加上未呈報的數目，一般估計不會少過十四億日圓（約叻幣一千兩百萬元）。反觀二階堂雖然靠主辦"人間"二階堂的集會籌得九億日圓，但如果扣除他發給議員們夏季的津貼，再加上付還上回田中派個別落選議員的一些負債，二階堂手上所擁有的金錢，其實為數並不多。何況這次的集會是以田中的名義為號召，又是二階堂從政以來首次搞的"勉勵會"。由此可見，單從"錢脈"的角度來看，二階堂的"正統"領導地位，是經不起挑戰的。

拒絕解除武裝方案

元老派的二階堂躍躍欲試（因為這是他最後的一次機會），少壯派的竹下又不肯退讓，如此下去，田中派一分為二（甚至是三或四）似乎是不可避免的趨勢。為了扭轉這個局面，有人提出折衷方案，建議讓竹下先當田中派的代理會長，然後代表田中派角逐黨總裁的選舉，但先決條件是要竹下解散創政會。

對於這個方案，創政會表示難以接受。因為，竹下屆時能否當選黨總裁是一個未知數，但先解散創政會卻無疑是要少壯派先放下手中武器。少壯派好不容易才突破重重困難，甚至不惜與性格暴躁的田中鬧翻，哪裏肯輕易解除武裝，任由競爭對手的元老派安排他們的政治命運呢？

（四）各派閥新領袖搶着接棒

對自民黨其他派閥的領袖來說，田中病倒及田中派內訌，可以說是再好也不過的事。因為這意味着十多年來由田中派以人數壓人的一強四弱局面就將被打破。然而，在暗暗自喜之餘，他們也不能不密切關注時局發展，因為稍一不慎，"沒有田中"的局面未必一定對自己有利（特別是首相中曾根，由於是靠田中支持上台，更不能不發揮其"風見鷄"的本領，留意周圍的每一個動靜），何況田中派一旦分裂，還意味着自民黨內的派閥可能重組，各派閥合縱連橫策略可能會有所改變。

從田中家人不許任何政治家接近田中以及真紀子宣布關閉田中

事務所等動向來看，越來越多的政治評論家相信，田中病況十分嚴重，他重返政壇的可能性並不大。即使這回吉人天相，逃過病魔掌心，但要恢復往昔的威風已經不太可能。為此，不少政治家與評論家公然宣判田中在政治上已經死亡。"田中時代的結束"成了當時東京報章、雜誌喜愛使用的大標題。

"角福恩怨時代"結束

所謂"田中時代"，是指一九七二年前首相佐藤榮作下台，田中角榮與福田赳夫爭奪領導權，田中左右自民黨以來的政局。這個時代的基本特徵之一，是"角"（田中角榮）、"福"（福田赳夫）水火不相容，自民黨內五大派閥大體上分成兩個陣營，即田中派聯合大平派和中曾根派對抗福田派與三木派；另一特徵是每個派閥的領袖都有機會上台，但平均都只當兩年的首相（只有中曾根例外）便被迫下台。因此，也有人將這個時代稱為"角福戰爭時代"。從這角度來看，"田中時代的結束"，實際上也意味着"角福恩怨時代的結束"。

如果這項分析沒有錯誤，十多年來主宰自民黨的五大派系，就要由少壯派接棒了。

各派人選已有眉目

各派閥的人選大體上已有所安排。三木派實際上已經改為河本（敏夫）派，福田派將由現外相安倍晉太郎領導，鈴木派的新領袖是前外相宮澤喜一，中曾根派的繼承人以前財相渡邊美智雄呼聲最高。

至於田中派，竹下登要贏得該派三分之二議員支持，應該不成問題。問題是，元老派會不會和創政會取得妥協？田中派最終會不會鬧分裂？

在新領袖當中，最受人注目的人物莫過於田中派的竹下、鈴木派的宮澤與福田派的安倍。單以實力而言，只要田中派不分裂，竹下應該算是最強；如果以年齡來排列，應該先由宮澤當首相；總之，只要現有的政治局面沒有太大的改變，接下來的日本首相非這三個人莫屬。問題只是誰先上台，上台後壽命多長罷了。

兩匹黑馬蠢蠢欲動

當然，人們也注意到還有兩匹黑馬，其一是現首相中曾根，其二是自民黨副總裁二階堂。

中曾根領導的派閥在自民黨中名列第四。他能夠連任兩屆首相，比起三、角、大、福，可以說是幸運之至。但直到今天，他仍然還未宣布放棄三選的念頭，他會不會在今年十二月宣布解散國會，提前大選，從而乘着大選勝利（假設自民黨大勝）的餘威，要求修改黨章，允許他三度當選總裁，從而連任首相，這是各方當前關注的問題。

談到二階堂，人們之所以仍然視他為黑馬，主要是：一、去年曾經有過"二階堂擁立劇"；二、近幾個月來，二階堂十分活躍，四處奔波，顯然是對"虛幻的二階堂政權"仍未死心。

不過，一般觀察家相信，一九八四年秋天那樣的良機已經一去不復返。別說當年有意支持他的在野黨如民社黨領導人已經更換，即使是當時策劃"二階堂擁立劇"的主角前首相鈴木與福田也已不再對二階堂有任何興趣。鈴木謝絕在二階堂的政治酒會上致詞，福田索性藉故不出席該大會，就是明證。

當然，話說回來，在自民黨錯綜複雜的派閥鬥爭裏，不到最後一分鐘，誰也不知道會有甚麼結果。東京政治圈子裏就流傳着這麼一句話：連鈴木善幸那麼無為的政治家也可以當首相，任何人被提名都不會令人感到太驚奇。

臉孔雖換政策不變

然而，不管政局怎麼變化，"田中支配"時代宣告結束，竹下、宮澤、安倍等新領袖上台，看來已是"定局"。在他們三人輪流上台之前，即使偶爾會出現奇跡（諸如"二階堂擁立劇"重演或者中曾根任期延長），充其量也不過是個過渡時期的短命內閣。

人們關心的是，隨着田中退出政壇，日本政壇進入"沒有田中"的時代，新領袖能有多大的作為？日本政治是否會有所改革？但坦率地說，從安、竹、宮三名新領袖一向來的言行，人們迄今還看不出他們會拿出甚麼新的治國哲學。尤其令人關注的是，在新一輪的首相角逐戰中，新領袖們與其說是朝着脫離田中的"金權政治"方向發展，不如說是在競相爭奪"金錢與人數"。

從這角度來看，田中角榮雖然被迫退出政治舞台，但田中推行的"金錢等於權力"的哲學，依舊支配自民黨的派閥政治。

換句話說，自民黨領導層的新陳代謝，只是意味着十多年來，三、角、大、福、中的五霸爭權，將轉為安、竹、宮、河、渡、二（？）的派閥鬥爭罷了。這項變動，既改變不了自民黨現有的體制，更不會對日本的國內外政策產生重大的影響。

（一九八五年七月）

田中病倒一年以來的日本政壇

被認為是日本"首相製造者"的田中角榮，病倒已經整整一年。在這一年裏，自由民主黨各派閥領袖先是急着瞭解田中真實的病況，接着是忙於制定與執行各派閥合縱連橫的新策略，以便應付"沒有田中角榮"的政局。然而，誰也無法填補田中角榮政治勢力的真空。日本的政壇，依然是由中曾根首相、自民黨最高顧問團（由前首相岸信介、三木武夫、福田赳夫、鈴木善幸等組成）以及派閥新領袖（即田中派的竹下登、福田派的安倍晉太郎和鈴木派的宮澤喜一）相互制衡，形成混戰與難分勝負的局面。

二階堂力阻竹下奪權

日本政壇之所以出現上述局面，首先是因為舉足輕重的田中派內部發生分裂，分為兩個集團：一是以財相竹下登為首的"創政會"派，另一是以黨副總裁二階堂進為首的反"創政會"派；竹下（六十二歲）自命為田中派的接班人，他成立"創政會"，目的無非是要逼使田中交出權力，讓他領導田中派。但卻沒想到田中在一氣之下，竟然中風、癱瘓，自此躺在床上，神志模糊，口齒不清。因此，不少反"創政會"的人士認為，田中病倒，竹下難辭其咎。在他們看來，這樣一位與田中過不去的所謂"新領袖"，是沒有資格繼承田中的"政治財產"的。

然而，身為田中派會長，口口聲聲"忠於田中角榮"的元老二階堂，對田中的"忠誠度"，也備受懷疑。有人就認為，二階堂對田中如果真的是那麼忠心耿耿，就不會背着田中，在前年和田中政敵福田等共同串演"二階堂擁立劇"。這場鬧劇雖然是以二階堂急流勇退，婉拒出任首相而告結束，但田中與二階堂已因此而產生嚴重心病，卻是誰也無法否認的事實。一部分政論家甚至認為，竹下挖田中的牆角，成立"派中派"，是刺激田中病症發作的近因，"二階堂擁立劇"的搬演，是田中癱瘓的遠因。田中的愛女——田中真紀子較早時之所以一再拒絕二階堂探病，並發出"討厭政治家"的言論，原因就在於此。

對於二階堂來說，他的最大王牌就是代表田中。他以田中派正統領袖自居，號召田中派成員繼續留在田中的旗幟下；他反對"創政會"，極力阻止竹下奪取田中派的領導權。

在二階堂的阻擋下，儘管竹下財力雄厚，也儘管他早已糾集了田中派二分之一，甚至是三分之二的人馬，但還是小心翼翼，不願與二階堂完全決裂，而努力爭取成為田中派的正式接班人。"創政會"成員近來就常常放出風聲，指出："如果田中恢復健康，相信他會同意既成的事實，讓竹下領導田中派。因為，田中是一個最現實的人。"與此同時，竹下也在極力緩和他與田中之間的矛盾。在上月初"創政會"成立一週年的紀念會上，竹下就一再強調他所提倡的"鄉土改造論"，係源自田中的政治口號"日本列島改造論"。凡此種種，反映了"創政會"派急於與元老派修好的焦慮心態。

中曾根趁機擺脫控制

田中派的分裂，對於當政的首相中曾根，無疑是擺脫受控制千載難逢的良機。在自民黨派閥當中，中曾根是名列第四的中小派系，要不是田中角榮撐腰，他是當不了首相的。田中病倒之後，中曾根頓然失去靠山，照理政治地位應該受到削弱，但以投機取巧聞名的中曾根，卻善於利用這時機，轉弱為強，擺脫田中派的控制。他甚至興致勃勃，有意三度角逐今秋自民黨的總裁競選。

中曾根政治地位之所以轉弱為強，是與田中病倒後自民黨派閥勢力均衡的變化分不開的。

首先是，正如前面所述一般，田中派陣容實際上已一分為二。只要這個局面還持續，自民黨就不再是一強（田中派）四弱（即鈴木派、福田派、中曾根派和河本派），而是"六弱（另二弱是田中派陣營的竹下派和二階堂派）"。

"六弱"的基本特點是：

一、田中派不再是主宰政治方向的決定性力量。

二、任何派閥要當權（或者說要推倒中曾根），非得至少與另外兩個派閥合作不可。

這樣的局面，無疑大大地加強了中曾根在黨內的發言權。他既不必再處處看田中派的臉色，還可以自由地遊弋於各派閥之間，耍弄其權術。

不把二階堂放在眼裏

中曾根趁機擺脫田中角榮對他的控制，最明顯的是表現在去年年底的組閣問題上。當時，據說二階堂曾以田中派會長的身分，向中曾根傳達田中角榮（根據田中家人的反映）的看法，請他不要讓竹下留在內閣，但中曾根根本不把二階堂的話放在心上。他不但讓竹下蟬聯財相，而且在分配內閣職位時，還一連兩屆讓他本身派系的人佔住被認為是有肥水可撈的建設部門（在過去，這被公認是田中派的天下）。

中曾根如此獨斷獨行，主要理由是：

一、掌握田中角榮病況的準確情報，不相信這位一度暢所欲為的"皇上皇"，在短期間內有可能恢復健康，或重返政壇。

二、他認識到二階堂雖然是以元老及正統派自居，但在他旗下的田中派人數，遠不及竹下。何況竹下的親家，也是竹下靠山的金丸信，是當今自民黨黨內舉足輕重的人物——黨幹事長。中曾根要提前舉行大選，或者要在同一天舉行參議院與眾議院選舉，都非獲得他點頭不可。以金丸信——竹下為軸心的"創政會",顯然是開罪不得的。

換句話說,在中曾根看來,田中角榮既然此刻不可能重返政壇,他目前最好的作法就是充分利用田中派兩個集團的矛盾,以鞏固其政權。他雖然在表面上表示無意在今秋三度競選黨總裁(這是黨章所禁止的),但誰也不否定這個可能性。事實上,當前日本政界最關心的問題是,中曾根會不會突然提前舉行大選?參議院與眾議院的選舉會不會在同一天舉行?

日本首相的傳家法寶

提前大選和決定參眾兩院選舉同一天舉行,這可以說是日本首相保住自己派閥力量的傳家法寶。因為,他可以選擇在對自己的派系最有利的時刻,或者說其派系已做好充分準備的情況下突然宣布解散國會,舉行大選。如果勝利,便可以順理成章,繼續領導內閣,並要求黨准許他破例三度當選為總裁。

但要順利地達到上述的心願,也不簡單。姑且撇開大選結果是否對他有利的問題不談,日相要提前大選,正如前所述,首先須得到黨幹事長首肯。只要幹事長反對,或者黨總務會長宮澤喜一(新領袖之一)連同黨最高顧問團極力反對,中曾根提前大選的如意算盤可能就落空。

其次是,即使是順利舉行大選,並在大選中獲勝,今秋的自民黨大會會不會破例讓中曾根三度當選為總裁?還是一個未知數。

正因為困難重重,中曾根雖然野心勃勃,想三度問鼎總裁寶座,但仍然不敢過於露骨地表明,以免刺激各派系共組"反對三選"的陣營。小心翼翼、見機行事,相信是中曾根此刻的座右銘。

針對中曾根可能提前大選及有意"三選"的動向,自民黨元老如前首相福田赳夫、鈴木善幸及新領袖如宮澤喜一和安倍晉太郎等都先後表示反對。在元老們看來,自從佐藤榮作下台以來,各個派閥領袖當首相的期限都只是兩三年，中曾根以一個非主流的中小派系的頭目而當上兩屆的總裁，照理應該心滿意足，不應再戀棧政權。至於新領袖們，更急着早日攀上龍位，因為他們都已經超過六十歲，如果每個人當兩三年，三名"年輕"領袖中最後一位擔任首相的將年屆七十歲。何況在他們後頭，第三代的領袖（五十歲左右的"準實力者"）如中曾根派的渡邊美智雄，鈴木派的加藤紘一等都已糾集人馬，準備接棒。因此，中曾根若不早日下台，後來者就有人可能會趕不上去，這是不合乎日本政壇"規矩"的。因此，只要中曾根大聲說要"三選"，就會遇到意想不到的阻力。

但中曾根畢竟是一個權力慾望極端強烈的人，儘管他已比過去幾位比他有權勢的首相幸運得多，但觀察家相信他不會默默地交出政權。解散國會，提前大選（甚至是宣布參眾兩院同日舉行大選）的可能性，依然是存在的。有人就分析，只要他在選舉中獲勝，即使黨不讓他蟬聯總裁，他也可以利用選舉後的有力地位，與各派進行談判，從而扮演"首相製造者"的部分角色，在黨最高顧問團當中發揮積極的作用。何況在利害關係錯綜複雜的自民黨裏，任何離奇怪誕的事情隨時都有發生的可能。中曾根期望的，正是這樣的奇跡出現。

對於中曾根的如意算盤，竹下當然心知肚明。不過，竹下和他的靠山金丸也有他們的一套想法。在他們看來，如果中曾根肯和他們定下默契，答應在下台時支持竹下上台，中曾根要提前大選或者參加"三選"，是可以考慮予以支持的。因為，只要中曾根遵守諾言（雖然政界人士對他的諾言都要大打折扣），竹下便有可能比其他兩位新領袖先登上首相寶座。設法和田中派的元老重新修好，爭取成為田中派公認的總裁候選人，是竹下此刻的一項重要策略；與中曾根討價還價，進行私底下交易，是竹下正在施展的另一政治手段。竹下遲至今天，仍不願公開表明對中曾根"三選"的態度，原因就在於此。

然而，不管中曾根如何利用田中派內部的矛盾，也不管他怎樣利用三名新領袖志在搶先奪取首相寶座的心理，以進行離間活動，他的被迫交出政權，只是時間上的問題。東京的永田町就流傳着這樣的説法：如果論年齡，鈴木派代會長宮澤喜一將會先任首相，如果論人數和財力，竹下登應該是名列第一。要是兩者爭執不下，安倍晉太郎被推上去的可能性也是存在的。

田中角榮幾時開口

當然，中曾根能不能順利參加"三選"，新領袖哪一位將一馬當先，闖入首相府，在很大的程度上得看田中派在接下來半年裏能不能够團結，黨最高顧問團如何發揮其影響力，以及三名新領袖如何互相制衡。至於田中角榮，雖然此刻被認為是一具政治僵屍，但也有一些人希望他過多一些時候能够開口。不少評論家就指出，政治家靠的是一張口，只要田中能够開口（即使身體其他部分繼續癱瘓），他對田中派乃至自民黨各派閥的均衡，仍然會起一定的作用。這就是為甚麼日本報刊要搶着刊登田中的近照，以及從他的近照，推測其病情發展的原因。

然而，迄今從各方面所獲得的消息來看，被認為是在康復中的田中除了向來訪者説聲"謝謝"之外，甚麼話也説不出來。有人形容，沒有田中角榮的日本政壇，就像橋牌中少了"百搭"（Joker）一般，誰也無法打開新局面，只得看牌打牌，見機行事。在日本政壇沒有田中，以及田中有口難言的情況下，看來上述自民黨各派閥的混戰局面，還會持續下去。

（一九八六年二月）

中曾根權術與日本新政局

（一）"年輕領袖"爲誰辛苦爲誰忙？

在上月六日日本參衆兩院同日舉行大選中，執政黨自由民主黨出乎一般預料之外，獲得壓倒性的勝利，在衆議院五百一十二議席中贏得三百零四席，創下該黨一九五五年結黨以來的最高紀錄。自民黨壓倒性的勝利，很自然地使人聯想起該黨黨魁中曾根康弘首相任期延長的問題。不熟悉日本內情或者單看表面數字的政論家，也許會輕易認爲這是"中曾根戰後政治總清算"路綫的全面勝利，或者甚而忘記了中曾根鋌而走險，宣布提前大選的背景，把自民黨勝利完全歸功於他提前大選的"英明決定"。

大選沒有爭論主題

選舉結果有利於中曾根，並使原本已快成"泡影"的首相任期延長的美夢，大有實現的可能，這是千真萬確的事實。但這是否意味着中曾根"戰後政治總清算路綫"的全面勝利？或者由此進而引伸爲中曾根對大選時機選擇的"英明"，卻大有爭論的餘地。

必須指出的是，這回的大選自始至終是自民黨黨內派閥鬥爭的延長與擴大。在整個大選過程中，執政黨與反對黨之間根本沒有明確的爭論主題。選民與大衆傳播媒體最關心的是，誰將繼而擔任首相？在三名新領袖中，是田中派的竹下登領先，還是福田派的安倍晉太郎，或者是鈴木派的宮澤喜一捷足先登？

在選舉期間，記者恰好在東京。每天看着日本電視與報章詳盡的現場報導，所得到的最深刻印象是：這是自民黨三名新領袖與中曾根四者之間的競賽與表演。至於反對黨，如社會黨黨魁石橋政嗣等雖然也常出現在電視熒光幕，但充其量只是扮演微不足道的配角。罵罵"中曾根撒謊"和"不守信義"，並無法引起選民的關注與共鳴。人們最感興趣和刺激的是，四名自民黨派閥領袖如何分秒必爭，為爭奪首相寶座而南征北伐？"預祝島根縣出身的首相（指竹下）早日誕生"、"讓廣島縣推出日本首相（指宮澤喜一）"……三名新領袖與現任首相回鄉進行競選，莫不受到最熱烈的歡迎，成為大選的高潮。四名領袖儼然就像四個敵對政黨黨魁一樣。宮澤在號召選民支持其派系的候選人時，就向選民保證："支持自民黨，並不等於贊成中曾根再度蟬聯首相。"安倍堅決表示反對中曾根首相任期延長，而宣布將於今秋競選自民黨總裁。竹下則公開籲請選民多多支持其派系的代表，以期早日建立"竹下政權"。至於中曾根，更是忙得不可開交。他既得掛着笑臉，四處表示"沒有說謊"，又得逢人握手，表示"親切"與"謙卑"。

"風見雞"笑逐顏開

自民黨各派閥的領袖，在大選中進行如此艱苦與劇烈的競爭，是前所未有的。彼此為爭取選票而展開的銀彈攻勢，以及選舉期間所消耗的人力、財力數額之龐大，更不在話下。

果然，四位的努力並不白費。選舉後自民黨各派系在參眾兩院的席位，都有所增加。田中派增加了二十一人，中曾根派增加了十七議席，鈴木派增加了九席，福田派增加了十一席，河本派也增加了兩席。可以說，中曾根固然善戰，但三名少壯派領袖成績也不落人後。然而，夠諷刺的是，三名新領袖辛勤地活動以及贏來的輝煌成績，並不意味着他們三人輪流當政的"新時代"早日到來。恰恰相反,他們的成果,都被黨魁中曾根所佔有。換句話說,他們工作得越起勁,中曾根政權延長的可能性也就越濃厚。這也許是新領袖們(宮澤例外)在決定支持提前舉行兩院同日大選時,萬萬始料不及的。新領袖的同意大選,大選期間的奔波以及自民黨的大捷,而造成對中曾根有利的大好形勢,這不能不說是中曾根權術運用的成功,也不能不說是他孤注一擲所下賭注的大贏。

(二)如何突破"反中曾根包圍網"?

談起中曾根的政治權術與賭注,不能不追述大選前的日本政局與中曾根宣布大選的過程及背景,也不能不談談選舉後中曾根所擺出的新姿態,以及組閣前前後後他所採取的策略與權術。反過來說,日本政壇這一年來的變化,是與中曾根耍弄的政治權術息息相關的。瞭解與分析中曾根在大選前及選舉後所採取的權術,其實就是瞭解與分析日本政壇最新變化的最佳途徑之一。

選舉前政局的特徵

先談談選舉前的政局。當時的基本特徵是,自民黨在新自由俱樂部(十年前擺脫自民黨,大選後解散,現已重歸自民黨)的支持下,建立穩定的政權。不管是在國內或國外事務上,自民黨政府並沒有遇到任何使它需要宣布提前大選的難題。只要這樣的局面繼續維持下去,不管中曾根如何戀棧政權,他都得在今年十月三十日自民黨代表大會上,將政權移交給新總裁。按照自民黨黨章,每個總裁只能擔任兩任(每任兩年),不能三度霸佔這最高權力的寶座。

眼看任期即將屆滿,中曾根焦慮之心情是可想可知的。但在表面上,他得保持鎮定,佯裝無意延長任期。"三選"(即三度當選總裁)是當時最敏感的字眼。只要他一不小心,溜出這字眼,就是當天(或當晚)各大報的頭條新聞。自民黨的元老、三名新領袖以及在野黨,也會緊接著發表反對的聲明。"小心翼翼,不談(或者甚至表示不會)三選",可以說是中曾根當時的座右銘。

雖然如此,在東京的政治圈與輿論界,誰也不相信這"權術高手"的首相會規規矩矩,如期退出政治權力的中樞。當時一般的觀察是,他會利用五月的東京經濟高峰會議,渲染"日美領袖相互信賴的個人友誼",誇耀"中曾根外交的成功",然後乘此氣氛宣布解散國會,並來個迅雷不及掩耳的參眾兩院的大選。如果選舉獲勝,他即可以以此為功,與各派閥領袖討價還價,謀求延長一任半任的任期。

中曾根上述的心情與政治算盤,里根總統當然是看在眼裏,白宮主人是一個性格開朗與豪邁的鷹派人物,可以隨時與中曾根稱兄道弟和相互擁抱,但是,要利用他的名堂撈國內的政治資本,就得有報酬,這是西方社會"Give and Take"公平交易的基本原則。日本首相以為帶著一份內容空泛,又無具體拘束力的《前川經濟報告書》的"禮物",在與會前夕不遠千里前往白宮拜會里根,就可以討白宮主人的歡心,替他在會議(真正的對象是日本選民)上講好話。這一方面反映了中曾根對里根看法之天真;另一方面也說明了自命為"精通外交"的日本首相,採取的依然是"以小魚釣大魚"的"東洋送禮外交"。

看著中曾根必恭必敬,抱著《前川經濟報告書》的白紙團,里根心裏是又好氣又好笑。但他默不作聲,卻回以東洋式客套的禮儀。第二天,日本大眾傳播媒介按照慣例,突出兩國首長親熱的鏡頭,吹噓"首相訪美成功"。誤信"隆納德・康弘蜜月時代"的日本人都伸長脖子,恭候里根總統的到訪。但事與願違,在東京高峰會上,隆納德不僅不賣康弘的人情,還伙同其他西方國家,向有貿易盈餘的"黑字大國"施加壓力。會議結束,日圓的匯率不但不回跌,反而上升,達到戰後的最高點。中曾根此刻之狼狽自是不言而喻的。

外交神話的破產、日圓的再度騰升,當時一般的觀察家都相信,中曾根還會再下最後的賭注,但贏面不大。然而,這項推測只對了一半,中曾根不但孤注一擲,而且還大贏特贏。

決定來個孤注一擲

中曾根的最後賭注,就是不管三七二十一,按照原定計劃來個兩院同日大選。在他看來,如果不冒這個險,十月就得準時下台,如果大選僥倖獲勝,還有扭轉局面的可能性。

但是,要宣布大選真是談何容易。輿論界、在野黨反對是一回事;自民黨元老派和急着接棒的少壯派領袖反對,更是非同小可的事。當時日本輿論界便形容自民黨內的元老派、少壯派和反對派,已形成一個"反中曾根的包圍網"。因此,除非中曾根有辦法突破這重重的包圍網,他的"大選→三選"計劃便得胎死腹中。

針對這樣的局面,中曾根在表面上雖然表示嚴守"黨規",但內心裏想的卻是如何突破上述包圍網。中曾根十分清楚,在包圍網組成部分當中,最頑固的是元老派,影響力最大、但動搖性最強的卻是少壯派。至於反對黨以及政治圈外高談闊論的輿論界,對於政局的實際影響力是微不足道的。

(三) 籠絡少壯派、孤立元老派

元老派堅決反對中曾根提前大選和"三選",一方面固然是基於重視黨規的原則;另一方面是,幾位前首相如三木武夫、福田赳夫和鈴木善幸,無一不是"短命內閣",中曾根以第四派首領而掌權四年(即兩任),已遠超過其前輩,豈可再巧立名目延長任期?至於少壯派的三名領袖,在反對中曾根"三選"問題上的基本利益是一致的。中曾根任期的延長,就意味着他們三人輪流當政日期的延遲。這是他們三人反對中曾根"兩院同日大選"與"三選"的原因。

各有一本難唸的經

然而,這三名六十多歲的"年輕領袖"也各有他們一本難唸的經。原來他們雖然已被公認為各派閥的接班人,但三者之中沒有一位能當家作主,沒有一位不必看派系內老頭子的眼色。安倍與宮澤固然比竹下先走一步,各自成為福田派與鈴木派的"代理會長",但高齡八十一的福田赳夫,還沒有退隱的任何徵兆,宮澤仍得多少受到鈴木善幸的牽制。至於竹下,情況更糟。他雖然財力雄厚,並自立創政會,在田中派內部領導"派中派",獲得田中派大多數成員的擁護和支持,但是田中派內以二階堂進為首的元老們仍然以正統代表自居,拒絕承認竹下為該派閥的正式繼承人。他們甚至公然揚言不準備以田中派的名義,讓竹下參加自民黨總裁的選舉。

竹下處境最尷尬

對於三者上述的煩惱和弱點,中曾根當然瞭如指掌。他心裏在想:如果有辦法離間這三名新領袖和元老們的關係,就有可能提前舉行兩院同日大選。至於"三選"問題,大選後再見機行事,因為此刻提出,必然嚇走新領袖,一不小心也許還會弄巧反拙,引起公憤,反而加強了黨內"反中曾根的包圍網"。

在三名領袖之中,勢力最強大但地位最尷尬的是竹下。於是乎,他先向竹下集團放出試探風球。竹下最重要的靠山和盟友就是他的親家,也是自民黨內最有權勢的幹事長(即秘書長)金丸信。金丸信是田中派內有數的權術家,他的死對頭就是反對竹下代表田中派的二階堂。這些年來,金丸在黨內高舉的旗幟是主張"世代交替"(即新陳代謝),真正的目標是扶植竹下早日登上首相寶座,而自己則取代田中角榮,扮演"首相製造者"的角色。

"世代交替"既然是金丸最愛講也愛聽的話,中曾根於是順水推舟,獻議來個"世代交替"的大選。金丸盤算一番,覺得這對竹下並非不利,也就滿口答應。在金丸和竹下看來,田中派當前的局面如果繼續下去,除非他們與元老派的二階堂等人分道揚鑣,另起爐竈,竹下成為該派閥的候選人,可以說是遙遙無期,不如將計就計,贊成中曾根的大選。金丸與竹下的如意算盤是,憑着他們的財力與人力,他們可以派出大量嫡系的新人參加競選,一旦這些人中選,竹下的陣營在田中派內便告加強,屆時二階堂等元老即使還想頑拒竹下成為田中派的正式領袖,但迫於形勢,最終仍得改變態度。

所謂"世代交替"大選

當然,金丸與竹下也不願完全被中曾根所利用,因此,他們在同意大選時,還附加一個條件:兩院同日大選與中曾根"三選"是兩回事,兩者毫無關係。為了強調這一點,身為黨幹事長的金丸還向黨內元老鄭重保證:只支持"兩院同日大選",不贊同中曾根"三選"。

金丸的這一"保證",多少打動了安倍與宮澤的心。宮澤雖然自始至終反對大選,但內心裏卻和安倍一樣,即想通過這次的大選施展自己的才華,擴大自己嫡系的勢力。換句話說,在中曾根"世代交替"的誘惑下,三名領袖都躍躍欲試,想乘機當家作主,擺脫老頭子的控制。

形勢既然如此,元老們除了痛斥中曾根"高傲"、"不謙虛"及相信金丸的"諾言",並表明反對中曾根"三選"之外,也只好聽任中曾根隨心所欲,解散國會,宣布大選。於是乎,原本旨在牽制中曾根,反對他"三選"的金丸"保證"和諾言,成為了協助中曾根突破重重難關,順利達到朝向"三選"的第一個目標:參眾兩院同日舉行大選。

至此,由黨內元老派和新領袖組成的"反中曾根包圍網"已全面被中曾根所擊破。

（四）潰不成軍的反對黨

中曾根得以順利舉行選舉，並獲得意外的成果，不能不歸因於反對黨的不爭氣。

在反對黨中，勢力最強大的是社會黨，然而，自從該黨黨魁石橋政嗣在前年提出"新社會黨"路綫以來，老實說，誰也搞不清楚該黨的新政策。甚麼"自衛隊違憲合法論"、甚麼"積極展開在野黨外交"……。同情和支持新路綫的評論家說："社會黨走上現實與穩健的路綫"；對"新社會黨"沒好感的政論家則認為：這是一條非驢非馬的路綫。新領導人既沒有勇氣拋掉社會黨的舊旗幟，又無法擬訂一套有吸引力的新綱領。其結果是"新路綫"趕走舊支持者，又無法爭取到新支持者。"新社會黨"在選舉中慘敗，從衆議院原有的一〇九席降為八十五席，就是一個明證。

社會黨之所以提出"新路綫"，不消說是因為擔心該黨舊有的政策，不能被"保守化"的日本選民所接受。正是由於對選舉產生恐懼症，該黨便改頭換面，希望透過取巧的路綫，保持原有的席位。

自食其果罪有應得

新社會黨人政策飄搖不定、投機取巧，充分地反映在這回應付中曾根兩院同日大選的問題上。據大選後爆出的內幕消息，社會黨領導人在表面上雖然不贊同雙選舉，但該黨秘書長田邊誠暗地裏和自民黨秘書長金丸達致默契。原來社會黨也有自己的煩惱。該黨的基層和財源幾乎是完全依賴職工會（主要是勢力強大的"總評"），但近來年職工運動日漸式微，籌款不易。為了解決這籌款的難題，據說社會黨領導人決定支持雙選舉，來個"一次過"，免得一再籌款。他們還有一個自私的目的，就是：社會黨要籌足巨額的競選基金固然不容易，其他反對黨要在短期內找到足夠的資金更加困難。換句話說，他們希望憑着職工會勉強還能應付的基金，在雙選中火拼一番，冀圖吃掉財力比他們更為微弱的其他反對黨的地盤。但事實說明，這只是石橋等人的一廂情願。眾議院選舉結果，社會黨不但未從其他反對黨手中搶到地盤，反而是喪失了原有一〇九席中的二十四席，比起公明黨喪失兩席，共產黨保持原狀，民社黨喪失十一席，以及新自由俱樂部的喪失兩席，社會黨的損失最為慘重。正因為社會黨是基於自私的黨利，夥同自民黨搞雙選舉，該黨的慘敗並未獲得其他反對黨和輿論界的同情。較為偏激的評論家甚至認為這是該黨自食其果，罪有應得。

不僅如此，內幕消息爆出社會黨領導人與自民黨選舉前達致的另一項默契：雙方不爭論政治、軍事與外交的大問題，社會黨不抨擊自民黨政府志在必行的增稅措施。社會黨人之所以如此躲躲閃閃，不敢也不願與自民黨政府針鋒相對，爭論政治、軍事與外交大是大非的問題，以及決定不抨擊自民黨政府的要害所在，一方面反映了該黨領導人對本身的"新路綫"缺乏自信；另一方面則說明該黨這回競選的主要目標，並不是針對自民黨，而是其他反對黨。

政治等大課題既然決定避開，小市民關心的增稅問題又棄而不談，社會黨領導人石橋在競選期間講得最為起勁的，只能是"中曾根出爾反爾"、"不講信用"和"擅長撒謊"。中曾根喜歡耍權術，這是有目共睹的事實，自民黨內的長老就常常表示"恥與中曾根之流為伍"，少壯派也往往因此而苦於尋求對策。

避重就輕只抨擊謊言

然而，此刻單單抨擊中曾根"撒謊"，有何實際意義？分析家認為社會黨的目的，是要爭取婦女票。因為，日本的一般婦女心地善良，她們對於一個"愛撒謊"的首相，一定不會支持。

石橋的這一策略，結果證明也是錯誤。一方面是今天的日本婦女並不像社會黨人所想象的那麼單純。實際上，在日本今天的婦女雜誌和電視上，充斥的是教人如何利用美色、智慧和金錢來達到各種自私目的的文章與節目。"謊言"與權術未必一定被認為是可恥或可惡的代名詞；相反地，有時甚至是被認為"能幹"的具體表現。一名選民在回答電視訪員對有關"謊言"的看法時，就誇耀那是中曾根的"戰術"。可見社會黨對於選民的心理未必完全猜透。

當然，"新社會黨"的真正要害還在於它有意跑"現實"的道路，但卻提不出具體的方針。一名政治評論家就指出：社會黨存在的價值，是由於它提出與自民黨不同的政治綱領和理想，如果它向自民黨的政策靠攏，大談所謂現實路綫，選民實在沒有甚麼理由要捨棄自民黨，將選票投給社會黨。

遠離選民重視工會

的確，如果選民單單只是討厭中曾根的臉孔，或者不喜歡他愛"撒謊"，他們大可以把選票投給可能當選的自民黨三新領袖，而不需支持政策既不明確，又無掌政希望的社會黨。

除此之外，有人認為社會黨慘敗的另一個重要因素是：社會黨人的心目中，只有工會而沒有選民。他們的接觸與活動範圍，只局限於既成的工會組織，至於拉攏選民的基層工作，他們一向是不重視的。相形之下，公明黨與共產黨的基層工作就做得比社會黨積極。至於自民黨，儘管有人批評它利用金錢、"地緣"和血緣的關係收集選票，但卻也說明了它心目中離不開選民和選票。從這一點來看，如果說自民黨比社會黨更加"接近"選民，並不為過。

遠離選民、政策飄搖不定的新路綫，終於導致社會黨空前的慘敗。一年來以石橋——田邊為軸心的領導層只好集體引咎辭職，使社會黨再度陷入危機。

在這次雙選舉中，另一個慘敗的反對黨是民社黨。它從眾議院原有的三十七席降至二十六席，共喪失十一席。民社黨倒退，有其近因，也有遠因。所謂近因，就是該黨議員捲入選舉前爆發出來的一些貪污事件，成為各黨抨擊的大好材料。至於遠因，卻是該黨過於向自民黨靠攏。特別是最近幾年，該黨領導人更向自民黨頻送秋波，甚至捲入自民黨的派閥鬥爭，冀圖在自民黨聯合政府中分得一官半職。既然民社黨的目標是想在自民黨政府中當小伙伴，支持者不如直接選自民黨。這也許是一般選民的心理，也是該黨嚴重受挫的主因。

雙選舉後黨內產生危機的另一政黨，是新自由俱樂部。新自由俱樂部是在十年前從自民黨分裂出來的。當時正好發生前首相田中角榮接受美國洛希德飛機公司賄賂的醜聞案，一部分自民黨人便揭舉廉潔之旗幟，另起爐竈。同年大選，該黨初試啼聲，反應不錯，但往後便走下坡。一九八三年十二月大選，自民黨在眾議院只取得二百五十席，只好拉攏新自由俱樂部搞聯合政府。但在這回的選舉中，自民黨已擁有絕大多數議席，中曾根便宣稱將新自由俱樂部一腳踢開。選舉受挫（該黨的議席從八席減為六席）原因何在？該黨與自民黨應保持何種關係？新自由俱樂部存在有何意義等問題，遂成為該黨內部爭論的中心主題。經過一番激烈爭論之後，該黨宣告解散。六名中選議員決定重新投入自民黨懷抱，黨要田川誠一郎則拒絕再加入自民黨。十年來以廉潔為號召的這個新保守黨，至此宣告壽終正寢。

反對黨之功不可沒

在這次雙選舉中，不受影響或影響較小的是共產黨和公明黨。前者照舊保持二十六席，取代民社黨成為第三大反對黨；後者減少二席，保持第二大在野黨的地位。在反對黨中，這兩個政黨可以說組織最為嚴密。但共產黨的勢力相信到此已是極限。至於公明黨的勢力，曾經一度令人側目，但自從該黨被迫宣布與創價學會分家，履行"政教分離"政策以來，元氣已大為受損。再加上該黨領導人也和民社黨一樣，急於擠入自民黨聯合政府，而大大地冲淡了原有的色彩。在自民黨獲得壓倒性勝利之後，該黨所能扮演的角色相信更為微小。

一句話,在日本選民日益保守化,日人生活安定和滿足現狀的情況下,反對黨不是舉棋不定,就是向自民黨積極靠攏;其結果是:自民黨大捷,反對黨潰不成軍。由此可見,中曾根這回孤注一擲獲得如此輝煌成績,無能與無為的反對黨功不可沒。

(五)討好竹下登、排擠二階堂

反對黨的不爭氣、自民黨三名"年輕"領袖的苦戰、中曾根的死拚,再加上投票日當天老天作美(據過去的經驗,日本保守選民的投票率,與天氣是否晴朗往往成正比。七月六日原是梅雨季節,但當天卻意外地晴朗,有利於自民黨),終於導致自民黨的大捷。這項結果,就連只抱着孤注一擲的心理宣布大選的中曾根首相,也大感意外。在選舉結果揭曉後的第一個記者會上,他便興奮地連稱這是"天意、神意"。

中曾根雖然沒有清楚解釋甚麼是"天意"和"神意",但誰都知道他所想的不外是"三選"或任期延長。針對這個新局面,自民黨派閥內最先出奇招的是秘書長金丸。他一聽到大選獲得壓倒性勝利,便出人意表地宣稱有意辭職。

金丸突然提出辭職

金丸是田中派內老謀深算的權術家,也是協助中曾根實現雙選舉美夢的第一大功臣。第一大功臣的權術家在自民黨大捷後,突然堅決辭去黨內僅次於黨總裁的秘書長要職,個中奧妙必不簡單。從表面上看,金丸此舉似乎有意逃避競選前向黨內許下不支持中曾根"三選"之諾言的責任。因為,儘管大選結果出乎各方之預料,但金丸如果有意履行諾言,仍得繼續員起黨秘書長重任,阻止中曾根"三選"。許諾在先,然後溜之大吉,金丸真正目的,到底何在?

這個謎底很快就揭開了。原來這是金丸向中曾根打出的王牌。金丸知道自民黨獲得如此眾多的席位，中曾根決不會放棄爭取"三選"的機會。要"三選"就得找合作的伙伴，而田中派無疑是中曾根最理想，也是非依賴不可的伙伴。然而，作為第一大派閥的田中派卻在鬧內訌，以金丸——竹下為軸心的創政會在大選後勢力雖然更為壯大，但竹下要成為田中派的正式代表，還有待時日。在這樣的情況下，金丸的策略是不妨先支持中曾根延長任期，但要他以重用竹下，協助竹下早日登上龍門作為交換條件。金丸以促進"世代交替"為理由，辭去黨秘書長之職位，目的不外是要為竹下出任黨秘書長鋪路。只要竹下能佔住這個黨要職，無疑意味着在三名新領袖的馬拉松長跑中，已先跑了一步。

對於金丸的策略，敏感的中曾根當然心知肚明。中曾根當前的急務，是先解決有關任期延長或"三選"的問題。只要能達到這個目的，甚麼條件都可以考慮。竹下想當下屆首相，那沒問題，他可以答應讓竹下如願以償，出任黨秘書長。條件當然是竹下必須好好替他安排與製造"三選"的氣氛，協助他渡過當前難關，以延長任期。

為了討好金丸和竹下，中曾根甚至改變了他對田中派兩股勢力保持等距離的態度，進一步向竹下領導的創政會靠攏。最明顯的例子，就是把金丸與竹下的宿敵——二階堂送入"元老院"——黨最高顧問團，取消了他原有黨副總裁的職位。

協助竹下清除異己

中曾根"架空"二階堂是有一手的。他先放出風聲，要請二階堂出任眾議院議長。二階堂對這職位當然不感興趣，便以田中角榮有病在身，他須代替田中守住其財產（即田中派，因為他是田中派"木曜會"之會長）為藉口，予以婉拒。中曾根於是再許以副總理或外相之職位，二階堂當然再以同樣的理由拒絕。至此，中曾根便對二階堂忠於田中之精神，予以致敬和表揚，並決定推薦二階堂成為黨最高顧問團的成員。中曾根說："希望今後仍能得到二階堂前輩的協助與指導"。就是在這樣的一片讚美聲中，二階堂黨副總裁的職位便被革除了。

二階堂被擠出黨領導層，毫無疑問，有利於金丸與竹下。因為，這將間接削弱二階堂在田中派內部的領導地位。自民黨派閥的排列與組合，基本上是以金錢多寡和地位之高低為轉移。二階堂既無法像田中那樣從財閥那兒籌到大筆的金錢，又喪失了自民黨副總裁的高職，他在田中派內地位之日益下降，自不待言。換句話說，中曾根把二階堂拉下馬，其實就是協助金丸與竹下清除田中派內的異己，也是替竹下鋪平派閥領袖的道路。金丸與竹下當然會因此而對他銘感五中。

不僅如此，中曾根在組織新閣時，還把田中派的內閣成員，從六名增至八名；至於第一大功臣的金丸，也被邀請入閣擔任副總理。這一切在在反映了中曾根與金丸、竹下合作的決心。難怪有人形容新內閣為"中曾根——金丸內閣"。換句話說，中曾根的新內閣不能沒有田中派金丸等人的支持；中曾根的回報就是協助竹下成為中曾根以後的首相繼承人。這就是彼此互相合作的條件與基礎。

（六）新"中曾根丸"能否遠航？

雙選舉後下棋最快的另一高手，是前首相福田赳夫。這位官僚出身，一向以正統保守派領袖自居的政壇老手，自從一九七二年與田中角榮決鬥敗下陣以來，可以說就一直不太得意。他與中曾根同樣出身於群馬縣，但彼此關係一向欠佳。"角（田中角榮）福（福田赳夫）之爭"時，中曾根站在田中一邊是舊事；這回選舉中兩者在群馬縣爭奪最高票數，中曾根獲勝，更令福田感到難以忍受。對於這樣一位"投機取巧"又"狂妄自大"的同鄉與後輩，福田早想出些奇招，讓他吃點苦頭，但一直沒有機會。

這回選舉結束，正當中曾根還在為"三百零四席"之大勝而陶醉時，福田猛向中曾根潑冷水，聲稱：這是一場"世代交替"的大選。這次大選的勝利，功勞應歸於三名新領袖。

為了嘉獎其派系新領袖，他還在七月十四日，也就是選舉一週後，召開福田派（正式名稱為"清和會"）大會，鄭重宣布從該日起，福田派改稱安倍派，由安倍晉太郎負起領導的重任。這項突如其來的決定，就連安倍本身也感到意外。福田高齡八十一，但仍然死抱住會長大權，而遲遲不肯將權力交給安倍，曾使安倍感到不滿和不安。為此，曾經有人嘗試努力，想替福田討個前首相佐藤榮作撈到的諾貝爾和平獎，然後讓他榮休，但未獲成功。

然而，這回福田卻主動提出要讓安倍當家作主，安倍當然喜出望外。分析家認為，福田的這項決定有雙重意義。其一是以身作則，將派閥首領之權力移交給新領袖，然後向中曾根施加壓力，促使後者也採取相應的行動，加速黨內"世代交替"的工作。換句話說，福田選擇這個時候讓安倍成為"清和會"第一號人物，主要是要牽制中曾根，阻止後者達到"三選"的目的。

安、竹、宮三頭會談

安倍派誕生的另一項意義是，這將製造對安倍競選總裁有利的條件。因為，同樣是新領袖的宮澤，預料要到秋天才會從前首相鈴木手中接棒。至於竹下，由於二階堂從中作梗，還得要一番努力才有可能接管田中派。安倍一馬當先為派閥領袖，無疑提高了他在黨內的地位，有利於他在今秋角逐總裁的活動。安倍如果當權，作為當權派的元老，臉上當然也有光彩。這是福田此刻決定移交權力的另一因素。

雙選舉後另一令人注意的動向，是少壯派領袖安、竹、宮三者在七月十八日的會談。據過後爆出的內幕消息稱，建議會談者是安倍，主要目的是想牽制中曾根，阻止他"三選"。在反對中曾根任期延長的問題上,態度原本最堅決的是宮澤,其次是安倍,再來才是竹下。在大選前與選舉期間,宮澤甚至與中曾根公開唱反調,反對這位鷹派首相提倡的"戰後政治總清算",強調戰後的政策是日本維持和平、繁榮與安定的最佳保證。不過,在自民黨壓倒性獲勝之後,宮澤的態度卻急速改變。他明白,如果繼續與中曾根打對台,他將被主流派排擠,這將不利於下屆黨總裁的選舉。為了改善和中曾根的關係,據說在大選之後,他曾托人向中曾根表示有意修好。中曾根後來在籌組新內閣時,讓宮澤掌管大藏省(財政部),相信就是對宮澤的一種友善表示。從中曾根的角度來看,只要能够減少"三選"的阻力,"風見鷄"是不究既往,也不吝於分封官爵的。

正是在上述的背景下,安、竹、宮三者達致贊同中曾根任期延長的協議。所謂任期延長,到底是指多長?三個月、半年、一年,還是更長的期限,會議並沒有具體的決定。三者只是以雜談的方式,表示同意讓中曾根延長一定的時期,以讓他解決國內一些懸而未決的難題。

針對有關期限問題,已經成為派閥領袖的安倍和即將從鈴木手中接棒的宮澤,看法較接近。他們認為這只能是短暫的性質。至於一心一意決定和中曾根合作的竹下則表示,並不排除任期延長一年的可能性。由此可見,三者的態度在表面上雖然一致,但內心所懷的卻是不同的鬼胎。三者的看法,其實就是三者在各派閥的內部地位是否牢固的最好反映。

論功行賞分封官爵

然而,不管三者內心想的是甚麼,彼此同意讓中曾根繼續擔任首相,就對中曾根有利。三名領袖既然一致"同意"中曾根延長任期,田中派竹下集團又決心支持中曾根,滿面春風的中曾根自然可以隨心所欲,組成新內閣。論功行賞,中曾根本身的派閥增加一席(由三席增至四席),田中派增加二席(由六席增至八席),鈴木、安倍與河本三派閥則各減一席。為了平衡各派閥的勢力，新領袖之一的宮澤也應邀出任大藏省大臣。至於有甜頭的幾個重要部門，如通產省（國際貿工部）、建設省（國家發展部）等，仍然由田中和中曾根派所佔有和分享。

還得繼續見風轉舵

在黨務方面，不消說，黨幹事長（秘書長）是竹下；政調會長則由前外相伊東正義（鈴木派，與中曾根頗有交情）擔任。至於三名黨要之一的總務會長，據說中曾根原本並不贊同讓給安倍，因為安、竹兩人關係良好，一旦勾結，隨時都有可能將中曾根政權推翻。但在金丸與竹下的保證下，中曾根只好勉為其難，同意這項安排。總務會長在黨內的地位，低於幹事長，安倍以一大派閥的正式領袖擔任此職位，當然並不稱心如意，但想到據此黨內要職，可以監督與牽制中曾根"三選"的任何企圖和活動，也就欣然接受。

於是，以中曾根和金丸為軸，新領袖宮澤出任財相的中曾根新內閣，遂告組成；以新領袖竹下、安倍為中心的黨領導層，也告成立。幾個月來，好不容易突破雙選舉難關，又平衡各派閥權益的新"中曾根丸"（船號），終於再次得以出航。至於這新"中曾根丸"能否乘風破浪（突破"三選"難關），能否順利啟航，中曾根見風轉舵的傳家法寶固然重要，但在更大的程度上，還得看各派閥（特別是田中派）內部勢力之消長，各派閥合縱連橫的變化，以及中曾根與金丸及竹下合作關係的好壞而定。

（一九八六年八月）

"岩手補選"慘敗後的中曾根處境

自從自民黨十多天前在岩手參議院選區補選慘敗以來，日本首相中曾根康弘就一直面對來自各方面的強大政治壓力。反對黨要求他即刻撤消銷售稅，黨內人士則在醞釀逼他提前退陣。

岩手縣是本州東北自民黨的強大堡壘，十九年來一直是自民黨的地盤，從未易手，日人稱之為"保守王國"。但沒想到在這次的補選中，這個"王國"卻被社會黨所擊破，而且票數相差甚巨。社會黨候選人小川仁一共獲得四十二萬票，比起自民黨候選人岩動麗獲得的十九萬還多出一倍。一年前還是自民黨壓倒性獲勝的選區居然慘敗到如此之地步，對於執政的自民黨，不能不說是一大挫折，日本大眾傳播媒介稱之為"岩手震盪"。

自民黨"保守王國"之失守，誰都看出主要是由於中曾根政府決定實施銷售稅的結果。在整個補選宣傳戰的過程中，社會黨實際上只有一個法寶，就是猛攻銷售稅，喻之為"說謊稅"。原來在去年參眾兩院舉行同日大選時，中曾根一再向選民許下不抽"大規模間接稅"的諾言。可是，在大選獲得壓倒性勝利之後，他滿以為已經獲得選民的委任狀，可以暢所欲為，不必再看選民的眼色。銷售稅就是在這樣的情況下提出的，然而，偏偏在這個時候，自民黨岩手縣的參議員岩動道行卻突然逝世，非來個補選不可。岩手縣既然是自民黨牢固的政治地盤，原本不應有所畏懼。問題是，當局提出的銷售稅，直接損害該縣中小企業及百貨流通行業的經濟利益。這些商家與機構一向都是自民黨的有力支持者，他們曾再三要求當局考慮他們的處境，但不得要領。於是乎，他們指控自民黨背信棄義，轉而支持社會黨，參加"反說謊稅"的行列。據報導，原本為自民黨支持者，這回卻公然高舉"投社會黨一票"的旗幟者，就不下三十個工商團體。自民黨人及支持者的臨陣倒戈，毫無疑問地改變了"保守王國"的政治力量對比：自民黨宣告慘敗。水能載舟，亦能覆舟，岩手補選是一明證。

日相企圖嫁禍他人

針對補選的結果，中曾根開始時並不承認是敗於銷售稅。他想把責任轉移，認為岩手之役還有"其他特殊的因素"。所謂"其他特殊的因素"，他雖未表明，但其代言人——官房長官後藤田卻說得一清二楚，那就是：

一、岩手縣是前首相鈴木善幸的老家，在補選期間，鈴木病倒在醫院動手術，無法親自前往助陣。

二、岩手縣候選人岩動麗屬於宮澤派（即前鈴木派）。宮澤喜一（財相）曾前往助陣，他應該從中吸取失敗的教訓。

換句話說，中曾根及其代言人企圖把這次失敗的責任轉嫁給宮澤派及其前領導人鈴木。

中曾根的這一花招馬上引起宮澤派的反擊。還在病床上休養的鈴木即表明："主要敗因只有一個，就是銷售稅"。宮澤派的年輕幹部更憤慨地指出："自民黨之所以處於難以招架的地步，完全是因為首相食言而引起的。把國民對政府喪失信心的責任推給前首相鈴木，簡直是本末倒置"。其他派系的領袖也都紛紛表示不同意中曾根的看法，覺得對宮澤派有欠公允。河本派領袖河本敏夫就一針見血地指出："導致慘敗的原因，百分之九十九是由於銷售稅，黨應該謙誠地進行反省"。

央求元老出面助陣

在黨內備受孤立與抨擊的處境下，中曾根想起了另一法寶，就是拜會一向不受他所重視的元老，要求他們召開"黨最高顧問會議"，以便聽取他們的意見。中曾根擺出尊敬前輩的姿態，不消說，目的只有一個，就是希望元老們出面籲請黨員團結在黨的周圍，採取一致的行動。針對中曾根的這項建議，元老們並不熱心，加以幾位前首相如岸信介、三木武夫和鈴木善幸都在病院留醫，最高顧問會議差點無法召開。在中曾根的催促下，會議雖然勉強舉行，但主要發言者只有前首相福田赳夫和前副總裁二階堂進。福田與二階堂都曾被中曾根所耍弄，對於這位"風見雞首相"並沒有好感，因此他們除了以長者的姿態，略為訓導中曾根這回之措施缺乏足夠時間的策劃與宣傳以外，也只是泛泛表示應該舉黨一致，應付下月在各地舉行的地方選舉。

地方幹部紛紛倒戈

但是，事實說明，出動元老並無法壓制黨內反對銷售稅的聲音。據《朝日新聞》報導，在全國四十七個地方議會（即東京都議會及縣議會）當中，公然反對銷售稅，或要求當局"慎重處理"和"修正"有關法案的，就多達三十一個，而其中超過一半是在自民黨地方議員的支持下通過有關的議案。

針對地方幹部紛紛倒戈的事件，自民黨總部曾一度考慮根據黨紀予以嚴厲的處罰。然而，在岩手補選結果發表之後，那些參與"叛黨行為"的自民黨人不但未受到處罰，反而在報上聲稱中曾根破壞黨之形象。為了爭取選民支持，岩手縣自民黨縣議員們甚至在當地報章刊登全版廣告，敘述他們要求總部放棄銷售稅方案而被駁回的經過。自民黨島根縣的六十八名黨員更聯合簽名，要求總部開除"違背選舉諾言的中曾根康弘"。

自民黨地方支部及地方議員紛紛表示反對銷售稅和抨擊中曾根，一方面是為了照顧其支持者的利益；另一方面是擔心岩手慘敗的歷史會在他們的選區重演。正因為他們認定中曾根與銷售稅是自民黨在岩手縣補選失利的主因，自民黨各地的候選人和幹部紛紛表示，不歡迎黨魁中曾根到他們的選區助陣。保守的《產經新聞》在一張政治漫畫中獻議，在選舉期間，最好是把中曾根送進廟宇。

　　面對黨內外聲勢浩大的反對壓力，中曾根聲稱其稅務改革，對三千六百萬受薪人士有利，只是由於這些受薪者宛如一盤散沙，未凝結成一股力量，表達他們的意見。但是，《朝日新聞》在岩手補選後舉行的一項民意測驗顯示，反對銷售稅者高達百分之八十二，而中曾根內閣的支持率也從去年的百分之五十三猛跌至百分之二十四。尤其值得注意的是，在這些受調查者當中，有百分之九十是中曾根所說的受薪人士，他們的年齡大多數是二三十歲。同樣的，在上星期日，《產經新聞》也曾進行百人抽樣調查，結果發現到有八十人對現有稅務制度雖然不大滿意，但支持中曾根改革方案的卻不到十人。兩項調查得出同一個結論：反對銷售稅方案的並非只是商人或自僱人士，而是包括中曾根所說的新稅務受益者——一般受薪階層。

金丸放出試探風球

　　在反對銷售稅之聲此起彼伏之際，最早動起改變稅務策略念頭的黨中央要員是副總理金丸信。

　　金丸是田中派老謀深算的權術家，也是反田中的創政會幕後策劃人。在田中病倒以後，他實際上已經成為田中派內最有權勢的人物。他當前最大的政治目標，就是扶持其親家竹下登早日登上首相寶座。

　　按照常理，作為中曾根政府第二把交椅的金丸，如果主張改變銷售稅的政策，應該是在內閣會議提出或者是在黨內進行討論。但出人意表的是，他在未與任何人商討（竹下是自己人，當然早有密謀）的情況下，竟向報界來個晴天霹靂的宣布：政府有必要調整銷售稅的政策。理由是，如果沒有改變政策，自民黨在地方選舉中勢必潰不成軍。

各派人馬伺機以待

金丸的上述談話，馬上在黨內引起各種熱烈反應。有人認為他身為高官，不該輕率發言，有人則認為這項談話來得及時，可扭轉自民黨目前所處的劣勢。中曾根對此則深感困惑；黨秘書長竹下卻佯裝事前一無所知。敏感的政治觀察家則相信，金丸旨在自民黨的派閥鬥爭中掌握主動權，撈取政治資本。因為，修改銷售稅既然是大勢所趨，創政會集團率先主張採取有伸縮性政策，自然能獲得各界的支持，其候選人在各地的選舉宣傳中，也必將處於較有利的地位。

在反對銷售稅的聲浪中，中曾根無疑正陷入四面楚歌的政治困境。他一心一意想要保住的首相地位，已經由於"岩手震盪"而顯得岌岌可危。

（一九八七年三月）

日本報章怎樣評價岸信介

從戰爭鼓吹者到成為甲級戰犯、從甲級戰犯搖身一變成為戰後首相、在退出政壇之後仍然對日本政治保持巨大影響力、自喻為"昭和妖怪"的日本政壇人物——岸信介,已於八月七日逝世,享年九十歲。

對於這樣一個與日本昭和盛衰史關係密切的人物的逝世,日本各大報章都以顯著的版位詳盡報導和評論。權威報章《朝日新聞》的標題是:"岸前首相去世",副題為"A級戰犯嫌疑、保守派匯流、安保修訂"和"奠下戰後政治結構骨架"。銷路最廣的《讀賣新聞》,除了在頭版報導岸氏的死訊外,也在內頁評述其生平,標題為:"昭和的妖怪、推行鷹派(政策)";其副題是:"戰犯、安保……波動的生涯"。至於保守派報章《產經新聞》,則不但推出圖文並茂的畫頁和《岸信介語錄》,也以"A級戰犯→首相→安保修訂→巨魁"的標題來介紹他的一生。

從各大報的新聞處理,可以看出不管是哪一家報章,都着重突出岸信介生涯的三大階段與政見:一、戰爭、戰犯及其國粹主義思想;二、力促戰後保守派勢力的統一;三、修訂日美安保條約。

奠定戰後政治根基

對於岸信介戰後促使保守派勢力統一,奠定戰後政治根基,以及在擔任首相時期不顧國內強大反對壓力,簽署日美安保修訂條約,不管是他的支持者或反對者,都同意他的判斷與努力,實際上已為自由民主黨往後長期統治日本奠下根基,也為戰後的日本定下國內外的基本政策與方針。

在一篇題為《堅強的意志與貫徹》的追悼文中,《產經新聞》的一名前政治新聞部長,即對岸氏的上述"兩大政績"予以極高的評價。該悼文指出,保守的自由黨和民主黨的合併,使得戰後初期的日本得以採取自主與獨立路綫,從而推行高度成長與照顧民生的福利政策。至於修訂美日安保條約,該悼文認為具有下列的意義:一是奠下美日同盟的牢固根基;二是由於在美國的軍事保護傘下,許多原本對日本的強大深感畏懼的亞洲國家,也因此而對日本鬆懈戒備;三是安保條約的修訂,使得日本能和美國享有平等的地位。

從參與簽署對英美宣戰詔書,到極力主張美日同盟,岸信介的態度不能不說已有了巨大的改變。針對這一點,支持他和同情他的人都贊賞其善變之機智與"政治才華";反對他的人卻認為他是機會主義者,感到難以忍受。《朝日新聞》的一篇評論文章就提起日本民事法學泰斗,也是岸信介同窗的我妻榮教授,在一九六〇年日美安保條約修訂前夕要求岸信介下台時,曾對岸氏作出的指責:

"在戰前,你認為和德國合作,與中、英、美為敵,發動戰爭是最正確的;現在,你似乎又要重蹈覆轍。"

推行國家主義政策

雖然如此,各方都同意儘管岸信介在戰後對美國的態度有了一百八十度的改變,但他始終卻是一個國家主義的信仰者與實踐者。這既表現在戰前他熱衷於推行戰爭政策,也流露於戰後他堅持修改憲法的鷹派態度。針對岸信介與戰爭的關係,《產經新聞》指出,早在學生時代,岸氏就深受北一輝(日本國粹主義的鼓吹者)思想的影響,一九三六年曾被派往"滿洲國""開發資源",後來出任東條英機"開戰內閣"的商工大臣。在叙述同個階段的歷史時,《朝日新聞》的專欄"天聲人語"則引述戰爭期間的"重光葵手記":

"東條內閣出現了一種新的思潮,從發動戰爭到進行經濟統制,一步緊跟着一步奏着軍歌和發出號令向前邁進，其中心人物就是企劃院總裁鈴木⋯⋯商工大臣岸。"

美國戰略下的"幸運兒"

正因為岸信介是發動戰爭的政治領導人，一九四五年日本戰敗，即被佔領日本的盟軍以甲級戰犯的名目拘留，囚禁於巢鴨監獄。然而，三年多後未經審判即獲釋放。主要原因是因為美蘇進入冷戰時期，美國決定改變對戰敗國日本的態度，它不但停止對日本戰犯責任之追究，而且還想保存與扶植日本的舊勢力，以便與蘇聯以及剛剛誕生的中國紅色政權對抗。美國這一遠東策略的改變，不但救了岸信介一命，也替他開闢了往後在官場平步青雲的道路。難怪不少政論家認為岸信介是時代的"幸運兒"（岸氏本身也常如此感慨、慶幸），而岸氏也決定將計就計保存實力，躲在美國的保護下"重建日本"。

有關這一點，《產經新聞》的社論就引述岸信介的回憶錄，說明他戰後為日本的獨立而奮鬥之決心。回憶錄寫道：

"由於戰敗，日本國民嘗到前所未有的屈辱與困難。對於這個（按：指戰敗而非指發動戰爭）責任，即使是萬死也難以卸脫。"

《產經》認為這是他戰後以來致力於爭取日本獨立與"自主憲法"的原動力。

不忘清洗戰爭罪名

《朝日新聞》的社論則引述岸氏下列的語錄，說明岸信介雖然是參與向英美宣戰的政治領導人，但卻不肯承認其錯誤及負起戰爭責任。

"東京審判是擁有絕對權力者的一場'表演'。"

"佔領初期的基本方針是改變日本人的精神結構。換句話說，主要目的是要除去日本國民的骨頭,破壞(日本人的)道德。……而日本國憲法就集其大成。」

同樣是戰敗國,西德戰前的領導人肯定不敢公然提出上述主張(因為他們迄今仍遭受清算),《朝日》認為這是日本與西德相異之處。社論接著寫道:

「由於被指名為A級戰犯的岸氏復出為首相,不少人認為這就是為甚麼日本人無法明確(追究)戰爭責任的原因。」

積極領導修憲運動

《朝日》同時指出:

「岸信介始終是推動憲法修改運動的領導人,他的看法在保守陣營擁有潛在的影響力。例如,被罷官的前教育部長藤尾主張修改憲法、否定東京審判的言論,其實就是岸理論的翻版。」

針對這一點,極力贊賞岸信介的《產經新聞》在敘述其生平時,也引述其下列的語錄,予以印證:

「我覺悟到這是敗者受勝者審問、處刑的法庭,這是無可奈何的。既然倖免一死,就得堂堂正正發表我們一向的主張,反駁將萬惡都推給日本的看法,從而弄清是非,向後世傳達真相……。」

政治權力中樞人物

岸信介另一令人注目的是,儘管他在一九六〇年簽署日美安保修訂條約後即告引退,但二十年來他在自民黨政府內部仍具有相當大的發言權,他也不忘在自民黨內扶植其嫡系勢力。先是協助其弟佐藤榮作當選首相,前後掌權八年;接著支持其派系繼承人福田赳夫出任首相。至於最近幾年,他最大的希望,恐怕就是扶植其女婿,也就是目前準備角逐十月自民黨總裁選舉的三名新領袖之一的安倍晉太郎爭奪首相寶座。因此,對於安倍來說,岸氏在此刻的逝世,就猶如失去強大的啦啦隊（安倍派幹部語）。

　　不過，各方面都認為，岸氏去世對政局的實際影響不大，因為近幾年來隨着年齡的增加與精力的衰退，他雖然是自民黨最高顧問團的長老，但已很少直接過問政治。至於安倍，誰都知道其岳父是其強有力的靠山，但他在公開場合都避免提出修憲的強烈主張，顯然是深恐染上"鷹派"色彩，對其政治前途產生不利的影響。

　　總而言之，岸信介的逝世，意味着一個時代的結束。有人讚美他"重建日本，功不可沒"，是"今日日本經濟繁榮的奠基者"；有人擔憂他的最終目標是要走回戰前老路；也有人列舉他生前的三大內政方針（即消除貪污、暴力和貧困三惡，消滅派閥及實施小選舉區制度）都半途而廢，未獲成功，從而説明他在內政方面沒有具體的建樹。不過，各方對他無法否認的共同形象與事實是：他是保守派、大亞細亞主義者與主張整軍、修憲者的最高統帥，是戰爭期間與戰後，從未離開日本政治權力中樞的少之又少的政壇人物。岸信介自喻為"昭和的妖怪"，道理相信就在於此。

（一九八七年八月）

"竹二之爭"牽動政局

　　距離日本首相中曾根康弘十月三十一日預定下台的日子雖然還有五個多月，但自民黨各派閥領袖早已厲兵秣馬，準備出陣。其中最令人注目的，莫過於黨內最大派閥——田中派的動靜。

　　自從創政會成立，前首相田中角榮中風癱瘓以來，田中派實際上已一分為二，即以自民黨幹事長竹下登為首的創政會派及由前黨副總裁二階堂進領導的反創政會派，兩者針鋒相對，勢不兩立。創政會派財勢雄厚，在派閥內擁有絕對的優勢，如果是根據一般民主方式票決，其首領竹下登無疑將成為田中派的當然繼承人，代表該派閥角逐今秋的自民黨總裁競選。然而，對於派閥內元老，特別是該派閥的會長二階堂來說，田中派是田中角榮一手創立、培植的派系，只有服膺田中，不違背其意旨者，才有資格留在田中派內，那些與田中過意不去的人應該離開田中派，另組新派系。一面大搞反田中之活動，另一方面卻要借用田中派的老招牌，這在二階堂等人看來，是小人的行為，而非正人君子所應持有的態度。

竹下拜年嘗閉門羹

　　二階堂手中最大的王牌，不消說，就是田中角榮。可惜的是，儘管田中病情略有好轉的徵兆，但卻依然不能開口。雖然如此，田中家人及二階堂等人在對付竹下時，仍然不忘使用"田中牌"。最明顯的例子是今年元旦，竹下一清早即到田中之私邸想向田中拜年，但卻在門口遭擋駕，嘗受閉門羹。這對於在政壇上如日東昇的竹下來說，簡直是一個奇恥大辱。田中家門二階堂進得，竹下卻進不得，再度說明了田中（至少是田中家人）堅決反對竹下成為田中派繼承人的決心。

至此，竹下照理應該死了這條當田中派領袖的野心，大膽自立門戶，另起爐竈。不少時事評論家與政治漫畫家就一再忠告竹下，不該老是寄居於田中派，而應率領其隨從自立竹下派。然而，竹下畢竟是一個忍耐力非凡的政界人物，他並不因為受到二階堂及田中家人之侮辱或者他們的激將法而亂了陣腳，他仍然小心翼翼，根據原定之計劃出牌。原來在竹下策略中，他並不滿足於當個新派閥的領袖，而是想在田中派內逐步擴大其勢力，爭取中間派，孤立元老派，從而最終全面接管田中派。因為，田中派最大的本錢就是人數多，如果竹下另組新派閥，元老派不跟隨他退出田中派自不待言，而部分中間派的走勢也難以預測。單從議員的數目字來看，這着棋對急於攀登首相寶座的竹下未必有利。因此，"忍"字當頭、伺機以待，可以說是他的座右銘。當然，所謂"忍"或者"等"，也得有個限度，否則可能會錯失良機。特別是在其對手安倍晉太郎（黨總務會長）及宮澤喜一（財相）已經相繼取代前首相福田赳夫及鈴木善幸，分別成為安倍派和宮澤派的領袖之後，竹下披上派閥領袖大衣，更顯得刻不容緩。竹下支持者決定在五月二十一日替竹下舉辦一個大規模的基金籌募大會，目的就在於替竹下正式升格為田中派領袖鳴鑼開道。

二階堂出馬之奇招

對於創政會人士上述之謀略，二階堂當然看得一清二楚。如果一切按照創政會派的計劃順利進行，田中派無疑就將落入竹下等人手中，這是他決不允許，也是田中及其家人所無法接受的。正是為了阻止竹下升格為田中派的代表，二階堂在五月十四日，也就是竹下政治基金籌募大會召開的一星期前，突然以田中派"木曜會"會長之身分，宣稱將代表田中派參加十月底自民黨的總裁選舉。二階堂這個晴天霹靂的宣布，有着下列的幾層意義：一、先發制人，表明自己才是田中派的正統代表；二、打破現有安（安倍）、竹（竹下）、宮（宮澤）三者包辦下屆黨總裁選舉的局面；三、攪亂各派閥合縱連橫的策略，使變幻多端的自民黨派閥政治增加新的刺激因素，或者說是未知的因素。

二階堂的這一奇招，心中目標當然是對準竹下。在二階堂看來，他既然已搶先聲稱要代表田中派出馬參加總裁競選，竹下如果不肯退讓，就得和他火拼，這不失為迫使竹下脫離田中派，另起爐竈的良策之一。其次是，二階堂之出馬宣言，既然是獲得田中家人及田中本人的贊許，對於田中派的中間派人士該有一定的影響；他希望能藉此制止這些中間派人士對竹下的支持。在發表參加總裁競選的聲明時，二階堂還表明他參政之熱情，並不亞於比他年輕十餘歲的新領袖，他準備獻出"老邁之軀"，為國效勞。

針對二階堂之聲明，各方首先關心的是，他對田中派內非創政會派的中間派人士到底有多少的影響力？他是否有能力爭取到五十名議員的支持，以提名他為黨總裁的候選人？

上述問題的部分答案，在上週四（即五月二十一日）的竹下政治大會上，已經獲得解答。在田中派的一百四十名議員（不包括田中）當中，出席竹下政治大會者共達一百二十八名。這清楚地反映了在田中派內，支持竹下已成了大勢所趨。竹下在大會上雖然未正面表明要參加總裁競選，但卻以準備"燃燒五尺四寸之身軀，完成最後的政治使命"之措詞，間接向其黨人表示他將出馬角逐總裁的決心。

竹下大會成功召開

竹下政治基金籌募大會之成功，說明了田中角榮及其家人對田中派已經完全失去原有之控制能力。針對這一點，日本評論界有人認為，這是派閥成員從效忠領袖轉為效忠團體的徵兆。但如果進一步分析，人們就會發現到金錢是派閥政治最大之原動力這一特性並沒有絲毫的改變。換句話說，派系成員之所以傾全力支持與服從其首領，主要是因為後者能够定期與非定期地提供他們政治基金與津貼，是他們的經濟靠山；但是，當這名領袖已經喪失上述之能力時，派閥成員轉而支持財力雄厚的新領袖，是不言而喻的。竹下之所以能够在田中派內蠶食田中的勢力，逐步取代田中之地位，其秘訣就在於此。

在田中派成員一邊倒向竹下陣營的局面下，中間派領袖田村元（交通部長）已出面充當和事佬，勸請二階堂放棄競選總裁的念頭。從二階堂的脾氣和他和田中家人與竹下結下之恩怨關係來看，除非竹下肯做出重大的讓步，並讓二階堂及田中家人得以體面地下台，二階堂是不可能收回出馬之成命的。在硬碰硬決鬥的情況下，竹下陣營最大的王牌，就是以票決方式，強硬通過竹下為田中派的代表。這一來，田中派遂告正式分裂，竹下將奪走田中絕大部分之"財產"——議員；二階堂則率領田中之忠臣們（共十九名），成立二階堂派，或者自稱為田中正統派。如果上述局面出現，二階堂實際上將淪為一個小派系的首領，除非他能够爭取到中間派或其他派閥人士的同情與支持而湊足五十張選票，否則他是無法實現競選總裁的美夢。

然而如衆所知，自民黨各派閥間的合縱連橫並不以政策之異同為轉移，而純粹是利害關係的組合。因此，高齡七十七的二階堂這回參戰，雖然誰也不相信他會有獲勝的機會，但在黨內倒也博得不少掌聲，引起一陣騷動。

首先是黨內元老如前首相福田赳夫等人拍手稱快，他們雖然不像兩年前那樣積極支持二階堂，導演"二階堂擁立劇"，但二階堂人老心不老，主張搞政治不受年齡限制，卻道出了老頭們的心聲，引起了他們的共鳴。

其次是，在大派閥控制自民黨，一強（田中派）四弱（宮澤派、中曾根派、安倍派與河本派）的局面下，小派閥只能充當配角，沒有多大的發言權。但是，如果田中派分裂，二階堂參戰，局面就顯得混亂，小派系領袖無疑也將身價百倍。河本派首領河本敏夫歡迎二階堂出馬，也許就是在打這個算盤。其三是，在田中派分裂之後，竹下領導的竹下派相信會和安倍晉太郎的安倍派合作，成立所謂"安竹同盟"，共同對付另一候選人宮澤喜一。至於二階堂，則可能會和宮澤喜一搞同盟，發揚舊田中派與舊大平派長期盟友的合作關係。自民黨派閥的合縱連橫關係於是進入另一個新階段。

猶如鄉下村長選舉

至於愛發偉論的日相中曾根，此刻則緊閉尊嘴，不敢多言。因為，其政權已經到了末期，只要能夠安度所剩無幾的五個多月，而不致提早被迫下台，已算三生有幸。言多必失，這是他此刻保持沉默之主要原因。當然，由於二階堂之參戰，幾年來他玩弄與平衡安、竹、宮三名新領袖之策略已經過時，他必須冷靜思考，另謀花招。這也許是他此刻不願輕易發言的另一原因。何況二階堂出師無名，竟以聲討中曾根之政治哲學為藉口，指責三名新領袖只為一己之利，不敢與中曾根抬杠，素以"風見雞"自居的日相，此刻是不宜多言的。

田中派鬧分裂、自民黨總裁選舉出現新局面，接下來五個多月的日本政壇是夠熱鬧的。但是，必須指出的是，不管是竹（竹下）二（二階堂）之爭，或者安、竹、宮、二之混戰，其實只是"金錢"與"票數"（議員數目）之爭奪戰。彼此之間既未針對國計民生之政策提出大爭辯，總裁選舉結果對日本國內外政策也不會有太多的改變。借用竹下的一句名言，自民黨總裁的選舉（實際上是日本首相的選舉），就像日本鄉下選舉村長一般。錢多聲音大，這就是當選日本國"第一村長"的先決條件。

(一九八七年五月)

錯綜複雜的"安、竹、宮"三角戰

"誰將成為日本的新首相？"這是日本傳播媒介近幾個月來幾乎沒有一天不競相報導的熱門話題。

報導的焦點，不消說，是長久以來被認為最有希望的三名"新領袖"——安、竹、宮。此外明明知道參戰必敗而又堅持要角逐黨總裁選舉的前黨副總裁二階堂進及當今首相中曾根康弘的動向，也是各方視綫之所在。

在安竹宮三者當中，宮澤雖然年紀最大，也被認為是最有才華（日本財界人士對他評價頗高），但一開始就處於下風。原因是竹下與安倍之友情甚佳，兩者早已有意搞"安竹聯盟"，並準備在他們這一代當權時，勾消田中派與福田派長久以來結下的恩怨。果然，在今年七月竹下自立竹下派時，第一個想爭取的對象就是安倍派。按照竹下的親家，即副總理金丸信的如意算盤，只要安竹組成牢固聯盟，天下必歸竹下無疑。因為竹下派有一百一十三人，再加上安倍派的八十五人，就有一百九十八票，只差二十五票即可控制自民黨議員總數四百四十五名的過半數二百二十三票。金丸在想，只要這兩者合作，要另湊二十五張票是一件輕而易舉的事。屆時不要說小派閥或者無派閥人士會向竹下靠攏，就是中曾根也會迅速見風轉舵。

如何離間安竹聯盟

八月間，由河本敏夫領導的第五派閥河本派（三十五人）表明要靠攏安竹，更使政界人士相信竹下攀登首相寶座，已經成為定局。

但就在這個時候,自民黨各派閥合縱連橫的策略也在起着微妙的變化。

首先是,如果安、竹、河組成聯盟,無疑意味着宮澤喪失奪取寶座的機會,也意味着中曾根對未來的政局將無法產生任何的作用。因此,對中曾根或者宮澤來說,最好的策略是設法離間安、竹、河三者的關係,因為只要三者的關係有點動搖,宮澤與中曾根便有插手的機會。至於自稱為"田中第一號大忠臣"的二階堂,其首要目標就是打倒竹下,當然也樂於加入中曾根、宮澤"反安、竹、河"的聯盟。二階堂四處演說,主張各派系領袖應該發揮協商的精神,一方面是因為本身的勢力過於單薄,只有在協商方式下才有發言的餘地;另一方面,也是旨在抨擊安、竹、河三者私訂默契之動向。

掌握時機扭轉劣勢

其次是,在安、竹組成聯盟時,由於兩者勢力懸殊,形成一強(竹)一弱(安)的局面。這對於安倍是十分不利的。按照力量的對比,竹下先當首相,然後才輪到安倍,可以說是天經地義的事。但自民黨派閥鬥爭錯綜複雜,即使是有默契在先,過後反悔棄約也是常有的事。安倍這回扶植竹下上台,又有誰能保證以後不會有甚麼變卦?因此,與其和竹下訂君子協定,不如把握時機,先加強自己談判的地位。河本決定加入安竹的聯盟,無疑給安倍製造了一個良好的機會。因為,這一來聯盟的內部關係不再是一強一弱,而是一強二弱了。二弱應該先團結,然後再與一強談合作,這是安倍派的新策略。這個新策略其實也正符合河本派的利益。作為小派閥的領袖,河本當然也希望在聯盟中擁有更大的發言權。安倍派與河本派源自福田派與三木派。三、福兩派在過去幾年反田中與反中曾根的派閥鬥爭中,曾進行密切的合作。為了與河本派組成聯盟,據說安倍派還借重其派系元老、前首相福田赳夫出面說項。可以說,在安河結盟之後,安倍的身價已大大提高,他不再安於"下任首相非竹下莫屬"

的安排了。

看中宮澤脆弱地位

尤其令竹下感到震驚與不滿的是，安倍不僅與河本私結盟友，還於八月間與宮澤進行兩次秘密的會談。宮澤要與安倍會談，目的很清楚，就是要分化"安竹河"的力量，從而突破三者對宮澤的包圍網。至於安倍，由於在反宮澤的聯盟中處於較弱的地位，也樂於與宮澤保持某種的關係，以便向竹下表示：安竹雖然組成聯盟，但並不等於一定要完全聽命於竹下。換句話說，與宮澤保持接觸和對話，是安倍向其盟友竹下施加壓力，轉弱為強的另一項策略。

安倍既與河本先結盟，又私下與宮澤保持接觸，老實說，安竹河三者聯盟的根基已經受到動搖。這既不利於竹下，也意味着安竹河對宮澤的包圍網已出現了缺口。對於這個新局面，首先拍手稱快的當然是宮澤，但得益最大的卻是中曾根。

原來在安竹河三者合作的情況下，宮澤實際上已被擠出競賽的圈子，他只好把希望寄托在中曾根身上。因為他相信，如果讓中曾根來個裁決，他的機會最大。一方面是因為在中曾根的智囊團中，有不少是前首相大平正芳時代的人馬，如果宮澤上台，相信較能繼承中曾根的路綫。但更重要的是，中曾根看中宮澤的脆弱地位。因為在三名領袖當中，如果安竹搞聯盟，中曾根是否支持他們已顯得不很重要，但對宮澤來說，卻非依賴中曾根的支持不可。換句話說，宮澤將最聽話。

中曾根舉足輕重

不過，中曾根是個聰明人，儘管他內心裏看中的是宮澤，但在表面上卻與三名新領袖保持等距離外交，故作"中立"狀。為了取悅竹下，他甚至曾向前田中派人士表示，他不會忘記田中派幾年來給予他的支持與合作。弦外之音是，他會照顧竹下派的利益。對於中曾根的性格與作風，瞭解最為透徹的該是金丸。金丸最早的想法是，只要安竹組成牢固聯盟，成為大勢所趨，中曾根將自動支持竹下。然而，在安竹聯盟出現裂痕的情況下，金丸認為如果不略為拉攏中曾根，竹下迄今所持有的優勢恐怕就將喪失。於是乎，前些時候一度想迫使中曾根提前退陣的金丸，忽然向中曾根微笑招手，主張讓中曾根對繼承人做個裁決。金丸的這番談話，確是出乎人們的意料之外，一部分竹下派人士甚至認為過於"冒險"。但幾天後，金丸即改口表示一切得按照選舉程序進行。換句話說，票數多寡仍然是決定勝負的最後標準。金丸先捧中曾根，表示尊重其決定，後來又向後者顯示自己的實力（票數），在表面上似乎是前後矛盾，但其實際效果卻是要向中曾根表示：請不要太親宮澤，最大派系的竹下派對你也還不錯，你即使不看在過去前田中派對你支持的份上，也得記住竹下派仍然是當今真正的實力派。

宮澤既主張舉黨協調繼承人問題，讓中曾根來個裁決，金丸又舉手（雖然後來縮回）表示贊同，再加上二階堂也主張各派閥發揚協商的精神，不管他們各懷的是甚麼鬼胎，中曾根實際上已經成為總裁選舉中的一個舉足輕重的人物。難怪日本漫畫家竟把中曾根繪為秋季運動會或政治賭館的主持人。中曾根當然也樂於扮演這個角色。不久前，在黨內的一項研討會上，他就對未來繼承人列出條件，強調必須遵循其"戰後政治總清算"的路綫，顯然是有意在退陣後繼續發揮其影響力。

勝負瞬間猶如相撲

對於金丸向中曾根微笑招手的政策，最感失望的也許是河本。因為，如果中曾根真的向竹下靠攏，小派系的河本派，在安竹河的聯盟中，只能扮演一個可有可無的小角色。至於另一個小派系首領的二階堂，雖然一心一意與竹下作對，準備角逐總裁的選舉，但由於宮澤派已經拒絕借出其成員提名他為候選人，在無法湊足五十個提名人的情況下，據說已在打退堂鼓了。這一來，政壇的中心人物，又再恢復到原有的局面：安竹宮與中曾根。四者之間如何合縱連橫，圈外的河本與二階堂將扮演何重角色，在未來的一個多月裏，可以說是隨時都會有變化。借用宮澤的話說："這猶如相撲，勝負取決於瞬息之間。"不到最後一分鐘，要知道日本新首相的臉孔，恐怕是不太容易的。

（一九八七年九月）

中曾根爲何選擇竹下當新總裁？

在三名"新領袖"一致同意全面授權中曾根首相決定自民黨新總裁（當然首相）人選的情況下，中曾根終於在昨日（二十日）零時三十分作下"裁決"，指定黨秘書長竹下登爲其繼承人。這一來，竹下只要在本月三十一日黨代表大會上獲得（形式上）通過，即將成爲自民黨新總裁，並預定於十一月六日正式成立新內閣。

為了建立"舉黨體制"，中曾根也建議讓另外兩名"新領袖"分別擔任副總裁（宮澤）和黨秘書長（安倍）之職位。

中曾根在最後關頭決定支持竹下，曾使最早表明支持中曾根作"最後裁決"的宮澤，及自認爲"最佳人選"的安倍大失所望。但觀察家認爲這是最合乎自民黨常理的一項決定。因為，第一，竹下派是自民黨最大的派閥，擁有一百一十四席。沒有竹下派的支持，任何新總裁的政治地位都不鞏固，這意味着政治將不安定。第二，竹下與安倍之聯盟雖然出現裂痕，但彼此在反對宮澤的問題上，態度是一致的。加上河本派與"安""竹"仍然保持密切關係，中曾根與其冒着招致上述三者聯合反對之危險，不如將計就計，支持竹下，從而保持對新政府的影響力。

竹下不懂外交

第三，竹下最大的弱點是不懂外交。這一來，他也許得靠中曾根之幫忙，並讓後者擔任其"外交顧問"。中曾根志在成爲"世界的領袖"，這也許是他在卸任之後得以繼續發揮其特長與影響力的良機。

　除此之外,不少觀察家也認為中曾根在過去五年中,全靠竹下派之前身田中派之支持,這是他回報竹下派的時候。

　在自民黨新總裁選舉的歷史上,雖然也有由第三者的長老作下"裁決"的先例,但由即將卸任的首相指定繼承人,還是前所未有的事。這一方面反映了三名"新領袖"之"弱",另一方面也說明了中曾根之"強"。不少評論家相信,由於中曾根作下"裁決",他對新內閣將擁有一定的政治發言權。在一項電視訪談中,有人甚至預言新內閣為"竹下——中曾根政府"。

面對三重大課題

　針對"竹下新總裁"的誕生,各界都相信其內外政策不會有太大的改變。擺在竹下面前的國內外重大課題有三:一、如何壓制地價;二、稅務改革問題;三、日美關係的改善。

　一般預料,由於竹下對外交與國際經濟並非拿手,政府各部門之機構將在各項政策上擁有更大的發言權。

　竹下登現年六十三歲,出生於島根縣,畢業於早稻田大學商學部。曾任中學教師和縣議員。在佐藤時代曾擔任內閣秘書長、財相,也兩度擔任中曾根內閣的財相。與中曾根能言善辯,處處擺出"領導者"的姿態相反,竹下在相對上不願明確提出色彩鮮明的政策。讚美他的人認為他態度謙卑、溫和、沒有脾氣,有協調各方意見的高度手腕;反對他的人認為他缺乏信心,優柔寡斷,能否在這非常時刻挑起日本首相之重任,頗受質疑。不過,有一點各方都不能不佩服他的是,他與財界關係十分密切,他籌募政治基金之能力(日人稱之為"集金術"),並不亞於其前輩田中角榮。

(一九八七年十月)

中曾根政治手腕的總結

日本首相中曾根康弘已於昨日（六日）將政權移交給同黨新黨魁竹下登。

中曾根前後掌政五年，照理不算長，但在日本戰後自民黨"輪流坐莊"的政治慣例中，卻是僅次於吉田茂、佐藤榮作，而名列第三。中曾根是怎樣維持其"長期政權"？中曾根的政治作風又有甚麼特色？本文想進一步予以探討。

（一）玩弄派閥政治之高手

首先，必須指出的是，中曾根所領導的派閥在當政的自由民主黨內一向並非主流派，而是第四、五大的派系。加以中曾根一向見風轉舵，沒有明確的合作伙伴，因此各派系對他總是投以懷疑和不信任的眼光。也許是因為這個緣故，在所謂"三角大福中"（即三木武夫、田中角榮、大平正芳、福田赳夫、中曾根康弘）五大派閥的第三代政治家中，中曾根排在最後一輪才得以登台。

仰賴田中支持上台

中曾根當時（一九八二年十一月）的上台，可以說完全賜拜於田中角榮的落難。田中由於受到洛希德貪污案所累，不得不把政權委托其他派閥領袖看管，而自己躲在幕後當"皇上皇"。大平正芳、鈴木善幸都是在上述背景下上台。在鈴木辭職後，田中支持中曾根掌政。但當時誰也沒有想到中曾根能當五年的首相。由於當時他事事都得聽命於田中，加以內閣當中田中派成員居多，日本傳播媒介甚至一度譏諷其內閣為"田中曾根內閣"。田中也曾表示"首相也者，有如帽子"，隨時可以更換。對此，中曾根都忍氣吞聲。可以說，從一九八二年十一月到八五年二月田中病倒為止，中曾根在黨內的基本政策就是緊捉住"田中王牌"不放，唯田中的馬首是瞻。他的"忍"功是十分到家的。

利用三派矛盾牽制

在田中病倒之後，中曾根頓然失去靠山，政權一度陷入危困境地，但他很快就施展下列策略：一是利用田中派內部的分裂，在元老派二階堂進與少壯派竹下登之間，支持勢力強大的後者；二是與自民黨三名"新領袖"（即竹下登、安倍晉太郎和宮澤喜一）保持等距離外交，極盡離間與促使他們相互制衡之能事。

中曾根"親"田中派內的少壯派，贏得後者強有力的支持，安渡政治難關。最明顯的例子是去年七月的參眾兩院選舉，如果當時的黨秘書長金丸信（竹下之親家）不點頭，是不可能舉行的；在選舉獲壓倒性勝利之後，如果金丸——竹下不支持中曾根，不讓他破例延長一年執政，中曾根"三選"的美夢也難以實現。

同樣的，利用着三名"新領袖"相互猜疑、互不禮讓之心理，幾年來"安、竹、宮"可以說一直都被玩弄於中曾根一手導演的"政治遊戲"之中。日本政治漫畫家曾經描繪中曾根單獨一人享受其"長浴"，而讓三人在浴室外赤裸着身體等候"入浴"，生動地反映了這個時期自民黨政治的特徵與"安、竹、宮"三者無可奈何的情景。

掌握最後的發言權

中曾根利用三者的矛盾而維持及加強其本身的權勢，可以說是十分徹底和成功的。在這回新總裁選舉的幾個月前，由於竹下登與安倍搞"同盟"，加以第五派閥河本派決定加入"安竹同盟"，照理已有足夠票數組織新內閣，根本不用看中曾根臉色。如果安、竹、河合作，中曾根根本就沒有插手的餘地，也無法對新政府衍生任何影響作用。但在這段期間，中曾根卻放出風聲，支持另一新領袖宮澤喜一，誘使宮澤主張讓中曾根對繼承人作"最後裁決"（在安、竹、河三者合作的情況下，宮澤確也沒有其他的選擇，只好出此下策）。在安、竹兩者進行最後一輪談判（十月十九日）時，日本政壇更盛傳中曾根已決定支持安倍晉太郎，致使安、竹兩者無法搞成鞏固聯盟，而只好交予中曾根作最後的裁決，難怪日本政治評論家都把這回新總裁選舉的最後勝利者，歸於中曾根。由於中曾根在最後關頭，擁有最大的發言權，他對竹下的組閣及接下來的政策當然也就擁有一定的發言權。

以第四大派閥的領袖身分上台而掌政五年，並在下台後還對未來的政局擁有一定的影響力，中曾根的政治手腕與狡智，不能不說有過人之處。

（二）以外交加強國內政治地位

中曾根政治作風的另一特色，是善於利用外交，來加強本身在國內的政治地位。

在這一方面，被渲染得最為成功的恐怕就是所謂"隆納德・康弘"的私人友誼了。這幕與里根總統稱兄道弟的戲劇，是從一九八三年一月中曾根以首相身分首次訪美時就開始表演的。中曾根知道，里根是鷹派中的鷹派，因此一抵華盛頓就矢言要把日本建成"永不沉沒的航空母艦"。這項談話雖然引起國內的一場政治風波，但在一定的程度上卻也贏得里根的賞識。在往後與里根打交道的過程中，我們可以看出，中曾根的基本政策是在政治、軍事問題上儘量與美國認同，強調日本是西方盟國的成員，但在經濟問題上卻採取能拖則拖或口惠而不實的策略。

許下諾言空泛無物

中曾根採取如此之策略，主要是因為擴軍或加強日本在國際事務的政治地位，正符合他想把日本發展成政治大國、軍事大國之理想。至於在經濟問題上提出畫餅充飢的《前川報告書》或者在與外國領袖會談時，客氣地表示答應實現這樣或那樣的"開放"政策，既在國外贏得一定的良好聲譽，也使日本國內人民容易相信中曾根較有辦法應付來自國外的壓力。

然而，事實說明，中曾根一改以往日本首相支吾其詞的態度，固然贏得了不少國際掌聲，但如果人們認真分析，就會發現到他的許多承諾，實際上只是空泛之談。在這一方面，中曾根也有兩個逃脫責任的作法。其一是，他只是提出"原則性"的問題，詳細的推行計劃則交予行政官員處理。日本的行政官僚機構一向以"推"和"拖"為拿手把戲，如果一切進展緩慢，中曾根也可以把責任推得一乾二淨，說那是日本社會的"特殊性"。其二是，反正執政期間有限（在過去五年裏，中曾根政權差不多一直都是在風雨飄搖的危機中渡過），許多承諾實際上得交給未來新首相去承擔與實現。

善搞宣傳依然碰壁

正因為中曾根善於搞外交宣傳，儘管許多日本人對其自吹自擂的作風不以為然，認為不符合日本的傳統，但都承認他對外國人有他的一套。因此，也就都站在一旁靜觀中曾根的表演。不過，中曾根也有失手的時候。最明顯的例子是在去年西方經濟高峰會議前夕，中曾根帶着既未被自民黨通過，也未有具體約束力的前川報告書拜會里根總統，希望後者能放他一馬，在高峰會議上不逼他過甚。但事與願違，里根在峰會上卻與西歐國家連成一氣，共同聲討東京。這時，部分日本人才首次瞭解到，所謂"隆納德‧康弘密月時期"也者，其實只是"虛相"。

中曾根外交的另一重大目標該是蘇聯了。蘇聯是戰後迄今仍未與日本簽署和平條約的國家，俄國時代的沙皇及蘇維埃的最高領導人也從未踏上日本國土，因此，中曾根一直在期待戈爾巴喬夫的到訪。因為，只要戈爾巴喬夫在東京和他握手，就是歷史上的重要鏡頭，他也可以藉此渲染其對蘇外交的突破，從而加強國內的政治資本，以達到延長政權的目的。今年一月間，他在獲悉克宮主人決定改變訪日之計劃時，還特地到東歐進行親善訪問，目的正是向莫斯科送其秋波，爭取戈爾巴喬夫回心轉意。但，一切終告徒勞無功。

顧問身分左右外交

據統計，佐藤榮作首相在任期間二千七百九十八天，前後出國十回，只訪問了十四個國家；但中曾根在任期間一千八百零六日，卻出國廿三次，訪問了廿九國。他在外國訪問的日數共有一百三十八天，平均每兩週就有一天在海外。如果人們留意這一百三十八天外遊的的日程表，就會發現到都與日本國內政局緊密掛鈎。可以這麼說，中曾根的外遊，離不開爭取國內"政治得分"的目的。他在卸任前還破例再到美國一趟，原因相信也在於此。

與新首相竹下相比較，中曾根更顯得是外交的能手。有鑒於此，中曾根正準備以"外交最高顧問"的身分，影響竹下的外交政策。他也將出任預定明年成立的日本國際戰略研究所的總裁。也許中曾根還有一個奢望，就是想透過上述的外交活動和影響力，製造東山再起的機會。但在自民黨"輪流坐莊"的制度下，看來實現的可能性微乎其微。

（三）頻向禁忌問題發出挑戰

向"敏感問題"或"禁忌問題"公開發出挑戰，是中曾根當政期間所推行的另一項政策。

所謂"敏感問題"或"禁忌問題"，對於國際人士來說，最關心的當然莫過於日本是否會重整軍備及日本憲法是否將會修改？

針對上述問題，中曾根首相在一九八三年一月自民黨大會提出"戰後政治總決（清）算"之後，就以毫不含糊的口氣在眾議院說道：

"在民主政治制度之下，沒有所謂禁忌的問題。我們應該對各種制度進行研究，並予以改變，這才是正確的態度。憲法的問題也沒有兩樣。不管是國民或者政黨，都應該在民主主義的基礎上討論憲法問題。這樣的風氣應該受到鼓勵。"

中曾根鼓勵國民和政黨公開討論一向被列為"禁忌"的憲法修改問題，其目的當然是要為日本修改憲法，删除日本不得擁有軍力的第九條文，在輿論上做好準備。因為長期以來，中曾根老是把戰後的"和平憲法"視為美國強加在日本身上的東西，是日本戰敗的產物。為了要擺脫這項對日本大整軍的束縛，中曾根在高喊清算戰後政治的口號的同時，也強硬推行了下列的兩項政策。

爲食言付出代價

其一是在一九八五年八月十五日，以首相身分到靖國神社進行官方祭拜。靖國神社設有包括第二次世界大戰期間發動戰爭的日本前首相東條英機等七名戰犯之"神位"，向靖國神社祭拜，既含有慰藉這些"軍神"之目的，更含有間接美化和肯定日本發動殘酷戰爭之意義。因此，中曾根的拜祭靖國神社，馬上引起亞洲鄰國的強烈抗議。特別是受害極深的中國和韓國，更把中曾根的上述行為視為日本有意走回戰前老路的徵兆，是日本可能恢復軍國主義的警鐘。

其二是撤銷日本軍費預算不超過國民生產總值百分之一頂限的許諾。"日本軍費決不超過百分之一頂限"，這是十餘年來日本首相四處向國際人士所作的保證。日本當局之所以要作出這項保證，目的不外是要各國人士相信日本軍力不會毫無止境地膨脹，從而鬆懈外國人士對日本的警惕性。正因為東京的宣傳進行得十分深入和徹底，不少人誤信這是日本真心誠意制定的長期方針，因此當中曾根來個改口反悔時，各方都受到極大的衝擊。有人認為，這是日本"言而無信"的再次體現；有人擔憂，日本軍力從此將如脫韁之馬，任意馳騁。

中曾根上述兩項"勇敢"的決定，固然博得了國內一部分早想恢復戰前體制的國粹分子之掌聲；但與此同時，他也得付出一定的"政治代價"。

高唱中庸穩定外交

首先是，中曾根自譽為"外交能手"，並高舉重視中韓的旗幟，但他在國內點燃偏激國家主義的火苗已促使鄰國對他存有極大的戒心，而受到強烈的批判。

為了緩和亞洲鄰國不滿日本的情緒，中曾根在前年及去年都取消前往靖國神社參拜的計劃。在表面上看，這是中曾根向"外國壓力"低頭的結果。但從政治效果來看，一國的首相不顧國內外人士的反對前往靖國神社正式祭拜，已經聊表了他對"為國捐軀"的"軍神"認同之心意，並已達到向"禁忌問題"挑戰的目的。"禁忌"問題既然可以輕易觸及，往後的日本當政者當然可以援引前例，繼起效尤，這是各方對中曾根煽起偏激國家主義情緒憂慮之所在。

當然，中曾根是個聰明人，他雖然玩火，但也懂得在適當時機作個"決斷"，迅速脫難。再清楚也不過的例子，是去年中曾根在訪韓前夕，處理前教育部長藤尾正行發言的事件。平心而論，藤尾當時發表的美化日本侵略戰爭之言論，其實有些只是中曾根言論的翻版。但是，為了不要妨礙中曾根的漢城之行，中曾根當機立斷，予以罷官。有人認為，這是中曾根"現實主義"路綫的反映。

中曾根"現實主義"的姿態，也表現在近來他的高唱"中庸與穩定外交路綫"及"培養正確的民主主義"的論調。在去年向國外駐日特派員發表的一項談話中，中曾根就表示：

"我再三籲請國民注意，我們的鄰國對日本在第二次世界大戰及在這之前所犯下的行為仍然存有戒心。"在前週對駐日本特派員的"臨別談話"中，他又再舊調重提。

以鷹態出現的中曾根在下台前一再強調多照顧鄰國國民的情緒，并籲請竹下新首相走"中庸、穩定的外交路綫"，發展"健康的民族主義"及朝着"國際國家"的方向邁進，確有意要冲淡其"鷹派"的形象。難怪保守派的《產經新聞》在他卸任前一天的社論，要對中曾根是真的"轉向"或"偽裝轉向"發出疑問。

然而，不管能言善辯的中曾根在卸任前發表了多少"鴿派"的談話，五年來日本人大國意識大大地加強，卻是一個有目共睹的事實。如何適當控制日本人大國意識的發展，善於玩弄一鬆一緊政治遊戲的中曾根，確有向他的繼承人傳授其法寶的必要。但這並不等於，中曾根的基本政治哲學有任何的改變。

（四）做完半個"總統式首相"美夢

在回顧與總結中曾根當政五年的政治手腕時，人們還可以注意到的兩個特色是：一、重視智囊團；二、善於自我宣傳。

中曾根重視智囊團，是與他一心一意想當"總統式首相"的願望分不開的。在他看來，日本首相束手束腳，備受各方之牽制，不像美國總統里根或者英國首相撒切爾夫人那樣，擁有極大的指揮權。為了加強其權限及其領導的地位，他廣邀財界、學界的知名人士，成立各種諮詢委員會,作為其政策的參考與指南。他所推行的幾項重大政策,例如參拜靖國神社及廢除軍費不超過國民生產總額百分之一頂限等政策,就是在其智囊團周密的計劃下進行與實現的。

一九八四年十月五日,在自民黨黨內的一個集會上,中曾根就曾經得意洋洋地說道:

"我就是聯合艦隊的總司令。自從吉田(茂)當政以來,自民黨就一直掌權,但像我這樣重視與擁有智囊團的首相,恐怕是前所未有的。"

對於首相重視智囊團及要當"總統式首相"之願望,反對黨人士深表不滿。因為,在他們看來,如果一切重大的政策都由智囊團事前籌劃,國會之權限豈不等於在相對上受到削弱與忽視?

不過,平心而論,儘管中曾根在政治作風上有意模倣里根總統及英國首相撒切爾夫人,但在日本現有的政治傳統與制度下,他的美夢畢竟難以實現。首先是,他在國內的政治基礎不強,他必須處處看其他派閥領袖及元老的臉色行事;其次是,日本各官廳在許多政策問題上擁有極大的權限,政治家要輕易進行改革,真是談何容易。這些情況,也就決定了中曾根充其量只能當"半個""總統式首相"。在許多場合,他只能滿足於語氣上的自我陶醉。

喜愛玩弄文字遊戲

針對中曾根喜歡玩弄文字遊戲及進行自我宣傳的作風,日本的大眾傳播媒介固然有時也報以熱烈的掌聲,但老實說,更多的是揶揄與譏諷。

談到要如何爭取政治同情者時,中曾根強調最重要的是要讓政治淺白化,讓國民對其政策容易瞭解與接受。為了爭取不同階層、不同嗜好者對他留下良好的印象,他就曾經如此現身說法地說道:

"電視如果出現我打網球的鏡頭,少女們也許覺得中曾根很棒。日本詩歌愛好者有八百萬,中曾根懂得寫詩,將會被視為同愛好而留下深刻的印象。至於坐禪，相信能起共鳴者也為數不少。"

　　不過，由於中曾根過於自我欣賞與愛好玩弄文字遊戲，有時也招來"舌禍"。例如，他在強調電視形象之重要性時，就曾經表示：一般婦女對於中曾根談話的內容毫不關心，但她們會注意到中曾根的領帶是甚麼顏色，結果招致婦女團體的強烈抗議。在她們看來，一國首相發出如此之言論，確有歧視婦女之嫌。

　　現在，隨着中曾根的下台，日本報章今後也許將少了首相的花邊新聞，政治漫畫家也將少了有趣的題材。不過，作為政治配角，相信中曾根今後仍將不甘寂寞。在向外國特派員作"告別演說"時，中曾根雖然表示今後將以政治棒球隊的一名成員的身分，負起"拾球"的工作，但東京觀察家對此都表示懷疑。

（一九八七年十一月）

竹下上台六個月

如果說，日本前首相中曾根所推行的內政與外交政策，就如他自我標榜的"容易令人理解的政治"的話，竹下上台半年來給人的印象是：平淡、不明朗、令人難以捉摸。

與中曾根一上台就發出要把日本列島建為"永不沉沒的航空母艦"等鷹派言論相比較，竹下在相對上並無"驚人之言"。他也不像前首相那樣公然揚言要當"總統式首相"以致引起國會反對黨議員與官僚機構的不滿，而是採取盡量引導各有關集團、機構（主要是與各壓力集團保持密切聯繫的"族議員"、政府官僚機構行政人員及代表各行業的團體）發表看法，從而達致協議的方式。換句話說，作為"協調型"政治家的竹下，他採取少發言、少干預的態度。不滿竹下作風的評論家認為，竹下缺乏治國的哲學，並非具有魅力的領袖。同情與支持竹下的人則認為，不輕易發言而善於協調各方意見，正是當今日本首相最高政治藝術與手腕之所在。

擅協商缺乏魅力

不過，不管是欣賞竹下的政治手法的人也好，鄙視竹下，認為他並非治國之材的政論家也好，有一點大家都共同承認的是：竹下半年來正沿着其個人的政治手法，"迂迴與匍匐地前進（《日本經濟新聞》社論評語）"。

對於這樣一位小心翼翼、開口閉口讓各司（部門）處理，"迂迴與匍匐地"緩慢前進的日本首相，一般的日本人怎樣看待呢？不久前,《讀賣新聞》曾進行一項調查,結果顯示對他的政績與政治手法給以肯定評價者達百分之四十七,予以否定態度者也是百分之四十七,兩者比例不分上下。

當然,這只是一般民意測驗的結果,並不直接影響竹下的政權。實際上,如果我們進一步分析,就會發現到半年來竹下在自民黨內的根基,不但沒有被削弱,反而有加強的趨勢。

推究其因,首先,竹下派是自民黨內的最大派閥,在自民黨三百零四個國會議席當中,竹下派佔一百二十一席,舉足輕重。

其次是,建立"舉黨體制",盡量減少政敵。在巧妙的政治安排下,竹下把黨內各主要派系都網羅在其政權內,致使黨內沒有"反主流派",而樹立了"總主流派"之政權。

制衡派閥有一套

在相對上,勉強可稱為"反主流派"的是宮澤派和二階堂派。對於宮澤派,竹下一上台就對宮澤許以副總理兼財相之要職。而宮澤派也自知力量薄弱,今後如想當權,還得看竹下派臉色,因此在表面上,兩派總算是化敵為友。

至於從田中派分化出來的二階堂派,只擁有十四個議席,日人稱之為"超迷你派閥",加上它從一開始就堅決反對竹下上台,照理竹下可以排擠它,不必將它放在眼裏。但是,對於不想樹立任何政敵的竹下來說,即使是這個曾經和他過意不去的小派系,也劃入爭取之行列。

據悉,為了加強各派閥之間的聯繫,竹下派事務局長內海曾請各派閥事務局長成立"師走會",每月定期在東京的"料理屋"聚會懇談。最初,據稱安倍派主張邀請二階堂派的事務局長以"觀察家"的身分列席,竹下派則認為理應承認二階堂派地位,而將其代表視為正式會員。由此可見,在竹下的領導下,其派閥並不"倚大賣大"而是竭盡所能,爭取各大小派系支持與合作,從而鞏固既得之政權。

　　為了進一步加強其政權，竹下的另一手法是對其他派閥爭取互相制衡的策略。最明顯的例子是，他在起用安倍晉太郎為黨幹事長（秘書長）之同時，也繼續留任宮澤為財相。在"安"、"宮"之間，竹下當然是比較親安倍，因為"安竹同盟"原本就是確保竹下政權的基本要素。

利用矛盾安政權

　　不過，觀察家也注意到，為了不要過於依賴安倍派，竹下一上台就十分重視中曾根派第二號人物渡邊美智雄，將他作為制衡"安"、"宮"（特別是"安"）的有力棋子。渡邊口快心直，急於攀登首相寶座，是眾所皆知的事。讓渡邊擔任黨政調會長，使他存有提前登上寶座的幻想，既能達到製造他與"安"、"宮"之間矛盾的目的，也會鞭策他在言行方面更進一步向竹下靠攏，有利於竹下政權之安定與維持。不久前，竹下派會長金丸信就曾經說過："渡邊君真不錯！竹下之後應該是輪到安倍君。不過，安倍君非得加油不可⋯⋯"弦外之音是，如果安倍不加油（這其實是意味着安倍非得進一步向竹下表示"忠誠"不可），下任的首相未必一定是非他莫屬。

　　竹下派故意捧出渡邊，主要是因為後者迄今還未當家作主，他要真正對竹下構成威脅，為時還遠。何況中曾根還未完全放棄東山再起的念頭，不可能讓渡邊有早日出頭的機會。正由於渡邊在其派系受到中曾根的壓制，把渡邊捧高，還能達到另一個目的：就是牽制中曾根，使他放棄捲土重來的野心。

　　正是在上述的背景下，觀察家都認為"竹下丸"迄今為止一帆風順，在未來的一年裏，相信也不會遇到太大的風浪。這與當年中曾根處處得看田中角榮的臉色，又得一再修訂其"失言"的情況相比較，竹下此刻稱得上是滿臉春風。

外交惡補勤送禮

在竹下的政策當中,最弱的一環該是外交了。

為了轉弱為強,竹下在外交上不斷進行"惡補"。最明顯的例子是在今年一月訪問美國時,他不僅做好各種準備工作,致使農產品問題與建議市場開放的問題,不成為他訪美的障礙物;也模倣中曾根直呼白宮主人為"隆納德"(而省略里根),以示親善,並贏得後者直呼他為"登"(而不稱竹下),建立了所謂"隆納德・登"相互信賴的"個人友誼"。按照日本官方的自我評分:"此行大大成功"。

同樣的,針對五月初日相的英、德、意及梵蒂岡四國之行,日本官方也認為是"揭開日歐新時代序幕"。特別是由於竹下隨身攜帶了"日本投資地圖",清楚表明將到各地投資,更使竹下成為最受歡迎的佳賓。儘管竹下支吾其詞,有意玩弄文字遊戲,說甚麼他"個人"對酒稅改革等問題表示關心及"將作出努力",有鐵娘子之稱的英國首相撒切爾夫人卻馬上舉手乾杯,感謝日本首相的誠意,認為是竹下作出的許諾與承擔,英日領袖盡歡而散。於是乎,日本傳播媒介宣稱"日歐關係漸入佳境","美日歐進入正三角的時代"。在日歐友好的基礎上,竹下正興致勃勃,準備於六月出席在多倫多舉行的七國經濟高峰會議。

至於在亞洲方面,竹下上台的首次外遊,就是出席去年十二月在馬尼拉舉行的亞細安高峰會議,並在會上宣布二十億美元資金回流的計劃,扮演聖誕老人的角色。緊接着,是在今年二月出席鄰國韓國總統盧泰愚的就職典禮時,宣稱要把日韓關係從今日"既近(指地理上)又遠(指'心'與'心'之距離)"的微妙關係,扭轉為"既近又近"的緊密友好關係。

竹下亞洲外交的最重大節目,不消說,是今年八月的訪華,屆時他將與北京領袖共同歡慶"日中友好條約"簽署十週年紀念。

針對竹下半年來的外交成績,不少日本政論家認為遠比預想為佳。首相周圍的人物甚至洋洋得意地指出："要搞現代外交,就得在國內有強大的靠山,對國內具有強大的協調能力。"這番話其實等於在暗示:中曾根雖然自詡為擅長外交,但在國內卻缺乏協調能力,結果是他對外所許下的諾言,皆成為空頭支票,稱不上"外交的成功"。只有腳踏實地的竹下,才能真正完成其外交使命。

然而,如果我們進一步分析竹下半年的外交,就會發現其實並不像日本官方所描繪的那麼成功與順利。特別值得注意的是,竹下上台僅僅只有半年,日本與近鄰的中韓之間,已經重燃起"史觀論爭"的戰火。

奧野失言起風波

點燃這場戰火之火苗的,不消說,是"奧野談話"。作為竹下內閣的大將,奧野前往靖國神社參拜,原本已足夠引起人們的反對和非議。他在參拜之後的大談日本要鼓吹神話教育,否定日本的侵略戰爭,更引起中韓以及亞洲其他各國輿論的強烈反應。中韓官方也都曾因這事件向東京表示抗議。

但是,對於奧野上述旨在替日本戰爭罪行翻案的談話,竹下迄今還未採取任何具體行動。不但未採取行動,他甚至還曾經一度表示奧野只是表達其個人的史觀,並不是一項值得追究的重大問題,有意替奧野撐腰。竹下的上述態度,一來是助長了奧野盛氣凌人之火焰;二來是加深外國人對日本的不信任。日本與亞洲各國的關係將因此而產生更多的摩擦,是不言而喻的。

可以這麼說,只要日本領導人不放棄其戰爭史觀,日本與亞洲各國(不單單只是韓國)之間的距離,是不可能從"既近又遠"發展為竹下所說的"既近又近"的關係。可以想見,在接下來的半年裏,竹下的亞洲外交將面臨更加嚴酷的考驗。

內政考驗竹下登

在內政方面，竹下內閣最令人關注的課題莫過於稅制改革問題。由於有着中曾根失敗的經驗，竹下不敢貿貿然明確表明態度，而是採取其"迂迴與匍匐"之緩進方式提出。一般估計，有關間接稅的具體最終方案在今年秋天就將明朗化。屆時日本國內也許將會有另一場政治風浪。竹下是應付國會的高手，也被公認為"內政型"政治家，一般相信稅制改革問題難不倒他。但也有評論家發出警告：擅長內政者未必就不會倒於內政，所謂"善泳者斃於溺"，古有明訓也。

（一九八八年五月）

東京股票醜聞與財相宮澤

在日本反對黨的嚴加追究下，原本一口否定與"利庫特醜聞"有關的日本財相宮澤喜一，終於承認"由於監督不嚴"，讓其手下的友人以其名義，在利庫特科斯莫斯公司公開售股之前，以特低價錢購買其股票。

身為一國財長，居然"輕率"到允許（雖然聲辯為"毫不知情"）其秘書的友人"借用其名字"，涉入局內人交易，宮澤要以"遺憾"及"反省"等輕鬆字眼道歉了事，看來是辦不到的。實際上，隨着宮澤醜聞之被暴露，反對黨正在展開攻勢，要迫他辭職。與此同時，自民黨政府也正在苦於尋求對策。因為一旦事件鬧大，竹下政府不僅無法如期順利推行其稅務改革政策，自民黨的其他要員（包括竹下本身）也可能會同時被拖下水。

廣告代理商起家

"利庫特公司"（取名自英文Recruit'即招募新人之意）原本是一間以協助各公司招募新職員起家的小廣告代理商。但，在該公司創辦人江副浩正善於巴結政界、財界人士及利用時機開拓業務的情況下，該公司業務蒸蒸日上。在短短的30年之間，它已發展為一間擁有廣告情報雜誌，進行土地、房產買賣並從事投資、金融、電腦、大酒店、高爾夫球場、旅遊業等營業活動的27間公司的大集團。

江副發達的重要手法之一，正如前面所述，就是盡量利用各種機會，與政、官、財界人士建立起緊密的"人脈"關係。為了加強與各界上層人士的密切關係，他以特低價格，將其屬下還未掛牌的公司股票（以這回被暴露的醜聞來說，就是指專搞房地產的"利庫特科斯莫斯公司"），出讓給那些他想巴結或報答的人士，以便這些人士在其股票上市時，得以牟取厚利。這些人士既包括與該公司的利益有直接相關者（例如負責國家土地發展的官員等），也包括自民黨的各派閥成員。

巴結政客財界人士

在江副的積極拉攏與活動下，他不僅是中曾根時代的教育課程審議會的委員，也是政府稅制調查委員會的委員；與此同時，他也是與日相竹下登關係密切的財界團體"木鷄會"、前防衛廳長官加藤紘一的"新紘會"、財相宮澤的"末廣會懇談會"、中曾根的"山親俱樂部"等團體的成員。換句話說，在自民黨的政治圈裏，江副早已是一位知名的財界人士。他正在努力加強與擴大其"利庫特的小王國"。

直到目前為止，據稱涉入利庫特科斯莫斯股票局內人士交易醜聞，並從中獲得利益者至少有120人。江副"分贈"各界的股分據說分成三個階段進行。第一階段是在1984年10月左右進行。"為了擁有穩定的股東"，該公司以每股1200日圓的價格，將125萬6000股出讓給76名特定的政界、財界及報界人士。每股價格為1200圓，在當時的股市可以說是相當高，但由於預料到在掛牌後必將大漲，因此應邀者都樂於購買。在這階段獲得股份的知名人士包括前教育部長森喜朗及前《日本經濟新聞》社長森田康等（森田已經因為涉入這項醜聞而被迫辭職。）

1985年2月，該公司通過第三者（在第一階段獲得股份者）以增資招股為名，以每股2500圓的價格，出售804萬股給金融機構等26間公司。兩個月後，它再次以同樣手法、同樣價格出讓701萬8000股給有關的團體和人士。至於財相宮澤在1986年9月，也就是"利庫特科斯莫斯"在公開掛牌前夕,以每股2500圓所購的1萬股,據說是從與江副關係頗深的另一家公司手中購獲的。同年10月,該公司正式掛牌,股價為每股5300圓,所有涉入局內人士交易者都牟取暴利。

宮澤企圖逃脫責任

針對有關醜聞,宮澤最初是表示一無所知和"震驚",後則表示其秘書服部恆雄曾將其名片交給其友人河合原文。等到知道反對黨已擁有足夠證據,及竹下首相表示"財相在政治倫理上負有一定責任"之後,宮澤才完全改變其原有"受害者"的口吻和態度,公開道歉及表示"秘書之友曾借用其名義而他本人及秘書並未從中獲取任何利益"。

竹下及自民黨的其他要員之所以要向宮澤施加壓力,一來是因為證據已被掌握,難以逃脫;二來是這事件如果不早日結束,自民黨稅制改革方案就遲遲無法在國會展開辯論和通過。

正如前面所指出,這次醜聞的主角江副也是政府稅制調查委員會的委員。官方強調稅務改革之目的,是為了糾正現有不公平的徵稅制度。但作為主張及推行"公平"與"公正"新稅制的成員,卻涉入如此重大的醜聞,不能不使日本老百姓對該稅制改革調查委員會缺乏信心和產生疑慮。反對黨就是以這理由而拖延辯論有關方案的。

尤有進者,政府稅制調查委員會的其他委員,如前東京大學教授公文俊平,也在股票上市前應邀購股。至於其他政界人士,如前首相中曾根、現首相竹下,黨秘書長安倍及黨政調會長渡邊等的秘書,無一不涉入這宗股票醜聞。

從這角度來看,竹下希望這場風波能盡快平息,他認為宮澤有必要進一步向國會解釋,目的不外是希望宮澤能擺出低姿態,藉以削弱反對黨的凌厲攻勢。反對黨主張傳召宮澤的前秘書服部到國會,以便弄清有關問題的真相,但遭到自民黨,特別是宮澤派的強烈反對。因為,一旦服部到國會供證,也許會爆出更多的內幕,屆時自民黨(特別是宮澤派)可能處於更尷尬的地位。

五十步笑百步

對於竹下或者是自民黨的其他要員,例如安倍等人來說,如果這次的醜聞將使宮澤從此失去競爭當首相的資格,未始不是一件好事。但問題是,在這次的股票醜聞風波中,他們的秘書也都有涉入。他們與宮澤的差別,從實質上來看,其實只是五十步笑百步。

在日本的政治圈裏,政治家的秘書其實有時就是政治打手或者接受"黑錢"的代理人的代名詞。政治家搞政治需要一大筆錢,財界人士為了經濟利益需要巴結政客,故不斷地通過各種不同的形式"獻捐",這就是兩者相互依賴的基本關係,也就是日本"金權政治"的基本特徵。難怪有人認為,江副這回的股市醜聞,並沒有甚麼新奇,而是日本政治經濟圈內常有的遊戲。

雨中忘記帶傘

至於宮澤與竹下等人的最大差異,是前者"疏忽",忘了以其秘書之名承擔所有的"罪惡"。《朝日新聞》的漫畫即將秘書喻為政治家的雨傘。宮澤出門忘記帶傘,所以活該成為落湯雞。

宮澤是一個一向以"廉潔"自我標榜,又十分謹慎的老練政治家,為甚麼會糊塗到忘記帶"傘",此間的觀察家都感到難以理解。敏感的人士甚至懷疑是與自民黨內的派閥鬥爭有關。

有關的醜聞事件還在發展,宮澤政治生命的安危也還有待時日才會分曉。

(一九八八年十月)

税制改革與竹下權術

在第一反對黨日本社會黨與共產黨採取"牛法戰術"（注）的抗議聲中，被竹下內閣視為本年度國會最大焦點的稅制改革六項法案，終於在聖誕節前夕正式獲得通過。這是1947年以來日本稅制的首次大改革，也是執政黨自由民主黨十年來屢遭挫折、失敗的"夢想"（日人稱之為自民黨的"悲願"）的實現。

自民黨政府之所以極力主張推行稅制改革計劃，大幅度增加間接稅，主要目的不外是為了安定稅收來源。據官方估計，在現有以直接稅為中心的稅制下，日本的國債一直都在增加而高達150兆日圓（新幣20餘兆元）。這無疑也意味着當局在草擬財政預算案時，處於被動的地位。與此同時，尤其令官方憂慮與不安的是，隨着日本人口老化速度之加快，納稅者數目在相對上將告減少。據統計，以1985年為例，青壯年人口與65歲以上之老人人口之比例為5.9對1。到了2020年，其比例將轉變為2.3對1。換句話說，以青壯年為中心的納稅人所負的稅務承擔將大大加重。這對於當政者來說，無疑是一個危險訊號。

目的在於穩定稅源

為了確保足夠的稅務來源，自民黨政府早在1978年，也就是大平內閣的時代，就提出要實行間接稅的制度。但一旦提出，即在國會的選舉中遭受重大的挫折，自民黨政府也只好將其消費稅法案束之高閣。到了去年，高舉"戰後政治總清算"旗幟的日本前首相中曾根康弘又舊案重提，有意實施"銷售稅"，但同樣遭到國民強烈的反對。尤其令當局震驚的是，在反對者的行列當中，除了一般的消費人士之外，還包括自民黨的基層組織與支持者，如流通行業的業主等。在全國掀起一片"粉碎銷售稅"的抗議聲中，自民黨不但在"保守王國"——岩手縣的補選中慘敗，也在地方統一選舉中喪失眾多議席。民眾的不滿，基層支持者的"造反"，再加上地方議席的喪失，無疑地擴大與加劇了黨內的矛盾。在無可奈何的情況下，中曾根只好將被抨擊為"說謊稅"（因為中曾根在選舉時曾許下"不徵收大規模間接稅"之諾言）的"銷售稅"方案宣布為廢案。

迂迴戰術收買人心

有了前車之鑒，竹下登在去年11月上台之後就小心翼翼，不敢輕易提出任何有關稅制改革的主張。他知道，一旦在這問題上有何差錯，他的首相寶座就無法保住。但與此同時，自民黨人也十分清楚，現在正是推行稅制改革最佳的時刻。一來是因為日本經濟欣欣向榮，國民在一定的程度上滿足於現狀；二來是自民黨在去年參眾兩院的選舉中大勝，獲得304個席位，得以通過任何議案；三來是竹下派是自民黨的最大派系，加以他善於網羅各派系人馬入閣，推行"全主流派"的政策，使到黨內的矛盾在相對上獲得緩和。

在上述的背景下，竹下在表面上雖然保持沉默，但在實際上卻是在施展其法寶的"迂迴戰術"。他知道，要站穩自己的腳步，首先就得先說服黨內的造反派，以及在反對銷售稅問題上，扮演急先鋒角色的自民黨支持者——如流通機構的業主等。為了削弱這些自民黨人及其支持者反對的聲量，在竹下指示下成立的黨稅制調查會不但多次聆聽他們的意見，並對他們許下多項諾言，以保護他們的利益。新消費稅不採取以收據為根據，而採取記賬方式，就是其中的一個例子。一年之營業額不超過5億日圓（新幣約800萬元）的公司得以採取"簡易課稅制度"，只根據其營業額繳納消費稅，是另一例子。

分化反對黨的力量

在對付反對黨方面，竹下知道各黨員雖然都高舉反對間接稅的旗幟，但其中態度較為堅決的是社會黨與共產黨；公明黨與民社黨在相對上顯得溫和。為此，竹下決定採取分化在野黨的策略，他一改過去把第一大反對黨社會黨當為主要協商對象的態度，而推行以自民黨和公明黨及民社黨三者協商的策略，以圖在國會通過有關的法案。

當然，所謂尋求公明黨及民社黨的合作，並不是要求該兩黨對自民黨的稅制改革方案予以支持，這是絕對辦不到的。因為公、民兩黨決不會拿自己的選票下賭注。但是，只要該兩黨的議員在國會表決時不採取抵制態度，象徵國會的民主，而達到緩和國民與輿論不滿情緒的目的，竹下也就心滿意足。

對於竹下的策略，公明黨領袖認為是提高與自民黨討價還價之身價的大好機會，加以明知堅決反對也無可奈何，也就爽然答應與自民黨合作。這當然是一項幕後的交易，條件之一是自民黨得多少根據公明黨的主張，修訂有關的法案；條件之二是，自民黨的這項"演出"，必須讓公明黨的"台詞"能唸下去，以便它能向其支持者交代。

宮澤成為替罪羊

所謂能向支持者交代的"台詞"，不消說，是指有關利庫特股票醜聞事件的處理方式。由於該事件鬧得太大，如果國會在不追究有關事件的情況下，就直接進行辯論稅制改革的方案，勢必引起國人的不滿，公明黨也難逃其咎。為了博取公明黨同情與諒解的態度，竹下在施展其"迂迴戰術"之後，終於作出下列兩項決定：一是傳召利庫特公司的前主席江副浩正到國會供證，有限度地追究該事件的真相；二是迫其政治對手即副總理兼財相宮澤喜一引咎辭職，使他成為該事件的代罪羔羊。

在江副到國會供證，宮澤辭職之後，自民黨即憑其壓倒性票數，強硬通過有關稅制改革方案。公明黨及民社黨雖然也與其他反對黨一齊表示反對，但並未參與社會黨及共產黨的"牛法戰術"，也不在稅制改革方案提出時退席。竹下籠絡公、民，孤立社、共的策略，總算奏效。

市民擔憂稅率提高

在國會通過稅制改革方案之後，各方接下來最關注的是明年4月如何具體實施，及它可能產生的影響和反應。由於國會花絕大部分的時間在追究利庫特醜聞事件，加以自民黨採取一黨強行通過的方式，致使有關法案在國會未經詳細的審議。針對這一點，一名自民黨幹事表示也許得感謝利庫特醜聞，因為它省下了自民黨回答反對黨質詢的口舌。不過，更多的自民黨人（包括前首相福田赳夫及鈴木善幸等元老）都對竹下內閣支持率一跌再跌表示憂慮，認為有必要向國民進行宣傳活動。否則，在國民對稅制改革方案既不瞭解，也不被說服的情況下，自民黨在明年夏天參議院選舉時將如何面對選民，是令人憂慮的。

至於一般的小市民，迄今對於新稅制的具體情況可以說是不甚了了。不少小市民在接受訪談時，都表示擔憂官方會提高消費稅率。因為竹下只保證在任職期間，稅率維持3%。這是否意味着一旦竹下下台，新內閣就可以隨意提高稅率？

漏洞百出有待調查

與此同時，不少專家指出，自民黨為了討好其支持者，在實施間接稅時對不少行業與機構予以"特例"的待遇，可能會產生新的"不公平的問題"。當局是以標榜"更加公平地徵收稅務"的名目，進行稅制改革的。

尤其令人感到疑雲重重的是，當局模倣西歐共市徵收消費稅，但卻不採用共市以收據為根據的方式而讓各公司、機構得以記賬方式呈報。不少專家擔憂，消費人繳納的消費稅，在公司轉記入其賬簿時是否會原封不動交至國庫。否則，有人又將發"消費稅財"了。

看來竹下稅制改革措施要順利推行並不容易。實際上，在新稅制還未推行之前，日本的輿論已有人發出有必要重新檢討的聲音。至於自民黨的支持者，其實也有不少人認為新稅制漏洞百出，而把希望寄托在未來的改善與調整上。

（注）"牛法戰術"是日本反對黨為拖延國會通過某項方案，以牛般之步伐到議長席前投票，藉以喚醒國民關注的一項戰術。在這次的參議院表決有關稅制改革方案時，社會黨與共產黨雖然未出席，但在國會投票表決有關法案之前的另一法案時，兩黨議員卻費了五小時零二分才完成其"牛法"的投票工作，打破歷史上的紀錄。

（一九八八年十二月）

海部怎樣攀上首相寶座？

經過了一番幕前虛虛實實的交鋒與較量，以及幕後真正的搏鬥與交易之後，日本執政黨自由民主黨的主要派系已經決定支持該黨最小派閥——河本派的第二三號人物海部俊樹，出任該黨的新總裁。這意味着，現年五十八歲，曾任教育部長的海部，將繼承"短命內閣"總理宇野宗佑，成為日本的新首相。

論資排輩，海部雖然曾十次當選為國會議員，但在自民黨內，還稱不上是"新領袖"。論派閥的力量，海部所屬的河本派排列最後，總共只有三十張票。何況在他之上，還有三度出馬競選黨總裁，三度失利，但仍未放棄首相夢的派閥領袖河本敏夫。由此可見，除非獲得自民黨內兩大派閥——竹下派與安倍派的強有力支持，海部要攀登上首相的寶座，是難如登天的。

醜聞冲走派閥領袖

那麼，掌握黨內生殺大權的"安竹同盟"（自竹下派成立以來，安倍派即與竹下派結下牢固的聯盟）為甚麼會捨棄其他的選擇（例如推舉本身派系的人選，或者讓河本派的領袖河本敏夫出任總裁），而支持海部呢？

原來在利庫特醜聞的巨浪中，自民黨各派閥的主要領袖幾乎都全被冲走。原本虎視眈眈的派閥領袖，如安倍派的安倍晉太郎、宮澤派的宮澤喜一，舊中曾根派的新領袖渡邊美智雄，無一不涉及股票內綫交易的醜聞。在國民的嚴密注視與自民黨在參議院選舉慘敗的背景下，他們三人只好放棄這一輪的角逐賽。

在"安"（安倍派）、"宮"（宮澤派）、"渡"（以渡邊為中心的舊中曾根派）無法參戰的情況下，在相對上較有條件派出人選的就只剩下竹下派與河本派。

竹下派之所以被認為較有條件參戰，一來是因為該派閥人多勢力大，在黨內依然舉足輕重；二來是該派閥領袖竹下登引咎辭去首相職位，在表面上算是該派閥已對利庫特醜聞事件作出一定的"清算與總結"（儘管日本輿論界認為竹下的下台，並不等於該派閥已對醜聞事件進行"真正的清算"）。

至於河本派，則因為該派閥一向秉承前派閥領袖三木武夫反主流的傳統，高舉"清廉"的旗幟，在相對上予人一種比較"廉潔"的形象。正當自民黨喪失民心，面臨政機危機的時刻，讓在相對上未捲入醜聞風波的小派閥暫掌政權，收拾殘局，未始不是保住自民黨長期政權的一個法寶。當年的三木武夫就是在前首相田中角榮泥足深陷賄賂案的風波中，被推為黨魁的。

力圖維持現有秩序

對於任期未滿即被迫下台的竹下登，以及一心一意想攀上首相寶座，但卻因為利庫特事件而被迫擺低姿態的安倍晉太郎來說，當前要務就是設法維持他們在黨內當權的現有秩序。換句話說，竹下雖然下台，但仍想扮演"製造與操縱首相"的幕後角色；至於安倍，則與竹下攜手合作，防止手下或其他派系的人物奪取其領導權，以圖在竹下的支持下，按照原定計劃，在"過渡期首相"下台後掌權。

基於上述戰略，竹下與安倍在尋求"過渡期首相"的過程中，都不願意在自己派系內部尋找。因為，一旦本身派閥內部出現新強人，無疑即意味着其派閥領袖的地位受到動搖與威脅。對於這一點，竹下的感受最為深刻。因為，當年田中派領袖田中角榮正是出自上述顧慮，而百般阻撓竹下，不讓他露出鋒芒的。也基於上述因素，田中在洛希德賄賂案發生後,遲遲不肯將政權移交給田中派人,寧可在其他派系找"代理人"。大平派的大平正芳與鈴木善幸,中曾根派的中曾根康弘,都曾扮演上述的角色。

不讓手下露出鋒芒

正是出自同樣的目的,竹下在三個月前看中宇野宗佑。宇野之所以被看中,一來是因為幾乎所有各派閥的"新領袖"都與利庫特醜聞事件掛鈎,無法推舉;二來是因為宇野在中曾根派內毫無勢力,無法自成一派,而非得全面聽命於竹下不可。在政治上既不會,也不可能與竹下相對抗,又對安倍未來上台構不成任何的威脅,這便是宇野受到竹下支持、提拔,也不受安倍反對的原因。但沒想到這個原本被視為理想的"過渡期首相"的宇野,卻因桃色醜聞而被迫迅速下野,"安竹同盟"只得另覓人選,維持其黨內的舊秩序。

值得注意的是,在自民黨面臨空前危機的背景下,不管是在黨內或黨外都有人發出要求新陳代謝的呼聲,主張自民黨加速政治權力的轉移。不少保守派人士認為,除非自民黨陣容更換,它無法與土井多賀子領導的社會黨相對抗。正是在上述背景下,現年五十二歲,在這回參議院選舉中東奔西跑、充分顯出其政治才華的自民黨秘書長橋本龍太郎,曾一度被認為是呼聲最高的人選(基於分化竹下派的策略,宮澤派曾一再主張讓他接棒)。但是,熟悉日本政局的人士早已預感到,正因為其表現過於突出,他的上台機會也就不大。

尋找安全的代理人

果然,正當黨內充滿支持橋本的空氣的時刻,與橋本同屬竹下派,也是竹下的親家與戰略顧問的前副總理金丸信一馬當先,主張重新檢討消費稅的政策,故作角逐總裁之姿態。在黨內出現不良反應之後,這位老牌權術家雖然即刻宣布不出馬,但卻已達到牽制橋本參加這一輪角逐戰的作用。因為,在金丸放出試探氣球之後,竹下派內即流傳着該派系不宜派人,以免派內出現不和協的論調。

在竹下派決定不派人的情況下,黨總裁的問題即輪到河本派出牌。三選三敗,現年七十八歲的河本派領袖河本敏夫當然不願錯失這個良機,因為這是他可能攀上首相寶座的最後機會。但對於竹下與安倍來說,他們所看中的卻是其屬下的海部俊樹。

這不僅因為河本政治資歷太深,不易受到控制,更重要的是因為他年歲過高,不符合當前黨內外主張讓年輕人掌權的潮流。因為,萬一少壯派因此不滿而來個"起義",把橋本或其他主流派的年輕領袖推上舞台,"安竹同盟"主持下的現有秩序將受到破壞。在既照顧黨內少壯派的情緒,又力圖保住對黨內的影響力的戰略下,曾經迫使橋本退出角逐場的金丸,直接撥電話給河本表示竹下派決不會讓出任何選票給後者,迫使河本知難而退。在金丸的壓力下,原本還躍躍欲試的河本,只好沮喪地退出選舉。這一來,身為河本手下的主將,一向與竹下派保持良好關係(有人認為海部是"隱藏於河本派內的竹下派人"),又與竹下登同樣是出身於早稻田大學的海部,遂成為沒有真正競爭對手的當然繼承人。(安倍派的少壯派後來推出石原慎太郎,以及宮澤派支持二階堂集團的林義郎參加總裁的角逐戰,只能視為他們對"竹"、"安"合作導演下的"新總裁選舉鬧劇"的不滿,發洩其悶氣,而對政局沒有任何實際的影響力。)

海部的本錢:弱與小

從海部被推舉為自民黨新總裁的過程中,可以看出決定日本新首相人選的最終因素,依然是派閥力量大小的政治力學。正如宇野一般,海部之所以能够上台,依靠的就是他的"弱"與"小"。從這角度來看,與本身的派閥領袖河本敏夫幾乎翻臉的海部,今後將得進一步投靠竹下登,是不言而喻的。有人預言,新內閣將處處露出"竹"影,看來不是捕風捉影之談。

尤有進者,河本派的最大政治資本就是三木武夫高舉的"清廉"旗幟。但在記者們的追詢下,海部已承認在去年夏天以前的五年裏,他曾先後接受利庫特公司共達1440萬日圓的政治獻金。單憑這一點,海部的"清新"形象已經受損,而無法與當年極力提倡"人心一新"的三木武夫相媲美。

如何抵擋"土井旋風"?

談到海部本人之才華,迄今為止日本傳播媒介所能宣染的就是他在"早稻田大學雄辯會"時代培養起來的能言與善辯。至於如何處理當前日本國內外堆積如山的難題,如何剷除與防止政治家與貪污之間結下的不解之緣,以及怎麼處理國民怨聲沸騰的消費稅問題,海部還未曾提出其獨特的具體方案。

也許是因為這樣的緣故,不少日本評論家對"海部政權"之誕生,抱以冷淡的態度。他們揶揄道:單憑着年輕與雄辯的口才,怎能抵擋得住此刻社會黨的"土井旋風"?且看竹下與安倍主流派策劃下,被視為另一"過渡期內閣"的"海部丸"(即"海部號")如何開航!

(一九八九年八月)

没有田中的"田中式"政治游戏

曾经被认为是"首相制造者",在日本政坛呼风唤雨,控制政局长达十余年的日本前首相田中角荣(71岁),已于10月14日宣布退出政界,不再角逐下届的国会议席。

田中(仍然还在抱病中)的上述声明,是由其女婿,也是国会议员的田中真纪代为宣读的。它并未给日本政界带来任何的冲击,因为,在许多人(特别是永田町政界中枢人物)眼中,田中在竹下登全面接管田中派之后,就已经是"过时的人物"。不少人(包括田中的前秘书早坂茂三)甚至认为,这是"一项迟来的宣布"。因为自从1985年2月病倒以来,田中就从未踏入国会,履行作为国会议员最起码的义务。

政治元老感慨万千

尽管如此,田中毕竟是一个与日本战后政治的发展,特别是自民党派系斗争史不可分割的人物,因此他的正式引退,不能不引起同年代的政界人士(如前首相福田赳夫及中曾根康弘)的"感慨万千",也不能不引起舆论界对"田中式政治"(即以"金钱和票数(议席)"为座右铭的政治哲学)的评论与总结。

先谈谈前一个问题。田中角荣是在1972年前首相佐藤荣作引退后,与福田赳夫火拼之后上台的。从1972年开始至1987年10月中曾根下台为止,日人称之为"角福恩怨时代",或者说是"三角大福中时代"。所谓"角福恩怨",是指田中角荣与福田赳夫为了争夺自民黨內的領導權（也是政府內閣的領導權）進行劇烈的權力鬥爭而產生的政治恩怨。兩者除了在逼使已故首相三木武夫下台時曾攜手合作之外，一直處於相互對抗的緊張狀態。至於"三角大福中時代"，指的是自民黨由五大派閥領袖（即三木武夫、田中角榮、大平正芳、福田赳夫和中曾根康弘）控制，輪流"坐莊"的時代，這時代的一大特徵是田中派與大平派結下了鞏固的聯盟，成為主流派，支配整個政局；任何人要上台，都得獲得"皇上皇"田中角榮的首肯。已故大平派領袖大平正芳及其繼承人鈴木善幸，自民黨"傍流"領袖中曾根康弘之所以能够攀上首相寶座，無一不拜賜於田中的支撐。通過上述辦法，田中在涉入貪污案醜聞之後，雖然被迫退居幕後，但仍然繼續操縱政局。他就曾經如此説道："首相者，帽子也"。其弦外之音是："只要寡人不滿意，隨時可以更換首相人選"。足見角榮當年得意時氣焰之囂張。

從這角度來看，福田、中曾根乃至後來上台的竹下等要對田中引退表示"感慨萬千"，不是沒有道理的。曾經是訪客絡繹不絕的田中豪邸，在他宣布引退當日居然不見任何政治家之踪影，更反映了政界人情之炎涼與政局變化之差距。

竹下加以發揚光大

不過，應該指出的是，田中雖然引退，他個人的政治生命雖然已宣布結束，但由他極力推動與實踐的"田中式政治哲學"，並不因為他個人的引退而告式微。恰恰相反，自民黨人正在繼續發揚光大。所謂"田中式政治哲學"指的就是金錢與政治緊密掛鈎的哲學。在自民黨內，這項哲學的具體表現，就是通過金錢（龐大的政治資金），拉攏和吸引議員到其身邊，促使田中派力量日益膨脹，而成為黨內任何派系無法與它匹敵的舉足輕重的大派閥。在爭取選民方面，田中採取的也是以利益回報的手法。為了報答選民的支持，田中在當政期間，曾撥出大量的公款，優先發展其選區，在其家鄉興橋建路。這種通過利益回報方式，爭取選票，攀上權力中樞，然後再運用中央掌權的影響力，偏袒其選區，從而鞏固與拉攏選票的作法，日本有人形容田中是在推行"利誘政治"。

至於政治資金之來源，田中依靠的是財界（特別是建筑業界）人士的支持。財閥提供巨款支持政治派閥，政治派閥利用其影響力照顧特定財閥之利益，這就是兩者相互合作的最起碼條件與基礎。從財閥的"投資"角度來看，影響力越大，回報率越高的派閥，當然就是興趣之所在與投資之焦點。田中派之所以能夠成為聲勢浩大的大派閥，其秘訣就是在於它能贏得財閥的"投資的興趣與信心"。但如此這般的政治土壤，其實也正是戰後日本貪污案層出不窮原因之所在。

田中在1985年2月病倒之後，其黨人竹下登之所以能夠逐步發展與擴大其勢力，並全面接管田中派而攀上首相寶座，依靠的其實也就是"田中式的政治哲學"。這不僅表現在竹下籌募政治資金之能力（日人稱之為"集金術"），也體現在他對"數字（議席）"之崇拜與信心。換句話說，有"小角榮"之稱的竹下，雖然被認為是屬於"迂迴型"，不敢橫衝直撞的政治家，但其腦海裏，裝滿的卻是"金錢與數字萬能"的哲學。兩年來自民黨一直在為着利庫特事件而苦惱，一年前竹下政府不顧在野黨與選民的反對，強行通過惡名昭彰的消費稅方案，在在反映了自民黨人在積極推行"沒有田中的田中式政治"。

有趣的是，以奉行"田中式政治哲學"起家的竹下，雖然牢牢地控制着自民黨內的最大派系，但只擔任了一年半的首相，就由於利庫特醜聞，而不得不步田中後塵退隱幕後。竹下好不容易才接管田中派，自立竹下派，成為黨內最有勢力的人物，他當然不願意輕易退出政治舞台。從今年6月開始，他就在模倣田中，製造首相。就像田中當年不肯將政權禪讓給同派閥內的人士一般，竹下向其他派系尋找代理人。先是看中前外相宇野宗佑（中曾根派）。在宇野被轟下台之後，則轉而扶持最小派閥河本派的第二號人物海部俊樹上台。

暴發户社會之土壤

宇野是由於在7月參議院選舉自民黨慘敗而引咎辭職的，日人歸結於四大因素，即利庫特醜聞、消費稅法案、農業政策與桃色醜聞。

利庫特醜聞與消費稅法案，正如前面所述一般，其實，就是典型的"田中式政治"的產物。前者與"金錢"密切相關，後者體現在竹下憑着自民黨在國會中壓倒性之"數字"強行通過法案的態度。日本選民在參議院選舉中拒絕支持執政黨，當然可以理解為田中式政治哲學（金錢與數字萬能）遭受選民之遺棄。但認真分析，選民之最大不滿，矛頭是對準直接影響民生的消費稅。不久前，自民黨在表示有意檢討（而非廢除）有關法案之後，民怨之情緒已大為緩和，就是明證，可見日本選民也還未有掃除"金錢政治"的強烈願望與信心。

至於"金錢與數字"之多寡，迄今仍然是決定自民黨派閥大小的準則。竹下登之所以能够在短短的幾個月內，一連製造兩個首相，被認為是繼承"三角大福中"的三名新領袖"安"（安倍）"竹"（竹下）"宮"（宮澤）雖然泥足深陷利庫特案，但仍然伺機東山再起，意圖跑回政治舞台的中心，依靠的就是他們的"集金術"與"數字"（議席）。

可以這麼說，參議院選舉的結果，固然給自民黨亮起了紅燈，但自民黨的政治地位，基本上仍然是處於有驚無險的狀態。有人形容，"金錢政治"誕生於戰後日本樣樣以金錢為衡量標準，類似"暴發戶"的價值觀的社會土壤。如果這項分析沒有錯誤，只要這樣的社會土壤與民眾的價值觀沒有改變，田中式的政治哲學也就將繼續大行其道。

（一九八九年十月）

衆議院大選前夕政局分析

行將於2月18日舉行,舉世注目的日本眾議院國會大選即將來臨,各黨的競選宣傳戰也已進入緊鑼密鼓的階段!

這回大選之所以特別受人關注,是與執政黨自由民主黨在去年參議院大選中的慘敗密切相關的。在這回的大選中,自民黨會不會再度受挫,而被迫將35年來緊握之政權拱手移交給反對黨?如果萬一這個局面出現,日本將會有甚麼重大的改變?自民黨即使還能掌政但如果席位銳減(特別是未獲全部議席的一半),又將對日本政局帶來何種影響?這些都是各方視綫之所在。

有驚無險能渡難關

平心而論,此間觀察家一般並不相信這回選舉將會改變自民黨35年持續保住的江山。姑且撇開眾議院有別於參議院,選民對兩者投票心理不同不談,日本的反對黨根本就未作好接棒的準備工作。就以最大的反對黨社會黨來說,這回所推出的候選人只有148名,即使全部中選也無法達到全部議席(512席)的一半席位,不能單獨執政。搞反對黨聯合政府,固然也是一個可以嘗試的方式,但認真分析,人們就會發現到各反對黨雖然表面高談組織聯合政府,主張結束自民黨政權,而在實際上彼此是同床異夢,四分五裂。其中有些反對黨(如公明黨或民社黨)與其說是志在與社會黨搞聯合陣綫,不如說對在自民黨的新內閣中撈取一兩個部長席位更感興趣。待價而沽,可以說是某些反對黨喜見自民黨出現危機時所採取的策略。

何況在這回的選舉中，未必所有的反對黨都會大躍進。正如去年參議院選舉所顯示一般，某些反對黨不但未增加議席，反而倒退。可見反對黨成立聯合政府的可能性，是十分渺茫的。

焦點在於消費稅

第一反對黨社會黨既然不可能單獨當權，各反對黨即使真的擊垮自民黨，成立聯合政府的可能性又不大，從結論上來說，下屆的政府看來仍然非自民黨莫屬。因為，無論如何，自民黨仍然將是選舉後擁有最多議席的政黨，組閣的任務首先將落在自民黨身上。問題的焦點是，自民黨在選舉後將擁有多少議席，它能否單獨當政或者必須與其他政黨合作？換句話說，這次選舉對於自民黨只能是"有驚無險"。　　自民黨在這回選舉中之所以肯定要"受驚"，主要是由於該黨強硬推行不得民心的消費稅政策。針對去年7月自民黨在參議院選舉的慘敗，各方莫不歸咎於下列四大因素：①消費稅；②利庫特醜聞；③農業政策；④當時首相宇野宗佑之桃色醜聞。現在，桃色醜聞之因素已經隨着宇野被轟下台而告消失；習慣於"金權政治"（即與金錢、貪污緊密掛鈎的政治行為）的日本選民也已對利庫特醜聞不再嚴加追究。至於有關農業自由化政策，影響的畢竟只是一部分保守的鄉村選民，何況這些選民並不是以農政問題單一因素而決定其意向。因此，所剩的唯一不利因素就是消費稅政策了。可以這麼說，只要自民黨肯宣布取消或修訂消費稅，天下仍然將歸自民黨無疑。

正因為瞭解選民的上述心理，自民黨竹下派會長，也是前副總理的金丸信曾不斷發出各種訊號（即使是在這次的競選宣傳中），表示當局可能修改消費稅。至於命運與這回選舉成敗緊扣的當今首相海部俊樹，也曾經發出討好民心的免徵食品消費稅修正案的構想，但終歸都被幕後掌權人，也是當政期間強行通過消費稅法案的前首相竹下登所否決。取而代之的是既複雜，又未減輕消費者負擔的新消費稅草案。

海部的"體制選擇論"

正因為自民黨新草案無法博取民心,海部首相知道如果在消費稅問題上與反對黨周旋,自民黨肯定吃虧。為了轉移視綫,他提出了"體制選擇論",認為這次選舉的結果將決定日本的命運,籲請選民在繼續走資本主義道路還是走社會主義道路之間作一抉擇。海部的目的非常清楚,即希望借東歐民主化運動之浪潮、蘇聯的改革與天安門之悲劇來說明自民黨體制之優越性,從而打擊反對黨。至於反對黨,則傾全力把矛頭對準消費稅。一方是要在"體制選擇"的問題上決鬥;另一方是把焦點放在消費稅問題上。難怪日本政治漫畫家譏諷兩者並未真正交鋒。

針對海部的"體制選擇論",不少自民黨高層人士表示不滿,認為過於單純、幼稚,不足以說服選民。因為在今日的日本,誰也不相信日本會在一夜之間變成社會主義國家,日本選民誰也不會有"體制"的危機感。就連支持海部上台的竹下,在其選區的競選演說中,也公開否定"體制選擇論"。為此,海部近日來不得不改變口氣,揚言要與反對黨在"未來的長遠政策問題"上交鋒了。

拜自民黨失策之賜

談起長遠的政策,這確是反對黨痛腳之所在。由於一直沒有掌政的條件,社會黨早已喪失50年代、60年代的活力。它既無法提出具有吸引力的政治口號與施政方針,也無法吸引與網羅優秀的人材在其周圍。至於政治資金,除了依靠工會支持之外,其他的來源並不多。加以內部派系林立,政見參差不齊,這個被不少政論家形容為"沒有人材、沒有政策、沒有足夠政治資金"的第一反對黨,的確不被看好。認真分析,社會黨在去年參議院大躍進,除了黨魁土井多賀子的演說與作風頗有吸引力這一因素之外，最主要的還得歸功於自民黨之失策。換句話說，選民與其說是要支持社會黨，不如說是為了要表示對自民黨的不滿。

在這回眾議院的選舉中，一般估計類似的局面將會出現。由於自民黨推行消費稅的結果，社會黨的議席將從現有83席的兩位數增至三位數，是沒有問題的。至於其他反對黨，能保住原有的席位已屬難得（一般估計將會減少議席），因為，在自民黨與社會黨劇烈競爭的選區，很難想像選民會把抗議票投給其他反對黨。

對於自民黨來說，當前第一個目標是爭取在512席中獲得一半以上的議席（257）。如果得不到這個席位，就意味着自民黨的大失敗，它對自民黨的打擊將是十分重大的。海部將引咎辭職，自不待言，日本政界可能也將被迫改組。

當然，即使是自民黨得不到257個議席，也不意味着得下台，因為，如果加上這回以獨立人士身分參加競選，可能獲勝的保守候選人在內，自民黨要拉攏到足夠的票數，並不太困難。因此，各方注視的另一焦點是，包括獨立人士中選者在內，自民黨能否贏得271個議席。因為根據規定，如果執政黨能獲得271個議席，它在國會的18個常任委員會中，不但能保住各委員會委員長的職位，而且還能在各委員會中佔優勢，這對執政黨推行其政策，將十分有利。反之，自民黨在各委員會中要通過某項政策時，就得多費口舌與受到阻撓了。

選舉結果發表之後另一令人關注的問題是，海部能否繼續當首相？正如前面所述一般，如果自民黨無法獲得一半以上的議席，海部當然即刻被炒魷魚。但是，即使自民黨表現不錯，也難保他能繼續擔任首相到兩年的期滿為止。因為，他之被推出為首相，原本就是為了應付選舉，以便那些泥足深陷利庫特醜聞的各派閥領袖得以到避風港休息。選舉既然結束，各派閥領袖又從選區重獲選民的信任狀，他們當然要重回政治舞台，繼續串演"安"（安倍）"竹"（竹下）"宮"（宮澤）三者鼎立，尚未演完的政治遊戲。以目前的政治空氣來看,接下來的"真命天子",相信是獲得竹下強有力支持的安倍晉太郎。安倍不久前訪問莫斯科,即顯示他並未放棄出任首相之野心。由此可見,即使自民黨獲勝,擺在海部前面的道路也未必平坦。

(一九九〇年二月)

大選之後再看日本政局

正如投票日前日本各大報與電視台的民意測驗所預測一般,儘管第一反對黨社會黨在大選中將會大躍進,但執政黨自民黨仍然保住江山。原因是其他的反對黨,如公明黨、共產黨都倒退,而民社黨簡直是慘敗。換句話說,選民都把選票集中於兩大政黨,由於社會黨所能推出的候選人有限(限於人才、資金及與其他各黨協調等因素),這就決定了選舉結果只能對自民黨有利。難怪在選舉前,不少評論家即發出如此評語:不管自民黨獲得了多少議席,都不能說是自民黨不敗,而只能說是反對黨喪失了勝利的機會。

反對黨喪失良機

反對黨喪失獲勝的良機,既與社會黨未作好接棒的準備工作(未網羅足夠的優秀人材及未定下明確的政策方針)有關,也與各反對黨四分五裂、步伐不一致不無關係。各反對黨除了在消費稅問題上比較接近(而非一致)之外,其他的政策都有所出入;加上各黨派之間黨益第一,各懷鬼胎,要選民相信它們真的能成立聯合政府,是不可能的。

針對反對黨的上述弱點,自民黨自然看在眼裏,因此打從選舉宣傳戰開始,就着重耍弄兩張王牌。其一是:只有投自民黨一票,才能確保政治的穩定;其二是到處放出風聲,表示要與反對黨搞聯合政府。特別是有老謀深算權術家之喻的竹下派會長金丸信,直到投票日前夕仍在高唱組織"舉國一致的內閣",以便克服當前堆積如山的國內外難題的論調。

有趣的是，對於金丸及前首相竹下登提出的聯合政府的構想，不僅與自民黨較接近，一直"待價而沽"的公明黨與民社黨表示有興趣（儘管它們在表面上堅決否定其可能性），就連社會黨前秘書長田邊及現任秘書長山口也躍躍欲試，作出積極的反應。

反對黨既不可能組織聯合政府，各反對黨又對自民黨的聯合政府有濃厚興趣，選民有甚麼理由要把選票投給如此之反對黨呢？不少分析家認為，與自民黨政策沒有太大差異的民社黨及公明黨在大選中受挫，是早在預料之中。至於田邊與山口的談話，也已大大損害社會黨的形象，好在今日社會黨的象徵人物是笑口常開，令人覺得是誠懇、可靠的土井多賀子，否則社會黨雖然機會來臨，也未必一定能大躍進。可以這麼說，竹下、金丸打出的上述奇招（日人稱之為玩弄"變化球"），既擾亂了選民原本要投"抗議票"的決心，又達到分化反對黨力量的戰略目標。其結果是，正如保守派評論家，京都大學教授高坂正堯所承認一般：這與其說是自民黨"強"，不如說是其他政黨"弱"。因為，國民沒有其他的選擇。

當然，選民捨棄"抗議票"而投"政治穩定票"，也與眾議院有別於參議院有關。因為，真正決定與推行國策的機構是眾議院，而參議院充其量只不過是監督眾議院的機關。在參議院選舉中支持反對黨，發洩悶氣，從而教訓"驕橫的自民黨"未嘗不可，但要真正將大權委交與四分五裂、同床異夢的反對黨聯合政府，選民就不能不再三深思了。這也許就是執政黨在參議院慘敗，但在眾議院卻挽回威信的主要因素。

自民黨在這回大選中獲得優良成績，也與該黨由於在參議院受挫後帶來的危機感有關。經過去年參議院慘敗的經驗教訓，自民黨人都知道不該再像過去一樣，擺出高姿態。不少該黨候選人或者名為獨立人士，但實際上是自民黨人的候選人不得不在競選期間，向選民公開表示"個人並不贊同消費稅"，或者許下"將竭盡所能修改消費稅"的諾言。

與此同時，由於財界團體、人士擔憂自民黨受挫可能影響日本的經濟發展，也都傾其全力支援自民黨。這些支援，不僅僅表現在金錢方面的資助（據稱為了應付這回的大選，自民黨從財界籌到的金錢就多達300億日圓，相當於新幣4億元），也還表現在其他方面的形式。例如，財界的代表團體就曾經出版宣傳手册，抨擊社會黨，認為社會黨無法領導日本政府；又如不少大公司在財政部的協助下，將其所有員工在新稅制下所省下的所得稅繳納額一一明列，分別發給員工。目的非常清楚，就是要其員工在投票之前，不要只記得消費稅帶來的經濟負擔，而應該同時牢記新稅制也給他們帶來的好處，從而促請他們投自民黨一票。至於在選舉期間，自民黨人在財界的支持下，到處施展銀彈攻勢，更是司空見慣、不足為奇。日本這回的大選絲毫並不因為利庫特醜聞事件曾被聲討而顯得較為"廉潔"與"公正"；恰恰相反，金錢仍然是決定勝負不可或缺的重要因素。難怪日人稱之為"金權政治"（即金錢與政治緊密掛鈎的政治行為）的持續與延長。

醜聞議員重獲信任狀

談起日本的"金權政治"，最具有象徵意義的，莫過於這回與利庫特股票內綫交易風波有關，陷入貪污案泥沼的政界人士幾乎都全部中選。在接受記者的訪談時，前首相中曾根康弘、前財相宮澤喜一以及前外相安倍晉太郎莫不聲稱他們已經重獲選民的信任狀，而將重返政壇。在他們看來，他們捲入貪污風波而被迫暫時離開政治中樞的"期限"，也以他們再度中選為國會議員而告結束。這些被認為是缺乏"政治倫理"的前議員再度中選，正如過去前首相田中角榮在洛希德貪污案被揭發之後獲得絕大多數選票一般，說明了決定選票去向的真正因素，仍然脫離不了金錢以及"地緣"（即鄉情）與"血緣"。就連一向自喻為"世界的中曾根"的首相也在競選期間擺低姿態，拼命與鄉親表示認同感，聲稱自己為"群馬（縣）

的中曾根",而成為花邊新聞。

在自民黨獲得壓倒性議席之後,各方最關心的莫過於海部首相的去留問題了。自民黨既然獲勝,海部當然沒有理由馬上被革職。問題是作為"過渡期首相",他的"過渡期"將多長?針對這敏感問題,海部在自民黨獲勝後被日本記者追詢時,神情緊張地否定他在10月下野的可能性。他甚至聲色俱厲,微帶怒意地回答道:"等着瞧吧!"因為在他看來,如果像他這樣賣力又獲得良好成績,仍然還要被中途換馬,就未免太豈有此理了!

然而,熟悉自民黨政治的人士都會同意,首相人選的最終決定因素是派閥的大小與所能操縱議員的數字。海部既然是屬於小派閥,最終的發言權當然也就沒有他的份(實際上,在這回大選日期決定的過程中,海部完全被排斥在外,沒有機會參與討論)。何況健康欠佳,急待接棒的大派閥之一的領袖安倍晉太郎已經在旁顯得不耐煩,開口閉口只有他才能與蘇共領袖戈爾巴喬夫進行會談,顯然是在催促海部下台,以便由他迎接克宮主人之訪日。至於竹下派的新領袖,即該黨秘書長小澤一郎與財相橋本龍太郎也在展開另一輪的爭奪戰(日人稱之為"一龍之戰")。他們當然更不願意讓僥倖上台的小派閥——河本派的海部長久霸住首相寶座。他們隨時隨地將聯手把海部拉下台的可能性是存在的。

從這角度來看,儘管自民黨獲勝,海部官運仍然未必亨通。首先,擺在他面前的是新內閣提出的財政預算案及其他的有關法案將在參議院面對反對黨的為難與阻撓(因為反對黨議員在參議院佔多數議席)。財政預算案在被打回眾議院之後終將被通過,但其他的法案(包括消費稅修正案等)如果反對黨不肯放過,屆時就有好戲看。可見除非獲得黨內強有力後台的支持,海部隨時隨地仍有可能被藉故撤職。在接受電視的訪談時,舊中曾根派新領袖渡邊美智雄就不否定這個可能性。看來小派閥出身的海部最終仍得"認命",任由大派閥擺布。身不由己,奈何!

(一九九〇年二月)

安倍病情與政治遊戲

正當日本前外相安倍晉太郎準備在9月20日率領60名議員，浩浩蕩蕩前往莫斯科訪問的時刻，日本政治中樞的永田町突然傳來了安倍本身由於"健康欠佳"而決定放棄此行之消息。這項消息，馬上成為各大報頭版的顯著新聞，敏感的政論家甚至將它解釋為：這是安倍被迫退出政壇的一項宣布。各方都在關注它對日本政壇將會帶來何種衝擊。

安倍不能成行之所以引起各方如此密切的關注，主要是因為他被公認是最有可能成為下屆日本首相的候選人，而他的成敗又幾乎完全將由他的健康狀態所決定。原來根據"安（安倍派）竹（竹下派）同盟"幾乎是半公開的默契，前首相竹下在任期屆滿之後得把政權交給安倍，那裏知道竹下出師不利，上台不久之後就遇到利庫特醜聞事件的爆發，再加上不得人心的消費稅問題之困擾，竹下只好提前含怨下台。按照默契與常理，安倍將接棒上任。但事實上安倍與竹下的處境沒有兩樣，兩者都捲入利庫特股票內綫交易醜聞的風波，竹下既然因此下台，安倍當然也沒有機會在竹下被迫下台時上台。再加上當時安倍病重留院，接受膽石手術的治療，竹下與安倍只好物色"安全的代理人"，藉此保持兩者在自民黨內的控制權。"短命內閣"首相宇野宗佑與"弱而小"的當今首相海部俊樹就是如此理想的"過渡期代理人"。

今年2月日本舉行大選，自民黨獲勝，竹下、安倍等又再重新活躍於政治舞台，因為在他們看來，選民既然已經重新交給他們委任狀，他們的醜聞紀錄也可以就此一筆勾消。對於安倍來說，他更認為自己登上首相寶座的時機已經到來。為了表示自己並未放棄這項雄心，也為了向國民顯示自己的健康並不像一般所想像的那麼壞（日本政界盛傳他得了"不治之症"），安倍在今年1月及6月曾先後訪問蘇聯和美國。安倍的另一目的是要通過外交活動來提高其國內的政治威信。特別是在訪蘇期間，他還與蘇聯領袖戈爾巴喬夫進行會談，後者向他表示將在明年春天到東京訪問。針對這次的會談，安倍派有意將它渲染為一項外交的大突破，並認為要迎接戈爾巴喬夫的到訪，只有像安倍這樣的"重量級"政治家才會配稱，像海部那樣在黨內既無後台，外交又無經驗的軟弱首相，是應付不了的。因此，戈爾巴喬夫訂在明年春天到訪，也就意味着海部應該在明年春天以前下台。這就是安倍的如意算盤。

正是為了再接再勵，通過"外交成果"贏得國內的政治資本，安倍這回決定率領60名議員（如包括隨團成員，共200人），包機到莫斯科訪問。針對如此空前浩大的日本政界人士訪蘇團，此間政論家認為是安倍問鼎首相寶座的一個重大步驟。有人甚至認為此行成敗將直接影響安倍的政治生命。但事與願違，沒想到這項旨在誇示安倍"健康、健在"的訪蘇計劃卻成為證明他健康無法支撐的最佳實例。因為，誰都可以看得清楚，除非是到了萬不得已的地步，安倍是不會輕易作出放棄此行的決定的。安倍的病情決不是其醫生所宣布的"感冒"那麼輕微。

安倍既然"病情嚴重"，他要問鼎首相寶座的可能性看來已經不大高。在派閥鬥爭激烈，"強者有理"的自民黨政圈裏，此刻各方所關注的是誰將取代安倍成為下屆首相最有力的候選人，誰將是安倍退出角逐戰的得益者？各派閥據說都在收集安倍病狀的最新與最準確的情報（正如當年自民黨人疲於收集前首相田中角榮的病情一般），從而重新擬定本身或其所屬派閥今後的策略與戰術。

（一九九〇年九月）

安倍逝世加速派閥重組

"安倍晉太郎逝世了！"

儘管人們對這項噩耗早有心理準備，但當它成為既成事實時，不免還要多少受到衝擊。特別是對於關心永田町政治的人士來說，誰都會預感到日本的派閥政治將會有一些大波動。因為，安倍畢竟是自民黨內僅次於竹下派，名列第二大派閥安倍派的領袖。

早以"真命天子"自居

安倍是在1986年7月正式從前首相福田赳夫手中接管福田派，成立安倍派的。不過，由於他是前首相，也是甲級戰犯岸信介的女婿，保守派很早就看好他，稱他為福田派的"皇太子"。他先後曾經擔任過內閣秘書長、國際工商部長及外相，也曾出任黨內三要職。以他的政治背景、能力和經驗，他早已具有出任首相的條件。特別是在"三、角、大、福、中"五大派閥領袖輪流出任首相之後，日本政界幾乎都已公認接下來是屬於"安、竹、宮"（即安倍晉太郎、竹下登與宮澤喜一）的時代。而安倍又與竹下訂有"安竹同盟"的默契。他在竹下登下台之後接管政權原本可以說是理所當然的事，但事與願違，竹下兩年任期未滿，就由於利庫特醜聞事件而被迫下台。同樣的，安倍也由於類似的理由而無法接棒。於是乎，他們只好從黨內物色弱小的"安全代理人"，先是找到"風流首相"宇野宗佑，後是找到當今首相海部俊樹。但是，不管是宇野或者海部，在竹下及安倍的戰略中，都是過渡時期的人物。只要形勢略為好轉，政權還是要交回給大派閥領袖的安倍與竹下的。也因為如此，儘管安倍病情嚴重，各方早已看穿他無法出來支撑大局，但他個人仍然以"真命天子"自居。今年4月18日當戈爾巴喬夫訪日時，安倍還抱病亮相，說明了他從未放棄過擔任首相的夢想。為了完成安倍的心願以及安撫安倍派，竹下登及自民黨強人金丸信就曾表示，只要安倍健康情況許可，今年10月海部下台之後將讓安倍出任首相（哪怕其任期是極其短暫）。這就是為甚麼安倍在早已被判為"退出角逐場"之後仍然受到各方關注的理由所在。

"安倍派難民"走向

現在，安倍終於長眠了！日本政局會有甚麼變化呢？

首先是，對準着今年10月底自民黨的總裁選舉，各方關心的是安倍派在喪失領袖的情況下，其89名成員今後的走向。

早在去年9月安倍病情惡化，臨陣放棄率團訪蘇的原定計劃時，敏感的政論家們就預測安倍派將會有大災難。原因是該派閥缺乏一個強有力而明顯的繼承人。以目前的情況來看，派閥內就有四個小山頭，即派內的協調人鹽川正十郎、事務總長三冢博、政調會長加藤六月以及衆議院運作委員長森喜郎，日本政界稱他們為安倍派的"四天王"。緊隨着派閥領袖的逝世，"四天王"為奪取領導權的摩擦相信會進一步表面化。觀察家相信，在最壞的情況下，該派閥可能會面對解散的命運。實際上，幾個月以來，就常可以聽到安倍派的議員有意"跳槽"的謠傳。日本雜誌稱他們為"安倍派難民"。為了挽救這個危機，安倍派今天也許只好採取由"四天王"集體領導的方式。如果他們決定採取這項做法，該派閥可能得將高齡的元老福田赳夫捧出來當名譽會長，作為團結該派閥成員的象徵性人物。

其次是，在安倍逝世之後，自民黨內與安倍同年代的領袖，如宮澤喜一及渡邊美智雄由於喪失了一名強有力對手，相信將會加強他們出馬爭奪首相寶座的決心。至於迄今仍然是不忘"復權"的竹下登，在安倍逝世之後可以說是少了一個先讓"安倍過首相癮"的道義包袱。他會不會因此而索性跑到前台來呢？如果他這麼做，其他派閥，包括"安倍派難民"，又將採取甚麼態度？人們不能不密切關注。除此之外，竹下派內的少壯派強人如前黨秘書長小澤一郎及財相橋本龍太郎的動靜也是各方視綫之所在。在"世代交替"的政治口號下，他們在內心裏相信都不會贊同讓竹下等"大正時代"出生的老人"復權"。至於海部俊樹，能順利做完這一任首相原本就應該謝天謝地，本來不該再存有任何幻想。但是，在安倍派近乎解體，各派閥重擬合縱連橫政策，以及黨內新舊領袖摩擦加劇的錯綜複雜背景下，海部或者類似海部那樣弱而小的"輕量級"領袖即使再度被捧上台的可能性，也仍然還是存在的。

一句話，安倍逝世既將加速自民黨內派閥重新組合的步驟，也將增添該黨黨內勢力均衡的不安定因素。不過，該黨以財力大小及"數目"（議員人數）多寡而決定發言權大小的派閥力學，以及由派閥領袖通過"密室"決定首相人選的特徵卻將不會有所改變。

（一九九一年五月）

竹下派爲甚麼拋棄海部？

兩年來一直處在隨時都有被轟下台危險的風風雨雨中，被日本政界人士與輿論界公開稱爲"傀儡首相"的海部俊樹，終於在本月5日正式宣布不參加預定於本月31日舉行的自民黨總裁競選。換句話說，屆時他將結束爲期812天的"輕量級首相"生涯。

幾天前，海部的後台老板、自民黨內最大派閥竹下派的會長金丸信還在表示"不該忽視國民對海部的支持率"，有意繼續扶持海部。相隔不過幾天，爲甚麼竹下派又無情地宣布海部非下台不可呢？表面上看來，是因爲海部講錯了話，在"重大決心"的問題上出爾反爾、優柔寡斷，令竹下派對他失去信心。但實際上，卻是黨內"派閥力學"在起作用，出身自小派閥的海部終歸得面對的政治悲劇與命運。借用一家日本大報的評語是："當傀儡顯出有意不受擺布而想成爲人的時刻，竹下派對海部就立刻冷淡下來"。

一切皆受擺布安排

海部是在1989年8月9日自民黨內各派閥領袖捲入利庫特醜聞，國民不滿消費稅法案，風流首相宇野不得人心，參議院競選執政黨慘敗的背景下被推舉爲首相的。海部之所以被看中，主要是因爲他在黨內的力量弱小。由於地位之弱小，他一向並未被財界所重視而相對顯得"清廉"。也由於他不可能對任何政治家構成威脅，誰都不反對他出來暫時當當管家。但這也決定了海部只能聽話，不許造反，隨時都有可能被撤職的命運。兩年多來他之所以經常出爾反爾，過着戰戰兢兢的日子，與其説是他個人性格的優柔寡斷，不如説是與他被賦與的使命有關。説得清楚一些，戰戰兢兢與處處看竹下派的臉色，正是海部能擔任長達812天首相的最大秘訣。

但是，這個被海部作為"求存法寶"——出爾反爾與優柔寡斷的態度，最終卻成了竹下派指他"不够資格"的藉口，而將他摔掉。

對內對外兩套戲裝

原來海部上台以來就有兩套戲裝。其一是面對選民，堅決表示要進行政治改革，製造"清廉"形象。在這一方面，海部演出逼真，又加以各方對他的弱小予以同情，因此，他的"人望率"頗高。去年2月國會大選，自民黨獲得大勝以及海部在各項民意測驗中獲得良好反應，在一定的程度上説明了這一點。海部的另一套戲裝是為着自民黨黨內而穿的。與前一套面對選民的戲裝相比較，黨內的戲裝就顯得色彩不太鮮明了。原因是要進行政治改革，必然會與黨內不同利益集團直接衝突。在這方面，首相必須有粉身碎骨的精神準備才能辦到。對於竹下派來説，最如意的算盤是讓海部去面對這風險，而一有任何差錯皆由海部負責。作為日本首相，海部最大的傳家法寶是在不得已時就宣布解散國會，舉行大選，讓國民作出回答。但是，這是指一般情況而言。對於被喻為"傀儡首相"的海部，在未獲得竹下派首肯之前，是不能作出這項決定的。9月30日，海部在獲悉有關政治改革的方案由於無法在黨內取得協議而宣布為廢案時，他講了已下"重大的決心"一句話。這句話終於奪取了他的首相烏紗帽。

派閥力學決定一切

首相的所謂"重大的決心"，在日本政壇是指解散國會，舉行大選。作為竹下派的代理人，在作出這項"重大的決心"之前，照理應該先向金丸等人請示。但海部這回卻沒有這樣做。等到各方反應欠佳時，他才使用其慣技，修訂對其談話的解釋，表示他的"重大決心"，只是指不要讓改革之燈火熄滅。這項出爾反爾的談話，曾激起金丸的憤怒，責斥他身為一國首相，不知語言之輕重。金丸同時指出，如果真的有重大的決心，就應該堂堂正正宣布解散國會，舉行大選。緊接着，海部又慌忙決定要解散國會，但他已不再獲任何有力派閥的支持。竹下派表示為時已經過晚，並宣布收回對海部的擁護。至此，正如《朝日新聞》漫畫所繪一般，金丸剪斷操縱傀儡的絲綫，海部的傀儡戲至此宣布演出結束。

有"老妖怪"別號的金丸之所以決定不讓海部繼續串演下去，表面的原因是他上述發言之不慎與過後出爾反爾之態度。但分析家認為，類似的例子多得是，不該是問題焦點之所在。海部闖禍的真正原因，一方面固然是他在事前未向金丸信等人請示（即日本報章所說的傀儡露出想成為人之意圖）；另一方面卻是由於黨內已醞釀好"倒海運動"的氣氛與情緒，宮澤派、渡邊派與三冢派已組成聯盟，決心阻止海部參加總裁競選。在這種情況下，曾經一再表示支持海部的竹下派不得不重新考慮新策略：是不是值得為了保護"聽話的代理人"而與"宮"、"渡"、"三"三派在月底正面衝突？還是乘此首相"失言"之良機將他摔掉，既保住竹下派之實力，又為控制新政局創造良好的條件？

兩相衡量，犧牲海部當然是上上之策。所謂"海部人望率高"，那只是金丸信要操縱海部時所說的話。在日本永田町（政治中樞所在地），誰當首相與國民支持率從未緊密掛鈎。何況各種調查顯示，海部之所以在民意測驗中得票率高，並不是因為他能幹與有魄力，而是因為他力量弱小而獲得同情，或者是在自民黨領袖當中，其他領袖的形象比他還要差……。有人形容，股票風波象徵着日本的經濟繁榮是"泡沫經濟"，海部在得票率最高時非下台不可，卻顯露出了日本"泡沫政治"中的一個畸形現象。

（一九九一年十月）

宮澤將成爲日本新首相？

在日本執政黨自民黨竹下派決定拋棄現任首相海部俊樹，不再支持他參加下任自民黨總裁競選的情況下，黨內舉足輕重的竹下派（106人）就得面對下列的兩項抉擇：其一是從本身派閥內推出候選人；其二是在三冢派（88人）、宮澤派（82人）與渡邊派（70人）三者的代表中選擇一名合作者，支持他成爲黨總裁（也就是日本當然首相），從而繼續操縱日本政局。

小澤等候更佳時機

一般而言，除非是到了不得已的地步，沒有一名自民黨的派閥領袖願意推舉本派閥的屬下出任首相。因爲這既意味着本身將喪失問鼎首相寶座的機會，也含有讓年輕人接棒，本身退居第二綫的意義。正如前首相田中角榮不肯讓竹下登接棒而寧可在其他派閥中尋找"安全代理人"一般，竹下登是不會輕易讓手下的任何年輕人出來領導內閣的。這就是爲甚麼竹下派內一度風頭甚健的少壯派人物如財相橋本龍太郎（即使沒有這回的股票風波）等無法被推舉爲首相的原因。

不過，有一個人卻是例外。他就是與竹下登及前副總理金丸信有親屬關係，被金丸信特別器重，兩年來一直以"少東"身分呼喝海部的前自民黨秘書長小澤一郎。對於這名在去年8月伊拉克侵佔科威特以來叫嚷"派兵"與"修憲"，在政壇上呼風喚雨的少壯派鷹派人物，竹下登雖然不見得樂意支持他出來接棒，但如果金丸信堅持非要小澤不可，竹下登也無可奈何。因此，在海部被迫退出角逐場之後，小澤就成為最熱門的人物。金丸信也曾屢次敦促他接受重任，但都被拒絕。最大的理由是他剛剛才從醫院出來，其心臟病還未痊愈。加以他還年輕，來日方長，不必在此主客觀條件尚未完全成熟的時刻掌政。至於派內的其他年輕領袖，金丸信一點都不感興趣。因此，看來竹下派將不會派任何人選參加自民黨總裁的競選。

宮、渡之間作一抉擇

這一來，竹下派就得在三冢博（64歲），宮澤喜一（71歲）與渡邊美智雄（68歲）三者當中支持一人。論學歷與能力，一般都看好宮澤。宮澤畢業於東京大學法學院，曾任副總理兼財相及外相等職位，行政經驗豐富，有學識加以英語能力強，是自民黨內少數能在國際會議亮相的人物。但有人認為這正是他無法被當權派看中的原因。因為學歷佳、能力強，又有豐富的行政與外交經驗，意味着他不可能太容易受幕後人所操縱。加以他有幾分傲氣，自視過高，不把許多同輩或前輩的政治家看在眼裏，他在自民黨內一直不受歡迎。田中角榮不喜歡他，竹下登與金丸信也討厭他。因此，如果是單純從個人的喜惡角度着眼，宮澤將被竹下派擺在最後一名，是一點也沒有疑問的。

在三者當中，也許最理想的合作伙伴是三冢博，因為他是"安竹同盟"的安倍派繼承人。但是，三冢接管安倍派才區區幾個月。在這時刻，別說是把他推為總裁有人會造反，他在派閥內的領袖地位也還未完全鞏固。舊安倍派內的另一強人加藤六月迄今仍然對他不服氣，就是一個例子。日本大眾傳媒甚至形容兩者關係如水火不相容，好事者甚至稱他們在進行"三六戰爭"。如此這般的派閥領袖，竹下登自然不會自討沒趣，捧他為首相。因為一不小心，還會引惹螞蟻上身。

"舌禍首相"推舉不得

至於渡邊美智雄,如果竹下派願意支持他,也許他真的會十分聽話。因為,他沒有宮澤的足够本錢與能力,可以和竹下登及金丸信討價還價。但此人卻是以信口開河、口不擇言及粗綫條作風聞名於世的。他曾經說過中國人還有人住在山洞裏而引起一場舌禍。在去年日本國內有關派兵海外的論爭中,渡邊一直站在鼓吹派兵言論的最前綫。在伊拉克侵佔科威特初期,他就主張派遣醫療船及自衛隊去保護日本人。在自民黨內有人表示不該送青年到戰場時,他卻提出"哪有不流血而能保衞國家"的激烈看法。在去年11月自民黨的派兵法案被迫成為廢案時,經常妙語如珠的渡邊之評語是:"戰戰兢兢地提出法案,其結果就有如反對黨所說一般,笨拙的騙子一下子就被捕。"他認為,自民黨應該堂堂正正地提出看法才會有說服力。

對於渡邊的上述言行,吹捧他的日本人認為他口快心直,有話直說,是誠實的政治領袖。反對他的人卻認為他既無涵養也無足够知識,與石原慎太郎之流沒有甚麼兩樣,不能登大雅之堂。

"竹"影下的宮澤內閣

在宮澤與渡邊之間,一般推測竹下派最終只好抛棄感情因素,選擇宮澤。因為,竹下派明白,推舉一名可能經常會"失言闖禍"的首相,其責任與後果將是十分巨大的。但是,要竹下登與金丸信一下子答應支持多年來的宿敵宮澤出任首相,也並不太容易。於是乎,這之間就有一場幕後討價還價的交易。在自民黨內,各派閥間的分離與組合,固然與各政治家間平時關係之深淺有關,但歸根結底是彼此的利害關係,也就是權益分配的問題。它具體地表現在各派閥人員在內閣及黨內三要職中所佔人數之多寡與重要程度之比重上。換句話說,高齡71的宮澤如果想珍惜這次的機會,最現實的做法就是讓出最多要職給竹下派，以便換取後者的支持。其次是，在各方面對竹下派擺出低姿態。宮澤當然不必像海部一樣扮演傀儡首相。但至少得知道誰是政壇真正的主宰者而不能獨斷獨行。只要能做到這兩點，就能成全宮澤當首相的美夢。因為，在日本永田町的政壇，原本就沒有永遠的朋友與敵人。

　　針對黨內外太早出現對宮澤有利的言論與看法，據說竹下派擔心將會減少該派與宮澤討價還價的籌碼。為此，該派已委任老謀深算的金丸信全權處理，並放出風聲，表示該派閥不完全否定小澤出馬的可能性。金丸信的策略十分清楚，就是要"宮澤內閣"鑲上"金"（丸）邊與留下"竹"（下）影。換句話說，如果這項目標無法實現，聲勢浩大的竹下派隨時會研討新策略。

（一九九一年十月）

竹下派支持宮澤上台欲擒故縱

大放烟幕、虛張聲勢與聲東擊西,是日本自民黨各派閥領袖為爭奪首相寶座、大臣席位及黨內三要職時一貫使用的伎倆。本屆黨總裁的選舉也沒有兩樣。不同的是,這回黨內最大派閥的竹下派已不能像往日一般,在推不出或者不想推出本身派閥的代表參加競選時,可以輕易從其他派閥當中找出"代理人"(如前首相宇野及現首相海部);與此同時,在三名宣布出馬的其他派閥領袖當中,兩名完全不成氣候,只剩下一名素來與竹下派領袖格格不入的前副總理兼財相宮澤喜一。這就迫使竹下派會長金丸信在過去幾天不得不使盡其虛張聲勢的法寶,以便保持該派閥在黨內的主導地位。日本政局一度令人感到撲朔迷離,原因就在於此。

擁立小澤是場"鬧劇"

其實,金丸(77歲)早已知道這回要阻止宮澤當首相並不容易,但如果過早顯露出竹下派支持宮澤的姿態,則只有助長這位一向被認為有幾分傲氣,不把金丸、竹下等人看在眼裏的精英政治家之氣焰,而使竹下派在私底下與宮澤談判時處於不利地位。於是乎,明知派內不可能派出候選人,金丸在過去幾天還要揚言該派將自派代表參加競選,並再度導演"小澤擁立劇"。

所謂"小澤擁立劇",是指金丸非要前秘書長小澤一郎出來不可,再三勸說小澤,而小澤又再三拒絕的那幕政治活劇。不少政治分析家早已看出這是一個假動作。因為,首先是小澤患了狹心症,剛剛才出院。要他馬上挑重擔，無疑是要逼他早日歸西天。小澤夫人和子就曾經表示，她將竭盡所能阻止丈夫競選總裁。從她恫言要離婚等談話來看，小澤決非患了略為療養就能醫治的"輕症"。何況迄今為止前首相竹下登未必真的同意小澤接管他好不容易才組成的"經世會"——竹下派。至於小澤在婉拒出馬時所說的，不想在此刻與老前輩的三派閥領袖爭奪首相職位，以免在黨內留下有如當年田中角榮與福田赳夫的恩怨，此間評論家認為那純粹是小澤為了提高個人的形象，為他未來掌權鋪平道路的伎倆。

派系內對小澤有所不滿

但是，金丸導演的這幕"小澤擁立劇"，如果演得過於逼真，也有其危險性。因為，大家都知道，金丸、竹下與小澤有着如此之三角親戚關係：小澤的妻姨是竹下的弟婦，竹下的長女是金丸的長媳。金丸一面聲言竹下要自派候選人參加競選，另一方面又強調除了小澤之外，對誰都不感興趣。如此這般的態度，不免招來派閥內與小澤同輩的年輕人的不滿。他們紛紛提出如下質問：竹下派內人材濟濟，為甚麼非要一個不能出馬的小澤不可？實際上，論資排輩，小澤當選議員的次數還比財相橋本龍太郎和黨秘書長小淵惠三少一次，與該黨選舉制度協調會會長羽田孜算是同輩。如果小澤可以當首相，橋本、小淵與羽田當然沒有理由不能被提名。唯一的不同點是，他們與金丸、竹下沒有特殊關係。正是在派閥內不滿情緒日益高漲的情況下，政壇老手金丸知道如果再鬧下去，他與竹下合營的竹下派恐怕無法全面控制下去。10月9日，他在宣布無法說服小澤出馬之同時，聲明竹下派決定不派任何代表角逐總裁職。於是乎，政壇又恢復到對宮澤有利的局面。

針對金丸導演的上述演出，敏感的政論家可以發現到，金丸已取得下列成果：

一、將國內外輿論的視綫轉移到竹下派及金丸身上，再次確定了該派在黨內外舉足輕重的主導地位。

二、向世人宣布小澤是竹下派的當然繼承人，為小澤未來登上首相寶座清除障礙。

三、促使各派閥領袖特別是宮澤與渡邊競相討好竹下派，大大地加強了竹下派的談判地位。

逼宮澤作最大讓步

正是在各派閥領袖競相向竹下派領袖靠攏，低頭求助的背景下，金丸與小澤滿面春風，擺着高姿態。竹下派的真正目標是要迫使宮澤低頭就範，放棄對大派閥採取"不卑不亢"的態度。在去年有關日本派兵海外的論爭中，宮澤表現得比較謹慎。小澤則表示新首相的條件之一是要在國際貢獻問題上比較積極。弦外之音是要宮澤完全聽從他們的指揮。

對於剛剛渡過72歲生日的宮澤來說，這已經是他最後一次問鼎首相寶座的機會，各方相信他會在各方面作出最大的讓步。他也許不必像前首相海部一般淪為"傀儡首相"，但卻很可能有如中曾根當年組閣時事事仰賴田中角榮而被喻為"田中曾根內閣"一般，組織一個"竹宮"或"金宮"的內閣。

一句話，只要宮澤低頭，願意在某種程度上受竹下派擺布，宮澤首相即告誕生。至於金丸的表示"將拋棄個人成見選賢任能"，或者列舉宮澤資歷高、有經驗、國外知名度高、受財界、官界重視等優點，不過是表面文章。重點是宮澤能對竹下派退讓多少。有關結果，新內閣及新黨內三要職名單一旦公布就會分曉。

（一九九一年十月）

宮澤喜一能有多大作爲？

由於自民黨最大派閥竹下派正式宣布支持宮澤派會長宮澤喜一出馬競選黨總裁，宮澤在實際上已被內定爲日本新首相。因爲，憑着兩派的勢力再加上現任首相海部所屬的河本派和三冢派的離心分子，以及無派閥人士的支持，宮澤已經穩操勝券。

此次首相選舉與前兩任首相誕生過程的最大不同點是，前兩任首相（即宇野與海部）是在竹下派主動與積極的支持下上台的，而這回竹下派卻是在無可奈何的情況下作出抉擇。但是，不管是前者或後者，竹下派都要當選者表態，記住後台老板是竹下派。在這一點上，海部最爲忠誠，因而博得"傀儡首相"之稱號。對於宮澤，竹下派是十分不放心的。因此，在過去一週裏，竹下派的頭頭金丸信除了派人與宮澤私下進行談判，要宮澤派讓出最多的大臣席位與黨內要職之外，還要宮澤本人屈就，在10月10日下午至竹下派代理會長小澤一郎的辦事處，接受別開生面的"面試"，公開宣稱支持竹下派的方針與政策。

不敢輕易露出喜色

所謂"面試"是以小澤邀請三名總裁候選人分別到其辦事處交換施政方針看法的形式進行的。爲了爭取竹下派的支持，三人都競相討好小澤。候選人之一的渡邊美智雄與小澤的看法與作風原本就沒有甚麼差異，當然可以大談其鷹派言論。最令日本輿論界吃驚的是，一向自視甚高，又是外交、經濟政策高手的宮澤，也擺出十分卑微姿態，低聲下氣地表示要重視"大秘書長"（小澤曾任黨秘書長）的政策。有才子稱號、經驗豐富，又是72歲的老前輩，卻要向一個年齡僅49，只是借大派閥之威而呼風喚雨的竹下派"少東"低頭，這在論資排輩的日本社會裏，是少有的現象。難怪有人斥小澤的態度近乎狂妄，有人則形容宮澤為了首相寶座而"忍辱面試"。人到無求品質高，一向自鳴"清高"的宮澤卻落得如此地步，不是別的因素而是有求於竹下派者也。

的確，對於宮澤來說，這已是他攀登首相寶座最後的一次機會。為了擔憂竹下派在最後一分鐘有所變卦，宮澤喜一在過去幾天的座右銘是不許露出"喜色"，以免刺激其他派閥人士；與此同時，就是到處講一些旨在討竹下派歡心的話。例如，在接受記者訪談時，他就讚揚小澤年青有為、有魄力及有遠見，是難得的人才。在接受面試時，宮澤先是談起他前一日到小澤出身地岩手縣一趟，後則針對小澤的兩項詢問，即一、政治改革問題；二、國際貢獻問題發表看法。觀察家發現到，宮澤的兩項回答無一不在修正其過去的態度。

政治改革問題是小澤極力主張推行的國內政治熱門課題。其中的一項主要政策就是考慮實施小選舉區比例代表並立的制度。針對這項政策，一個月前（9月11日）宮澤的看法是，即使是推行這項制度，也不見得就能使選舉更節省金錢。換句話說，新制度並不一定能剷除"金錢政治"的弊病。但是，到了10月7日，也就是接受小澤"面試"的前三天，宮澤卻在記者會上宣布將在一年之內促進反對黨與執政黨取得政治改革協議，實行新選舉制度。觀察家認為，宮澤這個談話，是講給小澤等人聽的。

在有關日本對"國際貢獻"的問題上，宮澤態度的轉變可就更大了。宮澤當然也是希望日本能早日推行大國外交政策。不過，也許是由於他視野比較廣，又洞悉國際走勢，他知道如果日本要橫衝直撞，勢必頭破血流。為大日本前途計，他一向不公開贊同渡邊美智雄或者小澤等人旁若無人的修改憲法及曲解憲法的言論。也許因為如此，有人將他歸入"鴿派"。今年7月22日，宮澤在一個演講會上，就曾經如此表示：

"日本應該站在世界前頭，不走軍事大國的道路。憲法規定不許做的事，應該表明不會做。"

緊接着，他在7月24日的另一個演講會上，針對自衛隊問題指出：

"（日本的）聯合國和平維持活動（PKO）將以自衛隊為主要組成部分。但是，應該以不行使武力為前提。"

可是，到了10月5日宣布出馬當天，宮澤到竹下派辦事處拜訪時，則強調有關問題將讓小澤領導的調查會去認真考慮。

10月10日，宮澤在接受小澤的政策"面試"時，更進一步露骨地討好小澤，希望以小澤為中心的自民黨"有關日本在國際社會所扮演的角色的調查會"能好好地為日本今後前途擬定方針。

"鴿派"色彩只是錯覺

以小澤為中心的調查會將會得出甚麼答案呢？稍為關心日本政治的人士都會從他過去一年來的言行，知道其結論將不外是進一步大膽擴大對憲法的解釋，以及朝向修憲的道路邁進，從而擺脫戰後憲法對日本整軍的限制。

在內政問題上贊同小澤的政治改革方案，在對外方面則支持小澤的"國際貢獻"方針。難怪當天主持"面試"的小澤笑得口合不攏⋯⋯對此，各大報打下的共同醒目標題是：宮澤總算考試及格。

宮澤喜一在總裁競選期間既不能露出"喜"色，在組閣時又不能突出"宮"字，他在今後的決策過程中，看來只好強調"澤"與"一"。即拼命與當今政壇"妖怪"金丸信的寵兒小"澤一"郎認同。換句話說，新內閣名為"宮澤內閣"，而在實際上，有金丸為靠山的小澤將是國內外問題的重大決策人。

在上述的情況下，新首相宮澤雖然即將走馬上任，但他能有多大作為，是令人懷疑的。至於由於他過去的言行比較穩重和謹慎，而預測他能推行"鴿派"政策,如果不是出自一廂情願的主觀願望,顯然是由於日本政壇虛虛實實、變幻多端給人帶來的錯覺。

(一九九一年十月)

第二輯

史觀、軍備與大國意識

"萬國博外交"與"軍艦進行曲"

被日本報章吹噓為"本世紀最大祭典"的大阪萬國博覽會,開幕迄今已經一百多天了。也許是"萬國博"被宣傳得太厲害吧!來訪遊客仍然絡繹不絕,萬國博覽會場仍然水洩不通。對於這一點,日本財界與政府官員莫不感到心花怒放。佐藤首相更壓不住內心興奮,急忙召開記者會,歡呼"萬國博外交"一定成功;他同時還透露他將出席年底的聯合國大會,藉以鞏固和發展"萬國博外交"之成績。

"日本節"之演出

六月廿九日是"萬國博"的"日本節"。作為東道主的日本當然要大事慶祝一番,這是日本"提高身價"千載難逢良機。出席典禮的除了皇太子夫婦、內閣成員之外,各國大使和各界代表二千餘名也被邀列席。至於觀禮席上,一過開場時間九時不久,就座無虛席了。會場之熱鬧與"日本節"之受重視,由此可見一斑。

就在這樣一個標榜"人類的進步與調和"的廣庭與各國大使、公眾面前,日本展示了些甚麼東西呢?說起來也許沒有人敢相信。日本居然公開炫耀其軍隊——美其名為"自衛隊"之威武與演奏戰前軍歌——"軍艦進行曲"。對於這一點,就連到場採訪新聞的日本記者也被嚇得目瞪口呆,連嘆其"膽大包天"。

鼓吹"神國意識"

據《每日新聞》報導,當天會場一開始就充滿着森嚴氣氛,到處都可以看到身穿制服的所謂"沒有戰力的軍隊"的自衛隊員在跑動。會場給人們的印象是清一色的太陽旗。這對於看慣了彬彬有禮向導員的觀眾來說,莫不感到震驚萬分,一時不知所措。

一旦陸上自衛隊中央音樂隊和海上自衛隊東京音樂隊員登場,觀眾席上更傳來一陣陣"自衛隊加油","這兒是決定勝負所在地"等叫嚷聲。

在佐藤首相和皇太子致詞之後,最令記者們吃驚的是大阪音樂大學三百名學生齊聲大合唱歌頌"神國日本"的"新日本頌"。它分為二部曲。第一部是"建國神話",第二部是"富士點描"。

把日本吹噓為"神國"並強調"富士山"之美,一向是日本當政者為激勵國民狹隘愛國主義排外思想所慣用的手法。過去日本發動侵略戰爭,就是以"神國""優秀子民"的姿態自居,打着"解放大東亞聖戰"之旗幟進行的。現在,出現在"萬國博""日本節"的又是這類鼓吹"神國意識"的貨色,它不免要勾起那些曾經受它誤導,險些送掉老命的日本中老年人苦澀的回憶

這個大合唱,前後歷時二十五分鐘。偶爾也穿插"咚咚咚"日本大鼓的響聲,其旋律宛如諸神一個個地從地窖裏蘇生復活。看到了這些大合唱與演奏,外國記者們都感到莫名奇妙。他們都想瞭解其歌詞內容,但誰也沒有得到滿意的答案。

"帝國海軍"軍旗幾上演

"日本節"最後的演奏者是自衛隊演奏團。他們除了三度演奏"三百六十五步進行曲"和"櫻花櫻花"等歌曲之外,最令全場震驚,識者張目結舌的是他們演奏了"軍艦進行曲"。一聽到這首曲,《每日新聞》記者不禁大聲質問道:"這豈不就是當年侵略亞洲進行曲?

在二十分鐘之前,佐藤首相不是剛剛唸了'和平宣言'嗎?"

最後,"日本節"的演出是以"自衛隊"體操隊員排為富士山和太陽旗的造型來結束。

據日本報章透露,一直到六月二十八日的彩排,"日本節"演出都出現當年"征服七海"之"帝國海軍"軍旗——旭日旗。但在隔日的演出,也許是當局擔心它引起太強烈的反應,臨時以"萬國博統一旗"取代了。倘若旭日旗按照原定計劃出現,被嚇倒和連嘆"明目張膽"的恐怕不只是日本記者,就連不諳日語的外國記者團和各國人士都要嘩然吧!

如此"公開對話廣場"

"萬國博"日本節之內容就如上述一般,人們不難想像日本主辦"萬國博"的真正目的。標榜的是"追求和平"和"人類的進步與調和",東道主所展示的卻是火藥味濃厚,緬懷當年"征服七海"的"帝國"和鼓吹"神國意識"的貨色。

佐藤首相強調"萬國博"是個"世界公開對話的廣場",是"促進彼此瞭解的地方"。日本節的演出,的確有助人們進一步瞭解今日日本的"軍力"與"抱負"。佐藤首相深信"萬國博外交"一定成功,恐怕其中有幾分是想寄托在"軍艦進行曲"之威力吧!

佐藤深信"萬國博外交"成功的一席談話,恰好選擇在他聽完"軍艦進行曲"演奏後的同一天早上宣布,"萬國博外交"和"軍艦進行曲"之間有何微妙關係,當然就更加耐人尋味了。

(一九七〇年七月)

法庭判文部省檢查教科書違反憲法

近幾年來，有關戰後日本教科書是是非非的論爭，一直未曾平息。其中最令人注意的莫過於東京教育大學日本史教授家永三郎控告文部省（教育部）的訴訟案。

家永先生編了一本高中課本《新日本史》。這本教科書經過文部省的審查，其中許多部分被認為"不合格"而被刪掉。家永先生對此極不服氣，認為此舉有違憲法有關"保障言論、出版及其他一切表現之自由"之嫌，即控告文部省濫用權力，要求恢復其《新日本史》之原狀。以區區一名教育部管轄下公務員（國立大學教授），而斗膽控告上司違反憲法，家永先生的確有史學家講究史實、不畏強權的勇氣。

這場官司前後歷經三年，幾乎所有的史學家及關心日本教育前途的人士都發表了自己的意見。其中絕大部分言論，都在為家永先生打氣。他們成立了"支援家永訴訟會"，到處宣傳、演講、出書、籌款，成為了家永先生有力靠山。與此相反，文部省對於教科書的審查卻越來越加嚴厲，更多的課本不被通過而須重新改寫了。於是乎，有關教科書內容的論爭，例如何看待神話與史實？第二次世界大戰應該如何描繪等即成為彼此針鋒相對論戰的焦點。

今天，七月十七日上午十時正，東京地方民事法庭終於宣判文部省敗訴。這項判決無疑否定了文部省一向獨斷獨行，掌握教科書方向的生殺大權，它對於日本教育界衝擊之大，當然也就可想而知了。

戰前之"皇國史觀"

談起這次有關教科書的訴訟案，就得簡單追述一下日本戰前的教育制度。日本的近代學校教育制度可以說是始於明治五年（一八七三年），它是為配合"殖產興業、富國強兵"的政策而創立的。明治十三年（一八七九年），正當政府嚴厲取締自由民權運動之際，天皇的侍講元田永孚即發表"仁義忠孝"的儒教倫理為"幼學綱要"，是為官方統制教育內容之開始。兩年後，又再頒布"小學校教則綱領"，它明確規定歷史教育之目為"培養尊王愛國之志氣"，從此有關日本建國的神話，神武天皇的即位，仁德天皇之勤儉等傳說都成為教科書中不可缺的重要教材。

一八八九年，"大日本帝國憲法"正式頒布。它明文規定日本主權屬於天皇，所有國民皆為其臣民。天皇從此一躍成為"神聖不可侵犯"的"現人神"（活神）。此時之"教育敕令"已經成為"聖旨"，絕對不容違抗。國民教育之第一目的為："宇宙之中係以奉敬舉世無雙、萬世一系之天皇為最大之榮譽與幸福"。至於一般臣民的最高實踐道德則為："一旦緊急，則義勇奉公，扶翼天壤無窮之皇運。"天皇制的教育制度與軍國主義思想至此宣告結合。

戰爭期間教科書

中日甲午戰爭（日人稱之為"日清戰爭"）以後，日本政府更進一步加強推行"國定教科書"制度，有關天皇神話及歌頌戰爭的課文更是有增無減。第一次世界大戰前後，就連一年級的"普通小學課本"也出現"請看那面旗，那是軍旗"的課文了。至於以"水兵之母"、"我們的陸軍"、"我們的海軍"、"兵營裏的生活"、"日本海海戰"等為教學內容的更是多得不勝枚舉。總之，七八歲的日本小孩一走進學堂，就得接受"以生命獻給天皇"及酷愛黷武主義的思想教育。

到了日本發動第二次世界大戰時期，文部省規定的教科書更明目張膽，直接鼓吹"大東亞共榮圈"的"聖戰"，要學生們為日本法西斯政權賣命。當時的國史教科書，是怎樣歪曲事實，為日本侵略戰爭辯護呢？請看下面一段內容："……最後美國加緊侵蝕亞洲。

我國早已看穿其野心,堅守國土,並激勵東亞諸國,驅逐歐美勢力。為了完成此千秋大業及突破重重困難而進行大東亞戰爭……"一句話,日本的出兵海外,是為了"援助"東亞諸國,"解放東亞,驅逐鬼畜美英"。國史教科書居然如此描述戰爭,地理課程之大量出現有關"大東亞共榮圈"的課本,自然不足為奇。就連"初等科音樂"的目的也被規定為"要使學生對大東亞戰爭堅持必勝之信念"。

戰前日本官方就是通過如此巧妙方式,利用教科書灌輸"忠君愛國"、酷愛黷武思想。它蒙蔽了日本國民對於歷史真相的認識,驅使他們參加一場史無前例、慘無人道的不義戰爭。它不僅禍害各國人民,造成千千萬萬無可補償的人命損失,也殃及日本人民(特別是廣島與長崎的居民),給人們帶來了慘痛的戰爭回憶。

科學史觀的登場

一九四五年八月十五日,日本被迫宣布無條件投降,有關教科書中"日本乃戰無不勝之神國"的謬論不攻自破。明治以來被神化了的"活神"——天皇,不得不發表所謂"人之宣言",首次向世人交代自己是"人"而不是"神",但日本天皇制度卻照舊保存。與此同時,文部省為時勢所迫,只好將教科書中過份強調"忠君愛國"及論述戰爭的句子塗以黑墨,此即所謂"塗墨教科書"。

戰爭結束了,飽嘗戰爭苦頭,深受教科書教育毒害、愚弄與欺騙的人民,對於戰前的教科書,當然是深惡痛絕,特別是日本史學家,自己本身固然是犧牲者與被害者,但在另方面,自己同時又是當局推行愚民教育的幫手,因此他們的內心,當然要比旁人複雜。在時代的號召下,許多有良心的史學家決心放棄戰前禍國殃民的皇國史觀。他們開始反省過去,開始以新的觀點,實事求是的科學方法與態度來分析史料。家永三郎教授便是其中積極的一位。在他們的努力耕耘下,過去荒唐怪誕的神話、鬼話只好退出歷史舞台。

"國防意識"的工具

一九四九年，文部省發表了有關教科書"檢定標準"，接着一連串旨在加強教科書統制與劃一的措施便積極展開。一九五五年以後，文部省更大量增聘了教科書檢定官，不被通過的教科書已時有所聞。一九七二年二月號的《內閣查月報》就有這樣的記述：

"國民對於自衞隊，修改憲法和重整軍備看法並不是一成不變的，他們已在動搖中"，"特別不能忘記的是，沒有戰爭經驗的一代在成長。……怎樣使國民，特別是青年人對於國家更加關心並鼓舞他們的士氣，已經成為了日本人防衞意識的中心課題。"這裏，日本政府很坦率地告訴大家，他們把"建軍希望"寄托在沒有戰爭痛苦經驗的下一代身上。

據一九六二年的調查報告，日本防衞廳最感頭痛的課題是"自衞官人員不足"。針對國民不願當兵的傾向，一部分保守議員即主張："通過學校教育，使青年對於'國家'、'民族'、'熱愛祖國'有充分的認識，從而提高他們的國防意識。"

顯然，為着配合日本擴大武裝力量的方針，日本教科書已被再度要求成為灌輸"忠心報國"、"國防意識"的工具。

誰推動歷史前進？

一九六三年，家永三郎所著的《新日本史》教科書，有許多記述被認為"不合格"。它們為甚麼不合格呢？

首先，是有關誰是推動歷史之人物的論爭。

在家永教科書中，附有一張農民將收獲的米糧當作年貢交出去的圖片。他在"支撐（推動）歷史之人物"的課題下，有着如此的解說："支撐封建社會的是農民的生產勞動。農民用汗換來結晶，就如圖中所示一般，以年貢之形式，轉到武士手上。"

這段描述，在六三年度的審查中獲得通過。到了六四年，審查官要家永教授明確解釋"支撐歷史之人物"中"支撐"二字的意思。家永教授即在此標題下補充簡單說明："支撐着光輝歷史舞台背後的是無數的人民"。

同時，為了爭取批准，也將圖片說明改用"農民辛勤勞動之米糧，繳納成為年貢的情景"比較溫和與含蓄的口氣。儘管如此，除了這張圖片及其說明外，"支撐歷史之人物"的標題及其解釋卻被刪掉。

神話應否當歷史？

其次，是有關神話在歷史上之作用的論爭。

一九六三年度的《新日本史》在《古事記》、《日本書紀》下有着如此之注解："《古事記》和《日本書紀》都是從《神代》的故事開始的。《神代》的故事，不用說，即使是神武天皇以後最初幾代有關天皇的記述，都是皇室統一日本以後，為了使皇室統治日本"正統"化而製造出來的故事。《古事記》、《日本書紀》就是由這些為了政治目的而編造出來的故事，加上流傳民間的神話與傳說及歷史記錄而編成的。不能毫無分辨地將它全部當為歷史看待。"

文部省當局對此記述，深表不滿，認為它只強調"不能毫無分辨地將它全部當為歷史看待"，而忘記了它們是日本古代流傳迄今，極其珍貴之"國寶"。

幾經爭執，家永教授在六四年度的教科書中將後半部改為"……在這些故事當中，有一部分和流傳於民間的神話，傳說編織成一片，是古代思想、藝術傳至今日的重要史料"。

即使對此修改，檢定官仍不滿足，認為非把前半段刪掉不可。對於文部省的這種態度，許多史學家認為其目的是要將史實與神話混淆在一起。

大戰尚未有結論

除了上面兩項爭執之外,《新日本史》不合格的最主要原因恐怕是有關第二次世界大戰,特別是有關日本發動侵略戰爭的記述了。

在家永的教科書中,有着這樣一段記載:"……國民對於戰爭的真相無法獲得充分的認識,他們被迫除了熱心協助無謀(草率魯莽)之戰爭外,別無他途。……"

審查官認為這樣描述戰爭十分不妥當,其口頭理由是:"從世界的視野來看,單單譴責日本豈不太過殘酷?從教育效果着想,'無謀'二字應該刪掉。"

至於被告文部省的書面理由,則更露骨地說:"有關第二次世界大戰之歷史評價迄今尚未有結論",因此要求教科書採取所謂"客觀"與"慎重"的態度。可見日本官方時至今日,仍然不肯承認錯誤,仍然不願放棄其戰前的政策。日本教科書顯然是沿着這條道路前進的。它不僅不容許戰前的國民瞭解戰爭真相,也不容許戰後新生一代認識史實。

正是因為如此,教科書中反戰的民謠被抽掉,《新日本史》中有關"本土空襲"、"廣島被炸"與"戰爭的慘禍"等像片也都被認為把戰爭描繪得過於"陰沉",對學生身心的"健康"不太適合。不義戰爭原來就是殘酷、陰沉的,文部省卻不容許將它如此描述。今天,日本書局充斥了日本海空軍出國遠征、戰果赫赫的圖片與書籍,恐怕就是為了不使青年們對於戰爭只留下"陰沉"一面的印象,而要他們對於"慷慨"、"激昂"的"悲壯、偉大"場面,有所"共鳴"吧!

戰後……又到了戰前

面對着審查官如此無理刁難與挑剔,家永教授決心站穩史學家科學求真精神,挺身而出,控告文部省檢定制度侵犯國民言論、出版及表現自由的基本人權。這項訴訟馬上獲得了全國各界人士，特別是文化界與教育界的有力支持。它對於戰後之所謂"民主憲法"也是一場極大的考驗。

三年以來，在教科書的問題上，家永教授獲得了廣大民眾的支持，也成了極端國家主義的仇視對象。他不止一次地收到了恐嚇信，要他自動撤回提控案，也常有私會黨徒到其住宅門口騷擾。就在案件判決的前一天，他還收到恐嚇信，聲言要殺死他及其家屬。甚至連處理這宗案件的地方法官也曾收過一張"傷害事件"的剪報。

由此可見，這場官司自始至終都受到了極大的壓力。現在，東京地方法庭終於宣判文部省的檢定制度已經超過原本檢查錯字，錯誤事實的範圍，而是檢閱國民思想，違反了憲法有關基本人權的條文。這項判決也首次解釋了日本教育權係歸屬國民而非政府。既然如此，教科書問題到此豈不是可以告一段落嗎？

事實上，問題並不是如此簡單。首先，文部省對這項判決就表示不服氣，教育部長坂田除了聲言教科書的檢定制度繼續推行之外，還決定上訴到高等法庭並宣稱一定要取得勝利。文部省已決定明年全面更換小學教科書的內容，有關"天孫降臨"等神話也將成為歷史的重要教材。這項籌備已久的計劃當然不會因為文部省在法庭上受到挫折而會稍微改變。

研究中國文學的日本作家竹內好先生最近在一次演講會上幽默地說："戰後、戰後，一天到晚掛口講了二十五年，不知不覺又到了戰前，一九七〇年和一九三五年可以說是十分相似。"

老先生的這番談話，是值得人們仔細玩味的。

（一九七〇年八月）

"軍閥"——爲東條翻案

正當日本國內以八月十五日（官方稱之爲"終戰日"，實際上是投降日）爲目標，藉紀念"終戰二十五週年"，把緬懷侵略戰爭，歌頌黷武主義的"復古情調"推向最高潮的前夕，"東寶株式會社"也不甘落後地將它籌備已久的戰爭影片——"軍閥"放出籠了。

按照東寶的說法，這是該公司爲紀念"八‧一五"，緊隨"日本的最長的一天"、"山本五十六"、"日本海大海戰"等一系列"名片"後的又一"超大作"。上述的三部"超大作"，到底是甚麼樣的名片？其內容與史實相去多遠？相信看過這些影片的讀者們都心裏有數。

那麼，"軍閥"——作爲東寶爲紀念"終戰日"而推出的所謂"決定日本歷史命運"的第四部"歷史影片"，與前三部片子又有甚麼不同呢？認真的說，這些影片無一不是在追憶日本過去的"光榮與權威"，混淆正義戰爭與不義戰爭的界綫，從而清洗日本發動侵略戰爭的罪名。

電影"軍閥"選擇在日本"終戰"二十五週年來放映，選擇在日本財界叫嚷"馬六甲海峽生命綫"，日本出版界留戀"滿洲"，緬懷"昭南島"（指新加坡）的時刻來放映，它的"使命"當然要比前三部片子來得更爲"重大"。

正因爲"軍閥"負有如此"重大之使命"，它的主角已不再是"日本海大海戰"的"海軍戰神"東鄉平八郎，也不是"聯合艦隊司令"山本五十六，而是名聞全球"決定十八億人口命運"的"軍魂"東條英機了。

在東寶的極力鼓吹及當前日本國內充滿人爲製造的"懷古"情

調中，"軍閥"居然成為最賣座片子之一。根據日本報章報導，只是八月十六日（星期日）一天，扶老攜幼前往銀座"有樂座"戲院觀看"軍閥"的觀眾就達一萬餘名，打破了該戲院今年以來的票房記錄（日本戲院一般沒有指定座位，先到先坐，慢到則站，因此票房可以儘量售票，不受座位限制）。難怪日本報章要為日本影片久已未見的"活氣"而大聲歡呼！

侵略戰機、院前展示

影片公司是怎樣鼓吹"軍閥"這部片子呢？撇開它在各大小報章、雜誌的大量廣告不談，單單看那擺在戲院門口的"海軍零式戰鬥機"與張掛在它旁側的各界名流推薦的評語，就可知道其上演是如何的非同小可。

也許是"軍閥"的拍制一開始就遭受批判，使它不得不在"製作意圖"上，標榜着如下的兩項目的："忠實反映史實"，"阻止軍國主義之復活"。然而，事實是怎樣呢？首先，映入觀眾眼簾的就是"海軍零式戰鬥機"的龐然大物。在它旁側，東寶倘若附上："這是日本軍國主義者在太平洋戰爭中所使用之戰機"，也許還可蒙騙一部份觀眾，使他們在未看影片之前相信其"製作意圖"。相反的，東寶的說明是帶着"無比光榮"與"無限留戀"的口氣："海軍零式戰鬥機……普通稱之為'零戰機'。一九三九年首次出陣，把敵人兩倍之戰鬥機群全部擊墜，創下了初試啼聲之光輝記錄。……在太平洋戰爭中，它從攻擊珍珠港開始，就一直活躍在各戰綫上。就連敵人對於'零戰機'，也常有恐怖與讚美之聲。它是航空機史上之名機。"

為"軍閥"寫推薦的又是甚麼"大人物"呢？前警察總監秦野章是其中一個。

他寫道："這是一部使我們痛感到，必須努力，不要讓這些犧牲者在以後之歷史被視為'犬死'（沒有意義的死，無代價白死之意)之影片。"

這兒的"犧牲者"主要是指為侵略戰爭賣命的將領與兵士。

激勵"大和"沙文情緒

影片"軍閥"的故事從一九三六年二月二十六日,法西斯青年將領發動的政變(這場政變,史稱"二‧二六事件",它雖然失敗,但卻加速日本走向全面侵略戰爭的步伐)開始述起,直到一九四五年美國投下原子彈而結束。貫穿在這些故事內容當中,影片"軍閥"自始至終不提這場戰爭的本質。相反地,它通過許多"動人的情節",巧妙地企圖引導觀眾相信:"每個軍人,都是忠誠的日本國民,他們的行動係受愛國的熱情所鼓舞。"甚至對於東條英機,這部片子也公然將他描繪成為一個"有魄力","忠心耿耿"的將領。

正是循着這一目標,銀幕上從一開始到結束為止,無非是強調軍人"熱血奔騰,為國獻身"的悲壯鏡頭,不管是"二‧二六事件"青年將領臨死之前的高呼"天皇陛下萬歲!"也不管是"神風敢死隊"隊員出擊前不變聲色,貝有"使命感"的神情,或者塞邦島軍人"玉碎精神"與切腹鏡頭,這部片子處處都以"激動之場面"來感化日本觀眾,激勵他們的"愛國主義情緒",把這些"犧牲者"視為"日本之好兒女"。

影片在描繪到敗戰前夕時,卻公然販賣"一億同血緣"(一億日本人民共同命運)的毒素。一名躲在地窖想要投降的少女被"你不是日本人嗎?"的聲音所喝住而哭着不知如何是好;一名主婦為了不牽累同樣躲在地窖的日本人而將手中哭着的嬰孩捏死以致自己發瘋;幾個少女在美兵上陸後梳着頭髮,毅然跳海自殺的鏡頭……等,無非要引起日本觀眾的共鳴。

"軍閥"的編導甚至特地安排東條英機上任首相後到明治神宮參拜天皇的祖宗,這在日本恢復紀念"紀元節"(日本神話中所謂第一代天皇──神武天皇誕生的節日)與教科書的重新出現神話教育的今天來説，是有其重要意義的。在"同樣是日本人"與"同一祖宗"的意識操縱下，大戰犯東條英機的罪惡不但不被提及，他反而成為一名"愛國的民族英雄"了。

誇耀皇軍攻陷新加坡

這部片子在追述"日本國民一體"的同時，也不忘記炫耀當年的"赫赫戰果"。當它叙述到日本偷襲珍珠港時，銀幕出現的是日本舉國歡騰的場面。它讚揚與渲染日本的"武功"與"奇跡"，東條的"剛勇"與"毫不遲疑"。接着"皇軍節節勝利"，"新加坡終於陷落"，東條英機得意極了，舉國舉杯歡慶，就連鄉下的日本孩童也被教唆舉着太陽旗，為新加坡的陷落而在路上搖旗奔跳。

"東寶"的選擇這一鏡頭來大事渲染，是有其歷史傳統的。早在當年"日本皇軍"攻下星洲時，作為軍閥鼓動戰爭重要工具的"東京寶塚劇場"（即東寶）就迫不及待地放映"大東亞戰訊"與"新加坡攻擊戰開始"等影片，並在各報章刊登"祝新加坡陷落"的廣告。

"太平洋戰爭"終於爆發了，它是日本侵略中國戰爭的延續。影片"軍閥"避開這一重點，它企圖給人一種印象：倘若日本在佔領"滿洲"後，不依陸軍決策"冒險南下"，與英美發生衝突，日本就不致於導致戰敗。（實際上，直到目前為止，留戀"滿洲"，痛惜戰敗的軍國主義遺老，仍大有其人。）其實，日本侵略中國，扶植"偽滿洲國"，就是應該譴責的。"東寶"不敢正視這一史實，卻把重點放在當時日本上層決策人對於"南進"與向"美英宣戰"問題的分歧。它強調天皇與海軍對於"南進問題"的"遲疑"與"慎重"，而把戰爭的責任歸咎在陸軍的"忠貞"，"蠻勇"與"急切為國立功"。"東寶"這一手法，無疑是想為海軍洗脱罪名。就連被認為"應負起責任"的陸軍軍閥，影片也企圖將之輕描淡寫，歸罪於"判斷錯誤"罷了。影片絲毫不提及南京大屠殺、菲律賓與新加坡的大屠殺,顯然是故意安排的。

避重就輕、空談"責任"

這部片子還穿插一名所謂"有良識"的記者,在軍部嚴厲取締言論的時刻,挺身而出,報導戰局不可樂觀的消息,而遭軍部調去當兵的故事。它企圖說明倘若當年的文化人能員起責任,向國民敘述真情,日本也許就不致於會陷入敗戰,幾乎淪為"亡國"的境地。

誠然,當時的日本人民倘若能識破法西斯政權的面目,反對軍國主義,日本軍閥就無法發動侵略戰爭,日本也就當然不會遭受幾乎"亡國"的懲罰。

然而,當時日本人民為甚麼沒有這樣的覺悟呢?它和明治以來,日本政府執行"富國強兵"政策,灌輸"忠君愛國"思想有着密切的關係。影片"軍閥"不正視這一本質,而強調"記者責任",可以說是因果倒置。其實,正如電影一樣,日本報紙在戰爭時期只能成為軍部愚民政策的工具,離開這一現實,來談"記者使命",豈不荒唐可笑?就算是這名在銀幕上被當為"正派人物"來描繪的"良心記者",他又是抱着甚麼樣的態度來報導新聞呢?不是因為這是一場不義戰爭,而是由於這場戰爭"沒有把握獲勝"。換句話說,其看法和上層的"慎重論"者相一致,如此這般的"良心記者",在本質上又有甚麼值得歌頌?

總之,電影"軍閥"除了追憶"當年之榮光",突出軍國主義統治下日本國民的"忠勇"之外,無不處處為它的侵略戰爭行為辯護。甚至影片最後的對白,也以東條英機"慷慨激昂"的聲音來結束:

"……大東亞戰爭是正義的戰爭。有着這樣不可動搖之信念,我確信只要堅持戰斗,一定能打開勝利的局面……。"

這簡直是東條英機復活的聲音。影片在東條對白之後,以原子彈爆炸來象徵太平洋戰爭的結束,給人帶來一種錯覺:東條"正義之戰爭"敗於美國原子彈武器。

其欺騙觀眾顛倒是非的技巧與本領,至此達到頂峰。

(一九七〇年十月)

震撼日本的三島切腹事件

十一月二十五日上午十一時前後，以歌頌日本天皇制、武士道精神見稱，主張修改"和平憲法"，堂堂正正擺出皇軍姿態，公然叫囂軍國主義濫調的日本著名極右作家三島由紀夫，率領其門下四名年輕信徒，持刀闖入市谷自衞隊總部，向千名自衞隊員發表了"保衞皇國"、"修改憲法"、充滿煽動"大和魂"情緒的演說。接着，為了激勵自衞隊"七生報國"，這位鼓吹軍國主義的狂熱作家及其得意弟子森田必勝切腹自殺，上演了戰後以來日本武士道精神復活的一幕殘酷"悲壯劇"。

三島由紀夫今年四十五歲，是一名多產的日本作家，曾被提名為諾貝爾獎金候選人，有"文壇鬼才"之雅號。近年著述與言論，頗多鼓吹武士道精神與"大和魂"；《憂國》一作，即美化三十年代發動"二・二六政變"失敗的法西斯少壯派軍人，吹捧他們為"憂國志士"，為他們當時提出的侵略綱領公然叫絕。這部著作還被拍為影片，三島不但自編、自導、並親自扮演"志士"，在銀幕上切腹自殺，企圖感染觀眾，發揚排外的愛國主義情緒。如果說，當時銀幕上的切腹，只是假戲，這回的切腹，卻不能說不是真作了。

每當日本要發動一場大規模侵略戰爭之前夕，總有一批所謂"憂國志士"走在前頭，提出強烈的口號，甚至不惜以他們的鮮血來激勵民眾，替當權者出兵海外製造輿論，開闢道路。"二・二六"少壯派軍人政變雖然失敗，惟距離這些政變領袖的處決才過一年，日本就發動了"七・七"蘆溝橋事變，企圖吞併中國。

正因為有着以上的背景，當人們聽到三島闖入軍部演說與切腹自殺消息時，莫不感到一陣緊張與預感到不幸災難即將來臨。不管是在辦公室或者大學課室，不管是在熱鬧的火車站或擁擠的車廂裏，人們都在談論着這椿不幸徵兆的事件。人們急着要知道有關事件的詳情及其可能的演變。有人帶着半導體收音機出門，有人在家裏靜候電視的最新消息；至於當天報紙的"號外"與晚報，一擺出販賣攤，就被搶購光了。幾乎所有關心這事件的人們的心情都是十分沉重的。也許一部份"三島作品迷"只是為了今後無法看到其作品而感到寂寞；也許有人因為崇拜三島才華而痛惜他與世長辭；也許有人悶悶不樂，根本就因為他與三島"志同道合"。然而，對於廣大的日本民眾，特別是對於曾經親歷第二次世界大戰，知道法西斯統治時期的黑暗與恐怖，懂得"二·二六"政變把戲的中年以上的人們，他們心情之沉重，是因為他們擔憂軍國主義意識將死灰復燃。

軍國幽靈借屍還魂

儘管有人企圖掩蓋這次事件的本質，說它與"二·二六事件"截然不同，並把它形容為單純是作家三島個人一時"狂氣之傑作"或者"藝術美之完成"，但只要稍微關心日本時局或者略為懂得日本內情的人們都會知道這是一派胡言。

必須指出的是，三島切腹事件的發生並不是偶然的。事實上，戰後二十五年以來日本的軍魂與侵略思想從來未曾受到徹底的批判與清算。在"自衛隊"裏，武士道精神與戰前思想仍然佔着支配地位。正如三島給"自衛官"的檄文中稱贊自衛隊存有"真正的日本，真正的日本人，真正武士之魂"一般，日本"自衛隊"所受的教育與戰前的侵略思想根本上毫無二致。到了最近幾年，日本的經濟在越戰特需的刺激下，迅速膨脹，使日本儼然成為所謂"經濟大國"。與此同時，許多日本要人，鼓吹"軍事大國"的言論，此起彼伏。日本的軍力在大事擴建中。正是在此種氣氛中，戰前侵略思想及大戰犯受到歌頌，武士道精神被當為日本的優美傳統來讚揚；一股人為的"復古情調"猛然撲向日本列島，有為東條叫冤的，有為北一輝("二·二六"之首領,係鼓吹軍國主義的理論權威)翻案的,有為戰犯立碑紀念的……形形色色,無奇不有。他們合唱着保衛"皇國日本",重建"大東亞共榮圈"的進行曲,泣叫着要整頓神州(指日本)。

正是在上述背景下,一向感嘆着"生不逢時",未能替天皇與神國在戰場上獻出生命的三島由紀夫,在"尊皇討奸"旗幟下,糾集了近百名曾經在自衛隊訓練一個月以上的大學生,成立了"楯之會"這支所謂"世界最小之部隊"。

正如三島在檄文中所指出一般:"楯之會是在自衛隊扶育下成長起來的,自衛隊可以說是我們的父親,也可以說是我們的兄長"。由此可見,把三島之切腹事件曲解為三島個人"一時之狂氣",是與事實不符的。

這支在自衛隊扶育下成長的"小部隊",其宗旨是怎樣的呢?

(一)反共——因為共產主義與"我們的傳統、文化、歷史不能相容,在理論上也與天皇之存在水火不容。"

(二)支持天皇制——"天皇是我們歷史、文化連續性與民族同一性之唯一象徵。"

(三)主張暴力——"沒有定見,沒有原則之否定暴力係接受日共之宣傳,堅決反對無條件遵守秩序。"

從這三條綱領,我們可以看出三島等人所要追求建立的是戰前的天皇制度。誰要是反對以天皇為中心,反對戰前武士道精神,誰就是不愛國,誰就被列為"奸""賊"而作為征討對象。

實際上,這三條綱領並不是三島發明,只不過是有的人說得比較含蓄,而三島所要的卻是武士道的"坦率與威武"。他要日本露出"真面目",大大方方地幹,不用過多顧慮。"在法理上,自衛隊違反憲法是十分清楚的"(三島說了一般保守派不願承認的事實),三島不同意通過擴大憲法的解釋去武裝"私生子"——自衛隊,他主張堂堂正正建軍,賦予皇軍"光榮使命"。

三軍統帥如此評語

由此可見，三島與不少保守派人士在原則上並沒有甚麼矛盾的地方，有的只是實現"迷夢"的手段與步驟不同罷了。

正因為如此，對於三島闖入軍部、傷害兵士、監禁總監及搗亂軍心，日本官方並不"嚴加追懲"。相反地，身為軍事首長的中曾根康弘雖然裝腔作勢，表示"不能容忍類似事件發生"，但卻讚揚三島在實踐王陽明"知行合一"之哲學，充份發揚"行動之美"。世界上竟有這樣的一位國防部長，把闖入自己部隊，煽動自己屬下造反的犯人形容為在發揮"美學"，他們的精神實質，要不是有共通之處，這位長官的發言就未免"不慎"了。

尤有甚者，曾被監禁，親眼目睹三島切腹的"自衛隊"總監在過後向隊員訓示中居然如此地說道："三島先生說……自衛隊啊！振作起來，保衛日本！"把犯人稱之為先生，這已經是一件怪事；替犯人傳達聲音，這對於軍紀一向森嚴的日本軍部，更令人感到不可思議。一名六十二歲讀者即投書給報館說："看到這段談話，使我聯想起'二・二六'事件時，川島陸軍大臣發表'告示'，激勵叛軍的情景。當時的'告示'是：'諸子崛起之趣旨已上達天皇，諸子力圖顯現國體真姿之至情已被承受'。這豈不是很相似的嗎？……"

事隔三十餘年，日本軍部發生"叛亂"及當局處理手法，居然是如此酷似。

輿論機構美化"烈士"

日本軍政當局的看法是如此，一向標榜民主主義、自稱愛好和平的日本各大報章，態度又是怎樣呢？

簡單地說，初則表示震驚，嘆惜三島之狂氣；後則力圖美化三島，讚之為"行動之美學"；到了這一兩天，有些報章已經開始在替三島的武士道哲學義務宣傳，它們不但毫不批判地刊登三島的檄文、遺訓與詩抄，甚至還以電版特製三島的親筆簽名，顯然是要將之視為"烈士"，來感染讀者激發"大和魂"了。

在這方面，偶而也提到"軍國主義之復活"，然而那只不過是外電的通訊稿件。按照這些報章的說法，外國人不理解日本，難免"誤會"。這些報章憂心忡忡，深恐亞洲各國對日本採取"警戒"的態度並擔心歐美人士鄙視日本人切腹之野蠻。《每日新聞》就籲請政府通過各駐在地的大使館，展開宣傳，解釋"真相"。另一家更保守的報章則索性認為：別人怎樣看，怎樣想，別去理他，反正最瞭解日本的就是日本人。

以評論為終身職業的"評論家"們也跑出來了。他們或從文學角度來評價三島，或從藝術眼光分析三島死得是否夠"美"。他們有的懷着婉惜的心情出席座談會，有的帶着贊賞的口吻發表談話。對於政治之影響與日本局面之發展，不是輕描淡寫，就是閉口不談。其中更離譜的，竟抽去三島與"全共鬥"學生對於政體看法的基本不同，扯談彼此英勇行動之一致。至於緬懷戰前的評論家們則乾脆讚揚三島為"壯烈之憤死"。

自稱愛好和平、維護公正的日本各大報章與專業評論家們的態度況且如此，日本極端保守集團的乘機出動，舉行一連串的哀悼會活動，自然更不足為奇。

據日本報章報導，就在事件發生後的隔天，各地右派組織成員紛紛趕上東京。二十六日上午八時半，就有一批活動家到皇宮前面朝拜，聊表忠於天皇之情。他們不但祭拜死者，稱之為"愛國烈士"，並四處發表演說，誓言要完成"烈士"之"遺志"。許多事前毫不知曉的"楯之會"會員甚至哭怨"恩師"："為甚麼不讓我和先生同死？"其慷慨激昂之情緒，可想而知。

顯然的，通過三島事件，日本國內正掀起一股狹隘沙文主義情緒的熱潮。中曾根的"國防白皮書"裏，企圖糾正的戰後國民"反戰病"，似乎在此得到了"特效藥"。　　　　（一九七〇年十二月）

三島事件以後的動向

震撼世界的"三島切腹事件"迄今,已兩個多月了。正如各方預測一般,這幕叫囂要"重建皇國日本"的鬧劇,並不以三島與森田的切腹自殺而結束;相反地,他們的"驚人表演",只不過是揭開這齣戲的序幕罷了。

"三島事件"重要配角小川正洋(與三島一起闖入軍部的四名"敢死隊"隊員之一)就坦率招供:三島此次的行動,是要以死感動自衛隊,從而引起社會關注,並達到修改憲法目標。三島在給另一名"敢死隊"隊員的"命令書"中,也明明白白指出,要他們到法庭"堂堂正正地陳述'楯之會'的精神",甚至連辯護律師,也有明確指定,可見三島此次"切腹事件"并非一時"神經失常",而是一個旨在製造擴軍輿論的精心傑作。三島在給其"死黨"的"命令書"中,同時還讚揚森田為模範青年,其自殺係"泣鬼神之凜烈行為",並要後世發揚"三島與森田之精神"。

兩個多月以來,日本國內的重要輿論機構,正是遵循着三島"遺囑",一幕緊接着一幕,有計劃和有步驟地"追悼憂國烈士三島,學習青年模範森田",掀起了美化三島、崇拜三島之熱潮。日本報章坦率承認道:兩個多月以來的"三島熱"迄今仍未過去。從週刊到月刊,從月刊到季刊,一本緊隨一本"圖文并茂"的"緊急特輯"與"追悼特輯"相繼出籠。為這些"特輯"撰稿的,除了政界要人、作家、評論家之外,尚有明星與劇作家。這些雜誌,有標榜"純文學"的,它們把"三島文學"吹捧上天;有公開支持"三島思想"的,它們誓言要繼承"烈士"遺志;也有以三島的低級趣味(三島裸像與同性戀故事)為號召的,它們繪聲繪影,販賣三島的黃色文化。

特別是某些自稱一流的雜誌,它們雖然標榜公正、客觀與不偏不倚,可是不管在甚麼時候,都不放過替三島打圓場,說好話,甚至於露骨地鼓吹"三島哲學"的機會。當各方被"三島醜劇"驚醒,意識到軍國意識抬頭之時刻,這些一流刊物,就迫不及待地出版"號外",把三島之死說成是"狂氣之死"(所謂"狂氣説"),"文學之死"(所謂"江郎才盡説"),或者是"美學之死"(所謂"美學完成説"),目的不外是模糊國民視綫,掩蓋問題本質,進而鬆懈人們對於軍國主義復活的警惕心理;假以時日,當各方激動之情緒逐漸恢復平靜,警惕心理略為鬆懈之際,這些"特輯"就集中在報導與介紹三島生平及其家庭生活。它們企圖通過介紹三島"愛國之純真感情"與遺族之悲痛情緒,博取讀者同情三島的"行動"與主張,所謂"知行合一論"、"純潔感情論"便是這類貨色。到了最近,為了配合大規模的"追悼會"與"葬禮",這些執日本"輿論界"牛耳的一流報章與刊物甚至公然出現"肯定"三島之行為與看法之論調。它們叫嚷要重新評價三島,讚美三島以血向國民陳諫"重現國體"的"偉大之死"(所謂"以死相諫説")。它們認為,三島之死敲響了"日本國體危機"之警鐘,日本國民應該趕快覺醒起來,共同維護"以天皇為中心"、"萬世一系"的"大家族國家"。

不僅如此,就是對於三島的稱呼,日本輿論機關也一次比一次使用更加尊敬的字眼。按照日本報界傳統慣例,對於犯人(三島擅自闖入軍部、監禁、傷人、煽動政變,無一不違反法律)是不加稱呼的,惟對於三島則初稱之為"氏",後稱之為"樣"(先生也),近年甚至有人主張稱之為"先生"(老師、導師也)了。

在"輿論機構"與文壇名人鼓吹下,三島遺著之成為暢銷書籍是一點也不成問題的。根據東京一家大書店所發表的數字,兩個多月以來三島遺著銷售量一直扶搖直上,成為最暢銷書籍,有時名列前茅的暢銷書都為三島各種遺著所囊括,其中常居首位的是《憂國》與死前出版的新著《行動學入門》。

為了應付這股人為的"三島風潮"，各有關出版社連夜趕印三島著作，各大書店也都在醒目的入口處特闢"三島部門"。擺在這些"特闢部門"的書刊，除了精裝本與廉價普及本的三島著作外，尚有形形色色的"三島研究"、"三島介紹"與各種應時的"專輯"。各大書店甚至販賣三島煽動自衛隊演說的灌音唱片，重播三島之心聲。這些形形色色"三島介紹"加上三島作品，不下百種，它們與貼在牆上充滿三島像片的書刊廣告，儼然形成了"三島的世界"。它使人一走進書店，首先就接觸到充滿陰森鬼氣，籠罩軍魂的三島陰影。

與此同時，那些與三島臭氣相投，鼓吹"大和魂"的極右作家也乘此"風潮"，沾三島之"光"，大量銷售其主張擴軍備戰與替戰前大戰犯翻案的貨色。戰後公然支持"大東亞聖戰"的作家林房雄，在獲悉"三島切腹事件"不久，就急急忙忙將其"大東亞戰爭肯定論"上下二冊合訂為精裝本，大量兜售於市面，企圖改變世人對於日軍發動侵略戰爭的看法。

日本"輿論界"這一切動向，說明了它們正在執行中曾根康弘向國民說教、使國民"接受"政府擴軍備戰、曲解憲法、甚至修改憲法的政策。

實際上，類似的"說教工作"早在自衛隊內與防衛大學（即國防大學）積極進行。根據日本《軍事研究》月刊的透露，一名防衛大學的講師曾經向該校學生進行了民意測驗，其結果顯示崇拜希特勒、山本五十六、明治天皇、三島的學生大有其人。至於主張將防衛廳升格為國防部，藉以提高"國防意識"，主張派兵到越南，修改憲法，恢復徵兵制的，更為相當普遍的看法，防衛大學所進行的是甚麼樣的"國防教育"，由此可見一斑。

因此，儘管中曾根長官強調"接受和平教育"的自衛隊不受三島煽動演說影響，在自衛隊總監室（即三島等切腹自殺的地點）附近，卻曾出現一束旨在哀悼"烈士"的菊花。各方推測係崇拜三島的自衛隊員的傑作。

最後，該談一下日本國內利用"三島事件"所舉行的各種旨在為三島招魂的集會了。

早在事件發生後還不到三星期，形形色色的保守組織與文化人以各種名目舉行追悼會的，就不下二十宗。過後，在林房雄的號召下，舉行了一次大規模的追悼會。一月二十四日，在諾貝爾獎金得獎人川端康成主持下，公然舉行了盛大的葬禮。

據日本報章報導，葬禮在東京築地本願寺舉行，受邀出席者有來自政、財界，文壇與戲劇界八百余人，葬禮之後，前往獻花之一般民眾七千餘名，合共八千人，破日本文人葬禮的最高記錄。某日本大報同時還全文刊登抱病出席葬禮的作家舟橋聖一之弔辭。這位作家早在三島事件不久，就寫了一篇"壯士之憤死"，把三島譽為"愛國烈士"。此次假借葬禮機會，舊調重彈，顯然是要激勵日本民眾，發揚所謂"愛國之大和魂"。除了日本報章對於這次葬禮大肆渲染之外，日本的電視台也到場拍製專題記錄片，其採訪、報導之伎倆，與當年吉田茂首相國葬毫無二致。

值得注意的是，有不少日本"會社"還送旗致哀，名古屋市的某家化學工業公司，甚至出旅費鼓勵屬下二百名職員前往東京出席葬禮。據該公司常務理事反映："三島事件對於當前日本社會風氣係一警鐘，我們對於他的日本精神有銘深感受。我們希望在公司經營方面也能產生他的這種精神。"顯然，三島"忠孝一體"、"為主賣命"的哲學，不但獲得了當權者的贊許，也博得日本財界的歡心。

（一九七一年二月）

法庭判"自衛隊"違憲

"自衛隊"的存在是否違反戰後日本憲法？——自從日本"自衛隊"的前身——"警察後備隊"於一九五〇年成立以來，這便是一項日本國內各界人士一直爭論不休，備受國際輿論關注的問題。九月七日，北海道的札幌地方法庭在處理一宗農民控告政府的官司中，首次針對這項問題，作下了明確的判決：

"自衛隊便是軍事力量，它違反憲法之規定。"

這項判決，無疑地全面否定了日本政府的"自衛隊可以擁有必要的、最低限度的自衛力，它並非所謂軍事力量"的說法。倘若遵循這次的判決，日本當局除非修改憲法，否則便得解散"非法"的"自衛隊"。這對於主張擴大憲法解釋，正在加緊擴軍的日本"防衛廳"來說，無疑是當頭一棒。這就難怪執政黨自民黨幹事長橋本和官房長官二皆堂在震驚、"遺憾"與聲斥"裁判不公"之餘，迅速表明要向高等法庭上訴，并揚言最終一定贏得勝利了。

導彈基地引起訴訟

然而，儘管札幌地方法庭並非最高的司法機構，它之判決并不具有最終的約束力，但這畢竟是戰後以來首宗有關"自衛隊與憲法"關係的判例，因此它在日本國內所起的影響作用也就非同小可。銷路六百萬份的《朝日新聞》對於法官的"勇斷"便給予極高評價："這是一項值得歷史記載的判決。"

此次訴訟案的發生地點是北海道的長沼町。長沼町全鎮約有水田九千公頃（九十萬公畝），是著名的產米地帶。由於它原本是夕張川與千歲川冲積而成的三角洲，因此常有水患之害。一九六七年，好不容易才修建好排水設備，解決了村民們多年來的不安與苦惱。哪裏知道在第二年的五月，當局便宣布要砍伐山上的防災林，以便在長沼建立導彈基地。這突如其來的消息，使到原本飽受水患滋味的農民，深深地感到災難之神即將重臨。他們紛紛聚在一起，成立了一個"反對導彈軍事基地同盟"。為了防止防災林被砍伐而帶來的災害，以農民為主的三百五十九名居民便於六九年七月，向札幌地方法庭提出控告，要求農林省當局取消"防災林之解除令"。

這項訴訟案的提出，雖然主要是為了維護農民利益，但因牽涉到"自衛隊"與軍事基地等較為複雜的問題，因此被召出庭供證者包括多名"自衛隊"長官與軍事評論家。於是，法庭儼然成為了辯論自衛隊是否違憲的論壇。

憲法明文禁止建軍

談起"自衛隊"與憲法的關係，這裏得追述戰後日本憲法的特徵與"自衛隊"成立、發展的過程。原來日本戰後憲法為了防止日本建軍，重蹈戰前軍國主義之覆轍，曾經在憲法前文強調和平主義，並於憲法第九條有着如下明確的規定：

一、日本國民誠實地希求以正義和秩序為基調的國際和平，永遠放棄通過發動國際戰爭、武力威脅或行使武力等手段解決國際紛爭。

二、為了達到前項目的，（日本）不能擁有陸海空軍以及其他軍事力量。同時，也不承認國家有交戰權。

非常明顯，根據戰後新憲法，日本不但不能擁有任何形式的軍事力量，也沒有交戰權。日本前首相吉田茂甚至曾經一度如此認為：侵略戰事往往假自衛之名而行，因此即使是自衛的戰爭與軍備，也應該完全放棄。

條文解釋因時而異

然而，日本當局對於憲法的解釋，並不是一本初衷，始終一貫。一九五〇年七月，緊隨着中國大陸的政治變化與美國對日本佔領政策的改變，一支七萬五千人的"國家警察後備隊"便告誕生。日本報章認為這是戰後日本重新武裝的第一步。當時吉田茂首相的解釋是："警察後備隊的目的只是維持治安，它並非軍隊。"一九五一年，隨着"舊金山和約"與"日美安保條約"相繼簽署，日本軍備的重振實際上已經成了既定政策。於是，有關當局對於憲法的解釋，也隨着有了很大的改變。

一九五二年二月，吉田首相曾經提出"自衛性質的軍事力量乃符合憲法"的言論，馬上引起了輿論界的嘩然，數日後被迫修改論調。同年十月，日本成立了十一萬人的"陸上保安隊"和七千五百九十人的"海上保安隊"，藉以代替"警察後備隊"。與此同時，日本當局針對第九條憲文也發表了如下的統一見解：

"第九條所指的軍事力量係進行近代化戰爭的武力。保安隊乃警察組織，并未具有有效地進行近代化戰爭的力量，因此不屬於憲法禁止的軍事力量。"

這便是所謂"自衛隊合乎憲法論"最初的基本論調。以後，隨着日本"自衛隊"規模的擴大，有關當局對於憲法也就隨着任意加以擴大解釋。到了佐藤時代，日本已經毫不忌諱地承認"自衛隊"是一支防衛本土有效之力量。一九六九年，當時的外相愛知便指出：

"自衛隊已經和帝國最強的時期一樣，形成了保衛本土非常有效的力量。我國的國防費，和國民總生產的成長率成平行，每年增加百分之十四——十五……"

日軍實力世界第七

正是在如此擴軍政策的引導下,"自衛隊"的海、陸、空軍發展神速。當一九七一年"第三次五年擴軍計劃"完成時,"陸上自衛隊"的人數已經增加到十八萬人,"海上自衛隊"艦隊的艦艇,總噸數也達十八萬噸;至於"航空自衛隊"則擁有九百七十架飛機。這些還只是表面數字,根據著名軍事評論家小山內宏的分析,鑒於"自衛隊"武裝配備遠遠超過戰前的"皇軍",其實力實際上已經名列世界第七位,成為了繼美蘇、英法之後的第三級軍事強國。

一個軍事力量名列世界第七,緊跟在美蘇、英法後頭的第三級軍事強國,卻口口聲聲否認擁有"軍隊"和"軍事力量",這無論從甚麼角度來看,都是令人感到十分滑稽的。不僅如此,一九七〇年公布的戰後第一個國防白皮書甚至公然揚言:"即使擁有小型核子武器也不算違憲";緊接着於七一年十月,日本前"防衛廳"長官(實際上是國防部長)西村在一個記者會上還宣稱日本可以派"自衛隊"到海外"救災"。

從"維持治安"到"可以擁有小型核子武器",甚至可以派兵到海外"救災",這便是有關當局對於被譽為"憲法中的憲法"之"和平憲法",在不同時期所作的不同解釋。這種因時而異之解釋,如果借用日本官方的說法,那便是:自衛力的範圍要緊隨着國家力量、國際形勢和科學技術進步之改變而改變。換句話說,日本國家決策人可以根據形勢的變化而任意解釋憲法條文,決定增減國防力量。這樣一來,憲法前文與第九條憲文的規定還有甚麼意義呢?

憲法應該受到尊重

正是在日本當局"先擴軍,後解釋",任意曲解憲法條文的背景下,札幌地方法庭宣判"自衛隊違法",無疑地喚起了人們對於憲法與"自衛隊"的關注。日本輿論界認為,這次判決的積極意義,是提供一個機會促使國民針對國防問題與憲法問題重新認真思考。

日本國民怎樣看待這些問題呢？

首先，一個基本問題是：日本的憲法是否應該尊重？解釋憲法的最高機構是司法機關還是行政機關？

《朝日新聞》的一篇專論便指出："長沼（事件）之判決並不只是提出了自衛隊是否合憲的大問題，它實際上還意味着人們'服從法律'到底是達到了甚麼樣的程度。"

自民黨要人在判決之後聲斥法官"判決不公"與主張"統治行為論"（相當於英國的 Act of State，即富有高度政治性內容的國家行為，應不受法庭判決的影響，可以任由內閣與國會的判斷，其最終主權則歸選民所有），已被在野黨批判為侵犯司法主權與破壞"立法、司法、行政三權鼎立"的議會民主概念。

鷹派積極醞釀修憲

針對輿論界與在野黨的圍攻，法務大臣田中伊三次在國會中承認："最理想是在憲法明文規定，承認自衛隊之手段。"換句話說，日本法務當局已經意識到任意解釋憲法的手法已經面臨破產，必須從其他途徑尋求靈感。

其實，不滿政府曲解憲法的，不僅來自維護憲法，反對日本軍備的力量；即使是主張擴軍與恢復戰前狀態的保守勢力，也不能同意政府含糊其詞的解釋。三島由紀夫切腹自殺，其中一項理由便是不滿"自衛隊""忍辱偷生"，缺乏戰前"皇軍"的"光榮地位"。一名不滿當前日本國防意識，曾經發出"日本只不過是半個國家"論調的財界元老櫻田武，針對"長沼判決"說：

"在憲法第九條存在的一天，認為自衛隊沒有違反憲法的說法，是講不過去的。……我希望通過這次的判決，能够激起大家對於防衛問題，自衛隊與憲法的關係等不明朗的重大問題，好好地檢討……。"

顯然，財界鷹派希望通過這次判決，檢討憲法，修改憲法。事實上，早在一九七二年六月，以稻葉修為首的自民黨"憲法調查會"已經起草了"憲法改正大綱草案"，意圖明文規定日本有權擁有自衛的軍隊。這項草案，鑒於國內人民反戰、厭戰情緒高漲，遲遲一直不能公然提出。然而，在"長沼事件"被判敗訴，在牽強附會的解釋憲法手法受到輿論界非難，在"非法"的"自衛隊"士氣大受損傷的情況下，日本當局會不會利用一切可以利用的時機，儘速提出修憲草案呢？這不僅是一項關係到日本國內人民的問題，也是一項關係到亞洲安全與世界和平的重大問題。

（一九七三年九月）

小野田藏匿菲島三十年

兩年前，一個躲藏在關島（太平洋的一個小島）森林達二十八年之久的前日本"皇軍"——橫井莊一的"奇跡性生存"，曾經給日本社會帶來了極大衝擊，也為某些緬懷武士道精神的"大日本帝國"遺老遺少增添了不少活力與宣傳資料。兩年後，從菲律賓盧邦島又跑出來了一個滿臉鬍子，身穿襤褸衣服，手持軍刀的"皇軍間諜"——小野田寬郎。小野田的出現，無疑打破了橫井的記錄，博得了"最後的一名皇軍"的稱號。對於這個在菲律賓森林"繼續堅持了三十年戰鬥"的"最後一名皇軍"，日本有關當局與輿論機關會不會像對待橫井一樣，把他吹捧為"國家英雄"、"軍人模範"，藉此再度掀起"懷古情調"呢？這，只要我們略為注意日本方面處理有關事件的一些經過，便可以看得十分清楚。

"最後的一名皇軍"

盧邦島上藏有日軍殘餘份子之傳聞，為時甚久。早在一九五二年，鑒於一名菲律賓人被數名前日軍所殺害，菲律賓當局便曾經在島上進行搜查並散發傳單，呼籲彼等投降，惟並未獲得任何反應。一九五四年，日本政府派遣了厚生省（社會福利部）職員以及前日軍家屬前往島上尋找並展開說服工作，也不得要領。五年之後（即一九五九年），日本當局再度遣派了大規模的調查團，展開救援運動，但仍然空手而歸。為此，調查團只好宣布兩名盛傳還在島上的日本兵，即小野田及其戰友小塚金七已經死亡，並與菲律賓警察當局共同發表文告,表示今後不再處理有關問題。

可是,自從橫井被發現而安然歸國之後,有關前"皇軍"在盧邦島的傳聞又再度引起人們的注意。前年十月十九日,菲律賓警察在該島上曾與兩名日軍殘餘份子駁火,其中一名被擊中傷亡,另一名則逃跑。事後查悉,死者係小塚無疑,逃者則相信為小野田。這個事實證明了前"皇軍"藏匿在島上的傳聞並非虛構。於是,日本當局再度派遣了大規模搜查團,配合菲律賓警察部隊展開工作。

如果說前面的兩次搜索活動,日本厚生省只是為了履行例常任務,不求有功,"橫井事件"以後的搜索活動,當局動員人數之多,"救援"花樣之"別出心裁",卻不能不令人感到驚愕。根據報導,第三度的搜索活動,前後共歷一年,除了厚生省十名職員以及小野田的兄姐之外,還出動了小野田的"戰友"及戰爭時期的上司。最後連小野田八十五歲高齡的父親以及心理學家等都被派往菲律賓的小島。

山下奉文命令作戰

有關勸說工作,開始時還只是由小野田的長兄拿着擴音機呼籲他下山,後來則由其戰爭期間的上司谷口義美散發"降伏命令書",呼籲小野田"停戰"。據谷口透露,小野田和他同屬中野學校(按:戰前日本的諜報機關)。在戰爭期間,他表面上是擔任"南方自然科學研究院所長",實際上則從事間諜活動。戰爭末期,山下奉文司令官曾下命令,指示他派遣諜報人員潛入菲島,"即使全軍覆沒也要留駐在該地紮根,收集當地之情報",他便派了十名部下負起這項特殊任務,小野田便是其中一名。因此,他認為只有他親身前往菲律賓,解除其"命令",否則小野田是不會下山的。為此,他到日本防衛廳復印了山下奉文的"降伏命令書"二百張,連同其個人的書信,散發到山中各處。為了使小野田置信無疑,谷口在其信上還應用其"頭銜"——即谷口少佐的名義發出命令書。

為了拯救一名前"皇軍"，日本在一個曾被皇軍屠殺蹂躪的小島上動用這"軍事命令"與"頭銜"，原本已夠荒唐。然而，據《讀賣新聞》報導，還有兩名讀者提出了更加"離譜"方案。其一是一名前陸軍伍長主張派遣一個中隊，穿着戰前軍服，手提三八式步槍登上盧邦島。他認為這個中隊只要在島上放空炮，預料一個月內便能使小野田相信係自己人而露面。另一是一名東京讀者主張在山上插滿軍艦旗，致使小野田相信援軍已經到來。

　　從這兩名讀者為營救小野田而想出的如此方案，多少可以看出某些日本人自私自利，毫不把東南亞國家的主權看在眼裏。這些方案鑒於"島民對於日本軍服之憎惡"而不敢採用，但據日本報章報導，小野田的"戰友"在山上所展開的活動，實際上與上述兩個方案相差不遠。據悉，為了促使小野田減少警惕，由其長兄及"戰友"所組成的搜索團團員有的還穿上軍服，高舉着太陽旗在山上大聲呼喊，並播送日本歌曲，儼然是"皇軍"重佔菲律賓的樣子。

報刊掀起懷古情調

　　對於如此大規模的"救援活動"，不消說，日本報章與雜誌都競相派遣記者前往採訪。在這些報刊雜誌的渲染下，老實說，小野田在一般讀者的心目中，早已成為"英雄人物"。在許多前"戰友"的訪談中，不是誇耀小野田"盡忠報國"，便是故意把"中野學校"的學生捧為"樣樣都行"的高材生。與此同時，一些美化中野特務學校的偵探小說也乘此良機大量出籠。

　　這些美化小野田的言論與風尚，還是在前年底去年初的事，在他這次"榮歸"之後，報刊再度掀起"懷古情調"，自不待言。日本當局與輿論機關將會怎樣地掀起"懷古情調"呢？這個問題，只要我們稍微回憶一下當年橫井回國後的情景，便不難想象。

　　其實，橫井之所以在關島藏了整整二十八年，據說是因為接受"戰陣訓"（日本戰前軍國主義教育之必修科）的影響，即寧可死而不願當俘虜受辱；小野田躲藏在盧邦島三十年，卻是因為沒有接到上司的命令，不敢投降。然而，不管是前者或後者，他們都深信"大日本帝國不敗"的神話，日夜等候"皇軍"的登陸。他們之所以如此迷信"皇運無壤"的神話，不消說是日本戰前黷武主義教育的結果。對於這兩名在森林中虛渡了二三十年的前日本兵，如果是站在人道立場，我們對於他們也許可以不予以苛責。可是，倘若要將他們美化為"英雄"，並譽為"純粹的日本人"，這就非我們所能苟同了。

尤其值得注意的是，日本首相田中角榮在南訪失敗之後，曾經在東京大談戰前日本人的"優良品質"與"耐勞精神"，並主張學校應恢復戰前的"修身"教育，橫井莊一與小野田寬郎"忠心報國"的精神，也許將被列為戰前教育比戰後教育優越的有力證明。倘若如此，我們對於日本國內緊隨着"三島（由紀夫）熱"、"橫井熱"而到來的"小野田熱"便不能不格外感到不安與憂慮。日本官方與學者近來開口閉口大談要和東亞南亞國家搞"親善關係"並不遠千里而來尋求各地"反日"原因，卻不知道（或不願知道）日本國內近年來所掀起的這些風潮正是問題根源之所在。

（一九七四年四月）

美艦進入日本港口是否携有核武器

正當日本前首相佐藤榮作興致勃勃，滿懷着喜悦心情，準備聆聽有關他"榮膺"為"諾貝爾和平獎"得獎人這項"驚人宣布"的前夕，華盛頓卻先傳來了另一條"爆炸性新聞"：一名前美國海軍中將拉洛克在上個月，曾向美國國會的一個委員會，供述美艦在進入日本港口之前，並未先卸下核武器的事實。拉洛克的這項透露，無疑全面否定了多年來日本政府再三強調的所謂"日本決不讓核艦進入港口"之"保證"。它不僅使到三天後宣布的"佐藤榮作獲和平獎"的新聞成為國際評論家譏諷的對象與笑料，而更重要的是，它宣判了日本官方多年來拼命鼓吹的所謂"無核三原則"（即日本"不製造、不擁有與不導入核武器"的三項基本政策）這項理論之破產。

美艦入港未卸核彈

前海軍中將拉洛克入伍三十一年，先後曾經參加過十一次海戰。他一度是美國第七艦隊旗艦"奧克拉荷馬城號"的艦長。前年退休後即創設"國防情報中心"，從事提供有關國防問題的情報與資料，並與"鴿派"議員取得密切聯繫與合作。上月十日，在一個旨在加強美國海外核武器的安全措施與防止國內原子輻射能洩漏的國會原子力委員會有關軍事問題的委員會上，拉洛克便以一個熟悉內情的前軍官與軍事問題專家身份，供述他對美國海外核武器安全措施的看法。在提到有關美艦運載核武器巡視各海港的實際情況時，他向委員會作出了以下的揭露："以我們個人的經驗來說，各種艦艇都載有核武器。除非是為了徹底檢查與修理有關軍艦,在一般的情況下,軍艦進入日本或其他港口,並未先卸下核武器。"

按照常理而言,拉洛克的這項透露,並非甚麼驚人言論,正如不久前他對一名日本評論家指出一般:"作為一個退伍軍人,我有保守國家機密的義務。但是,運載核械的美國戰艦,是沒有理由在進入日本港口時,特地將其核武器卸下的。這應該是普通常識"。

民衆疑慮變成事實

其實,對於這項"普通常識",不少日本軍事問題專家早已經認識到,因為:一、核武器的裝置與卸下是個相當複雜的過程,它得增添不少人工與花費不少時間;二、在海上進行裝置或卸下核武器的工作是非常危險的;三、倘若在進入日本港口之前,美艦曾先卸下核武器的話,最可能的港口該是菲律賓的蘇比灣或者關島與夏威夷,然而事實上美艦在抵達日本港口前後,並未有到這些港口停泊的跡象。

但是,對於民衆的各種疑慮,日本當局卻一口加以否認,日本外務省一向所表明的基本態度是:根據"美日安保條約"一項有關"事前蹉商"條款,美國倘若要作任何有關"軍事的重大變更"(包括核武器之運入),必須先通知日本當局,惟迄今日本未接獲美國方面之通知,這就意味着美艦從來並未攜核進入日本港口。換句話說,外務省的所謂"有核""無核"之判斷,完全依靠在"美日相互信賴"的關係上。因為按照"美日安保條約"的規定,日本根本無權過問美艦及其軍事基地的一切事務。

對於外務省的上述邏輯以及"美日安保條約"的規定,日本反對黨與輿論界一向都表示無法接受,它們曾經一再催促政府重新檢討有關政策。拉洛克之發言,無疑證實了它們過去的一切疑慮並非杞人憂天,這就不可避免地引起日本國內的一場政治風暴。據報導,在民衆情緒異常高漲的情況下,不僅是一向抨擊"美日安保政策"

甚力的在野黨與日本報章集中火力，向田中政府提出嚴重抗議，就是一向被視為"保守派"的某些美軍基地所在地的縣長，也不得不表示明確態度，反對美艦在這時期到訪。十月八日，神奈川縣縣長津田在致美國駐日大使與木村外相的信件中，便坦然表示："由於神奈川人民對於美國核武器被引入本縣深感疑慮與不安，預料民眾對美國基地的抗議將會加強。倘若航空母艦'中途號'回返橫須賀港口，我擔心會釀成一種無法預測的局面。本地的局勢應該受到慎重考慮。在有關拉洛克發言真相大白之前，我希望'中途號'遠離港口。"

原來自從戰爭結束以來，由於日人普遍存在着反戰、厭戰情緒，加以世界各國（特別是亞洲各國）人民對於日本重新武裝予以密切關注，日本歷代政府在擴軍的過程中，總是採取十分隱蔽以及"先斬後奏"的方式。特別是有關核武裝，由於日本是唯一被原子彈轟炸的國家，國民對於廣島與長崎的悲慘經驗教訓猶有餘悸，政府更不敢輕易公開表示贊同。不過，這並不意味着當政者有意放棄整軍經武政策，也不意味着他們將克制擁有核子武器的強烈欲望。在"維持治安"的名目下，一支人數約七萬五千名的雛形軍隊——"警察後備部隊"早在一九五〇年便宣告誕生。到了六十年代末期，這支雛形部隊早已發展成為一支名列世界第七，擁有現代裝配的海陸空軍部隊。與此同時，有關主張日本進行核武裝以及修改憲法的論調，在日本國內也常有所聞。實際上，自民黨早就成立了一個"修憲委員會"，從事擬定修憲草案，只是由於時機尚未成熟，遲遲未在國會公開提出。同樣地，自民黨人渴望擁有核子武器的情緒，早在岸信介時代便流露無餘。

一九五五年，在鳩山還當首相的時代，由於民眾反戰、反核彈情緒仍然非常高漲，他在反對黨的追討下，不得不在國會表示："在憲法上，日本不能擁有與使用核子武器"。

兩年後的五月，岸信介首相在參議院的內閣委員會上，則把憲法擴大解釋為："所謂擁有核武器即違反憲法的説法，未免過份極端。其實，只要是在自衛權的範圍之內，即使擁有核子武器，也不算違反憲法。"為了照顧民眾情緒，也鑒於當時日本軍事技術之水平，這位前甲級戰犯之首相接着補充道："雖然如此，我們在政策上絕不製造與擁有核子武器"。岸信介的這項答辯，無疑開闢了所謂"核武器合憲論"的先河，成為了接下來政府曲解憲法的好榜樣。

在有關日本核武裝問題的論爭中，日本在野黨與民眾曾經提出一項疑慮：儘管日本政府再三強調決不擁有核武器，但是由於美日訂有安全保障條約，日本在實際上即接受美國核傘的保護。既然如此，日本豈不是也很容易被捲入核子戰爭嗎？

為了緩和日本人民反對美日安保條約的情緒，日本當局雖然承認日本實際上是接受美國核傘的保護，惟再三強調美日之間訂有"事前蹉商"條約，在有關美艦運入核武器的問題上，美國必須事前徵求日本方面的意見，而日本當局肯定地會給予全面拒絕的答覆。

無核三原則之提出

一九六七年十二月，為了堵塞反對黨與民眾在有關核武器問題上對政府的抨擊，當時的首相佐藤榮作在臨時國會上，正式宣布日本將嚴格執行所謂"不製造、不擁有與不導入核武器"之政策。這便是日本官方列為這回佐藤"榮膺"諾貝爾和平獎有力"證件"的所謂"無核三原則"。

在這之後，由於美國核子航空母艦到訪佐世保港口以及岩國美軍基地涉嫌貯有核子武器，日本反對黨議員曾在國會提出質詢，但政府卻予以否定的答覆，理由是：倘若如此，美國當會事前予以通知；鑒於政府並未接獲任何通知，可見所傳並非事實。

就這樣的，日本民眾（特別是基地周圍的居民）之疑慮一直無法消除。因此，這回拉洛克的發言，在他們看來，可以說是首次揭開問題真相。原因是拉洛克不僅是前美國第七艦隊的旗艦艦長，他同時也是一個透徹瞭解美國核戰略的軍事問題專家。由這樣一個曾經指揮美艦進入日本港口的前軍官證實美艦攜核武器進入日本海港，這是比任何人的供證都來得可靠。這也就難怪日本報章在評論有關事件時，要極力抨擊日本官方多年來"欺瞞民眾"了。

美國態度不置可否

對於拉洛克發言，日本外務省除了一再表示"相信並非事實"之外，唯一辦法是極力催促美國當局發表聲明否認。在日本駐美大使的再三懇求下，美國政府經過六天之後才於十月十二日，交出一份照會，表明下列態度：

一、美國政府瞭解日本國民對於核武器的特殊感情，決不違背日本政府的核子政策。

二、美國政府繼續遵守美日安保條約有關事前磋商之條文，決不違背日本政府意旨行事。

三、拉洛克發言純粹是他個人的意見，其供述並未能代表美國政府的看法。

經過了六天的沉默，美國當局所發表的僅僅只是上述三項原則性的聲明。對於日本外務省來說，這也許已經十分滿足，木村外相便指出：鑒於事關軍事秘密以及美國"原子法令"以及"麥馬洪法"的限制，美國當局不可能正面否認拉洛克的談話。然而，對於一般日本民眾來說，世上唯一嘗受到原子彈禍害的國家，卻連自己國內是否貯有核子武器也被蒙在鼓裏，不能獲得明確答案，這是一件多麼可悲與可怒的事啊！

美日之間訂有秘約？

尤有進者，三年前曾經報導美日訂有秘密契約，允許美艦載核入港的《紐約時報》，在美國政府對這次事件表明態度之後，即發表評論指出：在照會中，美國避免提起兩國間的秘密條約。根據該報透露，早在一九六九年當基辛格還擔任美國安全問題的總統顧問時，日美之間便簽署了"秘密協定"，允許裝有核武器的美國飛機、艦艇進入日本港口。一九七二年日美在談判有關歸還冲繩問題時，兩國政府對於上述秘密協定，又再重新加以確定。

對於《紐約時報》的這項揭露，日本外務省馬上發表聲明否認，外務省發言人指出："我們從未考慮或簽署有關協定，今後也不會簽署"。儘管如此，鑒於日本當局無法提出有力證據，讓人民相信美艦的確並未運載核武器進入日本港口，這就不可避免地將激起日人反對美國軍事基地、反對美日安保條約的高昂情緒。在拉洛克供述公布以後，日本國內在野黨、反戰團體以及美軍基地周圍市民相繼舉行示威遊行，並揚言反對福特總統到訪，充份地反映了這一點。

對於日人這種反戰、反核武器之情緒，也許有人認為是患了"核子過敏症"。日本國內不少主張核武器的擴軍份子，便一再呼籲民眾改變態度，認清時代的改變，否則日本無法躋身於列強當中，無法防衛自己的國家。表面上來看，日人反戰、反核之情緒，的確比起其他國度來得高漲與"敏感"，然而，仔細一想，儘管日本是世上唯一被原子彈轟炸的國家，也儘管日本人民反戰、反核情緒之高漲，日本"自衛隊"在短短的二十年之間，在國內外愛好和平人士的嚴密監視下，仍然一躍成為名列前茅的現代化武裝部隊，這就不能不令人對於日本擴軍的潛在力量深感不安了。

拉洛克供述的意義，除了喚起日本國內人民反戰、反核的情緒之外，同時也深深地打擊着田中政府的"和平外交"策略。為了改善各國（特別是東南亞）人民對日本的看法，日本當局近年來的宣傳攻勢便是捧着"和平憲法"與高舉"無核三原則"的旗幟，到處宣揚日本是一個愛好和平的國家。拉洛克的供述，可以說正好抵消了多年來日本努力宣傳的效果。

（一九七四年十月）

從中村事件看"神奇的日本人"

在印尼莫納泰島的密林中,又有一名藏匿達三十一年之久的日軍殘餘份子中村輝夫被發現!——這是繼橫井莊一和小野田寬郎先後在關島和菲律賓盧邦島被發現以來,第三名"最後的日本皇軍"的出現。要是按照前兩回的"慣例",日本報章之大肆渲染,把中村輝夫喻為"英雄",并乘機掀起懷古情調的"中村熱",是自不待言的。從"小野田熱"的比"橫井熱"來得更加有聲有色,比小野田在森林隱藏多近一年的中村,將比小野田更加獲得日本官方與報界的照顧和"寵愛",也是可以想象得到的。

但是,說也奇怪,這一切原本"自不待言","可以想象得到的"熱鬧場面這回并沒有跟着出現。三年前橫井莊一被專機載返東京申演的那幕"慚愧(因當'捕擄')歸國"的活劇沒有重演了,去年三月《小野田少尉營救記》的"天方夜譚式"小說也沒有被描繪。日本官方對於前"皇軍"中村輝夫"為國獻身的精神",似乎并不讚賞和感動;日本報刊也比往常來得"冷靜"和"沉着"。和關島的沸騰場面以及各報傾巢出動駐東南亞各地的記者,前往盧邦島,競相採訪新聞的情況相比,莫納泰島顯得異常平靜。中村輝夫是被冷落了,至少他沒有像兩位"前輩"一樣,被吹捧為"愛國英雄"和"創造奇跡的人"。

一切顯得異常平淡

如果說,這一切的改變,意味着日本官方與輿論界,已經開始認識到橫井、小野田、中村的出現,并不是甚麼值得驕傲與渲染的"英雄事物"，而是殘酷的歷史悲劇的話，這一切的改變是值得祝賀的。試想，把一個被黷武主義思想毒害，被迫單獨在森林中虛渡了三十年的前"皇軍"，喻為"忠君愛國"的模範，大事吹捧，這不是在變相的嘲弄這些犧牲者，又是甚麼呢？要國人崇拜這些"忠貞不渝"，決不投降的"皇軍"殘餘份子，豈不是在變相的鼓吹武士道精神？

然而，事實上，東京的驟變，并不是出自看法的改變，而是牽涉到一個錯綜複雜的種族問題。

原來中村輝夫雖然是一個如假包換的日本"皇軍"，在第二次世界大戰期間，曾經被當為先遣部隊，在戰場上衝鋒陷陣，但他畢竟不是正統的日本人，而是屬於台灣的高山族。

根據日本方面的資料，中村是在一九四三年十一月，以"特別志願兵"的身份，被編入台灣步兵第一連隊的後備部隊的。第二年七月，他和其他四百名高山族的兵士，被編入第二遊擊隊，由台灣調往印尼的莫納泰島作戰。據日本厚生省官員的調查報告，當時被派往的軍人共達二千五百名，其中約一千七百名陣亡。一九四五年一月，節節敗退的日軍師團曾經下令其屬下進行最後的突擊，并化整為零，繼續戰鬥。在這之後，有關島上日軍的音訊便告完全斷絕。一九五五年，曾有九名殘餘份子（其中六名屬高山族）在島上被發現，而被遣送回日本。至於中村輝夫，則自從一九四三年三月以來，即被列為"生死不明"。

高山族兵士的悲劇

從中村簡單的軍歷，可以知道他是在日軍加強南進攻勢期間，被強徵入伍的。儘管日人喜歡稱他為"志願軍"，但事實上當時台灣早已是日本的殖民地，所謂"志願"，其實是帶有強制性質的。翻閱當時的文獻，我們可以發現到台灣是日軍南進的根據地，台灣總督府便是擬訂南進政策的大本營。在日本的戰略家眼中，通曉華語和福建方言的台灣人是對南洋各地華人難得的"通譯人材"，"驃悍善戰"的高山族人則是不可多得的"敢死部隊"。日本報章便承認,大多數高山族的兵隊,都被派遣到戰鬥激烈的陣地,進行生死決鬥,扮演"神風特攻隊"的角色,成為了悲劇的主角。

那麼,中村輝夫為甚麼會與"戰友"完全失去聯絡,一個人在密林中生活呢?據他在雅加達的病院所叙述的回憶,當時他是在受到"戰友"的威脅而逃走的。當記者問他是否想和"戰友"見面時,他的回答是:

"不,他們很可惡!""在高山族中,只有我一個人被欺侮。"

至於是甚麼原因,由於他語焉不詳,尚未明朗。

從上述的背景以及中村在病院發表的談話,我們多少可以領略出東京方面這回反應異常冷淡的緣由。

日本人優越論的破產

首先是,中村和橫井、小野田不同,他并不是"純粹的日本人"。

三年前,當橫井莊一在關島被發現時,日本報刊渲染的重點之一,便是強調他是一個"純粹的日本人"和"忠實的皇軍"。在當時的日本言論界當中,似乎有意無意地要製造這樣的一項"理論":只有優秀的日本人,才有辦法一個人在森林中渡過了漫長的二十八年,創造了本世紀人類的奇跡。不少專家學者甚至歸功於戰前的教育以及天皇賦與的精神力量。於是乎,有關"日本人的生死觀"、"天皇陛下與日本人",便成為了當時最熱門的論題。在這些論客眼中,日本人幾乎成為了一個"不可思議"的民族。橫井→純粹的日本人→忠實的皇軍→本世紀的奇跡→不可思議的民族,這便是當時鼓吹"橫井熱"的公式。

在小野田從盧邦島被"營救"期間,日本報刊渲染的重點則放在歌頌"中野學校(日軍的諜報機關)精神"以及小野田"忠貞不渝","絕對服從上司"的武士道精神。小野田在未直接接到其上司的命令之前決不下山投降的做法,曾被吹捧為"軍人楷範"和"國家英雄"

"戰友"絲毫不值留戀

如果是從單獨在森林中渡過漫長歲月，"創造人類奇跡"的角度來衡量的話，中村無疑是在橫井和小野田之上的。因為橫井在名目上雖說是在關島渡過二十八年，而事實上他的單獨生活是在較後的一段時期才開始的；至於小野田，在其"戰友"小塚於兩年多以前在駁火中被菲律賓警察擊斃為止，根本并不是孤獨的生活。只有中村，由於畏懼"戰友"迫害，遠遠逃離"戰友"，單獨在森林中渡過了三十一年的光陰。

但是，如果因此而肯定了中村"創造人類的奇跡"，則無異否定了前述的"日人優越論"，因為中村根本就不是"純粹的日本人"，而是被日軍統治支配的台灣高山族。

其次是，橫井和小野田，都把自己不肯投降的原因，說成是受了戰前教育的影響，決不當俘虜受辱或放棄未完成的任務，中村則坦然承認不知戰爭已經結束并表示擔心投降後將被殺害。不僅如此，他對於"曾經欺侮過他"的"戰友"絲毫也不感興趣。這，對於喜歡鼓吹"忠君愛國"以及"戰友親如手足"等懷古情調的日本書刊來說，是一點也沒有利用價值的。

還有，利用高山族當炮灰，并不是一件光榮的事。儘管有人故意讚美"高山族兵士比日本軍人還效忠和勇猛"，在日本的戰史書叢中，則盡量避免敘述。

除此之外，在某些日本人的腦海中，高山族仍然還是一個住在山上，獵取人頭的未開化民族。因此，在他們看來，中村的藏匿在印尼莫納泰島的密林，和"文明人"橫井、小野田的被隔絕在荒山，是不可同日而語的。也正因為如此，橫井在關島所挖掘以棲身的洞穴，成為了萬人觀睹的名跡，他在關島賴以生存的衣物、工具等都被當為"國寶"，在日本各大都會巡迴展示。至於小野田，他為了生存，不斷從盧邦島民手中盜竊各種食物的做法，原本并非名譽的事，但在日本文人筆下，這一切都變成了美化小野田"聰明、機警"的材料。他盜竊收音機的行為，甚至被譽為"真不愧是不忘收集情報"的"優秀諜報人員"。但，有誰對於中村孤身隻影，在森林中建立起來的窩棚予以讚賞？又有誰對於他靠雙手，在耕園中種植的甜瓜、番茄、烟草、香蕉和其他農作物，發生興趣呢？

民族歧視又一佐證

兩相比較，同樣是日軍殘餘份子，中村和橫井、小野田所受到的冷暖待遇卻是相差一萬八千里。

從中村的例子，人們可以很清楚地看出兩三年來日本國內所掀起的"橫井熱"和"小野田熱"，真正的意義并不是在於"橫井創造了人類的奇跡"，或者"小野田盧邦三十年的驚人毅力"，而是藉此鼓吹"日人優越論"，以及緬懷和美化戰前"忠君愛國"的武士道精神罷了。

其實，認真說來，中村也不是第一個揭開"橫井熱"和"小野田熱"的秘密的人物。早在一九七一年年初，當橫井莊一被當為"本世紀的大英雄"，四處受到熱烈歡迎，各大報刊甚至在其名古屋住家常駐記者，詳盡報導其一舉一動，儼然將他視為"奇人"的時刻，不少開明的日本人士，便列舉"劉連仁事件"和他相比，指責日人種族歧視心理之嚴重。

所謂"劉連仁事件"，是指一名中國農夫劉連仁在戰爭期間，被日軍押往北海道開礦，由於熬不住日軍的虐待，而逃往冰天雪地的山中，渡過近十四年孤獨生活的悲劇。

不少日本評論家認為，劉連仁在山中雖然只渡過近十四年的單獨生活，然而他所處環境的惡劣及辛苦的程度，是橫井莊一所無法比擬的，因為：

第一，橫井躲藏的關島是個小島（面積與新加坡相差不遠），常年平均溫度為攝氏二十五度，果物叢生，又有小河可供垂釣，在生活上沒有遇到太多困難。但劉連仁逃亡的地點卻是冰天雪地的北海道，在最初的兩年裏，他幾乎沒有咽過一口像樣的食物。

第二，在氣候良好的環境下，橫井挖掘了一個洞穴，藉以棲身，免於奔波之勞，而劉氏則為了生存與逃亡，幾乎跑遍了北海道的山野。

第三，橫井是個軍人，有受過一定程度的教育和訓練，瞭解關島的地形。但劉氏卻是被強徵為勞工的中國農民，對於日本的地名、地形一無所知，漫無目標地在北海道境內流亡。

從上述的比較，可以看出劉連仁的遭遇，遠比橫井來得悲慘。如果是談堅強的毅力和強烈的求生意志，劉氏顯然是不比橫井遜色的。尤其值得注意的是，橫井是一個軍人，在某種程度上來說，他是侵略軍的一環，而劉氏則是被強制押往日本當苦工的中國農民，照理後者的處境應該更值得人們同情。

但事實上，日本當局怎樣處理有關的事件呢？

據日本記者記述，一九五八年當劉連仁被發現時（當時他仍不知道日軍已投降，而在四處輾轉逃亡），日本官方既不稱他為"奇跡人物"，也不向他致以歉意，甚至還因為他沒有身份證，而懷疑他是間諜，要將他繩之以法。這個事件總算在日本各地華人以及日本開明人士的抗議情況下而告了結。

但願悲劇不再重演

"劉連仁事件"的發展經過，有力地說明了所謂"奇跡性人物"，是以種族不同而有所差異的。中村所遭受到的冷淡待遇，再次印證了這一點。據通訊社較早的報導，日本官方對於印尼當局最初決定將他遣回東京，感到十分尷尬，而主張送回台灣。最後，在中村"自願選擇"的情況下，他終於以李光輝的名字回返台灣家鄉，結束了三十多年的日軍生涯。

實際上，如果中村真的被送遣東京，不要說他不會像橫井和小野田一樣，被譽為"英雄人物"，即使其基本的生活是否會有所保障，也是令人堪慮的。這，只要從他過去一起在莫泰納島作戰的高山族"戰友"，在東京過着潦倒的生活，便可窺見一斑。據《朝日新聞》報導，在一九五五年被印尼送返東京的數名高山族日軍殘兵，幾乎沒有一天不在為柴米而苦惱，其中一名前"皇軍"便指出：我們高山族也和小野田一樣打過仗，熬過苦，我們希望當局對我們的生活，多少予以照顧。

我們之所以反覆比較高山族兵士和"純粹日本皇軍"的遭遇，目的并不是要替高山族申冤，也不是要求日本當局更加照顧高山族士兵，更不希望日本的大衆傳播媒介，把中村譽為甚麼"創造奇跡的人"或者"愛國志士"。因為在我們看來，不管是高山族的士兵或"純粹的皇軍"，都不是甚麼值得吹捧的"英雄人物"。我們只是想藉此事件，瞭解一下日本製造與鼓吹英雄形象的動機罷了！

無論如何，不管是中村輝夫（李光輝），小野田寬郎或橫井莊一，都只能說是戰爭的犧牲品和歷史的悲劇。大肆渲染這些"英雄事跡"或者吹捧"純粹日本人"的優越性，正意味着要製造更多的犧牲品和悲劇。

(一九七五年一月)

社論十五則

（一）論日本的擴軍

　　長期以來，不管是在日本國內或國外，有關日本的整軍，一直是一個非常敏感的問題。一方面，這固然是由於戰後日本擁有"非戰憲法"，整軍本身就是一項違憲行為；另一方面，是由於當年法西斯軍事統治兇惡殘暴，人們記憶猶新。除此之外，一個更加重要的因素是，儘管戰後日本民間普遍懷着反戰情緒，日本官方對於"皇軍"發動第二次世界大戰的罪惡行為，迄今仍然不肯認錯。

　　當然，人們對於日本整軍的態度，不會單純只是根據官方的是否承認戰爭罪惡與喜好使用的字眼而決定。人們更加關心的是，日本官方是否真的願意和軍國時代的日本永遠劃清界綫？事實上，時至今日，日本國內仍然存有不少大大小小的軍國主義團體，它們無時無刻不在鼓吹軍魂，緬懷過去。令人無法理解的是，一個自稱為愛好和平和民主的政府，也參與這些組織的活動，大搞追悼"軍神"，讚美戰犯的玩意兒。日本靖國神社在去年偷偷地替戰時首相東條英機等七名甲級戰犯設立"神位"，大平首相不顧國內輿論的壓力，公開前往神社追悼，將戰犯譽為"愛國英雄"，恰好說明了日本政府仍然迷戀軍國時代，也使人們對於日本的擴軍不能不仍然存有餘悸。

　　與此相反，同樣屬於戰敗國的西德，在戰爭結束之後，不但全面禁止納粹黨人在國家機構擔任高官，而且對於戰爭期間犯下滔天罪行的納粹份子仍然嚴加追緝，繩之以法。本月初，西德國會甚至通過一項刑事法修正案，廢除追緝殺人犯為期20年的時效，授權當局繼續追緝戰犯。西德的這項立法，不僅向世人表明戰後政府與戰前毫無相關,也意味着西德下定決心,永遠不讓納粹黨人有重新抬頭的機會。

兩相比較,可以清楚地看出日本擴軍之所以引起人們的非議與警惕,并不是人們對於日本存有過深的成見,而是戰後日本的政策使然。今天,在一個新的國際形勢與新的亞洲軍事局面下,日本有限度的擴軍,在一定的程度上,相信是可以取得人們的諒解與默許的。但是,平心而論,人們對於日本將否成為本地區的一股和平力量,仍然缺乏足夠的信心,這當然有賴今後日本的具體表現。當然,以今天日本的情況,我們無法要求它向西德看齊,永遠追緝前戰犯,但是作為一個起碼的條件,我們卻希望類似美化東條英機的醜劇不再出現。

(一九七九年七月二十七日)

(二) 日本"敏感問題"的剖析

緊隨着美日聯合公報使用"同盟"字眼而引起日本政界的動盪,以及外相伊東正義的"引咎"辭職,美國前駐日大使賴叔華教授又於前日公開揭發擁有核武器的美艦經常停泊日港的消息。這項揭發,將在"核敏感"的日本國內引起巨大衝擊和連鎖性反應,是可以想象得到的。

在不瞭解日本內情的外國人看來,日人對於使用"同盟"字眼的爭執,以及在核武器問題上敏感的反應,未免有點"小題大作"。事實上,不管日本外交部怎樣辯解和宣傳,在許多洞悉亞洲事務的國際人士看來,美日的"同盟"關係,早在美日安全保障條約簽署時就奠定下來。至於賴叔華教授所揭發的有關美國核艦停泊日港的事,如果是從美日戰後緊密的關係看來,其實也并不是甚麼出乎人們預料的"新聞"。

對於日本所處的地位,以及日本在美國遠東安全防務戰略下所應扮演的角色,東京當局當然是再清楚也不過的。坦率地說,戰後以來一直主宰着日本政治命運的自由民主黨政府，從來就不拒絕加強軍備，也不反對發展成為軍事大國。所謂"婉拒軍備"論，或者"專心發展經濟"論等，說穿了，其實只是日本外交部以及西方大眾傳播媒介有意無意散播的煙幕罷了。

當然，東京當局之所以躲躲閃閃，不敢針對軍備問題坦率表白其真意，是有其不得已的苦衷的。

第一、日軍發動第二次世界大戰，造成亞洲空前的浩劫，迄今還在亞洲和日本民眾的心坎中，留下巨大的傷痕。不管是在日本國內或國外，人們對於日本武裝的動向，仍然保持高度的警惕。

第二、吸取了第二次世界大戰時期"德、意、日同盟"發動戰爭慘敗的經驗，日人小心翼翼，不敢輕易和他國建立"同盟"關係，以免被拖下水，重蹈覆轍。

基於此，儘管東京當局在實際上加緊擴充軍備，把一支原本只是維持治安，區區幾千人的"警備隊"，發展成為今日擁有最先進裝配的現代化軍隊，自民黨政府卻仍然聲稱日本并未擁有軍隊，只有"自衛隊"，日本國防部也依然稱為"防衛廳"。

基於同樣的理由，不管是到任何地方進行訪問，日本歷屆首相和外相總要強調日本"堅持和平憲法"，堅持"非核（即不生產、不擁有、不導入核武器）三原則"，藉以消除各界對日本重整軍備的疑慮。這些"保證"和"宣言"，已經成為了戰後以來日本在外交事物和軍事問題上的金科玉律。任何政治家如果越軌"失言"，就會失掉烏紗帽，被炒魷魚。

對於東京的處境，華盛頓是十分同情的。因此，儘管美日安保條約早已意味着美日的結盟，白宮一向都容許東京當局"自由解釋"條約的內容和有關字眼的意義。換句話說，只要東京在實際上履行它作為盟國的義務，白宮并不過於計較東京的"聲明"和"澄清"。

但是，無論如何，戰後36年以來蒙在日本臉上的面紗，總有被掀開的一天。問題是，現在是不是最適當的時候？日相鈴木與外交部的爭執，美國前駐日大使在這時刻發表重要言談，說得透徹一點，其實正是美日有關當局對於"揭開真相的時間選擇",存有差異的反映。

(一九八一年五月二十日)

(三)美日"同盟"所爭何事?

美日之間到底是不是"同盟"關係?作為美國的"盟友",日本到底應該負起甚麼樣的防衛任務?美國載核戰艦是否有如前駐日大使賴叔華教授所說一般,曾經在日本海港停泊?這一來,是否和東京一向口口聲聲所強調的"非核三原則"有所出入。如果這一切都是事實,那麼,這到底是美國欺騙日本?還是東京當局蒙蔽"核敏感"的日本民眾?……

環繞着上述"敏感性"的問題,幾個星期來日本的在野黨和輿論界莫不向執政黨——自由民主黨猛烈開炮;它們要求當局給予一個明確的答案。然而,面對着各方的壓力,自民黨領導層卻無法得出一個統一的看法。於是乎,黨內不同派系(或者相同派系,但所處地位相異)的從政者便根據個人或其派系的利益,各抒己見。這一來,便造成"一個政府,兩種聲音"矛盾百出的混亂局面。自民黨的臨陣亂腳,只有招致反對黨和輿論界的進一步圍攻,增加民眾的疑慮。結果是,主張"同盟論"的外相伊東被迫辭職,而由"瞭解首相看法"的園田取而代之……。

在過去,只要東京當局使出這"犧牲兵卒,保全將帥"的傳家法寶,"懲罰""不慎失言"的閣僚,大小的風波便告平息。然而,這回的情況卻不相同,園田取代伊東,并無法冰釋各方的疑慮,原因是:

①在過去,凡是遇到類似的問題,美國官方總是採取"不置可否"的態度,方便東京當局吱唔其辭;但這回揭發真相,指出日本應負起"作為盟國"義務的,卻是來自華盛頓。至於"洩漏"美日之間密約,指出美核艦停泊日本港口的,不是別人,正是美國的日

本問題重要決策人賴叔華。

②過去公開主張修改憲法，贊同擴軍的，只是黨內少數"鷹派中的鷹派"，然而，這回公然認為美日"同盟"并不排除軍事責任的，卻包括在實際上執行外交政策的外交部。

正因為美國官方和日本鷹派不買鈴木首相的賬，一再揭發"新事實"，致使東京當局只好一再修改"聲明"，一再"澄清"立場與看法……。

針對同一篇聲明和"事實"，美日之間以及日本自民黨內部為甚麼會相互矛盾，作不同的解釋呢？我們曾經指出，這主要是由於各方對於目前是否揭開真相的最好時刻，存有不同看法的緣故。

事實上，在歷代美日的領導人之間，美日的"同盟"關係早已確定，日本整軍，或者是美核艦停泊日本港口等問題，看法并沒有差異。問題是，日本礙於民間的反對，以及擔憂鄰國的不良反應，而制訂出來的"決不成為軍事大國"的政策和"非核三原則"，一旦被揭發為騙局，誰應成為被責難的對象？日本外交部的信譽又何在？這個"歷史的責任"，要由派閥鬥爭的產物——鈴木善幸所領導的過渡政府來承擔，當然是不公平的。這就是為甚麼鈴木要起用園田直，再度提倡"全方位外交"（八面求圓的外交政策），藉以消除各方的疑慮，以便平安地將那"燙手的馬鈴薯"丟給下屆的政府。

（一九八一年六月六日）

（四）36年後看8月15日

8月15日，是日本投降的紀念日，也是亞洲民眾擺脫日本軍政束縛、重見天日的和平紀念日。曾經被日本殖民地統治了36年的韓國，索性訂今日為國慶日，大事慶祝；日本官方則仍然不肯承認打敗戰，而把這投降日稱為"終戰紀念日"，每年也隆重紀念一番。

從現代史的角度來看8月15日，人們不禁要發出兩個感嘆。其一是,36年後的戰敗國——日本已經崛起成為經濟大國,它在許多方面的"名列第一",甚至威脅着歐美先進國。其二是,因為發動侵略戰爭而在36年前被剝奪"重整軍備權利"的日本,現在卻受到替它制定"和平憲法"的美國所施以的壓力,要求它"分擔軍事責任",扮演重要的軍事角色。

"日本名列第一",作為一本書的書名,是十分聳人聽聞的。瞭解日本真相的人士當然不會誤以為日本真的已經名列世界第一。誠如作者傅高義教授所指出一般,這本書是以美國讀者為對象,以"美國的教訓"為目的而寫的。它真正的寓意應該是:"美國人啊,快快覺醒!如果固步自封,毫不振作,日本人可就要趕上。"實際上,日本當然還未越過美國。不管是在國家的財富,國民的生活水平與國民的福利,日人還遠遠地落在美國人或者是歐洲人的後頭。

不過,從現代史的角度來看,一個被打得落花流水,清貧如洗的戰敗國,卻能從戰火的廢墟中重建起來,這畢竟是十分難能可貴和了不起的。撇開歷史的偶然因素(例如,在戰後初期美蘇的冷戰結構下,美國決定扶植日本,以及韓戰、越戰特需品對日本經濟發展的刺激等)不談,日人勤奮建國的精神的確值得人們的讚賞,日本成功的真正原因也有待人們更深一層、更全面的分析和探討。

談到日本重整軍備的問題,如果我們回顧1945年的8月15日,和比較今日世人對日本的態度,任何人都不禁要感嘆:這是歷史的諷刺。當然,歷史的巨輪在前進,國際的形勢在改變,任何人都不應該以靜止的觀點來看問題,也不應該以日人曾經在三四十年代發動"大東亞聖戰",便否定日本有自衛的權利,或者肯定"日本民族的好戰性"。

認真地分析,世人之所以放鬆對日本軍備的監視,主要原因是因為北極熊張牙舞爪,威脅亞洲的安定與繁榮。也就是説,人們固然知道餵虎可能成患,但多少還抱着以虎擋熊的心理,"讓它試試看吧!"這也許正是人們此刻的共同想法,它絲毫也不意味着亞洲民眾對日本已經喪失戒心。

從這角度來看，日本官方每年趁着8月15日，大事紀念"終戰紀念日"，并於去年起由首相親自率領閣僚到靖國神社，向侵略亞洲的大小軍神致敬，企圖鼓勵日人緬懷"大東亞聖戰"的做法，只有勾起亞洲人不愉快的記憶和反感。至於日本國內的"軍刀熱"，以及"發售軍人紀念勳章"全版廣告的頻頻出現於日本各大報，則只有增加人們對日人的"和平"產生質疑。

美國人稱讚日本第一，決不意味着日本樣樣值得學習。亞洲人放鬆對日本軍備的監視，決不意味着贊同日本重走老路，更非肯定"大東亞聖戰"。

際此8月15日和平紀念日，我們在為國際形勢變化發出感嘆之餘，願重申上述兩點。

(一九八一年八月十五日)

(五) 日本人的戰爭史觀

有人曾經這樣地比較過日本人和美國人：美國打了一場不義而又不光榮的越戰，美國人很乾脆，他們希望這段歷史成為過去，最好是誰也不要再提起它，因為這是美國史上的一大污點，它會刺痛美國人心靈的創傷；反觀日本人，"大東亞聖戰"雖然早已結束了37年，但"聖戰"的遺老遺少每年仍然通過各種名堂，以集會、出版物和展覽會的方式，緬懷、紀念和歌頌"為國家、民族獻身"的"軍神"。特別是到了最近，這一類表面上是"紀念歷史"、"懷念親人"，而實際上卻是鼓吹軍國意識的玩意兒，更是甚囂塵上。

日本人這樣地熱衷於緬懷過去，日本舊軍人每年相聚，引吭高(軍)歌，補領"勳章"，日軍家屬組織"海外慰靈團"，甚至遠到"昭南島"為其戰死的家人樹碑立傳……。有人説，這是因為日人感情過於激動，無法遺忘那出生入死、滿懷悲壯情感的青春日子，無法忘卻拋屍海外的親骨肉……。他們認為，這一切和軍國思想毫無相關。

不錯，戰爭是令人難以遺忘的，特別是對於曾經親歷其境，或者在戰爭中喪失親人的人來說，戰爭所留下的，更是永遠無法磨滅的傷痕與記憶。但問題是，對於這個慘無人道的戰爭，人們應該怎樣看待？是歌頌它、讚美它？還是要從中得到教訓，吸取歷史的經驗，阻止戰爭悲劇的重演？很不幸的是，儘管戰後日人反戰、厭戰情緒瀰漫全國，但在官方核准的教科書中，卻從來不對第二次世界大戰的來龍去脈與史實，有過詳盡和公正的記載。在課堂裏，日本學生所瞭解的，除了日本"被迫"發動戰爭之外，從來就不知道其父兄曾在亞洲各地犯下甚麼樣的罪過。

　　日本官方不願承認戰敗，不願意客觀地看待史實，最突出的，莫過於表現在對8月15日這個日本戰敗紀念日的稱呼。在日本官方的正式文件和長官的獻辭中，東京從來不承認它是投降日，而稱之為"終戰紀念日"（意思是說，戰爭已告一段落）。

　　表面上看來，這似乎是日人阿Q精神的表現，但實際上，它卻是旨在支撐"大和民族不敗"的一股精神力量。正因為如此，最近以來，當人們對大戰的記憶逐漸冲淡，不少國家基於當前國際的局勢，放鬆對日本軍備戒意的時刻，東京也在加速歌頌"軍神"、美化戰爭的步伐。最明顯的例子之一是，在去年8月15日，日本首相鈴木善幸親自率領18名內閣部長前往"靖國神社"祭祀，憑吊在戰爭中死亡的軍人。日本不少有識之士便指出，這是恢復戰前國家與宗教（神道）合一的危險動向。

　　與此同時，另一令人注目的動向是：自民黨已於數日前議決將原本命名為"終戰紀念日"的8月15日，改稱為"追悼戰死者與祈禱和平日"。從字面上理解，後者似乎比起強調"終戰"的前者，對和平具有更強烈的願望。但從日本首相祭祀"靖國神社"，以及這名稱改變的時機與過程來看，人們卻不能不擔憂，東京的真正目的是要替戰死者恢復名譽，激勵今天的日本人像戰前日人一般"為國捐軀"。

　　時過37年，我們并不反對日本為自衛作有限度的整軍，也不反對日本為亞洲的和平與安定，作出積極的貢獻。但是，如果日本不改變其戰爭史觀，仍然千方百計地美化戰爭，企圖把戰死者升格為"軍神"來歌頌與祭祀，這在我們看來，只有增加人們對日本整軍的疑慮與不安。

（一九八二年四月三日）

（六）從江崎姍姍來遲談起

"日本應該派江崎代表團到亞細安！" "在現階段沒有這個必要！" 環繞着應否派江崎代表團向亞細安解釋日本的市場開放政策，幾個月來，日本政府的高級官員不知召開了多少次的會議，進行了多少次的爭論。

日本為甚麼會想到派遣江崎真澄——鈴木首相的特使，訪問亞細安呢？原來在過去的半年裏，日本和美國及歐洲的貿易摩擦日益劇烈，日本的貿易保護主義政策受到各國猛烈的抨擊；為了平息各國的怒火，以及緩和日本與各國的經濟矛盾，鈴木派了江崎到美國及歐洲各國，聆聽各方面的意見，并向各國解釋東京今後將採取的政策。

江崎的美歐之行，在一定的程度上，可以說是取得了成果。於是，日本國內有人建議，江崎也應到亞細安跑一趟，因為亞細安是日本的重要貿易伙伴，日本與亞細安也有着類似日美、日歐的貿易摩擦問題。但是，部分官員卻抱着不同的看法，理由之一是，亞細安并沒有提出甚麼特別的不滿，江崎代表團前往訪問，只會使得問題複雜化，增加東京的煩惱。

針對政府只派代表團到歐美，忽視亞細安國家反應的做法，日本不少報章和評論家認為這是明治百年來"崇拜歐美，鄙視亞洲"思想意識的反映。6月間，日本外相櫻內南訪，備受各方質詢，日本國內有識之士更深切地感到，如果日本不加強對亞洲國家的認同感，它在國際舞台上的更形孤立，是可以想象得到的。這便是江崎南訪的背景。

從日本派遣江崎代表團的決策過程，人們可以看到，儘管日本官方口口聲聲高嚷重視亞細安，但遇到具體的問題時，做法完全兩樣。我們這樣說，并不是意味着我們希望東京在表面上多下功夫，作"親亞細安"狀。恰恰相反，我們認為，日本要和亞洲國家打成一片，首先得真心誠意平等對待亞洲各國。不幸的是，百年來日本的教育，卻深受着"脱亞論"（即謝絕亞洲"惡友"）的影響，在一般日人的腦海裏，鄙視亞洲的意識，仍然是佔着主導的地位。

尤其令人深引為憾的是，即使是在戰後民主教育的教科書中，日本也未曾對第二次世界大戰，有過明確的交代。日本學生從來不知道"皇軍"當年給東南亞人民帶來了多大的禍害；至於三大屠殺中的新加坡檢證和菲律賓大屠殺（另一個慘案是南京大屠殺），更從未在教科書中出現；換句話說，這段歷史一直被掩蓋着。不久前，日本教育部更得寸進尺，修改原已不很公正的教科書，把"侵略"的字眼改為"進出"。如此這般地美化軍國主義，怎叫亞洲民眾對日本能够"放心"，又怎叫我們能如前首相福田所說的一般，和日本"心連心"呢？

寄語江崎代表團，親善訪問是好的，但對待亞洲朋友，最重要還得一個"誠"字；請代轉告鈴木首相，亞洲民眾絕不容許日本歪曲史實，竄改歷史！

(一九八二年七月三十一日)

（七）日本的"進出"史觀

用"進出"的字眼，代替"侵略"，正如每年8月15日，日本官方把"戰敗日"稱為"終戰日"一般，不能不說是日本政府美化軍國主義，替日本發動侵略戰爭辯護的傑作。

日本當局為甚麼要挖空心思，替日本戰犯及其罪惡的侵略行為清洗罪名呢？說穿了，這是戰前"大和民族不敗"、"萬世一系"

的日本教育的結果。在這些滿腦子裏只有"天皇和神州臣民",沒有亞洲民眾存在的日本決策者眼中,東京發動第二次世界大戰,并沒有甚麼過錯,也沒有失敗,只是"進出"得不太順利,暫時"終"止"戰"爭罷了(換句話說,在必要時,日軍還可以繼續"進出")。這和戰爭末期,日本大本營為了掩蓋真實的戰情,蒙蔽日本民眾,把"皇軍"節節敗退,稱為"皇軍轉進",可以說是同出一轍。

當然,日本文部省(教育部)決心歪曲史實,竄改教科書,并不是今天才開始的。實際上,早在戰後不久,當局便處心積慮,要把戰前"皇國史觀"的意識,灌輸給戰後在民主主義社會成長的新一代。1955年,東京教育大學(現為築波大學)史學教授家永三郎所編的中學教科書《新日本史》,不被教育部通過。教育部積極干預教科書的内容,終於引起一場"教科書裁判"的官司。日本初級法庭曾經一度宣判家永教授勝訴,但教育部卻不甘罷休,繼續上訴;不久前,日本高等法庭判決教育部勝訴,這場持續了十餘年的教科書訴訟案才算告一個段落,但有關的問題還未完全了結。

正是在上述的背景下,日本教育部決心得寸進尺,快馬加鞭地竄改歷史教科書。根據日本報章報導,教育部決定在這時候大膽修改教科書,相信有下列兩個理由。其一是日本國内對於戰爭強烈反感的意識已日漸淡薄;其二是國際間似乎對日本的恐懼心理已經逐漸消逝。

然而,日本教育部的估計是錯誤了。儘管亞洲各國提倡向日本學習,也承認它在科技方面和工商管理的制度方面,有其先進或者說是值得參考之處,但從來沒有一個國家肯定日本在第二次世界大戰期間的所作所為。恰恰相反,這段歷史給人們帶來的心靈創傷是深刻的,世世代代的亞洲民眾都會永遠記住這個慘痛的經驗教訓。這就是為甚麼日本竄改歷史教科書,馬上引起亞洲各國強烈抨擊的原因。

儘管如此,日本教育部卻仍然堅持要竄改史實的立場,認為這是日本的"内政問題";一位官員在國會答覆反對黨的質詢時,甚至如此強辯：修改教科書的目的是希望學生能有更公允的史觀，因為"進出"的字眼，沒有主觀意識在內，比"侵略"來得更為客觀和公正。

根據這個定義，蘇聯侵略阿富汗，應該稱為蘇聯在阿富汗"進出"，越南侵柬也應改為越南在柬埔寨的"進出"；至於戰後以來莫斯科侵佔日本的北方四島，也只不過是蘇軍在四島"進出"罷了。既然如此，日本外交部何必那麼緊張，致函給舊金山和約簽約國的出版商，要求訂正有關地圖的記述？日本首相鈴木又何需小題大做，宣布2月7日為"北方領土日"，決心制止北極熊在那兒"進出"？

(一九八二年八月三日)

(八) 日本的"北人南物"論

昨天，我們提到了日本教育部竄改歷史教科書，用"進出"的字眼代替"侵略"，企圖為日本軍國主義洗脫罪名。這個事實，一方面反映了日本決策當局對於日本在第二次世界大戰所犯下的錯誤，絲毫沒有思過之意；另一方面，也說明了日本教育部還未放棄戰前"大和民族不敗"、"日人高人一等"、鄙視亞洲其他民族的思想。

在解釋日人為甚麼難與東南亞人相處時，一位親官方的日本學者曾經指出，這是由於日人深受戰前"北人南物"論的影響。

所謂"北人南物"論是指在日人眼中，只有北方，才考慮到"人"（包括技術、文化與文明）的因素；至於南方，日人所想到的只是"物"（包括天然資源、商品市場、廉價勞動力和女人）。這位學者指出，這種對"南洋"存有強烈偏見的傳統看法，不僅流傳於戰前，即使到了戰後，也還根深蒂固地植於日人腦中。

撇開這位學者指出這個事實的背景和動機不談，"北人南物"論嚴重地影響日人與東南亞人友誼的發展，卻是誰也無法否認的。

坦率地說，這類腐化的思想之所以仍然存在，一方面固然是因為戰前日人民族優越感的意識（戰前教科書的產物），沒有受到徹底的批判；另一方面，戰後日本教育部也得負起重大的責任。

就以現在受到各方嚴厲抨擊的日本教科書來說，從來就沒有考慮過向下一代灌輸正確的東南亞觀。與此相反，在戰後的教科書當中，日本有關當局對於"皇軍"侵佔東南亞，犯下滔天罪行的史實，總是採取輕描淡寫的態度，能免則免，企圖加以掩蓋。

據報導，在日本高中《世界史》的教科書當中，提到"朝向亞洲、太平洋戰爭之道"的部分只有一頁半，其中有關東南亞部分只有寥寥幾行：

"開戰當初，日本軍很快便佔領新加坡、爪哇、蘇門答臘；接着，攻下菲律賓、緬甸等，擴大了戰綫……"

"除了緬甸、印尼之外，東南亞各國都掀起反日浪潮。"

"為了擺脫英國和荷蘭，爭取獨立，緬甸和印尼最初都和日本合作，但後來反日情緒越來越高漲。"

"皇軍"當年奴役東南亞人民，驅使人們生活在水深火熱的黑暗日子，在日本高中教科書，只有這麼幾行的記述，這是公平、客觀地對待歷史嗎？在這寥寥幾行的記述中，日本教育部既未告訴學生，日軍發動侵略戰爭的真正原因和背景，也不讓他們知道東南亞民眾為何產生反日情緒，好像兩者之間是不明不白地"開戰"，東南亞人是無緣無故地"反日"一般。這樣的敘述，不是歪曲史實，又是甚麼呢？

不僅如此，日本教科書還附有一張插圖，說明在太平洋戰爭中，"日本勢力最大進出的地域"。這目的是為了要歌頌日本的"大東亞共榮圈"，還是為了緬懷日本的"黃金時代"？

總而言之，只要日本不放棄鄙視東南亞的"北人南物"論，只要日本的教科書對於日軍侵略東南亞的這段史實不採取客觀、公正的記述，日本是不可能和東南亞建立起真正的友誼的。

（一九八二年八月四日）

（九）"福田主義"五週年

"福田主義"是甚麼？也許只有對國際時事，或者日本問題特別關心的讀者還記得起，一般的民眾除了記住東京曾經高唱"心連心"的歌曲之外，恐怕印象已經十分模糊了。

但是，對於霞關（日本外交部），特別是對於發表"福田主義"的前首相福田赳夫來說，五年前這項主義或宣言的宣布，卻是戰後日本外交史上一項值得大書特書的大事。每年八月，前首相福田以"私人身分"周遊亞細安以誌紀念，以及日本三大報館之一的《每日新聞》在亞細安各地輪流主辦"日本與亞細安"座談會（今年在吉隆坡舉行），都說明了東京對這日子的重視。

東京為甚麼這麼重視"福田主義"呢？原來在這之前，日本官方對於東南亞，從來沒有明確的政策。根據日本部分論客的說法，日本既然沒有明確的政策和方針，東南亞人對日本或日人當然不信任和充滿疑慮，不明白日本在東南亞"進出"（按：日人把戰後日本經濟打入東南亞，稱為"經濟進出"）的真意。他們認為，1974年前首相田中角榮訪問亞細安之所以遇到反日的示威和遊行，部分原因便在於此。

正是為了澄清這一立場，1977年8月18日，福田赳夫在馬尼拉結束亞細安五國的訪問時，鄭重宣布日本對東南亞的三大外交政策。其一是日本堅決表示愛好和平，決不成為軍事大國，以便對東南亞以及全世界的和平與繁榮作出貢獻；其二是日本要以真誠的朋友的態度，加強與東南亞各國的政治、經濟、社會與文化等方面的交流，從而建立起心連心，相互信賴的友好關係；其三是日本將以"平等的合作伙伴"立場，主動地加強和亞細安及其會員國的關係，并積極地提供協助；與此同時，日本也將設法使亞細安和印度支那各國在相互瞭解的基礎上，建設東南亞的和平與繁榮。

五年來，東南亞局勢最大的變化，莫過於1979年初河內的侵略金邊。儘管東京在經援越南的問題上，態度曾經數度動搖，但基本上是和亞細安站在一起。如果說，東京在有關的外交問題上，願意與亞細安共進退，是基於"福田主義"的原則的話，福田在馬尼拉發表的宣言，是應該給以一定的評價的。五年來日本與亞細安各國在各方面交流活動的頻繁，也在一定的程度上反映了東京對亞細安的重視。

然而，如果因此而以為，隨着"福田主義"的提出，日人與東南亞人已經"心連心"的話，卻與事實不符。坦率地說，儘管東南亞各地的民眾同意日本在工業、科技方面有值得學習、參考之處，但人們對於日本的戒心卻從未消除。這并不是因為東南亞民眾對日本成見過深，而是戰後以來日本國內對戰爭與亞洲的看法和動向，還無法叫人安心。早在教科書問題還未爆發之前，我們就曾經不斷地指出，日人只有拋棄鄙視亞洲人的"脫亞論"和"北人南物論"，并徹底地改變其戰爭史觀，才能贏取東南亞的友誼，日人與東南亞人才有可能朝着"心連心"的方面，向前跨進一步。不幸，戰後日本發展的方向，卻一直令人擔憂。東京在高唱"心連心"的同時，卻迫不及待地竄改教科書的史實和放映"大日本帝國"影片的第一部分："向新加坡邁進！"

這叫亞細安民眾對"福田主義"，怎能發生濃厚的興趣？

(一九八二年八月二十一日)

（十）日本教科書風波還未平息

在中韓兩國正式抗議以及國內外輿論強烈的非議聲中，日本政府終於在上星期四以內閣官房長官（內閣秘書長）宮澤喜一的名義，發表了當局對教科書問題的看法。

這項被視為收拾教科書問題殘局的"官房長官談話"，其要旨為①：日本政府及國民深刻瞭解到日本過去的行為給亞洲鄰國帶來重大的損害；日本并沒有改變1965年日韓聯合公報及1972年日中共同聲明對第二次世界大戰問題的基本看法（即日本痛感其責任，并決心反省);②為了促進和亞洲鄰國的友好和親善的關係,在聆聽各方對教科書問題的批判之後,日本政府有責任予以糾正;③日本政府認為,上述的看法應該反映到學校的教育。

宮澤長官發表上述談話,在一定的程度上,表達了東京以"善鄰外交"為重,有意更正教科書記述的看法。如果宮澤在強調上述原則之後,緊接着就心直口快地表明即刻廢除有誤導性的教科書,東京將贏得各方的一致讚賞,外國人眼中的日本形象將大大改善,自不在話下。因為,在戰後,日本從來還未如此爽朗地承認它的過錯。(前首相田中角榮在1972年訪問中國時,把日軍侵略中國形容為"增添了中國的麻煩",鬧到賓主不愉快的笑話,人們迄今記憶猶新。)如果東京能够因此而全盤檢討對亞洲的外交政策,在痛定思痛之餘,決定以新的面貌出現,這回教科書引起的風波,對於日本,未嘗不是一件好事。

不幸的是,儘管日本表示要謙虛地聽取善意批評,也強調善鄰的重要性,但是到了具體實踐的問題時,東京卻喪失了它在其他領域方面勇往直前的"武士道精神",在官房長官"畫蛇"之後,文部省大臣(教育部長)小川平二卻偏偏在旁"添足",表示只將提早一年修正有關的教科書。換句話說,日本學校在明年度和後年度將按照原定計劃,使用被各方抨擊為有誤導性的課本,1985年才採用訂正的歷史教科書。至於怎樣避免學生不受教科書所誤導,日本官方并沒有具體的說明,只答應將向各有關單位分發"教學指導原則",糾正偏差。

日本文部省的上述補充,毫無疑問,大大地削弱了官房長官宮澤發表談話的意義及其重要性。這就難怪在人們的腦海裏,要浮現下列的疑慮:日本到底是不是真心誠意接受各方的意見?東京如果真的同意教科書的內容有必要糾正,為甚麼要在兩年之後才正式修訂?這樣的作法,豈不是要變相地讓明年及後年度的日本學生接受有誤導性的教育?日本當局是否在施展緩兵之計⋯⋯?

這一切的疑慮,當然只有東京才能解答與澄清。在有關問題上,一部分鷹派的日本決策者當然大可以強調這是"日本的內政問題"，以及反覆散播"日本不應在外國的壓力下屈服"之類的論調，但這一來，日本戰後外交的重要目標之一——說服世人相信日本是一個"愛好和平的國家"，也將在這些人的嘶喊聲中宣告破產或受到嚴重損害，卻是可以肯定的。

是要緬懷舊夢，還是要借此良機來個脫胎換骨的改變，從而重新贏得人們對日本的信賴？對於東京，這的確是一個莫大的考驗。

(一九八二年九月一日)

(十一) 日本政治家爲何常"失言"？

在今天的國際舞台上，"失言"最多，最容易引起世人"誤解"，往往需要一再訂正其看法或主張的政治家，恐怕是日本人了。

戰後日本歷屆首相之所以常常需要更改其外交或防務問題的聲明，擔心引起國內或鄰國的不滿與不安，說穿了，是因為日本領導人往往說是一套，做的又是另一套。所謂表裏不一，標榜的主義、原則與內心的真正想法不符，正是東京引起各方"誤解"的主因。

在相對上，海軍軍官出身的中曾根康弘算是對防務問題說得最坦率的日本領導人。他不但公開主張修改憲法，也表示要擴大軍備，還在華盛頓揚言要把日本變為"永不沉沒的航空母艦"。

但是，即使是這位武官出身、愛發驚人言論的新首相，在回國後也得匆忙訂正其言論。先是否認他曾經向《華盛頓郵報》發表上述談話，後是由外交部官員打圓場，"解釋"首相的"真意"。然而，不管是怎樣的"澄清"和"解釋"，中曾根決定拋棄東京向來強調的所謂"專守防衛"的政策，卻是誰也看得清楚的。因為根據日本防衛廳專家的看法，航空母艦的基本特點是"機動性"和"攻擊性"，中曾根要把日本變為"永不沉沒的航空母艦"，無疑是意味着他要遠離"專守"的政策，主張把日本變為一個軍事根據地(有如戰前日軍總部把台灣形容為"永不沉沒的航空母艦"一般)，得以自由地四面出擊。這當然不是日人和愛好和平的亞洲人民所讚許的。有關這一點，就連由前首相福田赳夫領導的自由民主黨反主流派也不得不指責首相發言"不慎"了。

由此可見，儘管中曾根有意流露真情，藉以贏取更大的政治資本，但他仍然得慎重其事，還得高舉"非戰憲法"和"非核三原則（即不製造、不導入和不貯藏核武器）"的旗幟，作為護身符和擋箭牌。在向到訪的馬來西亞首相馬哈迪匯報白宮之行的經過時，中曾根便強調日本將只捍衛其周圍的海域，決不會威脅東南亞國家的安全。他也再三表示日本并不打算修改憲法。

然而，正當東京領導人重彈舊調的時刻，外電卻傳來了兩項與中曾根"鄭重保證"背道而馳的消息。其一是在執政黨自由民主黨的黨大會上，通過了"要求國民加深對自主憲法瞭解"的議案；其二是中曾根正在考慮出席2月11日"建國紀念日"的典禮。

前者旨在修改日本外交部口口聲聲維護的"和平憲法"，其用意是十分明顯的。至於後者，熟悉日本情況的人士都知道，所謂"建國紀念日"，其前身就是製造日本神話、鼓吹武士道精神的"紀元節"。日軍當年發動"大東亞聖戰"便是以2月11日的"紀元節"，作為攻陷新加坡的日程表，可見這個具有宗教色彩的紀念日與軍國思想有着密切的關係。戰後日本歷史學家與民間團體之所以反對"建國紀念日"，原因便在於此。據說，在去年的紀念大會上，主持當局甚至一反過去"默禱"的方式，而改為向神武天皇"朝拜"，鼓吹戰前以日本為中心的所謂"八紘一宇"、"萬世一系"的軍國思想。中曾根要是真的以首相身分出席這個具有濃厚宗教色彩和軍國思想的紀念大會，他心目中要日本所扮演的角色，已經不是世人期待的"維護亞洲的和平與安定"，而是有意走回戰前的老路。這是人們在警惕北極熊的同時，不能不密切關注的問題。

（一九八三年一月二十六日）

（十二）從西德聲討希特勒談起

1月30日是德國法西斯納粹黨頭子希特勒奪取政權50週年紀念日。為了記取歷史的教訓，矢言不再走戰前老路，一個星期來西德各地紛紛舉行集會、發動遊行以及展示戰時的照片。單單上星期六，參加遊行的人就超過五萬。與此同時，西德電視台也配合這紀念日，推出各種回顧當時的記錄片等。

德國人如此重視這個黑暗的日子，目的是要提醒國人，今日和平得來不易，必須好好地珍惜，絕不容許歷史悲劇重演。他們也希望通過這個紀念日，教育年輕一代，讓他們瞭解其父兄在納粹的恐怖統治下，曾經過着非人的生活。

值得注意的是，參加這一類集會的，並不僅限於民間團體的反戰人士。上星期日，在西柏林國會大廈舉行的紀念儀式上，西德總理柯爾便籲請西德人民捍衛和平。他說：納粹黨使德國人丟臉，但經過上次的羞辱，卻促使德國加強維護和平的決心。

西德官民一致反對戰爭，痛恨希特勒政權，并不只是反映在這次的紀念集會上。事實上，時至今日，在德國人眼中，發動戰爭的納粹份子仍然是不可寬恕的罪犯。德國人不僅不允許舊納粹黨人在國家機構擔任高官，對於那些在戰爭期間犯下滔天罪行者還嚴加追緝，繩之以法。兩三年前，西德政府還通過一項修正法案，廢除追緝殺人犯為期20年的時效；換句話說，任何殺人的戰犯，永遠不會得到寬恕。

這一切的措施，有力地向世人表明戰後的德國與戰前完全兩樣，納粹黨的組織和思想已經受到徹底的摧毀和剷除。歐洲人對於戰後西德重整軍備，并不像亞洲人對日本整軍那麼敏感，這不能不說是一個重要的因素。

反觀今日的日本，反戰人士、談"核"色變的和平主義者固然大有其人，但戰後歷屆政府卻從來不肯像波恩政府一樣，明確地公開譴責禍國殃民的軍閥。像西德那樣永遠追緝戰犯的立法，東京當然辦不到；即使是阻止戰犯擔任高官的做法，在日本也行不通。恰恰相反，在日本戰後的政治史上，甲級戰犯甚至曾經登上首相的寶座，這和戰後西德的情況是完全不可同日而語的。

我們作出上述的比較，并不是有意要求東京繼續追緝戰犯，也無意挖苦戰後日本政治家與戰前軍閥藕斷絲連的關係。我們真誠的祈望是，日本即使不願像西德那樣，明確地譴責戰爭罪犯，也決不應該朝向美化戰爭和戰犯的道路邁進。東京替東條英機特設神位，以及企圖通過"建國紀念日"的名目，變相紀念"紀元節"的作法，是使亞洲的民眾不寒而慄的。

為了消除亞洲民眾對日本整軍的恐懼心理，東京當局不知開了多少"妙方"，也不知鄭重地重複了多少次"和平"的保證，但都徒勞無功。正是為了醫治東南亞的"恐日症"，據説發出"永不沉沒航空母艦"論的首相中曾根將於五月訪問東南亞。這當然是值得歡迎的。但在中曾根到訪之前，我們希望東京能派人先到波恩取經，以免日相的東南亞之行又再空手而歸。

（一九八三年二月二日）

（十三）日本紀念"北方領土日"

2月7日是日本的"北方領土日"。正如過去兩年一般，日本首相在這紀念日的集會上發表慷慨激昂的談話，譴責蘇聯在日本北方四島建軍，并矢言收復四島。

日本北方四島——國後島、擇捉島、色丹島及齒舞群島，是在第二次世界大戰結束前後被蘇聯佔領的。戰後以來，環繞着這個問題，蘇日兩國不知進行了多少次的談判，但都無法獲得圓滿的解決，直到今日為止，蘇日無法簽署和平條約，主要原因也在於此。

莫斯科之所以遲遲不肯將四島交還給日本，一來是出自擴大領土的野心；二來是要把四島"軍事化"，作為南進的基地。基於上述的原因，不管東京怎麼力爭與哀求，克里姆林宮都一口予以拒絕。

針對莫斯科的強硬態度,東京是十分憤怒的。因為這不僅傷害日本的民族自尊心,而且還直接威脅到日本北部的安全。這些年來,"北方巨人"的陰影,就一直籠罩着日人的心坎。正是在上述的背景下,越來越多的日本人對於官方"為防止北極熊南下"而加強軍備的政策,表示同情與諒解。

但是,不可否認的是,在日本整軍聲中,也有不少人士對於東京的動向感到憂慮。他們雖然不反對日本為自衛而整軍,但卻擔心東京藉口自衛而重建"日本大帝國"。特別是在教科書問題爆發,以及中曾根康弘上台,聲稱要把日本變為"永不沉沒的航空母艦"之後,人們更加擔憂日本將成為脫縕之馬,無法受到理智的控制。因為誰也不知道中曾根將把這艘"航空母艦"駕往何方,誰也不敢保證他不會隨時轉移出擊的目標。

與此同時,人們也注意到,原本"熊"視眈眈的蘇聯正在利用東京上述的新動向,作為它加速在遠東擴軍的藉口。莫斯科不僅一再抨擊中曾根的言行,也恫言要擊沉日本列島。事實上,蘇聯還準備把 SS20 型飛彈從歐洲移到亞洲。

由此可見,在"自衛"和"反對日本軍國主義復活"的藉口下,日蘇兩國不同層次的軍備競賽正在升級。這些動向,毫無疑問地只會增加亞洲的緊張氣氛,不利於本地區的和平、安定與繁榮。

當然,我們採取如此慎重的態度,并不意味着我們對於日本收復四島的合理要求不表關心。恰恰相反,我們認為,任何國家都沒有理由憑着武力的強大,繼續霸佔他國的土地。越南侵佔柬埔寨的問題是如此,蘇聯強佔日本北方四島的問題也不例外。基於這樣的原則,日本決心發動國內外輿論,迫使莫斯科退出四島的行動,是應該獲得世人的同情和支持的,日本在北方適當地加強防務工作,也不應該受到反對。問題是,東京在激發日人的"愛國心"的同時,要怎樣使人信服它與戰前有別?在這一點上,中曾根沒有按照原定計劃,以首相身分出席2月11日宣揚國粹主義的"建國紀念日"(雖然是被迫的),可以說是一項明智的決定。

(一九八三年二月九日)

（十四）放棄"大日本"的幻想

"日本不但應摒棄'大日本'的幻想，而且也應該拋棄成為軍事強國的念頭。否則，它將在亞洲陷於孤立。"

這是一名熟悉東南亞事務的日本學者矢野暢在《讀賣新聞》於我國主持的"亞洲前途"國際會議上的發言。

他同時指出，不少國家把日本視為"問題兒童"，并對日本在國際上的作為，提出嚴厲的批評。在談到日本與外國之間的"隔膜"時，這位教授指出，主要原因是長期以來，日本對自己過於自信，認為它是亞洲的模範國家，而忽略了從外交的角度去探討與各國間的關係。他強調，日本要在本區域扮演積極的角色，除了要知道它所扮演的國際角色之外，還得牢記本身是亞洲的一員。

"牢記日本是亞洲的一員"、"拋棄日本對亞洲其他國家的優越感"，以及"摒棄'大日本'的幻想"，這些的確都是日本與鄰近國家交友不可或缺的座右銘。

問題是，要日本同時做到這三點，真是談何容易。"牢記日本是亞洲的一員"這句口號，也許喊得最響亮的，莫過於戰前的亞洲主義者。那時候，"打倒鬼畜英美"和"興亞"的口號，可以說是響徹雲霄。但那也是日本人與亞洲人關係最為惡劣、緊張，亞洲人備受日本人凌辱的時代。至於戰後，日本人談"亞洲的歸屬感"最為起勁的，恐怕是在1974年，日本前首相田中角榮遇到"反日暴動"以後的事。

由此可見，提倡日本對亞洲的認同或歸屬感是一回事，日本與亞洲會不會因此而打成一片，卻是另一回事。因為，問題的焦點，不在於日本是不是應該"回返"亞洲，而是日本要在亞洲擺出甚麼樣的姿態。是要以"盟主"自居，還是要以平等伙伴相待？是要決心建立為和平的國家，還是熱衷於成為軍事大國？

不幸的是，儘管東京政要一再表示要和亞洲人"心連心"，矢言要建立"和平大國"，但從東京卻頻頻傳來許多與"平等"、"和平"的理想背道而馳的報導。

現在，日本各地正在放映"東京裁判"的記錄片。配合着這部審訊戰犯記錄片的放映，不少緬懷"大東亞"盛世的政論家正在掀起"翻案"風。他們指責東京戰犯審訊，是戰勝國對戰敗國的不公平判決。他們認為，戰後和平憲法"是戰勝國強加在日本戰敗國身上的屈辱憲法"。他們要日本走甚麼道路，是不言而喻的。

與此同時，令人震驚的是，時至今日，日本教育部還不肯把日本南侵的真相告訴下一代。不久前，日本國營電視台曾放映一部有關亞細安五國教科書對日本統治時期記述的記錄片。據說，不少日本青年看完後都大為吃驚。因為這是他們的教科書和報刊所從未敘述過的。

一邊在掩蓋史實，一邊在加緊"翻案"，人們怎樣相信日本真的已經放棄追逐"大日本"的幻想呢？

（一九八三年八月二十六日）

（十五）日本軍費將突破1%頂限

軍費預算是否應該超出國民生產總值的1%？這是近年來日本國內一直爭論不休的敏感問題。針對這項熱門而又敏感的軍費開銷問題，日本內閣終於在前日作出結論，要在明年的預算案，突破國民生產總值1%的頂限。

所謂"防衛費"（由於憲法規定日本不得擁有軍力，日本官方文件迄今只能稱軍費為防衛費）不超越國民生產總值1%的原則，是在十年前三木內閣時代作出決定的。日本官方公開許下上述諾言，目的不外是要向世人表明日本不會成為軍事大國，不會走回戰前老路。十年來，每當國內外輿論對日本軍備感到不安的時刻，東京抬出的金字招牌，除了"和平憲法"及非核三原則（即不生產、不擁有與不引入核武器）之外，就是重申上述不超越1%的原則。

正因為日本歷任首相一再鄭重表示不會修改上述原則，中曾根政府決定突破1%頂限的政策，不能不引起國內外人士的廣泛關注。人們不能不懷疑，這項政策的改變，是否意味着日本的軍備從此將如脫韁之野馬，不受任何牽制？

針對"防衛"問題，鷹派首相中曾根早已準備來個"戰後總清算"。他將戰後憲法形容為"戰勝國制裁戰敗國"的產物，早已說明他對"和平憲法"一點都不感興趣。他之所以遲至今日才決定拋棄1%頂限的政策，一方面固然是由於國內在野黨與民眾的反對；另一方面是因為無法說服自民黨內的慎重派。特別是對於前幾任的首相來說，中曾根的新政策，簡直是宣布他們言而無信，在他們臉上打了幾記耳光；"言而無信"、"自食其言"，對於日本國內外的形象，畢竟是不利的。這就是黨內慎重派不能輕易贊同改弦易轍的原因。

然而，對於鷹派份子來說，軍力擴張是勢在必行的政策。在表面上，這似乎是應美國之邀請，以便減輕後者在亞洲的軍事員擔，但在實際上，卻是旨在保護日本在世界各地的經濟利益。日本財政部較早時指出華盛頓對東京軍費之現狀表示"諒解"，已充分說明了上述政策的改變，與其說是由於外來的壓力，不如說是出自內因。

從東南亞的角度看，我們認為日本是否會走上戰前老路，判斷的標準倒不單單在於軍費是否超越1%頂限。實際上，即使是東京保留現有的政策，軍力位居世界第七的日本，對我們來說，原本就猶如巨鄰的存在。說得直率些，我們更加關心的是：擁有強大軍力的日本，今後將把注意力集中在防止北極熊的南下，還是另有其他的打算？換句話說，人們之所以密切關注日本的軍費預算和對它存有疑慮，日相在去年的正式祭祀靖國神社、日本歷史教科書的一再竄改，以及日本高級官員在歷史與戰爭問題上的一再"失言"，不能不說是重要的因素。

（一九八六年十二月三十一日）

日本人怎樣看待太平洋戰爭？

"太平洋戰爭到底是怎麼一回事？"

這是戰後以來，日本教科書和大眾傳播媒介始終視為"禁忌"的敏感問題。

去年間，日本竄改教科書的措施，引起了日本國內外人士廣泛的關注和非難。在國內外強烈的輿論壓力下，日本教育部終於被迫作出一定的讓步。但是，任何關心有關問題發展的人士都會注意到，在整個事件的過程中，日本方面其實只是把視綫集中在日軍侵佔中國和朝鮮的問題上。至於日軍侵略東南亞，老實說，大部分的日本人對這段歷史都不甚了了，其中不少人甚至還以為日本在戰爭期間曾替東南亞做了許多"豐功偉績"的好事。

不久前，記者就曾經接到一封日本讀者的來信。來信者自稱曾經在50年（正確應該是40年）前到馬來半島作戰。這名前"皇軍"的來信談些甚麼呢？

原來他是看了日本報刊對拙作《從東南亞看日本》一書的評介之後，心裏感到非常不舒服，提筆寫了密密麻麻的兩張信箋來抗議的。

"抗議"的中心內容，環繞着"日軍侵佔東南亞的功罪"問題。

這名前"皇軍"的基本看法是：

1. 日本人為了亞洲的解放，曾經流出寶貴的血和汗（他本人還在攻打馬來半島時受傷），亞洲人不應該忘記日本人的"恩惠"。

2. 沒有日本人的協助，亞洲各國是無法擺脫白種人而獨立的。東南亞人不應該因為日本打了敗仗，而忘卻日本人的"一番好意"，更不應該落井下石，在日本人臉上塗鴉。

換句話説，這名前"皇軍"滿腦袋子裝的仍然是戰前"大東亞聖戰"，"打倒鬼畜英美，解放亞洲"的理論。老實説，事隔40年，誰也不想苛責當時在軍閥高壓政策下參戰的日本士兵。但從這名前"皇軍"口口聲稱"日本曾為亞洲犧牲"的來信，人們卻不能不為戰前軍國主義教育的根深蒂固感到恐懼，也不能不為日本教育部竄改教科書，重新鼓吹"狹隘愛國主義精神"感到憂慮。

當然，所謂"大東亞戰爭有功論"，并不是來信的這名日本讀者所發明的。事實上，鼓吹類似理論的書刊早已充斥日本的大小書坊。十多年前，記者初抵早稻田大學留學，就曾經閱讀了一位新聞學講師酒井寅吉的回憶錄而受到"震驚"。這位講師在當時的日本報界頗有一點小名氣。他在我們新聞系裏兼職，教導"現代新聞論"。不過，這位兼職講師一生最得意，或者説最津津樂道的，倒是1942年他擔任《朝日新聞》隨軍記者，目擊新加坡陷落的那一幕。

在一篇題為《馬來戰綫從軍（記者）的回憶》的文章中，作者在戰爭結束14年後的1959年，仍然對其舊著描述山下奉文迫使白思華伏降的那一幕，流露出其"激動的感情"。他寫道："現在重讀舊作，我仍然能保持當時的情感。所謂'戰爭罪惡感'的強烈意識，是不存在的。"

為甚麼呢？酒井"解釋"道：因為中日戰爭是東方人與東方人之間的悲慘戰爭，但是日軍南進馬來半島，卻是以打倒歐洲帝國，協助亞洲弱小民族解放的"大義"名堂和姿態出現。

接着，他還指出，正因為南進的日軍是"充滿着解放亞洲的正義感"，他們嚴守紀律，不像在中國大陸的日本士兵，幹下強姦、屠殺和掠奪的三大罪惡。

他還表示，"到了今天，也許難以啟口，但它的確是一場'聖戰'"。論據是甚麼呢？酒井指出：日軍所到之處，受到當地民眾的夾道歡呼。

酒井對日軍侵佔新馬以及新馬民眾對日軍態度的描述，到底有幾分真實？年老一輩的"昭南島民"再清楚也不過，記者不需在此浪費筆墨。

不幸的是，在日本，這一類美化"大東亞聖戰"的理論，迄今仍然還有其廣大的市場。所謂"日本侵略中國是錯，攻打東南亞是對"的說法，還能迷惑部分頭腦不太清醒的日本人士。

兩個月前，日本國營電視台放映了一部有關東南亞教科書"怎樣教導太平洋戰爭"的記錄片，據說曾經使到不少日本年輕人感到震驚，因為這是他們的教科書向來不教導的。一名13歲的日本小讀者在看了這部記錄片後，就曾經寫信給《朝日新聞》，表示想進一步瞭解這段侵略的歷史。她寫道："被害的東南亞人知道這段歷史，加害者的我們卻一無所知"。

這個小妹妹的心聲，反映了日本年輕一代想瞭解歷史真相的心情。這是一個可喜的現象。

然而，與此相反，也有一部分日本人在看完同一部記錄片後，不但不自我反省，還指責東南亞各國的教科書只記載日本軍部的惡政，而忽視了其"善政"和"貢獻"。一名曾經在印尼住過的日本公司職員，就在《每日新聞》的"讀者之聲"欄中，直接批評東南亞的教科書"不公允"，有損日本與東南亞之間"真正的友好關係"。他甚至公開籲請東南亞各國及時予以"更正"。

部分日本人就是如此相信"戰爭有功"論。他們不但自己深信不誤，而且還要他人也跟着竄改歷史。其無知與糊塗的程度，簡直是達到了令人難以置信的地步。

（一九八三年一月）

日本高官爲何鼓吹"侵略無罪"論？

一名公然主張日本侵略無罪論的日本高官——教育部長藤尾正行，在韓國、中國的強烈抗議下，終於被日本首相中曾根革職。

藤尾的被撤職，暫時緩和了漢城與北京的不滿情緒，也使原定於八六年九月二十日訪問韓國的日相得以如期成行。但是，如果人們因此而認為日本對戰爭、戰犯的翻案風就此平息，或者誤信這只是被革職的教長一時糊塗的"失言"或"妄言"，而與中曾根的政策無關，則是大錯特錯的。

藤尾正行在接受日本著名雜誌《文藝春秋》的訪談時，究竟說了些甚麼話，激怒了周圍的鄰國而引起軒然的外交風波并遭革職呢？

第一、他公然替日本在南京大屠殺的事件辯護，說甚麼"事件真相迄今未明"，并進而表示"戰爭殺人，并不違背國際法"，掩飾了日本向手無寸鐵的中國平民進行大規模屠殺的史實。

第二、他否認一九一〇年日本吞併朝鮮半島是一項侵略行為。他說："假定這是侵略，被侵略者方面也有問題"。他甚至把當年日本的代表伊藤博文（第一任朝鮮總督）以武力威壓韓國高宗皇帝簽約，同意與日本"合併"（實際上是被日本吞併），說成"韓國方面也有責任"。

第三、為了加強日本吞併韓國無罪的根據，他搬出了弱肉強食的霸權理論。他指出："要是（日本）不合併，誰能保證當時的清朝、俄國或者後來的蘇聯，不染指朝鮮半島？"換句話說，朝鮮半島反正遲早都要淪為外國的殖民地，日本把它佔為己有，有何過錯？

引起鄰國強烈抗議

　　日本教長如此替日本侵華、侵韓政策公然辯護，自然遭到北京與漢城的強烈抗議和猛烈抨擊。特別是對於韓國來說，卅六年受盡日本凌辱的殖民統治，是所有有自尊心的韓國人永不能遺忘的。日韓雖然早在一九六五年便簽訂和約，但直到不久以前，兩國首腦人物從未互訪，可見兩國關係之特殊與複雜。為了照顧韓國民眾的情緒，漢城當局在安排前年全總統的訪日行程時，曾要求日本裕仁天皇，向韓國公開謝罪，作為兩國關係真正正常化的先決條件。日本官方則以戰後的天皇不涉入政治為藉口，一再回避。結果是，天皇以"對過去的不幸"表示"遺憾"的曖昧字眼，了結了兩國官方之間的爭執。

　　卅六年的殘暴統治，只是用"遺憾"兩個字一筆帶過，這當然不能令韓國民眾感到滿意。但是，為了確保全斗煥的訪日行程不致於因為歷史問題而告吹，漢城當局只好勉為其難，接受這折衷方案。

　　同樣的，日本官方對於第二次世界大戰期間的侵華行為，一向也是採取曖昧和不肯公開認錯的態度。一九七二年，當時的日本首相田中角榮訪問北京，就企圖將日軍在中國犯下的滔天罪行，說成只是給中國"增添了不少麻煩"，結果鬧得中國總理周恩來差點翻臉。第二天，田中角榮心知不妙，急忙改換口氣，聲稱對日本過去的行為表示歉意，好不容易訪問北京的田中角榮才不致於空手而歸，中日兩國也才得以恢復邦交。

　　但是，日本當局以曖昧語氣，表示"遺憾"或"道歉"，也只是迫於上述無可奈何的"外交顧慮"。任何關注日本戰後政治發展的人士都會注意到，自由民主黨政府從來就不對戰前的罪行進行認真的反省；不但不進行反省，反而處心積慮，要替這段不光彩的歷史辯護。

　　根據東京《朝日新聞》的報導，單單是針對日本統治朝鮮半島的問題，日本高官"失言"引起韓國不愉快的事件就屢見不鮮。下面是幾個著名的例子。

"殖民統治功不可没"

・一九五三年十月,在日韓代表談判恢復邦交的會議上,日本首席代表久保田貫一郎就曾經表示:"日本在朝鮮不但建了鐵路、海港,也開闢了農耕地;在不少的年頭裏,日本大藏省(財政部)還每年撥出日幣兩千萬圓巨款的財政預算。"

・一九六五年一月,日本首席代表(也是三菱電機公司的顧問)高杉晉一在日韓代表另一項談判的記者會上,就説得更加露骨了:"日本在統治朝鮮期間,做了不少好事。也許有人會提出各種不同的看法,但日本確實把朝鮮搞好。如果讓日本再佔領朝鮮二十年,朝鮮相信會搞得更好。"

・一九七四年一月,日本首相田中角榮在衆議院的一項答辯中,得意忘形地説:"在(日韓)合併的長久歷史中,日本在韓國的國民心中植下了兩樣東西:一是教導他們海菜的栽培法;二是傳授日本的教育制度;特别是義務教育制度,迄今仍然繼續被採用。"

很明顯地,上述的論調,不單只是"侵略無罪"論,簡直是"侵略有功"論!

宣揚明治三代美夢

當然,在戰後初期,由於人們對於罪惡的戰爭記憶猶新,日本官方雖然有人早想鼓吹"無罪"論或"有功"論,但多少還有所顧忌,以免遭受各方之非議。但是自從日本一躍成為經濟大國,日本人恢復了戰前所謂"一等國"的信心以來,日本官員就更加肆無忌憚地歌頌戰前殖民時代的"豐功偉績"了。

日本官方美化戰爭、曲解戰前的歷史,是和戰後當局大力鼓吹"愛國意識"與"衛國氣概"的活動息息相關的。事實上,一九六四年奧林匹克運動會、一九六八年明治百年紀念、一九七〇年大阪萬國博覽會,乃至一九七九年西方七工業國經濟高峰會議在東京首次召開,無一不是當局激勵國民牢記明治以來日本國策——富國強兵的良好時機。所謂"早日實現明治以來三代的美夢",說穿了其實就是在鼓吹大國意識。

要鼓吹大國意識,就得"恢復戰前歷史的光榮面貌",切腹自殺的"憂國志士"——三島由紀夫這麼想,日本文部省(教育部)的基本看法也和三島沒有兩樣。這就是為甚麼日本教科書一而再,再而三被令修訂、塗改的原因。

中曾根的戰爭史觀

不過,平心而論,日本真正全面對戰前的歷史掀起翻案風,還是奉行國粹主義的首相中曾根康弘上台以後的事。

一九八五年七月廿七日,也就是中曾根以首相名義前往靖國神社參拜的兩個星期前,他在避暑勝地輕井澤,向自民黨高級幹部發表了具有煽動國民情緒的重要演說。

這篇演說指出,在戰前,日本人奉行的是皇國史觀(即以大日本帝國皇室為中心的歷史觀),但到了戰後,由於打敗仗,卻流行所謂"太平洋戰爭史觀"。他認為"太平洋戰爭史觀"其實就是"東京裁判戰爭史觀",也是戰後萬禍的根源,因為它把日本說得一無是處,是"自虐的思潮"。

為了糾正這"自虐的思潮",他主張清算上述的歷史觀,他高嚷:"戰勝的是國家,戰敗的也是國家。與國家的光榮與恥辱共存亡的,是國民。棄辱求榮,向前邁進,這才是國家、也是國民應有的態度。"

上述演說清楚地表明,中曾根反對"太平洋戰爭史觀"。

所謂"太平洋戰爭",是指一九四一年十二月八日日本偷襲珍珠港至一九四五年九月二日日本簽投降書為止的三年八個月,日本與美、英、荷等國家,在以西太平洋為中心的區域發生戰爭的歷史。這段歷史,日本人的傳統稱法是"大東亞戰爭"或者是"大東亞聖戰"。

將這段歷史稱為"大東亞戰爭"(甚至是"大東亞聖戰"),當然是意味著贊同戰前日本黷武主義者發動戰爭,旨在"驅逐白人,解放大東亞,重建新秩序"的說法。因此,日本雖然打敗仗,但不必有絲毫的罪惡感。然而,如果稱之為"太平洋戰爭",在中曾根等國粹主義者看來,這卻未免令日本人有挫折感和屈辱感。因為,它強調這場戰爭是以大日本帝國偷襲珍珠港為開始,而以廣島、長崎吃原子彈,日軍全面投降為結束。正因為如此,直到今天為止,日本的保守人士(包括歷史學者)還是照舊稱之為"大東亞戰爭"。

至於將"太平洋戰爭史觀"和所謂"東京裁判戰爭史觀"畫上等號,中曾根真正要說的話是:

一、戰後初期在東京開審的戰爭法庭,把日本判為"侵略國",把東條英機等戰爭期間的日本領導人判為"甲級戰犯",完全是戰勝國對戰敗國的審判,既不公平,也不合理。

二、正因為這是勝者為王,敗者為寇的裁判,日本人大可不必因為大日本帝國被判為"侵略國"而有絲毫的恥辱感,也不應根據裁判而將日本戰爭期間的領袖視為"甲級戰犯"看待。

三、日本戰後的所謂"和平憲法",并非日本人自己所要,而是戰勝國強加在日本身上,因此,日本有必要重訂一套符合日本人心願的自主憲法。

四、"太平洋戰爭史觀"(或者是東京裁判戰爭史觀),大大地削弱戰後日本人的"愛國心"與"自豪感"。只有剷除這種史觀所帶來的惡劣影響,重新認識和宣揚日本過去的光榮史,日本人才能挺起胸膛,并以傲然的態度出現在世界舞台。

這些看法,其實也就是中曾根兩年來到處疾呼的所謂"戰後政治總決(清)算"的基礎。中曾根在去年八月十五日,公然以首相身分拜祭包括東條等七名甲級戰犯在內的靖國神社、今年日本教育部批准一本錯誤百出，立論與戰前無異，日人稱之為具有"復古情調"的《新編日本史》教科書，可以說都是中曾根"戰後總清算"的具體表現。

賞識教長進行改革

從這個角度來看，中曾根這回在籌組新閣時，委任藤尾正行為文部大臣，一方面固然是出自派閥鬥爭的因素，不願讓出有甜頭（即有經濟利益）的部門（如國際貿工部、國家發展部等）讓他掌管（藤尾對此大表不滿）；但另一方面，也不能不說是因為兩者的史觀十分相似，中曾根對藤尾的"戰後教育總清算"，寄以極大的期望。

一個多月前，新教育部長藤尾奉召到首相府，就坦率地表達了自己對教育改革的看法。當時，據說深博中曾根的贊許。兩人的一致看法是："日本的教育制度，是在美國佔領日本的時期制定的。四十年來，日本的教育備受歪曲，現在有必要進行徹底的改革。"

在記者會上，藤尾進一步指出：

"（美國）佔領日本時期的政策目標，是要削弱日本的力量，因為它認為發動戰爭的日本是一個壞的國家。在教育方面，當時也深受這政策影響。"

"世界史就是侵略史"

顯然的，藤尾對日本教育的改革，目的也不外是要落實中曾根"戰後總清算"的政治總路綫。他後來大嚷"世界史就是侵略史、戰爭史"以及極力反對日本被稱為"侵略國"，其實也都是中曾根戰爭史觀的翻版。

針對藤尾罷官事件，說得最為坦率的，也許是日本《產經新聞》。《產經新聞》是一家親官方的大報。在一篇題為《支持罷免藤尾教長》的社論中，它認為中曾根罷免藤尾的決定是對的，因為身為內閣部長，藤尾的發言缺乏"照顧外交上的反應"。不過，該社論接着指出，罷官是一回事，但并不等於藤尾的基本看法有錯。為了證明藤尾的基本立論無誤，它還明確地指出：

"藤尾的基本論點和中曾根首相素來的看法并無不同之處。事實上，在去年夏天自民黨的輕井澤研討會上，表明要正式拜祭靖國神社，正面批判東京裁判史觀的，正是首相本人。"

為此，該社論雖然批評藤尾發言不慎和草率，理應罷免，但同時卻主張日本應該利用這個時機，加強對藤尾正確史觀（指批判東京裁判及否認日本是"侵略國"的看法）的認識。

藤尾事件還會重演

《產經》的上述看法，可以説是反映了自民黨主流派對這事件的態度。由此可見，中曾根罷免藤尾，對這次的事件表示"遺憾"，并不意味着日本政府反對藤尾的觀點。恰恰相反，藤尾不引咎辭職，而選擇被革職的途徑，目的正是要間接向日本國民表明：他無"咎"可引，他的基本看法并沒有錯。

在中曾根不駁斥藤尾觀點（反對藤尾觀點，等於是自打嘴巴，中曾根當然辦不到），只強調罷官旨在"照顧鄰國感情"的情況下，今後類似藤尾事件之一再重演，是一點也不令人感到驚奇的。可以預見，只要日本不改變這基本態度，它與亞洲鄰國的關係必然無法真正搞好。日本戰前以來在本區域留下來的醜惡形象，相信也難有真正的改善。

（一九八六年九月）

"昭南"遺臣心態與史觀的剖析

"昭南"是一九四二年至四五年新加坡淪陷期間日本軍政當局強加予新加坡的辱稱。當年在"昭南特別市"工作的官員回返日本之後,成立了"昭南市政會"。一九八六年九月,為了配合該會《昭南特別市史》一書之出版,十餘名遺臣以"昭南市政會"之名義舊地重遊,在新加坡市政廳前流連忘返,拍照紀念。針對該書出版前言中高談"昭南"文官"保護新加坡八十萬市民日常生活"之論調,本地報章曾出現多篇批判文章,喻之為旨在鼓吹"昭南文官有功"論,并引起了一場小論戰。本文為作者對有關問題的看法。

"昭南"遺臣不久前南來懷舊、出書翻案的事件,引起了社會人士廣泛的關注。

事隔四十一年,這些當年在新加坡淪陷期間代表日本統治者的官僚們,為甚麼還要掛著"昭南市政會"的招牌,來搞上述的玩意兒呢?從新加坡人的角度來看,這些六七十歲(乃至七八十歲)遺老們的舉止可以說是令人又好氣又好笑,簡直是"匪夷所思"。本來,把它當作一幕醜劇、笑劇或者是鬧劇,當作飯後茶餘的笑料與話題,一笑置之也無不可。不過,回頭一想,日軍佔領新加坡的歷史(一九四二——四五年)是我國建國前歷史的重要組成部分,也是我國國民意識形成的萌芽階段。對於這段時期任何似是而非的理論,特別是來自歷史翻案風熾熱的日本,不能不以嚴謹的態度對待,絲毫馬虎不得。

珍惜戰後的和平

首先,也許讀者們最感興趣的是,這些遺臣們到底是抱着甚麼樣的心態?在日本國內,他們算不算是典型的"軍國主義者"?日本人是不是真的還想發動另一次"大東亞聖戰"?

先回答後一個問題。以記者個人的旅日經驗和觀察,所得到的印象是:絕大多數的日本人是愛好和平的。他們非常珍惜戰後以來這段和平的日子。因為,自從一八六八年明治維新直到一九四五年日軍投降為止,日本近代史與戰爭幾乎是結下了不解之緣。特別是以昭和為年號的戰前史(一九二六——一九四五年),簡直就是一部戰爭史(日本的亞洲侵略史)。因此,如果有人清楚說明要發動戰爭,要走戰前昭和史的老路,并且發出訊號,戰爭就在眼前,相信大多數的日本人都會表示拒絕和反對。因為,他們目前正在享受着明治百年以來最繁榮、最長久的和平生活(歷經四十一年而無戰爭,這在日本近代百年史上是前所未有的事)。

不堪回首的昭和史

不過,應該指出的是,絕大多數日本人不愛戰爭是一回事,日本國內軍國主義陰魂不散又是另一回事。姑且撇開十餘年來從未平息的日本歷史翻案風不談,戰後以來日本國內從來就未曾對戰前的侵略思想進行過徹底的檢討和批判。這也就是說,在不少日本人腦中,不可避免地或多或少還遺留着戰前的思想,他們并不自覺。也正因為如此,某些在我們看來是"強詞奪理",甚至是"匪夷所思"的侵略思想,在今日的日本卻依然是"天公地道",通行無阻的"真理"。日本人與旅日外國人(特別是亞洲籍外國人)經常發生摩擦,原因之一也在於此。

就以這回"昭南"遺臣組團南來,并冀圖為文官翻案的事件,在我們看來簡直是豈有此理,不可思議;但在遺臣們看來,卻也許會大喊"冤枉",認為新加坡人反應過敏,過於記怨。因為,平心而論,這些遺老們在日本也稱不上是典型的"軍國主義者"。至於替自己的過去塗脂抹粉,出版紀念冊,自我陶醉,也不是他們獨創的傑作。他們也許會振振有詞地說:環顧左鄰右舍,有哪一個參與"支那×××部隊"、"緬甸×××部隊"的前隊員或前殖民地統治官員不搞"戰友會"或"同期生會"(類似校友會)?又有哪一個"戰友會"或殖民地統治單位不出版內部流通的刊物(甚至是公開發行的紀念冊)?既然是旨在"聯絡感情、相互激勵、象徵團結"的"戰友會"與"同期生會",在相聚時自然免不了要懷古和敘舊,這是人之常情。至於酒後大唱軍歌,出版紀念冊以"耀祖揚宗",在他們看來更是理所當然的事。因為這是日本人固有的傳統和習慣。他們也許還會憤憤不平地說:記錄比我們醜惡得多的"昭南憲兵隊"都已出書替自己辯解,"昭南市政會"哪能不"挺起胸膛"宣揚自己的"功績",而落人之後?

舊友相聚自我陶醉

針對遺老們的上述心態與言行,許多較為開明、開放的日本人雖然并不表贊同,也不認為是明智之舉,但卻多少予以"諒解"。"老頭子們在世日子已經不長,他們要重遊舊地、重溫舊夢、自我陶醉,何必去和他們計較?反正他們都是過時的人物,在日本的政治上已經起不了作用。"這也許是曾見過世面的日本朋友最輕鬆的回答口氣。

是的,日本人是多愁善感,也是喜愛團體生活的民族。特別是戰前的昭和動亂史,幾乎每個人或者每個家庭都直接地捲入戰火。父兄死於戰場者有之,本人斷臂負傷者有之;至於遭受東京大空襲、廣島、長崎原子彈輻射塵灼傷,或致死者更不計其數。作為侵略國的日本,人民確也同樣深受戰禍之害。對於這一切不幸,悲慘的過去,日本的"戰前派"(指戰前出生,有過戰爭經歷的年老一輩)

要哭泣、要悲唱、要痛飲、要感慨……，是可以理解的。因為，這是他們內心世界裏永不平靜、永難忘懷的一段"不尋常的經歷"。

針對這段"不尋常的經歷"，如果當事的日本人在茶聚敘舊時，能認清方向，把矛頭對準發動戰爭的日本軍國主義者，并以此相互勉勵，堅決阻止戰爭悲劇的重演，他們的敘舊，無疑是起着積極的作用，值得讚賞。在這一方面，一部分前日本皇軍就開了很好的先例，他們把自己的罪行公諸於世，他們這種勇於認錯誤，決心洗心革面的精神與態度，博得了世人的掌聲與尊敬。可惜的是，在戰後日本的政治氣候與土壤上，這類例子并不多見。

正如前面所述一般，日本戰後從未曾對戰前侵略思想進行過徹底的批判。不但不批判，而且還極力加以美化。特別是近年以來，隨着日本成為經濟大國、技術大國，日本人優越感的情緒更日益高漲。在日本首相中曾根"戰後政治總清算"的路綫領導下，日本國內更掀起前所未有的歷史翻案風。從這角度來看，此次南來的"昭南"遺臣雖然未必每個都有顯著的政治傾向或者翻案的目的（其中不少相信只是沉緬於往日的回憶，珍惜自己"光輝的一頁"），但在客觀上，他們旨在"耀祖揚宗"，替自己編造好話的回憶錄，卻是起着翻案的作用。何況在出版前言中，執筆者還明明白白寫着要求世人對他們"保護八十萬市民"的功績予以評價。

正因為他們滿腦子裏裝滿"昭南"思想，如果我們對他們這回的南來沒有適當表明態度，輕則誤導他們相信自己當年真的并沒有犯錯，重則等於默認他們鼓吹的"文官有功"論。這也就是為甚麼我們不能贊同將遺臣南來當純社會新聞渲染的原因。因為稍有不慎，誤按評語，就可能會助長這些舊統治者的氣焰。這是我們應該引以為戒的。

事關史觀糊涂不得

　　特別應該注意的是，對於戰前接受"大和民族永遠不敗"理論的遺臣們來說，他們能够重打"昭南市政會"的招牌組團南來，并在當年耀武揚威的政府大廈前面拍團體照，其實就是他們精神上的安慰與勝利。（日本官方迄今仍把八月十五日日本投降日稱為"終戰紀念日"，用意也在於此。）對於他們這種不把本地人放在眼裏，忽視戰爭受害者感受的行徑，我們只有猛潑冷水："你們是在錯誤的時間與錯誤的地點串演這幕醜劇！"

　　只有讓遺臣們清醒了頭腦，我們才能進而談所謂"以德報怨"的傳統與精神。不然，接踵而來的，恐怕就是"昭南憲兵隊"在大坡大檢證舊址大拍全副武裝的集體照了。因為"昭南"當年是武官打出來的天下，"文官"拍得，何以"武官"就拍不得？此其理由也。

　　由此可見，遺臣南來的醜劇雖然十分滑稽，令人啼笑皆非，但深一層地想，卻是牽涉到欺人者與被欺侮者的不同感受，侵略者與被侵略者歷史觀差異的問題。在這個事關民族自尊心的大是大非問題上，我們認為一點也糊塗不得。

（一九八六年九月）

日本國際化的障礙在哪裏?

緊隨着發表有關"知識水準"問題（指美國由於有少數民族，美國人的平均知識水平比日本人低）的談話，日本首相中曾根康弘又在阿伊努人問題上"失言"。

中曾根首相是一個自喻為"國際派"的政治家。"連自認為精通國際事務的一國首相之'知識水準'況且如此，等而下之的非國際派政治家以及一般小市民的看法，就更加令人不敢想象了。"誤信中曾根真的是日本"國際派代表人物"的外國人士，在對中曾根的談話表示震驚和失望之餘，也許會作出上述的感嘆。

"不！這只是首相個人的看法。在日本全國一億人口當中，不同意首相看法者，大有其人。"日本傳播媒介也許會忙着解釋。他們擔憂外國人會把中曾根的談話，誤解為日本人的共同看法。

批判首相的談話，澄清日本人的看法，從而消除外國人對日本人的"誤解"，這是重要，也是有必要的。但是，平心而論，在塑造中曾根"國際派政治家"神話（如果說這是"神話"、"虛像"而非"實像"的話）的過程中，日本傳播媒介實際上是扮演着重大的角色。所謂"擅長外交的中曾根"、"隆納德與康弘的蜜月時代"……不正是兩三年來日本傳播媒介競相報導與渲染的話題嗎？

筆者這樣地指出，并不是有意挖苦日本的傳播媒介，更不是旨在反對傳播媒介對中曾根談話的"澄清"與反省。筆者深知，有不少傳播媒介及日本人對中曾根的看法是存有異議的。但與此同時，筆者所要強調及指出的是，日本的大眾傳播媒介，或者說在一般日本人的腦子裏，其實也或多或少（有意的或者無意的）潛伏着類似中曾根的思想意識。

姑且撇開日本大眾傳播媒介最初對中曾根談話的遲鈍反應不談，即使是在美國掀起軒然巨波後，他們所採取的批判與反省的態度，其實也還有值得商榷之處。

對於中曾根談話在海外引起的反應，一部分日本的傳播媒介在承認中曾根"失言"及"日美傳播媒介反應存有差距"之餘，強調這是"單一民族國家"對種族問題或多元種族社會缺乏瞭解與不夠"敏感"的結果。《讀賣新聞》的社論甚至以"日本人沒有種族歧視的意識"為題，否定外電對日本人種族歧視的指責。

日本沒有種族歧視？

今天的日本人是不是真的"幾乎"沒有種族歧視的思想，北海道的阿伊努人、旅日的朝鮮人和中國人以及亞洲籍的留學生，相信再清楚也不過。特別是旅日朝鮮人，他們不但在就職問題上受到嚴重的歧視，其中不少甚至還被迫使用日本姓名（即所謂"通用的名字"），以便減少周圍人士對他們所施予的有形與無形的壓力。至於外國居民被迫押指紋、亞洲籍學生不易租到房間等，更是眾所皆知，有目共睹的事實。

把日本稱為"單一民族國家"，忽視少數民族存在的客觀事實，其實是在重彈中曾根的論調。中曾根"單一民族國家論"後來受到各方（特別是北海道阿伊努族）的批判，正好說明以這項論調作為日本不能理解種族問題的擋箭牌，其實是自欺欺人。

針對中曾根的談話，日本國內的另一項批判是，指他缺乏"國際嗅覺"。對於一位以國際派政治家自居的首相來說，這也許是一項嚴重的指責。但是，必須指出是的，所謂"國際嗅覺"之類的評語，其實是十分曖昧的。

理由是，第一，這只是指出被批判者國際視野之狹隘，而不是着重批判其錯誤的觀點。

并未觸及問題根源

第二是，不少論客之所以作出上述的批判，是因為首相得罪的是美國，即"對最友好的國家缺乏應有的顧慮"。換句話說，他們與其說是在批判中曾根的思想，不如說是基於日本的國益，擔憂原已因為經濟摩擦而鬧得極不愉快的美日關係，會因此而進一步地惡化。

從這個角度來看，上述有關缺乏"國際嗅覺"的反省，與藤尾事件，或者教科書問題及靖國神社問題發生時，日本國內的一般輿論只是強調"必須照顧鄰國的感情"一般，目的并不是真心要反省與糾正戰前遺留下來的錯誤史觀與偏見，而只是為了避免刺激對方的情感。如此這般的反省態度，在我們看來，其實只是周旋在所謂"建前"（TATEMAE，指原則或表面文章）的範圍，而未觸及"本音"（HONNE，指真意）。這對日本與外國之間的真正交流與相互瞭解，是不會有所幫助的。

可以這麼說，只要日本社會對戰前（而非戰後）的思想（包括史觀以及對待其他民族與國家的觀念）不進行徹底的總清算，只要日本及日本人還未完全建立起國與國、人與人之間以誠相待、相互平等的觀念與態度，日本要發展成為所謂"國際國家"，恐怕是不易辦到的。但願經濟大國的日本不會成為"失言大國"。

（一九八六年十二月）

日本人在東南亞的震撼

故事一：十七年前的一個傍晚，一名日本中年旅客獨自在新加坡市區海岸公園散步，看到一座聳立於公園另一角，夕陽照耀下的白色碑塔，心想如果能以此為背景，將一對青年男女納入鏡頭，構圖一定十分美麗。迎面來了一對年輕人，他即趨前表示要替他們拍張照片。正當他對準光圈，作好姿態，指着要以紀念碑為背景拍照時，不料卻遭到男青年的拒絕，并怒喝道："日本佬！你想拍這個幹甚麼？"

日本中年人愣住了。只是想以對方為背景拍張照片，卻受到如此無禮的對待。他百思莫解，滿肚怨火。等到那對青年遠離而去，他跑回頭看那白色碑塔，才愕然發現它是："日本佔領時期死難人民紀念碑 一九四二～一九四五"，其正面刻着如下的碑文：

"一九四二年二月十五日至一九四五年八月十八日日軍佔領新加坡我平民無辜被殺者其數不可勝計越二十餘年始得收殮遺骨重葬於此并樹豐碑永誌悲痛"

至此，中年旅客才明白該青年對他態度粗暴的原因。

在這次事件的衝擊下，他開始留意、搜集了有關日軍在新加坡暴行之記錄，也曾多次到新加坡進行訪談，終於在前年出版了一本有關的書籍。這就是經濟評論家中島正人所寫的：《謀殺的航跡——新加坡華僑虐殺事件》。

故事二：一位先後到新加坡三次，對這兒頗有好感的日本大姑娘，去年訪新時，獨自到印度人聚居地的"小印度區"溜躂，沒想到卻被一名華族老婦丟了一粒鷄蛋，弄髒了白色衣裙。那名年邁的老婦還對她大聲痛述日軍在新加坡的暴行。好在旁人力加勸阻，大姑娘才得以脫身回返旅館。

這個事件給她帶來的衝擊,不亞於前述的中島正人。"日軍在新加坡到底幹了甚麼壞事?事隔四十年,為甚麼還有人對它記憶猶新?"回到旅館,這問題一直困擾着她。回返日本之後,她仍然不能遺忘這次的事件。

為了尋求問題的根源,這名芳齡廿七的大姑娘毅然辭職,在兩個月前隻身飛抵新加坡。她不是專家,也不是學者,她這回到這兒小住幾個月,目的只是要找出一個在日本從未想過,也無法解決的問題的答案。

新加坡人不記舊惡

上述兩個故事,發生在今日的新加坡,是十分不尋常和少有的。事實上,這兒的日本居民(大多數為商社代表及其家眷)有一萬名,每天來往的日本旅客更不計其數。很少聽到有人因為是日本人而受到歧視,或者遇到甚麼難題。說得更加確切些,新加坡對外國人(包括日本人)彬彬有禮,加以治安良好,在日本人之間享有"東南亞最安全國家"之美譽。

本地對日本人客氣與好感,一方面是因為日本已經崛起成為經濟大國,日本在科技、工業方面的成就令人艷羨。特別是年輕人,深受日本文化的影響,更對日本有着深厚的情感。他們愛穿日本時裝,也愛哼日本流行歌曲。非商業性質的日文班開班每每爆滿,更反映了此地"日本熱"的狀況。

人們對日本人採取不記舊怨的態度,雖然未必與"以德報怨"的精神有關,但卻是出自理性的判斷:戰後到這兒的日本商人和旅客,有別於戰前無惡不作的"皇軍"與憲兵。特別是對於戰後出生、與戰爭毫無關係的日本青年,對他們存有成見與怨恨,顯然是沒有必要,也是不公平的。

也許是因為這個緣故,本地人與日本人相處或對話,都避免觸及日治時期的話題。一方面,是不想讓這段往事破壞賓主融洽之氣氛。即使是偶而遇到一兩名開明的日本人士對日軍所為表示歉意,也往往會加以慰藉,表示"這已經是往事,讓我們忘掉它吧!"

日人誤解本地人心理

本地人這種寬大和理智的態度,有時也使一些只看表面現象的日本人產生誤解。

一名在新加坡住了幾年、掌握這兒的語言、與本地人稱得上是打成一片的日本青年,在臨別時曾經對筆者透露其旅居的"心得":

"在離開日本之前,偶爾看到有關本地人對日本不信任與存有警惕心理之報導與評論。來了之後,才發現這些報導與評論其實都是過敏的反應。我在這兒住了幾年,從來沒有人和我提起日治時期的往事。大家對我態度非常親善。所謂戰爭陰影早已消失,本地人對歷史已經忘得一乾二淨。日本某些論客的看法和顧慮,都是多餘與過時的。"

當時,筆者真想告訴這位青年,他的觀察其實只是對了一半。新一代的新加坡人對戰爭往事不甚了了,也許是事實;老一輩對日本人不談或少談"昭南時代"受難史,也是事實。但是,如果因此而得出"新加坡人對歷史已經忘得一乾二淨"的結論,卻不但與事實不符,也是對受害者"不記舊怨,但卻不忘歷史教訓"的心理未充分理解的結果。亞洲各地民眾與日本人相處良好,但對日本竄改教科書,日相中曾根拜祭靖國神社表示不滿,原因就在於此。

日本人之所以會根據表面現象輕易得出結論,或者遇到某些偶發的事件(如本文最初提出的兩個實例)之後,會受到那麼大的衝擊,乃至非重來新加坡,設法找到問題的答案不可,是與戰後日本國內對待太平洋戰爭的態度分不開的。說得清楚些,它牽涉到日本人對史實的瞭解與史觀的問題。

侵略史實被抹煞

說來令人難以置信。日本投降迄今已經四十一、二年，但一般日本人（特別是年輕人）對大戰期間日軍在亞洲各地的所作所為，卻一無所知（當然，有些人是瞭如指掌的，卻百般掩飾）。日本教科書既不記載，一般傳播媒體也盡量避開有關的話題。即使是舉世皆知的南京大屠殺，時至今日仍然有人認為是"虛構的故事"。

有關新加坡大檢證（即日軍登陸後對華人進行大規模屠殺）事件，日本人知曉的可就更少了。在一般戰史或回憶錄當中，日本讀者對新加坡淪陷史的知識，只有下面兩項：一、在山下奉文"YES"與"NO"的威壓下，英軍司令官白思華戰戰兢兢地簽下降書。英國在遠東最重要的軍事基地與統治了一百二十三年的直轄海峽殖民地，從此落入大日本帝國手中，改稱為"昭南特別市"。二、昭南市長大達茂雄（也是戰後首任文部大臣）是一名"愛民如子的父母官"，"備受市民的擁護與愛戴"。

至於"昭南市民"受苦受難的日子，以及平民無辜慘遭屠殺的史實，日本的教科書和一般書刊是隻字不提的。幾年前，難得有一本中學的日本史提到日治時期新加坡人被殺害的數目，它雖然只列為兩萬名，而和本地人一向主張的五萬人數目相去甚遠，但仍然通不過文部省的大關，而被塗改為"六千名以上"。

這就是今日日本與我們對史實認識之差距。

"大東亞聖戰"意識猶存

其次是，有關史觀差異問題。

在我們看來，日本發動第二次世界大戰，錯誤當然是日本無疑。但是，這樣的看法在日本卻未必被接受。二十年前，筆者到日本留學，當時所受最大的"文化震撼"，就是有關他們對戰史的看法。

記得有一回，在一個專為外國人主辦的"日本入門"講座上，一名日本近代史教授在台上口沫橫飛地大談"西力東漸"與日本被迫征韓，乃至發動"大東亞聖戰"的經過，但台下的亞洲青年卻頻頻交頭接耳，紛表不滿，其中有些甚至還喝倒彩，表示難以接受。

也在同一個講座上，筆者第一次聽到日本人在替戰前的行為公開辯護，認為日本發動戰爭是由於受到"ABCD"包圍與孤立的結果。所謂"ABCD包圍論"，是戰前日本軍閥發動戰爭的藉口和理論，A是America（美國）、B是Britain（英國）、C是China（中國）、D是Dutch（荷蘭）。發動戰爭既然是有不得已的苦衷，掀起戰火者當然無過。這就是戰後重彈"ABCD包圍論"舊調者所要達到的目的。

尤其令筆者震驚不已的是，在戰後的日本文化界，居然還有不少人主張"大東亞戰爭有功論"。

一名曾經在戰爭期間擔任《朝日新聞》隨軍記者，目擊新加坡陷落、在戰後擔任某大學兼職講師的知識份子，在一篇題為《馬來戰綫從軍（記者）的回憶》的文章中，就毫不掩飾地流露出他對山下奉文迫使白思華伏降的"激動的感情"。他寫道："現在重讀舊作，我仍然能保持當時的情感。所謂'戰爭罪惡感'的強烈意識，是不存在的。"

他緊接着解釋道："因為中日戰爭是東方人與東方人之間的悲慘戰爭，但是日軍南進馬來半島，卻是以打倒歐洲帝國、協助亞洲弱小民族解放的'大義'的名堂和姿態出現。"

換句話說，這名前隨軍記者要重複的是戰爭前"打倒鬼畜英美、解放大東亞"的理論。日攻打南洋既然有着上述的"重大使命"，日本"皇軍"不但無過，而且應該嘉獎呢！

史觀健全才能國際化

正因為戰前的史觀在日本國內仍有巨大的市場，日本對外侵略的史實及它對亞洲各地帶來的嚴重災害還鮮為日人所知，亞洲人與日人來往，在接觸到歷史問題時難免格格不入，甚至受到"文化震撼"。同樣的，日本人與亞洲各地的交流或者前往各地旅遊時，有時也難免聽到、看到或遇到令他（她）們難以忘懷，或者受到巨大衝擊的談話和事件。本文最早提及的兩個例子，雖然十分特殊，但卻反映了部分日本人在受到刺激之後勇於尋根問到底的決心與精神。偶發事件本身并不值得嘉獎與鼓勵，但部分日本人因此而搞清楚一些史實與史觀，卻不能不說是一項意想不到的收獲。

當然，也有一些日本人在看到或瞭解到別人對戰爭的態度與感受時，不但不加以反省，反而耿耿於懷。十餘年前，某些旅居新加坡的日本人認為"日本佔領時期死難人民紀念碑"建於市中心，有礙日本人的體面，而主張將它遷移至郊外，就是其中一例。他們這種心態，與本年度國際電影節日本影片"緬甸豎琴"，描寫主角水島（日本"皇軍"）在戰後留在緬甸，以便替其戰友（其實就是侵略兵）埋藏遺骨的"悲烈"劇情，以及這部電影在日本引起觀眾的共鳴和"感動"，恰好成強烈的對照。兩相比較，可以看出某些日本人對"內"與對"外"態度之迥異。

（一九八七年四月）

一等國的"二枚舌政治"

自從躍上超級經濟大國寶座之後,日本已經愈來愈接近明治以來的治國目標——"緊追歐美、跨越歐美"。也因此,愈來愈多的保守人士認為,日本應向歐美看齊,擺出與"一等國"身分相稱的姿態。

日本保守人士認為,戰後以來日本在無可奈何情況下,所接受的或自我約制的國家行為準則,都已經到了應該"鬆綁"的時候(最明顯的例子就是,自民黨政府於數月前議決撤銷"防衛不超越國民生產總值百分之一"的許諾)。借用首相中曾根康弘的話就是,日本應該對"戰後政治進行總清算。"

"白種人優越論"導致日本殖民失敗?

在"戰後政治總清算"的旗幟下,許多在過去被認為不宜公開討論的"敏感問題",也都一一在日本報刊出現。其中令人關注的一個趨勢是,不少論者公然否定日本發動戰爭的罪惡性,認為"弱肉強食"是理所當然的事。"歐美能,日本為甚麼不能?"就是在這樣的背景下提出的。

在一個社交場合,一名日本專家曾向筆者表示:"東南亞人對日軍在第二次世界大戰的行為之所以耿耿於懷,主要是因為日本人是黃皮膚,而不是白種人。"換句話說,他認為,"白種人優越論"是導致日本在亞洲進行殖民統治無法成功的主因。事實是否如此?以下想進一步予以討論。

我所認識的一名日本教授也曾思索類似的問題。他并非抱着上述的心態前來新加坡，而是在"日本侵略有罪論"的基礎上，提出下列問題的：

"同樣是外來的殖民者，為甚麼新加坡對日本的印象遠比英國要壞？"

據説有一名青年曾經如此回答："這是好的殖民主義者與壞的殖民主義者區別之處。"

這項回答令日本教授愕然，百思莫解，因為殖民主義者就是殖民主義者，那有好壞之分。我不知道這位青年是故作驚人之語，還是辭不達意，如果真有上述的想法，我認為那絕不是新加坡人普遍的看法。

殖民統治者無論長幼一樣壞

殖民統治者在本質上沒兩樣，日本南進的最終目標，無非是要取代歐美在本地區的勢力，掠奪經濟利益，兩者之間沒有差別。正因如此，否定日本的軍政統治，并不等於肯定英國的殖民統治。道理十分簡單，如果西方殖民統治真的那麼美好，東南亞人也不需爭取當家作主，而白人也不致於被迫退出本地區的政治舞台了。

由此可見，部分日本專家把東南亞對日軍的反感與反抗，歸咎於"白種人優越感論"思想之作祟，説成是只允許白種人君臨，不接受同樣是黃皮膚的日本人統治的心理之反映，其實是站不住腳的。

認真分析，日本軍政之所以迄今仍然給人留下難以磨滅的壞印象，是與下列的史實分不開的：

首先，日本雖是一個後進帝國主義者，但當它崛起成為"一等國"，決定走西方列強的路綫時，那種急於征服亞洲的焦慮心情，及徹底掠奪的殘酷，比起歐美的前輩，只有過之而無不及。

其次是，上述日軍統治當局之心態，具體地表現在中國的是南京大屠殺，在新加坡就是對手無寸鐵的華籍平民進行"大檢證"。

正因為日軍以最殘暴的手段進行統治,并企圖以最短的時間掠奪最大的經濟利益,日本佔領新加坡和馬來半島雖然只有三年八個月,但卻是新、馬史上最黑暗的一段日子。

至於日本有人迄今還在高談當年南進,是為了"驅逐白人、解放東亞"的論調,在我們看來更是早已被識破的荒謬之言,不值得一駁。說得更清楚些,戰前日本人以打倒白種人為名,而大行殖民統治之實的作法,只有增加人們對日本人的反感。這不是"白人優越論"思想的影響,而是亞洲人對表裏不一的日本人極其自然的反應。

官方反覆食言令人疑慮不安

談到戰後東南亞對日本整軍問題的敏感,戰前日本軍政留下的陰影固然是其中一個因素,而戰後日本官方在有關問題上反反覆覆、自食其言與言行不一的態度,不能不說是另一個主因。姑且撇開教科書問題、靖國神社等令人不悅的問題不談,自民黨政府對"軍費不超越其國民生產總值1%頂限"問題態度的改變,不能不使人對日本的動向產生疑慮。

其次,在我們看來,判斷日本是否為亞洲的和平力量,基本標準倒不一定是在1%。因為即使是在國民生產總值1%以下,日本軍力對我們來說,就是巨大的存在。軍費突破1%問題之所以引起人們的關注和感到不安,主要是因為,它原本是日本當局為了消弭各方對日本整軍的疑慮而主動提出的"重大誓言";但是,這項官方一再宣傳、再三保證的"重大許諾",一旦東京認為環境改變或者時機成熟,隨時都可以來個大改變。如此這般善變的態度,怎能不使國際人士對日本官方的言論失去信心,又怎能不使人們對東京今後的任何"保證"不大打折扣?

在去年七月參眾兩院舉行同日大選的前夕,中曾根首相再三表示不會舉行同日大選,後來卻宣布大選且獲得壓倒性的勝利。針對這一點,有人認為,這是日本選民習慣於表裏不一的政治遊戲的結果,也是日本政治令人難以理解之處。但是,即使是如此習慣於虛虛實實的政治遊戲的日本選民,在不久前舉行的一項參議院補選中,也對中曾根首相在銷售稅問題上出爾反爾的態度深表不滿,而把選票轉投給反對黨。

中曾根愛説謊・自民黨堡壘失守

自民黨這回慘敗的選區(本州東北部的岩手縣),向來是保守派牢固的堡壘,補選結果對於自民黨人不能不說是一大衝擊。日本人稱之為"岩手震盪"。推究其因,日本輿論界歸咎於中曾根首相耍弄"二枚舌(指說謊)政治"。

在我們看來,日本撤銷軍費不超過國民生產總值1%的保證,其實就是日本國內"二枚舌政治"的延長,或者說是其"國際版",它將有損日本的國際形象是不言而喻的。

由此可見,日本要贏得亞洲鄰國的信任、要在國際舞台上重新建立其威望,就得先與"二枚舌政治"絕緣,也得放棄西方列強已經走不通的"一等國"的意識。不做到這兩點,日本終歸再陷入國際孤立的境地。戰前是如此,戰後也不會有兩樣。

(一九八七年五月)

日本"國際化"背後的優越感

翻開日本的報章雜誌,幾乎沒有一天不看到日本人在高談"國際化"的課題。從討論政治、經濟、教育的嚴肅文章或座談會,到以小市民為對象的商業廣告,無不強調日本已進入"國際化時代"。像日本這樣一個舉國上下掀起"國際化"熱潮,熱中於"國際化"的國家,恐怕是世上少有的吧!

不錯,日本是必須"國際化"的。隨着日本經濟力量的加強,以及日本與世界各國關係的日益密切,不管日本人內心世界怎麼想,都不能改變對外國人的態度。在外國(特別是美國)施加的強大壓力下(包括迫使日本市場自由化、日圓升值等手段),越來越多的日本政治家、財界人士以及知識份子明白,進行改革與邁向"國際化"道路,是日本在國際社會中求生存、求發展的唯一途徑。

"國際化"的兩個特點與偏差

然而,如果人們進一步加以分析與研究,就會發現到日本的"國際化",或者說是對外的交流,有着下列的兩個特點與偏差。其一是不管是"人"或"物",都有嚴重出超的傾向;其二是,正如許多日本有識之士所指出一般,日本人在"心"(精神)方面的國際化,遠遠趕不上"物"(物質)方面的水平與速度。

所謂國際交流出現"出超"的問題,在"物"方面,充分地體現在日本產品充斥海外市場,以及日本千方百計阻止外國產品進口。在"人"的交流方面,隨着日本成為經濟超級大國(特別是在日圓增值之後),日本人在相對上顯得富裕,日本人被派往外國工作或者到海外觀光的人數,遠比外國人到日本的多。長此下去,兩者差距將日益擴大,是不言而喻的。

至於"心"的"國際化",遠不如"物"方面的進展與速度,問題可就更加嚴重。推究其因,不少日本人將它歸咎於語言障礙或者缺乏交流的結果,也有人認為這與日本社會的獨特性——單一民族社會息息相關。

語言障礙和缺少與外國(及外國人)交流或接觸,這的確是妨礙日本人與外界交流的障礙物。但是,必須指出的是,掌握外語或者擴大對外界的接觸,只不過是為日本人的"國際化"製造有利的條件,或者說是朝向"國際化"的第一步。它與日本人能否擺脫"鎖國心態"的藩籬,未必有着一定的因果關係。

幼小的心靈早已種下民族優越感

筆者所認識的一名日本教授,每年趁着學校的假期,率領學生到東南亞、香港與台灣考察,目的是希望擴大他們的視野,希望培養他們平等對待其他國家與民族的態度與精神,但其結果卻令這名教授大失所望。因為,在學生的考察報告中,他發現到這些在豐衣足食的經濟大國成長下的年輕人,不但不能對受訪的國家與人民有深一層的認識,反而是增進對貧國及其國民的偏見與歧視。

同樣的,一名曾在新加坡日本人學校執教的教師在其學生的作業中,發現到不少幼小的心靈,早已種下日本人的優越感(見小林正弘著《新加坡的日本軍——并談日本人的東南亞觀》)。他們對東南亞的看法,可以說是大人對東南亞的反映。由此可見,單單只是學好外語或者到外國(甚至是到外國居住),未必就能改變日本人對外國(或外國人)的傳統態度,也不一定就是確保日本人在"心"方面國際化的最佳妙方。

宮澤喜一誇大日本社會的獨特性

談到日本單一民族社會的獨特性，這是時下日本最為普遍的一種論調。在回答新加坡總理李光耀向《日本經濟新聞》提出的一項有關日本國際化的質詢時，日本財長宮澤喜一坦然承認，日本人并未具備大國國民的（寬大）胸懷與人生觀。他把原因歸諸日本社會的獨特性——單一民族的社會。他認為這是日本成功的奧秘，也是日本產品受信賴的原因。他認為日本人保守，他不相信日本如果把自己的社會開放，就能像美國那樣，成為一個民族齊心合作，充滿活力的社會。

宮澤的這番話，相信是他的肺腑之言，也是日本國內十分普遍的看法。從我們外國人的角度來看，這樣的論調其實是等於否定日本真正國際化的可能性。

不錯，日本是一個以大和民族為主體（而非全部）的社會，日本有其獨特的歷史與文化（其他的國家與民族亦然），這些都是日本在國際化過程中遇到的難題。然而，如果過份強調與誇大日本社會的獨特性，甚至認為這是日本成功的秘訣或者日本商品暢銷的原因，這其實已經是在鼓吹日本優越論。它與日本人天天高談"國際化"、誓言與"國際化時代"并進的言論，實際上是背道而馳的。

到底是要真正拋棄狹隘的"鎖國心態"，還是要繼續誇大與突出日本社會的獨特性（優越性），這是日本能否邁向國際化道路的分水嶺，也是日本是否會成為國際孤兒的決定性因素。

（一九八七年八月）

國土廳長官奧野爲侵略戰爭辯護

日本國土廳長官奧野誠亮在參拜靖國神社之後，發表有意爲日本過去的侵略戰爭辯護的言論，已經再度引起了中韓等鄰國的強烈不滿和非議。"奧野事件"會不會加劇日本與中韓鄰國之摩擦，而發展爲外交的課題？它對即將紀念中日友好條約簽署十週年的中日兩國的關係，又將產生甚麼樣的影響？這是目前各方視綫之所在。

身爲竹下內閣閣員的奧野，是在四月二十二日參拜靖國神社後，發表有關談話的。在被詢及是以何身份參拜靖國神社時，奧野表示：拜祭祖先是理所當然的事。日本人應團結在以天皇爲中心的神道周圍，今後日本的教科書應教導更多的神話與傳說。在鄧小平談話的影響下，日本人團團轉是可恥的。

爲何抨擊日本侵略？

針對日本被蓋上侵略國的烙印，奧野更憤憤不平地表示：白種人曾據亞洲為殖民地，為甚麼只有日本受抨擊？誰是侵略國？是白種人（的國家）、為甚麼只有日本被抨擊為"侵略國"和"軍國主義"？日本外交當局有必要採取相應的對策，日本人不能喪失其本性。

奧野的上述談話，實際上所要表達的看法是：一、拜祭擺設包括戰犯神位在內的靖國神社，是日本人的宗教行為，誰都不能反對和干預；二、白種人也曾佔領亞洲，亞洲人卻只指責日本為"侵略國"和"軍國主義"，這是有欠公允的。日本應該堂堂正正提出自己的主張,與各國正面周旋到底。

奧野的上述談話,馬上引起中韓報章強烈的反應。中國報章認為其談話目的,不外是要為日本的侵略戰爭翻案,美化日本的侵略行為;各報也對奧野指名道姓抨擊鄧小平,表示不滿。

反映當政者的史觀

至於韓國各報章,更紛紛發表社論和評論,指出奧野的言論已經動搖了韓日之間的友好關係。在一篇題為"奧野大臣的新妄言"的社論中,《韓國日報》除了表示震驚與憤怒之外,還着重指出:問題的嚴重性,與其說是出自一名大臣的妄言,不如說是它反映了日本領導層的思想意識狀態。《漢城日報》則表示:這再次說明了在日本國內,還存在着一股有意歪曲歷史、擁護皇國史觀的強大勢力。

對於奧野的談話以及中韓的反應,日本各反對黨都發表聲明表示遺憾,認為有違中日友好關係的原則。各黨也表示將在國會予以追究。與此同時,日本外交部則擔憂此舉將影響日相八月的中國之行。據《每日新聞》報導,日本外交部對於奧野在這時刻對中國領袖鄧小平指名道姓予以非難,認為是"不適時宜"。

竹下首相出面撐腰

談起日本官員抨擊鄧小平,人們很自然地聯想起去年六月的"柳谷事件"。事緣日本外交部政務次長柳谷由於不滿鄧小平對京都留學生宿舍"光華寮"等事件的批評,公然指名鄧小平是一個不瞭解實際情況的"雲上"的人物,鬧得中日雙方頗不愉快。結果是以柳谷辭職而告一段落。

至於內閣大臣發表"侵略有功"論而出事的,最著名的莫過於前年九月的"藤尾事件"。在韓國與中國的猛烈抨擊下,正在準備啟程前往漢城訪問的前首相中曾根康弘,只好當機立斷,將當時的教育部長藤尾正行革職。

正因為有了上述的先例,一般估計竹下首相在處理"奧野事件"時,雖然不致於會鬧到罷官的嚴重程度,但很可能會重演自民黨的拿手把戲,將之歸為"失言",道歉了事。

然而,事實上,在四月二十五日國會的答辯中,奧野長官除了表示對其言行引起摩擦將予以留意之外,并不準備收回其談話,也不準備進行反省。與此同時,竹下首相表示此事件不會影響他八月到中國的訪問。官房長官(內閣秘書長)小淵惠三更進一步補充:奧野的談話并沒有誹謗他國之意。

大國意識洋溢無餘

在表面上似乎比中曾根的鷹派色彩淡薄的竹下,為甚麼對這回鬧出外交風波的閣僚,採取上述寬懷,甚至是撐腰的態度呢?

此間觀察家相信有下列的幾項理由:

一、日本人大國意識日益加強,認為是已經到了可以無所顧忌,暢所欲言的時候。

二、與中曾根相比較,竹下政治地位十分穩固,他不需要過於依靠外交得分來維持其政權。

三、中國正在推行現代化政策,非依賴日本的經濟與科技援助不可。日本官方不相信北京會基於政治原則而對東京採取過於強硬的態度。此刻不迫北京作出政治讓步,還待何時?

四、日本的傳統外交是絕不作出絲毫多餘的讓步。迄今為止,據官方收集到的情報,中韓并未有提出正式抗議的外交動向,東京可以處之泰然。

五、在戰後的日本政治外交史上,自民黨人對於"敏感問題"所採取的態度,就是多談與多碰,而最終使它成為"鈍感問題"。日本歷屆政府曲解戰後憲法,就是採取如此之手法。在"藤尾事件"

之後,再來個"奧野事件",其衝擊力已大為削弱。以後如有人再來鬧個甚麼事件,誰都習以為常,而"日本侵略無罪論"或者甚至是"有功論",不但不會被批判,而且還將在日本國內擁有更大的市場。

"誠實外交"受到質疑

除此之外,有人甚至懷疑奧野在這時刻發表如此言論,是竹下政府為試探鄰國反應而放出的風球(以便得寸進尺,進行某些政策)。日本外相宇野宗佑即將於五月訪中,竹下也將於八月到北京訪問,在他們飛抵北京之前,先試探北京在十三大之後,對日本政治、經濟問題態度是否有所改變,無疑將有助外務省擬定其對華的新方針。

無論如何,以"語言清楚、意思不明朗"著稱的竹下首相,默許一向主張修憲論的奧野發表上述的言論,絕非疏忽與偶然。這顯示了成立即將半年的竹下登內閣,不但將繼續推行中曾根'戰後政治總清算'的路綫,也將同意推售戰前的史觀。從這角度來看,竹下登上台初期標榜的'誠實外交'能否獲得亞洲各鄰國的信賴,是令人感到懷疑的。

(一九八八年四月)

"奧野鬧劇"帶來的訊號

持續了三個星期的"奧野鬧劇",總算以奧野被迫辭職而告閉幕。但,奧野事件所含的政治意義及帶來的危險訊號,并不因此而成為過去。

日本國土廳長官奧野誠亮是由於發表"日本并沒有侵略意圖"、"蘆溝橋事件乃偶發"……等言論,引起中韓等鄰國之不滿和抗議,而被反對黨硬拖下台的。

日本內閣大臣因發表類似言論而出事的,奧野并不是第一個。前年,前文部大臣藤尾正行就曾經因為公然主張"日本侵略無罪論",而被當時準備訪韓的首相中曾根罷官。

得寸進尺氣焰囂張

如果我們回顧三個星期來事件發展的過程,以及竹下內閣的處理方法,倒可以發現到這一事件的如下特徵。

首先是,奧野得寸進尺,氣焰囂張。

在為這次的事件作總結時,一家日本報就曾經這樣地指出:奧野曾有幾次機會可以把問題化小,但他卻一再將它擴大。

其一是,如果他在四月二十二日參拜靖國神社及抨擊美國佔領軍禁止公務員參拜靖國神社之後,不否定日本發動侵略戰爭,也許不會引起中韓強烈的反應。

其二是,在他否定日本為"侵略國"之後,中韓曾有強烈反應。不過,當日本外相宇野宗佑訪華時,中國新外長錢其琛只是輕描淡寫，指出："日本的一名內閣大臣發言有欠禮儀"。這項發言曾被日本視為北京有意放軟態度，不願意將問題擴大。但奧野并不因此而告罷休。

五月九日，他在眾議院的一個委員會上，進一步表示："大東亞戰爭當時，日本并無侵略的意圖。我認為東京裁判只是勝者強加於敗者身上的處罰。"

其三是，為了早日收拾這事件，外相宇野在五月七日的參議院外交委員會承認，中日戰爭是'軍國主義發動的侵略戰爭'。

"蘆溝橋事件是偶然發生"

緊接着，在五月十一日的參議院國會上，竹下首相曾表示："對於國際上批評日本戰前之行為係侵略？（日本）曾表示接受。對於這個（接受批評的）事實，政府有必要予以充分的認識。"針對竹下這個"迂迴"而不爽朗的談話，奧野雖然表示沒有異議，但接着卻強詞奪理地表示：

"日本稱中日戰爭為事變。日中戰爭是以蘆溝橋為導火綫的。但據美國目前駐日本大使賴叔華著作的記述，這是一個偶發的事件。我也有同樣的看法。"撇開奧野是否對賴叔華著作斷章取義不談，把精心策劃的侵華事件說成是"偶發事件"，只有把問題鬧僵，并將它提升到無法解決的境地。在內外的強大壓力下，奧野只有選擇掛冠而去的道路。但從其不顧史實、日益強硬的發言中，卻可以看出其囂張程度。

這次事件的第二個特點是，與藤尾事件速戰速決相比較，奧野事件不但拖延時間甚長，而自民黨內鷹派人士公然對奧野表示支持的，也為數不少。

其一是以龜井靜香少壯派議員為首的"國家基本問題同志會"，迅速召開緊急會議，表明支持奧野的態度。

其二是，在內閣會議上，居然有其他的大臣（如經濟企劃廳長官中尾榮一）正面支持奧野。

其三是，在四月二十二日，伙同奧野前往靖國神社參拜的國會議員（其中有六十一名由其秘書代表出席）共有一百五十人，包括自民黨秘書長安倍晉太郎等，在三百餘席的國會議員中，居然有一百九十名議員響應"全體國會議員參拜靖國神社之會"的號召，足見自民黨內與奧野看法相接近者，大有其人。

竹下採取放縱態度

奧野事件的另一特徵是，竹下首相及其助手內閣秘書長小淵惠三自始至終，對奧野採取放縱的態度。這種態度曾引起人們對竹下協調能力產生質疑，也引起反對黨追究首相當時委任奧野之責任。（奧野一向以提倡修憲聞名，日人稱之為"確信犯"）。

然而，尤其令人不能不關心和發人深思的是，竹下與小淵在史觀問題上，到底與奧野有何不同之處？

竹下與小淵態度不明朗，不只表現在他不盡量保持沉默，支吾其辭，也體現在他們處理事件的手法中。

針對奧野發言，竹下先是為他撐腰，表示奧野只是發表其史觀，而不是嚴重的問題；等到問題發展到難以收拾，才說："奧野一系列的談話，有欠前後一貫之脈絡。"算是他對奧野的最大指責。至於作為內閣秘書的小淵，則不僅三番四次要替奧野掩護，甚至還曾表示：奧野的看法，"并未超越內閣統一看法之範圍"（這也許是由衷之言）。據日本報刊反映，兩者也未曾對奧野施加任何壓力，要求後者收回談話或道歉。這與被公認為推動戰前史觀的中曾根，在藤尾事件上採取速戰速決的罷官行動相比較，可以看出竹下對推行"戰後政治總清算"路綫之熱忱，比起中曾根只有過之而無不及。

強調對外交的顧慮

與藤尾事件相比較,奧野事件也有共同或相似之處。

其一是,不管是執政黨或反對黨,都不把這事件的焦點放在批判奧野的錯誤史觀,而是強調應照顧外交上的反應。這樣的態度,無疑將產生如下的兩項效果:一、錯誤史觀未受徹底清算,類似藤尾與奧野的事件今後將會層出不窮;二、只強調"照顧外交反應",而無是非之分,實際上在國民之間製造了這樣的印象:奧野是受到"外壓"(外來壓力)而辭職的。這無疑是給高舉"反對干涉內政"旗幟的"國家基本問題同志會",提供理論根據。奧野在辭職時,振振有詞地表示他并沒有錯誤,要求傳播媒介以"國益"為重,以及矢言要繼續為日本"獨立國"而奮鬥,正是因為日本反對黨不敢正面批判奧野問題本質的結果。

國內喪失制衡力量

在一篇題為《不許醜態再次出現》的社論中,《東京新聞》即一針見血地指出:支持奧野者對日本過於照顧中韓看法深表不滿,而卻忘記了不給鄰國帶來不安,堅持和平原則,才是日本所應負起的重大責任。

一名文藝評論家加藤典洋則指出,對奧野談話不滿的,首先應該是日本人。因為在戰爭中,不管是日本人或外國人都因而成為犧牲者。如果是二十年前,這肯定搞成為"國內問題"。然而,在今天,這原來應該引起國人不滿的"國內問題"卻未出現,而轉化為只是中韓不滿的"國際問題"。但并不能因此而解釋為我們輕易受外國人的影響,而應理解為日本國內已逐漸喪失制衡的力量。這是值得人們關注的問題。

與藤尾事件相同,日本的部分傳播媒介將會藉此良機,宣傳戰前史觀,是不言而喻的。實際上,兩天來已有部分報章表示,奧野作為大臣，發言確有不慎之嫌，但他的言論也有值得深思之處。一家親官方的報章甚至不顧史實地指出，"蘆溝橋事變乃偶發事件"之說，在學界是大多數派。

　　日本是當今世界首富的經濟大國，竹下領導的自民黨在國會中又佔三百餘席的絕大多數票，日本的大臣（已辭職的或尚未辭職的）當然可以暢所欲言，變黑為白，但人們卻不能不產生如下疑問：

　　如此與世背道而馳的理論和行動，將把日本帶到甚麼方向？日本口口聲聲要搞好國際交流和文化交流，而連基本的史實都不肯承認，各國與日本之間的距離哪裏能够縮短？又有誰會相信日本的誠意？

（一九八八年五月）

日本電視台怎樣傳達戰爭真相？

　　日本的傳播媒介是否真的願意讓下一代瞭解第二次大戰的真相？日本國營電視台（"日本放送協會"，即NHK）當局不久前突然下令停止播映一名菲律賓前女演員敘述其戰爭經歷的節目，再度引起了各方對這問題的關注與懷疑。

　　菲律賓前女演員科拉桑·諾布禮（62歲）是在NHK為紀念戰爭結束43週年的一系列節目中接受訪談的。該系列節目的總題為"你知道戰爭嗎？——給孩子們的話"，已於8月1日開始，分六天播映。科拉桑出場的節目是第五天，其題目為"那時嬰兒剛剛才誕生——日軍佔領馬尼拉最後的一天"。

　　在接受訪談時，科拉桑告訴訪員，當時（1945年2月）她留在醫院，剛剛生下嬰孩，只見日軍衝入醫院，不分青紅皂白地進行屠殺。當時留院的共有150人，大都難逃其劫。她的嬰兒也慘受其害。

"太過殘酷不宜播映"

　　這項節目原定在8月5日（也就是廣島被炸紀念日8月6日的前一日）播映，但卻突然被令取消。理由是：①在該系列節目中，其他五天都未談起屠殺事件，只有第五天談屠殺，將使整個節目缺乏連貫性。②有關內容對孩子是否恰當，必須慎加考慮。③科拉桑所敘述的事件，有待進一步調查與研究。

　　不過，據參與該項節目工作的廣播局職員的反應，當局取消該節目的真正原因是由於科拉桑的敘述"太過殘酷"、"令人震驚"。

與此同時，據說下令停止播映的負責人還表示："日本國內也有人認為屠殺是不得已的。"他反對讓亞洲人談戰爭經歷，認為不容易處理。為了填補該節目的空白，該電視台後來找到了一名日菲混血兒（父親日本人，母親菲律賓人）出場頂替，敘述其個人體驗。

日本國營電視台處理上述節目的態度，無疑向人們提出了下列的幾個問題：

首先是，該節目既然標榜要教育下一代，就不應該諱忌亞洲人敘述他（她）們深受日軍迫害、屠殺的真相。日本電視台每年8月反復播映廣島、長崎被炸的鏡頭以及描繪東京大空襲的情景，卻不讓新一代瞭解日本侵略曾給亞洲各地人民帶來痛苦和災害，其結果只有讓日本青年人對第二次世界大戰的歷史產生偏差與錯誤的看法。這對日本青年一代與亞洲人之間的相互瞭解與交流，肯定有害無利。日本人與亞洲人對歷史的認識一直存有距離，日本傳播媒介對有關問題的處理態度和手法，不能不說是原因之一。

"屠殺事件乃不得已"

其次是，在播映日本人談論戰爭體驗的節目時，很少聽到有人懷疑敘述者所述之悲慘經歷是否與事實有所出入，但如果對方是外國人（特別是受害的亞洲人），日本的一部份人士（包括以國益為至上的某些史學家）卻往往提出質疑和採取否定的態度。日本迄今還有人不相信新加坡曾有大屠殺事件，甚至散播"南京大屠殺是虛構的故事"，正是如此心態之反映。日本放送協會藉口"有待調查"而停止播映有關節目的理由，是沒有說服力的。

至於以日本國內有人認為"當時的屠殺是不得已"為理由而取消該節目，這就更完全是站在侵略者的角度來談戰爭問題了。以此類推，新加坡大檢證與南京大屠殺都可以此為藉口而予以否定，還談甚麼"教育意義"？

值得注意的是，一部份日本人在盡量沖淡日軍罪行與替戰前軍人掩飾過錯的同時，對於美軍當時轟炸廣島與長崎，卻肯定不會贊同"是不得已"的說法。兩相比較，足見某些日本人對"內"與對"外"尺度之不同。

日本成爲受害國？

正是在上述的背景下，不久前《朝日新聞》向全國1800名日本中學生進行民意調查時，居然有70%的中學生認爲在第二次世界大戰中，受害最大的國家是日本。至於認爲中國受害最深的日本學生只有8%，認爲朝鮮半島慘受其害的只有3%。理由是，日本被投下原子彈。

廣島與長崎的犧牲者是值得同情的，原子戰爭、核子戰爭也應該反對。但與此同時，必須強調的是，原子彈受害者是日本發動戰爭的犧牲品。至於亞洲各地人民在日本蹂躪下所遭受到的痛苦和損失，豈止於廣島與長崎之程度！

在紀念8月6日與8月9日廣島與長崎受炸及反對原子、核子戰爭的同時，日本人是有必要銘記上述史實的。

（一九八八年八月）

從日裔美國人獲賠償問題談起

"這是日裔美國人等待了四十年的法案!"

"這是經過四十餘年才爭取到的表現自由!"(指為慶祝法案成立而剪斷象徵拘留營的鐵絲網。)

在報導日裔美國人欣聞美國總統里根簽署"市民自由法案"(強制拘留賠償法)時,日本報章不忘作出上述之按語。

經過四十多年,美國國會和白宮才"良心"發現,承認第二次大戰期間基於種族歧視的理由,將十二萬無辜的日裔人士關入拘留營是一項錯誤的行為,這在時間上,誠如日本報章所報導一般,"為時稍晚"。因為,有不少身受其難的日裔美國人已經離世而去,他們既無法接受二萬美元賠償費,也不能在有生之年恢復其受辱的名譽。

但是,如果我們從另一個角度來看,經過四十年之久,美國國會和白宮還能基於人權、人道與良知的原則,設立調查庭,徹底追究戰爭期間美國政府的錯誤措施,不能不說是美國民主制度健全之所在。(不久前,在一份雜誌主持的"對談"中,日本的亞洲問題專家田中宏教授就向筆者清楚地表明了這一點。)因為只有在公開承認錯誤及徹底追究錯誤根源的基礎上,才能防患於未然。

尤其值得注意的是,有關賠償每人二萬美元及公開正式道歉的法案,是在美國經濟力量江河日下,美日貿易摩擦加劇聲中通過和成立的。這不能不令人對美國的"大國風度"與"良知"予以崇高的評價。

反觀日本在戰爭期間不知從舊殖民地帶來了多少勞工,強制他們到危險的礦山等地工作,但卻從未聽到有任何日本機構有意調查他們當時受盡折磨的情況，當然更談不上對他們的正式道歉或賠償的問題。不僅如此，這些當時被強制帶到日本的勞工及其後裔，迄今仍然受到日本社會的嚴重排斥和歧視。今日旅居日本，無法享有平等市民權力的數十萬韓僑，有不少就是當時被強硬拉到日本的勞工及其子弟。

至於戰爭期間日本在亞洲各地所犯下的滔天罪行，以及對無辜市民進行屠殺的事例，更不計其數。日軍在攻入新加坡之後，進行名為"肅清"的檢證大屠殺（當時被"檢舉"的華人七萬餘名，屠殺人數估計為五萬名）是其中一例；"南京大屠殺"更是眾所皆知的事實。

然而，針對上述之史實，日本不但不反悔和反省，反而是在力圖掩飾和竄改。在日本國內掀起翻案風潮的今天，不少日本人不僅不承認日軍曾在新加坡進行大屠殺，甚至認為南京事件是"虛構的故事"。

（一九八八年八月）

剖析日本的派兵法案

1990年10月12日日本官方提出旨在派兵海外的"聯合國和平合作法案",本文作者針對該法案提出的淵源背景、官方的理論根據以及各方反應等分別撰文分析。

（一）與和平掛不上鈎的"聯合國和平合作法案"

日本國會正在熱烈爭辯一個名為"聯合國和平合作法案",實為"海外派兵"的法案。

東京當局是以8月初伊拉克侵略科威特為藉口和導火綫,提出上述法案的。在過去短短的兩個多月裏,官方與大眾傳媒先是檢討日本在提供"金錢與物質"之外所能作出的貢獻,後是決定派遣民間人士前往協助醫療、救護等工作。緊接着,官方表示將派遣自衛隊執行"非軍事"任務。到了10月3日,自衛隊的一名發言人索性指出執行任務的自衛隊不僅應攜帶隨身武器,而且還應有"地對空導彈"的應戰能力。至於被派遣的軍人,官方先是強調從事醫療的"防衛醫官"（即軍醫）,後是表示在出差時以"外交部人員"身份與名稱赴任,到了10月12日"聯合國和平合作法案"提出時,自民黨政府正式建議自衛隊以雙重身份姿態出現。換句話說,日本官方準備成立的"聯合國和平部隊"實際上就是以自衛隊為主體的一支軍隊。該軍隊雖然在名目上是由首相海部俊樹率領,而實際上是由副統帥的防衛廳長官所指揮。（日本軍部甚至一度主張由防衛廳全權控制,但礙於國內外之輿論而作出讓步。)

天下太平氣氛何去了?

日本戰後的憲法規定日本不得擁有軍力(但在實際上當局已通過曲解憲法的手法而將"自衛隊"發展為軍事開銷僅次於美蘇,具有高度作戰能力,世界有數的現代軍隊),當然更嚴禁派兵海外。然而,在過去短短的兩個多月裏,日本官方與大眾傳播媒體卻從放出"送人出國,作出貢獻"的試探風球,發展到公然主張在不修改憲法的情況下也可以派兵出國,乃至在國會上公然辯論旨在派兵海外的"聯合國和平合作法案"。如此一再升級之言論與步伐,再加上部份論客在報刊與電視上的渲染,頓使日本列島從"天下太平"之氣氛轉入彌漫派兵的緊張空氣中,其間速度變化之快,不能不令人感到驚訝與恐怖。

尤其令人感到憂慮的是,針對官方如此急於派兵,否定戰後和平憲法精神的言行,戰後以來曾經"談戰色變"的日本國民在最初的一個月裏居然無動於衷(或者是投訴無門?)。至於一向標榜"和平憲法"至上,在韓國總統盧泰愚今年5月底訪日時高舉"憲法神聖"旗幟,不許天皇"道歉"的日本大報,不是積極加入"修憲派"或者"憲法擴大解釋論"的行列,就是保持低姿態。(直到10月中旬國會開始辯論有關法案,以及各鄰國相繼正式表態之後,才可真正聽到與日本官方不同的"雜音"。)這到底是日本國情起了根本的變化?還是日本國內的輿論已經喪失了制衡的力量?

官方視和平憲法爲障礙物

要回答上述的問題,就得先談談日本官方一向對派兵問題的真正看法,以及分析日本各大報這回所採取的基本編輯方針與態度。

針對戰後日本的"和平憲法",儘管日本官方經常以此作為擋箭牌,四處遊説亞洲國家相信戰後的日本有別於戰前,但在內心裏,自民黨政府早已將該憲法視為妨礙日本整軍的障礙物。因此,如何設法修改憲法或者擴大對憲法第9條(即不許擁有軍力之條文)的解釋,便一直成為日本當政者面對的重要課題。

然而,由於戰後國內彌漫着"厭戰"的情緒,日本官方知道要通過修憲手段達到全面整軍的目的並不容易,因為它必須獲得國會三分之二票數通過。特別是在去年參議院選舉,執政黨處於劣勢之後。當局要通過正常民主程序進行修憲更顯得不太可能。為此,自民黨人雖然一直都在研究修憲方案以及抨擊該憲法為戰敗憲法,主張制定"自主憲法",但深知無法説服國民,而只好採取迂迴的方式進行。所謂迂迴的方式有二,其一就是逐步擴大對憲法的解釋,將憲法抽筋去骨,使它成為虛有"和平"之名,而無"和平"之實的廢紙團。其二是利用一切機會,鼓吹狹隘的愛國意識,藉以治療國民的所謂"恐戰症"。60年代末期日本前首相佐藤榮作鼓勵國民應具有"保衞國家之氣概",80年代初期前首相中曾根康弘提出"戰後政治總清算"的路綫,乃至日本國內從未停息的教科書竄改事件和靖國神社參拜問題,無一不與當局企圖剷除整軍"障礙物"的目標有密切聯繫。

極力鼓吹大國意識

由此可見,所謂戰後日本有意扮演"和平大國"的角色,或者是所謂日本戰後已改變戰略,決心通過和平手法達到戰前以軍力達不到的目的的説法,其實只是表面的現象。在不少信仰弱肉強食,強者有理的自民黨人眼中,日本在戰後之所以在軍事方面保持低姿態,只是不得已罷了,一旦時機成熟,日本還是要走"富國強兵"的道路的。

事實上,自民黨主流派真正的想法是,日本最終目標仍然還是要成為稱霸全球,"名列第一"的強國,而這目標的實現必須以強有力的軍事力量作為後盾。鷹派議員石原慎太郎與財界要人盛田昭夫合著的《日本可以說"不"》一書之所以在日本國內被吹捧得那麼高，說穿了就是它符合當前日本國內鷹派準備向自由世界盟主——美國挑戰的心理。近幾個月來，日本論壇不斷出現有關日本應否安於"第二把交椅"的論爭，充分地反映了日本國內的大國意識已經在輿論界處於主導的地位。

"名列第一或第二的世界大國，當然要扮演與自己的身份相稱的國際角色"，這便是官方與論客們討論對中東之"貢獻政策"時向國民說教的主要法寶。而日本國民最初缺乏敏感的反應，一方面，固然是與日本主要傳媒的輿論誘導方向有關；另一方面，不能不說是多年來日本國內不斷鼓吹大國意識的結果。

（二）日本為何急於派兵海外？

從日本官方曲解憲法的手法與鼓吹大國意識雙管齊下的攻勢中，人們不難看出，只要假以時日，當局意圖突破憲法禁例，完成海外派兵的心願必將得逞。日本官方原本不需倉促提出破綻百出、自相矛盾的"聯合國和平合作法案"。（自民黨內的慎重派對這回的派兵法案之所以採取消極態度，其中不少人就是擔心它將打草驚蛇，而使自民黨長期以來迂迴手法的努力前功盡棄。）到底是甚麼迫切原因，迫使日本非在此時提出這項法案呢？外國人難以理解，日本民眾也摸不清底細。特別是當美蘇冷戰時代結束，世界朝著緩和方向邁進的時刻，日本官方與論客們慷慨激昂叫囂派兵的舉止言行，不能不令人感到與時代的潮流完全背道而馳。

準備建立"國際新秩序"

針對上述問題，日本官方與主張派兵的大報章之回答是：正因為時代在起大變化，日本不能不躋身於國際舞台，參與制定"國際新秩序"。換句話說，在日本鷹派眼中，日本戰後之所以擺低姿態，是由於當年日本是戰敗國。現在，眼看着維持戰後40多年的美蘇冷戰體制將全面崩潰，日本當然要抓此良機，乘隙而入，從而扮演舉足輕重的角色。為此，去年美蘇首腦馬爾他會談以來，日本官方與大眾傳媒就不斷鼓吹建立"國際新秩序"。"新秩序"三個字，對於某些日本人來說，是頗為留戀與令他們談起來眉飛色舞的。因為大日本帝國當年就是高舉着"建設大東亞新秩序"的旗幟而意圖稱霸全球的。

既然要積極參與制定"國際新秩序"，日本當局更痛感到非有一支可以隨時開動出國的軍隊作為後盾不可。於是乎，如何說服國民，進一步同意派兵海外，就顯得有其迫切性了。但環顧全球，各國都在朝着裁軍與和平的方向發展，日本要以甚麼名堂向國內外解釋日本非在此刻整軍不可呢？這是美蘇馬爾他首腦會談以來日本官方苦惱之所在。

緩和帶來軍部危機感

尤其令日本主張"海外派兵"的論客與軍人深感憂慮的是，日本戰後的自衛隊是以中國和蘇聯為假想敵而成立與成長起來的。1978年，隨着中日和平條約的簽署，日本防衛廳只好把整軍重點轉為強調"來自北方的威脅"。由於日蘇之間存在北方四島的領土紛爭，再加上1979年蘇聯進軍阿富汗，日本當局即乘此良機向國民訴說自衛隊存在與加強的必要性。至於亞洲各國，眼看着越南與蘇聯相繼侵略鄰國的行為，也把注意力集中於莫斯科與河內，而放鬆對日本軍備監視的注意力。正是在上述的背景下，日本軍力十年來有了長足的進展。日本不但提出1000海里防衛綫的主張，也撤銷原本向各國許下的"軍費開銷不超過國民生產總值百分之一的頂限"的諾言。

但是，隨着蘇聯領袖戈爾巴喬夫明年春天的到訪，以及北方領土問題的可能將告解決，戰後以來日本官方激勵國民愛國情緒的最好教材"北方領土"問題即將消失，而多年以來作為日本軍事擴張的最佳藉口——"北方威脅"也已不存在。在上述背景下，別說是進一步擴展，即使是現有規模的軍事開銷與軍力是否有必要繼續維持，也將受到國民質疑。換句話說，國際緩和對於日本鷹派並不是一件好事，它對於準備大顯身手的自衛隊來說，甚至還帶來了一定的危機感。

"千載難逢的良機"

面對着上述的新格局，急於扮演"國際重要角色"的日本鷹派的做法有二，一是等待良機，二是製造新危機。借用一名日本評論家的說法，伊拉克侵略科威特事件就是日本鷹派等待已久、千載難逢的良機。利用着這個良機，日本官方與大眾傳播媒介在過去的兩個月裏（特別是最初的一個多月裏），可以說是開足馬力，大事渲染"人質問題"與"國際道義"論。

針對"人質問題"，日本報刊與電視大事渲染，一方面固然與日本大眾傳播媒介，一向以日本人為中心的傳統報導特徵有關（例如，飛機失事時如有日本人遇難，日本傳媒必詳盡報導與追蹤。反之，則往往不將它當為一項新聞處理）；另一方面，也是旨在製造日本人的危機感。

8月24日，自民黨內有力的總裁候選人渡邊美智雄在訪問曼谷時，就主張自衛隊應該派遣掃雷艇等到中東。他說：

"派遣醫療船及派遣自衛隊去保護日本人，日本國民是不會反對的。"

鼓吹保護日本人論調

緊接着,在一篇題為:《令人失望的政府中東貢獻政策》的社論中,保守的《產經新聞》就這樣地指出:

"日本的石油有百分之七十是來自中東,因此在事實上已受到威脅。另外,又有480名日本人(直到8月29日為止)被扣為人質。遇到如此危機,我們如果派遣自衛隊,可以説是正當的措施。"

正是在如此"保護日本國民"的聲浪中,最怕被套上"非國民"高帽的日本大報在最初的一個多月裏,幾乎都同意這樣的看法:日本非在"金錢與物質"之外做出貢獻不可。如此這般的輿論,無疑就為當局後來得寸進尺,提出"派兵論"提供了良好的言論基礎。

派兵論者旗開得勝,咄咄逼人,就是在如此危機感製造成功的氣氛中開展和進行的。

(三) 戰後日本派兵論系譜

談起"海外國民保護"論,或者"海外資源為日本之生命綫"等論調,稍微留意亞洲近代史的人都會聯想起戰前日本官方鼓吹的相似言論。日本當年就是以"滿蒙為日本之生命綫"為理由,對華發動侵略戰爭的。

"馬六甲生命綫"論

説也奇怪,像這樣明顯是為了發動侵略戰爭而製造的理論,在戰後的日本並未受到徹底的批判。早在60年代,當日本的經濟勢力南進擴張時,日本的財界人士就提出了"馬六甲海峽生命綫"論。論者清楚表示,日本的石油進口幾乎都得通過馬六甲海峽的航道,日本不能坐視這個航道受到任何形式的威脅。當時戰爭結束才20年，人們對日軍的殘暴行為與"滿蒙生命綫"論的記憶猶新，因此，日本財界一發出如此之論調，就馬上遭受亞洲各國人民與日本國內愛好和平人士的嚴正譴責。正是在國內外輿論的聲討下，叫囂一時的"馬六甲生命綫"論一度銷聲匿跡。

不過，類似的想法，或者説為自衛隊製造出國藉口的論調始終並未離開過日本的論壇。這些看法，有時是以比較隱晦而含蓄的形式出現，有時則單刀直入正面提出。

在過去的20年裏，先後曾引起各方注意與爭論的就有下列的幾種論調。

"海盜制壓"論

其一是"海盜制壓論"。

事緣70年代初期，從菲律賓載滿木材或其他貨物的日本貨船經常在菲律賓的港口或其領海遇到"武裝集團"的襲擊。針對上述事件，日本國內有人主張日本應該考慮採取強硬有力的措施。日本船員工會的機關報《船員新聞》就曾經刊出一篇題為"在無法地帶，為自衛該否武裝？"的專訪特稿。其中一名海員的看法是："如果可能的話，應該修改憲法。我真想日本有一支海軍為我們護航。"

無獨有偶，被認為是"開明"的日本大報——《朝日新聞》也在同一天（1971年8月9日）發表了一篇題為："菲律賓海盜船遇難事件"的社論。社論指出：

"美國和丹麥等外國的船隻也經常受到襲擊，但遇難次數最多的是日本（貨）船。一方面，固然是由於日本船隻多，一年共有4000船次；另一方面，與其他外國船不同之處是，日本船毫無武裝。"

社論的結語是，"針對'海盜船事件'，日本應把如何確保船員的生命安全擺在問題考慮的第一位。"

針對上述社論，日本部份知識份子認為，標榜"和平憲法至上"

的《朝日新聞》不該發出如此論調。因為，社論雖然並未正面主張派遣海軍保護日本海員，但卻容易給人帶來類似的聯想。

對於來自外界的上述批評，當時《朝日新聞》的主筆曾予以澄清，表明該報並沒有這種意圖；而這場被認為是"誤解"的小風波也就不了了之。

現在回頭一想，如果和近年來日本論壇大力渲染海外日本人遇難、遇盜事件的報導與評論相比較，上述引起爭論的社論可就是小巫見大巫了。最明顯的例子，莫過於幾年前三井商事公司的馬尼拉代表若王子在菲律賓遭受綁架時，日本大眾傳媒幾乎沒有一天不在進行煽動性的報導。

針對日益增加的海外日本人遇難事件，一名著名的日本評論家就曾經說道：

"現在，日本已經是世界最大的債權大國。一般而言，放債者要收回錢，一是靠法律和執法人員；二是依靠流氓。但日本對外卻毫無實力作為後盾。

這名評論家的真正意圖，當然是籲請日本國民重新考慮有關憲法限制自衛隊出國的問題。

"海外救災"論

其二是"海外救災"論。

讓自衛隊到海外去"救災"，是日本官方長期以來在為自衛隊出國尋找突破口的另一名堂。

1971年10月11日，剛剛上任的日本防衛廳長官西村直已在東京的外國特派員協會主辦的午餐會上，就曾放出過試探風球。

在題為"日本的防衛"的演講中，這名急於派遣自衛隊出國的國防部長說道：

"我希望，在不久的未來，當海外（特別是亞太地區）發生自然災害時，我們的部隊可以去救援。"

為了達到這項目的，他認為有必要修改法律。因為，根據戰後的憲法，日本自衛隊即使要到海外履行"人道主義"的任務，也被禁止。

　　西村的上述談話，馬上引起日本國內外強烈的反應，認為他是要假"救災"之名而達到修憲或部分修改自衛法之實。

　　不過，西村的部分心願終告實現。1987年，日本通過了"援助隊派遣法案"。根據該項法令，日本可以派遣警察、消防隊及海上保安廳等人員組成的救援隊出國救災。但是，為了消除各方疑慮，該法令特地規定日本的任務只局限於派遣到發生大規模自然災害或意外事故的地區。至於發生紛爭或戰火的地區，日本是不能派遣人員前往的。

　　儘管如此明文規定，日本官方這回在還未決定全面曲解憲法，明目張膽拋出派兵法案之前，也曾動過"援助隊派遣法"的腦筋，想從那兒着手，來個"小動作"，刪除日本"救援"人員的活動限制地區。後來看看國內外的反應似乎並未如想象中那麼強烈，就索性想來個"一勞永逸"的做法，而推出現在受到各方聲討的派兵法案。

　　除此之外，高舉"以聯合國為中心"的旗幟，主張派遣非武裝的自衛官如防衛醫官（即軍醫）參加聯合國和平維持部隊，也是日本官方意圖達到海外派兵的一個步驟。由於問題較為複雜，加以和這回日本的派兵法案有密切關聯，則留待下篇文章分析。

（四）假聯合國之名的派兵論

　　強調"以聯合國為中心"，是這回日本當局推售其"中東貢獻政策"的一大特色。因此，明明是派兵法案，也都不忘以"聯合國"及"和平"等色紙包裝，而稱之為"聯合國和平合作法案"。

　　在過去的兩三個月裏，日本官方及主張修憲或全面對憲法"擴大解釋"的日本大報（以《讀賣新聞》及《產經新聞》為中心），就不斷地強調履行"國際道義"及"聯合國成員國義務"的重要性，仿佛各國都在期待日本出兵，又仿彿聯合國真的有通過出兵法案，強制日本履行"會員國的義務"一般。

世上並無"聯合國軍"

針對上述論調，首先必須指出的是，聯合國根本就未曾通過任何強制會員國出兵的決議案，更未成立所謂"聯合國軍"。世上既無"聯合國軍"存在，受憲法牽制、不得出兵海外的日本又何必大費周章，叫嚷派兵，鬧得滿城風雨呢？

事實上，聯合國不僅未針對這次的波斯灣危機成立聯合國軍，也未曾在任何其他時刻組織過真正的聯合國軍。原來根據聯合國憲章第42條、43條的規定，會員國只有在與安理會簽署一項"特別協定"的情況下，才可派兵參加"聯合國軍"。但，如眾所知，戰後從一開始美蘇之間就進行冷戰，所謂與安理會簽署的"特別協定"也就從來無法實現。1950年朝鮮戰爭爆發時，在美國的領導下，也曾組織過一支以聯合國為名的軍隊，但並不是根據聯合國上述憲章條文成立的聯合國正式軍隊，一般稱之為"第七章聯合國軍"。

至於這回以美國為首，派遣到中東的多國聯合部隊，根本不是聯合國承認的軍隊。它與高舉"以聯合國為中心"的日本可以說是毫無相干。多國聯合部隊既非聯合國的軍隊，日本當然也無所謂"義務"可以履行。

"維持和平部隊"任務

真正與聯合國有關，並以聯合國名義組成的，其實只有旨在監督停火與確保選舉公正進行，維持和平的"聯合國和平維持活動"（PKO）。但是，即使是對於這項在相對上比較能被接受的"維持和平"的任務,日本是否應該全面參與和承擔,日本國內也從未得出一個結論。因為,各方都擔憂善於"擴大解釋"的日本政府將會以此作為派遣自衛隊出國的一個突破口,何況官方早已露出要讓"非武裝"的自衛官,如防衛醫(即軍醫)參與有關活動的意圖。

事實上,當局這回提出參加聯合國軍的方案,從一開始就是利用着人們對於上述聯合國和平維持活動、多國聯合部隊與聯合國軍三者模糊不清的概念展開的。

針對日本應否參加"聯合國軍",當局最初給人的印象就是參加諸如監督停火協定等類似聯合國和平維持活動。但緊接着,從官方內部有關自衛隊派遣出國的身份以及有關武器攜帶多寡乃至"防衛"作戰力強弱之爭論中,人們才發現到當局要派出的是一支有作戰力,以自衛隊為主體的軍隊;而官方內心所想的"聯合國軍",其實就是與聯合國無關,以美國為首的多國聯合部隊。

自衛隊的別動隊

為了消除各方疑慮,日本國內有人主張另外成立一支與自衛隊有別的部隊,積極參與聯合國的和平維持活動。其用意是,這一來,日本既可"履行國際道義與義務",又可向世人表明日本並無派兵參與"維持國際社會和平"以外的活動的任何意圖。

但是,即使是這樣的一支部隊,各方也未必就可以放心。因為,首先,誰也不能保證它不會成為自衛隊的別動隊(通過自衛隊員的個別參加或有計劃性參加等形式)。其次是,日本官方這回提出的"聯合國和平合作法案",其真正目的與其說是為了維持國際社會的和平,不如說是旨在派兵海外。既然目標是那麼明確,此刻高談另外成立部隊參加和平維持軍,既無現實意義,還可能為當局在被迫打退堂鼓時提供了一個"休息站"或避難所。因為對於當局來說,無論派出任何形式的部隊,都是一項重大突破。

"會員國義務論"之虛構

綜上所述,可以看出日本國內爭論的"聯合國軍",在今日的世上根本就不存在,至於"聯合國和平維持行動"參加與否,也任憑會員國自由決定,而非"義務"。

不僅如此,應該進一步指出的是,即使是聯合國議決的任何明文規定的義務,如果與日本的和平憲法條文有所衝突,日本也可以不必履行。原來在1952年6月16日當日本外相岡崎勝男代表日本申請成為聯合國會員時,曾附文特別聲明日本履行的義務只局限於"日本政府判斷的範圍之內"。1960年8月,當時的外務省條約局長西村熊雄在官方的憲法調查會上進一步指出,由於憲法第9條規定,日本在申請成為聯合國的會員國時,曾表示不必履行聯合國有關軍事合作的義務,而這個態度基本上都被其他會員國所接受。足見即使聯合國通過任何有關行使軍力的議案,也與日本毫不相干。

除此之外,日本有人認為伊拉克侵略科威特,破壞"以正義和秩序為基礎的國際和平"(日本憲法第9條),日本應該積極參加聲討伊拉克之行列,才符合憲法之精神(即所謂"憲法精神本質"論)。也有人極力主張"聯合國憲章高於日本憲法"(即"聯合國憲章至上"論)。這些論調在這時刻出現,當然不外是在為派兵論者提供理論依據,這裏也不必多加評述了。

(五)日本輿論怎樣看待派兵問題?

在日本應該"扮演大國角色"和"負起國際道義與責任"的名堂下,日本的大眾傳播媒介從8月初伊拉克侵略科威特開始,就積極在協助官方誘導國民討論怎樣在"出錢送物"以外,在"派人(包括派兵)"方面作出"貢獻"的問題。

誇大"外國壓力"

簡單地說，在最初的一個多月裏，日本的大眾傳媒在報導方面幾乎都清一色地在談日本的人質問題與來自美國的壓力（即所謂"外（來）壓（力）"）的問題，不少報刊在進行煽情報導人質問題的同時，不忘向讀者明示或暗示，像日本這樣一個不能派兵出國的國家，在發生危機時將處於何種"無能為力"的境地。它為後來日益升級，充滿火藥味的派兵論調提供或者說是製造了有利的輿論氣氛與條件。

至於渲染與過份強調外來的壓力，其直接的宣傳效果是：①仿彿日本不在"派人"方面積極作出貢獻，日本就會被國際社會所孤立。（久已不被日本國內重視的"日本經濟動物"論與"日本自私"論在這裏被派上用場。）②日本官方對派兵問題那麼積極，是向美國屈服的結果。

事實是不是如此呢？首先，必須弄清楚的是，到底有哪些人或有哪些國家期待日本"派人出國"及"不僅流汗，而且流血"（《產經新聞》語）呢？亞洲的國家與人民當然不會作出這樣的主張（可惜的是，在最初的一個多月裏，日本國內外不同意日本派兵的言論幾乎完全不被報導），即使是被認為對日本施加最多壓力的美國，到底又有多少人真的期待日本派兵，也是一個值得商榷的問題。

實際上，針對日本的"貢獻"問題，站在波斯灣前綫的美國（特別是與本身的政治生命直接相關的布斯總統）雖然希望日本方面能做出許多"眼睛看得到的貢獻"，但並未言明要日本派兵。至於其他的政治家與有識之士，包括前國防部長溫伯格，就不只一次地表示日本的貢獻應局限於日本憲法的規定之內，不贊同日本出兵。可以這麼說，對於不少的美國人來說，鼓勵日本出兵，未必是一項聰明的決定。從戰後的美日關係發展中，不少美國人已經深深地體會到"養虎為患"的滋味。由此可見，美國人非要日本出兵不可的說法,是言過其實的。

報刊充滿煽動言論

退一步來說,即使真的白宮曾向日本施加派兵的強大壓力,而日本方面並不熱心,日本大可以説"不"(No)。《日本可以説"不"》豈不是自民黨鷹派一年來一再叫嚷的口號嗎?為甚麼在這回的"貢獻對策"中未見他們出來反對來自美國的"外壓"呢?可見所謂"外壓"論只不過是一面向國民訴説苦衷,博取國民同情與支持的旗子。真正主張派兵的並非"外壓",而是來自日本國內的壓力,即"內壓"。可憐的是,對於自民黨的這個圈套,日本的輿論界與反對黨雖然十分清楚,但在提出相反看法時,也無一不把矛頭對準"外壓",高喊"不要向美國壓力低頭"的口號。"外壓"論在日本,就是有如此妙用。

在評論方面,日本五家全國性大報的基本態度是:自始至終色彩鮮明,贊同派遣自衛隊出國或主張修憲(或進一步擴大解釋)的是保守的《產經新聞》與銷路最多(達900萬份)的《讀賣新聞》。對經濟界影響力頗大的《日本經濟新聞》雖然也同意"扮演重大的國際角色",但採取比較謹慎的態度,不贊同在太倉促的情況下做出有關的重大決定。

在相對上,比較有反映不同看法的是《朝日新聞》與《每日新聞》。但在最初期間,《每日新聞》的社論也顯得舉棋不定,立場模糊,而《朝日新聞》雖然有提出許多有關憲法質疑的問題,但基本上是擺着低姿態。

正是在《產經新聞》高喊"要與美國分擔風險",《讀賣新聞》極力主張"以新觀點看待和解釋憲法",再加上自民黨元老金丸信的表示"可以考慮修憲",以及該黨秘書長小澤一郎天天在報上主張大膽派遣自衛隊的聲浪中,日本讀者從報刊上與電視上很難看到或聽到不贊同政府的"雜音"。唯一突出的例外,是前內閣秘書長,也是日本內政部出身,曾經擔任警察部與防衛廳高官的自民黨元老後藤田正晴。後藤田認為,自民黨政府不該把青年送往戰場,重走戰前老路。但有意問鼎首相寶座的渡邊派(舊中曾根派)首領渡邊美智雄卻反駁道:"哪有不流血而能保衛國家?"

與此同時,日本雜誌也登滿了主張派兵的煽情言論。例如,一家大報出版的月刊就以"保留憲法、國家滅亡"的醒目標題,刊登其卷頭文章。

鄰國作出反應後的變化

日本大眾傳媒在相對上,比較大量反映反對派兵的看法,是在10月以後的事。

首先,是由於中國及韓國等鄰國官方相繼以比較強烈的措詞反對日本旨在派兵海外的法案。在北京亞運會開會前夕,中國領導人雖然曾經以十分婉轉的口氣向到訪的日本前首相竹下登表示北京對有關問題的重視與擔憂,但當時日本方面的反應是,日本剛剛決定恢復對中國的貸款,竹下是"中國的恩人",因此中國在有關問題上不可能採取太強硬的態度。等到北京後來正式表態,東京才認為事態的嚴重。借用一家日本大報的說法是,中國終於"說了非說不可"的話。

其次是,在波斯灣危機爆發初期,一般民眾可能是由於問題來得太突然,也可能是與當前日本人對政治漠不關心的潮流有關,再加上大眾傳媒近乎一邊倒的報導,因此缺乏敏感的反應。但是,隨着官方及其宣傳機器得寸進尺,日益露骨地鼓吹派兵言論,不少普通民眾不能不有自危的感受。它喚起了老一輩對戰爭恐怖生活的回憶。大多數日本民眾在接受日本傳媒的民意測驗時表示反對派兵。幾個星期來日本各地的知識份子、婦女團體、小市民等紛紛跑上街頭,反對派兵法案,反映了大多數日本人民並不同意重走戰前老路的心聲。

金丸開始打退堂鼓

第三是，在國內外反對派兵聲音響亮的背景下，原本保持低姿態或者態度飄搖不定的反對黨也相繼採取比較積極的態度。各個反對黨，除了從一開始就以支持派遣自衛隊，充當派兵論先鋒的民社黨，都堅決主張反對自民黨的派兵法案。這樣的明確態度，遂使從10月下旬開會辯論的日本國會顯得雙方旗鼓相當，色彩十分鮮明。在激烈的爭辯中，首相海部較早時"派遣自衛隊出國不是派兵，只是派遣"的文字遊戲已被完全拆穿。自民黨議員、大臣與首相一而再、再而三自相矛盾的辯詞，也進一步暴露了該"和平合作法案"純為派兵出國而提出的真相。

在民眾輿論逐日變化、愛知縣補選在即，而有反戰傳統的沖繩又將舉行知事選舉的前夕，自知形勢不妙的自民黨元老金丸信只好打退堂鼓，擺出"溫和"的姿態。但這樣臨陣改變戰術的做法，能否為自民黨保住選票？派兵法案能否逃出"廢案"的命運，也許不久以後就見分曉。

（六）參院補選與派兵法案

備受各方關注的日本參議院愛知區補選，已於11月4日舉行和揭曉。結果是執政黨候選人大島慶久險勝（獲得83萬餘票），擊敗了社會黨及共產黨分別派出的代表（社會黨獲79萬餘票，共產黨獲21萬餘票）。

愛知區補選之所以受到各方重視，主要是因為它剛好是在日本國內激烈爭辯有關"聯合國和平合作法案"（實際上就是"派兵法案"）的時刻舉行。各方關注的焦點是：這個被認為是"保守王國"，也是日相海部俊樹的家鄉的選民,會不會出奇地給自民黨來個痛擊,否定派兵法案?因為在1987年當前任首相中曾根康弘提出要徵收銷售稅時,恰好遇到參議院岩手區舉行補選,當時的保守選民即把選票轉投給社會黨。岩手區是自民黨的堡壘,連堡壘內的支持者都投反對票,中曾根只好被迫將銷售稅法案宣布為"廢案"(後來在竹下登當政時,自民黨再以消費稅法案的名目強行通過與實施)。

超半數選民投批判票

正因為有着過去的這個例子,反對派兵法案的日本人都寄望愛知選區的選民能替他們說幾句話。從投票的結果來看,主張反對派兵法案的社會黨和共產黨候選人所獲票數的總和為100萬票,比起自民黨候選人所獲的83萬票還多出17萬張票。換句話說,反對黨由於無法合作,不能共同推出一名候選人參加補選而使執政黨有機會險勝,但支持它們的選民卻超過一半的數目。從這個角度來看,自民黨雖然獲勝,並不等於大多數的選民支持其法案。恰恰相反,有超過半數的選民在這問題上投了批判票。何況這個選區原本就是保守選民居多的地區,又是首相的出身所在地,自民黨的成績實際上是倒退的(《朝日新聞》形容它為充滿風險的"如履薄冰的勝利")。

政壇妖怪打出奇招

當然,社會黨無法獲勝,還有下列的幾項因素。

其一是,吸取過去岩手選區補選等失敗的慘痛經驗教訓,自民黨人知道非謹慎處理不可。特別是在民意測驗顯示大多數的愛知選民反對有關法案以後,自民黨更知道不可掉以輕心。為此,以出怪招聞名、被喻為當今"政壇妖怪"的自民黨真正掌舵人金丸信忽然在選舉前夕打"退堂鼓",表示不一定要在這回的國會上表決有關法案。緊接着,日相海部及該黨秘書長小澤一郎相繼擺出溫和態度,表示準備與反對黨好好商討有關法案,並暗示在必要時將作出一定的讓步。這樣的姿態無疑在一定程度上鬆懈了選民對該法案的警惕心理。與此同時,由於反對黨在參議院佔大多數議席,各方相信自民黨即使在眾議院強行通過有關法案,也過不了參議院的大關,因此,各方對該法案並沒有太大的危機感。

尚未形成制衡力量

其次是,針對銷售稅法案,給予自民黨最大打擊的是該黨的強有力支持者——岩手縣的商工團體。由於事關切身利益,當時在十大團體中有八大團體決定把選票轉投給反對黨。但針對派兵法案,類似的現象並未出現。由於在戰火中喪失不少親人,愛知縣遺族聯合會雖然也對法案有所不滿,但既未正面反對,也未做出放棄支持自民黨的任何決定。

其三,也是最重要的因素是,銷售稅或消費稅直接影響小市民的日常生活,而派兵問題雖然重大,但一般小市民並未有強烈的感受。這回補選的投票率只達全體選民的38.7%,反映了一般選民對政治並不太關心。因此,儘管有許多婦女組織和市民團體出來高喊"別把子女送往戰場"的口號,但與反對間接稅時所引起的共鳴和反響,可就完全不同了。從這角度來看,自民黨的派兵法案雖然喚起了日本民眾的不滿情緒和警惕心理,但這些輿論並未形成一股真正可以制衡的力量。因此,如果過份誇大日本民眾的覺醒或反戰情緒,無疑將會模糊對當前日本國內實際情況的視綫與認識。

針對這個險勝的結果,自民黨雖然不能表示滿意,但總算渡過了一個難關(內閣秘書長坂本即沾沾自喜地表示:"險勝也是勝")。在這個險勝的基礎上,一度放軟態度的自民黨又將以何種姿態出現呢?且看接下來幾天日本朝野各黨在國會如何展開辯論。

(七) 派兵立法受挫後的新策略

曾經一度表示"決不退讓"的日本自民黨政府當局終於在日皇明仁登基儀式舉行前夕，宣布放棄在眾議院強行通過旨在派兵海外的"聯合國和平合作法案"的念頭。

虎頭蛇尾結束論爭

自民黨政府當局之所以被迫擺低姿態，宣布該法案為"廢案"，一來是由於形勢十分清楚，該法案即使是在眾議院強硬通過，也不可能在反對黨佔優勢的參議院獲得承認。二來是，由於該法案的派兵意圖過於明目張膽，已經喚起了日本國內外人士的密切關注與高度警惕性。在國內外人民強烈的反對聲浪中，當局不能不對該法案可能產生的不良後果與必須付出的代價重作估計。三來是針對上述得失問題的估計，自民黨內無法在短期間內取得一致的看法，而日皇登基儀式日期又十分迫近。為"大局"着想，當局只好採取虎頭蛇尾的政策，匆忙結束有關問題的國會辯論。

新瓶舊酒迂迴政策

雖然如此，這並不等於當局已經放棄了派兵海外的意圖。恰恰相反，從自民黨高層人士在宣布該法案為"廢案"以後的言行中，人們不難看出，自民黨當局正在絞盡腦汁，意圖通過迂迴的方式達到原定的目標。它具體地表現在：

①在擬定有關新法案的過程中，當局排除最大的反對黨社會黨，而採取與在態度上較不明朗和動搖的公明黨以及在這回派兵問題充當急先鋒的民社黨相互協商、討論的策略。這項策略的目標十分清楚，一來是分化反對黨的力量，減少新法案在未來提交參議院討論

時遇到的阻力；二來是通過某種程度上的讓步，爭取上述兩個反對黨站在自民黨這一邊（主要目標當然是公明黨，因為民社黨早已跑到派兵行列的前頭），從而擺脫自民黨當前所處的孤立境地。

興趣依然在於軍事

②在與公明黨及民社黨探討有關新法案的過程中，自民黨雖然已不堅持直接讓自衛隊參加世上原本就不存在的"聯合國軍"，而主張參與聯合國和平維持活動（PKO），但其重點，與其說是放在派遣非武裝人員參加監督停火、選舉等工作，不如說是放在如何參加"和平維持軍"（PKF）。換句話說，當局的所謂對"國際之貢獻"，基本上仍然還是突出於"軍事"，而非"民生"。

尤其值得注意的是，自民黨高層人士還建議成立一支自衛隊以外的軍隊參加有關的"和平維持軍"。至於軍人的來源，當局並不排除退伍的自衛隊員參加的可能性。換句話說，這支以支援聯合國維持和平活動為名的日本軍隊，雖然不掛自衛隊的旗幟，但在實際上很可能就是自衛隊的別動隊。一名在這回派兵問題上極力主張做出"積極貢獻"的學者就坦率承認這支新軍隊其實就是"第二自衛隊"。它與原來的方案只有名義上的不同，而無實質上的區別。

猶如笨拙騙子被捕

正因為草擬中的新法案，其中心內容仍離不開"軍事貢獻"，人民對於自民黨政府今後的言行，仍然不能不保持高度的警惕。也許是因為這個緣故，在接受《朝日新聞》的電話訪談時，共有54％的讀者表示：即使是當局派遣非自衛隊的"和平合作部隊"出國，也不能贊同。

針對自民黨"聯合國和平合作法案"受挫而不得不以新瓶裝舊酒的做法，也許說得最為坦率的莫過於該黨鷹派人物渡邊美智雄。

他說："戰戰兢兢地提出法案，其結果就如反對黨所說的一般，笨拙的騙子一下子就被捕。"他認為，自民黨不該躲躲閃閃，牽強附會地解釋派兵問題，而應該"堂堂正正提出主張，才有說服力"。所謂"堂堂正正提出主張"，當然就是直接向國外人士正式宣布日本的整軍意圖。

"真心話"還流露不得

其實，與渡邊有同樣看法的自民黨人可以說是比比皆是，問題是：上述自民黨人的"真心話"一旦流露出來，肯定不會獲得大多數選民（儘管日本人反戰意識已比過去大為降低）及國際人士的同情與支持。遠的不說，就以不久前在愛知區舉行的參議院補選的結果來說，由於官方提出了派兵法案，險些斷送了一個議席。至於行將舉行的沖繩縣知事選舉，自民黨推薦的現知事西銘順治知道如果支持中央決定，必將喪失蟬聯機會，因而不得不在臨陣改變主意，表示對派兵法案"保留態度"。這說明了如果當局不採取"騙人"手法，在當今的日本社會還是難以蒙混過關的。正是看透了這一點，自民黨幹事長小澤一郎在過去的三個月裏，就不斷地表示："即使這項法案不被通過，單單討論本身就有其積極的意義"。換句話說，對於自民黨人來說，能夠公開觸及"派兵"這個"禁忌"的問題，就是這回公開討論有關法案的一個成績。小澤的期待是：假以時日，日本國民將不再有"談戰色變"的反應，屆時自民黨就可以像渡邊一般"堂堂正正"暢述派兵的主張。

迫使東京不得不宣布廢除"聯合國和平合作法案"的另一主要原因，是由於世界各國，特別是曾經深受其害的亞洲鄰國的強烈反對。在最初的一個多月裏，日本的大眾傳媒還有意掩蓋海外輿論的真正反應，但在中、韓政府相繼發表聲明，正面表示不滿以及台、港、中將派兵問題與日本意圖霸佔釣魚島問題相結合予以強烈抗議的情況下，東京方面才發現到問題的嚴重，而不得不稍微改變態度。

因為，形勢十分清楚，如果當局一意孤行，強行通過派兵法案，日本多年來在亞洲推行的外交政策，無疑將被視為是在推行"說謊外交"。屆時東京即使再多派幾名特使巡迴"解釋"，也無法挽回各國對"和平日本"的信賴感。試想想，一個天天高喊："我們擁有和平憲法，請諸位放心"的國家，一旦否定本身"引以為豪"的憲法，露出"視和平憲法為障礙物"的真正心態，日本當局又如何向亞洲鄰國"解釋"得清楚呢？

對於當局被迫將派兵法案修改的做法，自民黨內有人認為其情況就有如當年中曾根提出銷售稅法案受挫一般。不過，論者不忘指出，後者雖然遭受強烈反對而被迫宣布為"廢案"，但到了竹下登上台時，卻以消費稅法案之名目予以通過和實施。

今天，日本的舊派兵法案在實際上雖然已被廢棄，但新的派兵法案會不會以其他名目或者更為迂迴的方式出現？這是接下來人們關注日本動向視綫之所在。

（一九九〇年十一月）

掃雷艇出航與海部南訪

4月26日,日本派掃雷艇到波斯灣,打破了戰後憲法不許自衛隊派遣海外的禁令。

4月27日,日本首相海部俊樹離開東京,前往亞細安五國(印尼除外)進行親善訪問,并向各國解釋日本派遣掃雷艇的"真意",尋求各國的諒解與同情。

5月3日,海部將在新加坡發表"海部宣言",并以日本首相身分首次針對日本在戰爭期間的行為,向東南亞各國人民表明"反省"之意。

從上述日本官方先"派軍"、後"解釋"、再"反省"的緊密日程表,可以看出東京當局是急於要在"軍事"、"外交"與"戰爭"的問題上尋求突破口的。

掃雷艇的真正使命

日本官方為甚麼非在此刻派遣掃雷艇出國不可呢?稍微有關心日本軍備動向的人士都會清楚地看到,日本掃雷艇的出航,與其說是旨在清除波斯灣的水雷,不如說目的在於清除戰後以來日本國內外反對日本派兵海外的"障礙物"。

所謂派兵海外的"障礙物",一是指"和平憲法"第9條對日本軍備的牽制;二是指國內外人民對日本整軍動向的嚴密監視。針對憲法第9條"不得擁有軍力"的規定,老實說,在自民黨政府40年來任意曲解(通過"擴大解釋"的手段)的情況下,該條文早已被"抽筋去骨",失去原有的意義。雖然如此,為了在表面上尊重憲法的存在以及鬆懈各方對日本整軍動向的警惕心理,當局先後提出"防衞費不超越國民生產總值百分之一"(三年前宣布撤銷)及"非核三原則"(即不製造、不擁有與不導入核武器)等旨在強調"專守防衞"的政策。既然是"專守防衞",當然不能派兵海外,也不能實施徵兵制。這可以說是自民黨人對其國人的最低許諾。鷹派首相中曾根康弘當年雖然躍躍欲試,想派遣掃雷艇出國,但最終還是作罷,原因就是擔心國內外輿論嘩然。因為,不管是從甚麼角度來看,自衞隊踏出其國門,就是開了日本派兵到海外的先例。

急於參與大國遊戲

但是,就是這個即使是急於進行"戰後政治總清算"的中曾根也不敢冒犯的大忌——派遣掃雷艇出國的行動,這回也付諸實現了。推究其因,并不是因為日本憲法有了修改,也不是因為世人對日本軍備的態度有了改變,而是急於扮演"政治大國"乃至"軍事大國"角色的日本當政者認為已經是到了非鬆綁不可的時候。換句話說,隨着日本國力的加強與提高,日本已不安於現狀(部分鷹派人物甚至連自由世界"第二把交椅"也不滿足,而主張日本可以向美國說"不"),而準備大顯身手,參與美蘇冷戰結束後的"國際新秩序"的遊戲。既然是要參與大國的政治遊戲,當然就得有軍力作為後盾。這就是為甚麼在去年8月伊拉克侵略科威特以來,日本官方與其說是真的在關心波斯灣戰事的發展,不如說是自始至終在製造機會與藉口,為派遣自衞隊出國尋找突破口的原因。

國際貢獻突出軍事

東京當局的上述焦慮心情,先是表現在去年10月提出的"聯合國和平合作法案"。在這項公開主張派兵的法案受挫之後,當局則希望通過行政措施與命令,以救濟、運送難民為名,準備派遣"軍機"出國。同樣地,這項計劃遭受各方的反對,即使是約旦與美國也顯得態度消極。在爭執聲中,戰爭結束,日本軍機沒有派上用場。緊接着,積極主張修憲與派兵海外的自民黨要人渡邊美智雄前往東南亞遊說各國支持日本在聯合國的旗幟下,參加聯合國維持和平的活動(PKO)。各國領袖想的也許只是聯合國維持和平的活動,而渡邊及自民黨鷹派腦海中相信早已將PKO與日本海外派兵問題緊密掛鈎。這就難怪渡邊南遊之後,日本的部分傳媒,要為渡邊的"成果"歡呼,認為東南亞新一代沒有戰爭經驗的領袖,已對日本持有不同的看法。這顯然是出自一廂情願的解釋。因為,不管是新一代或舊一代的領袖,反對日本扮演軍事角色的看法都是十分鮮明的。去年5月3日(也就是日本憲法紀念日),當泰國前任首相查猜向到訪的日本防衛廳長官石川建議日泰海軍進行聯合軍事演習時,馬上遭亞細安各國的強烈反對,就是明顯的例子。

那麼,在掃雷艇出航的第二天即南下訪問的海部又將向東南亞各國作何"解釋"呢?據日本報刊透露,海部的"王牌"有三:一是要各國相信日本的"誠意";二是表示掃雷艇出航,只限於"和平時期"及限於"影響日本國民生活與經濟死活問題的區域";三是代表日本針對日軍在戰爭期間的行為,向東南亞人民表明"反省"之意。

來訪的外國國賓要表白自己的"誠意",當然誰也不會提出強烈的質疑,但這并不等於各國將默認日本今後的任何言行。因為,先"保證",後取消諾言的例子就屢見不鮮。"日本軍費不超越國民生產總值百分之一頂限"的諾言在一夜之間成為廢紙就是一個例子。由此可見,人們對於日本"誠意"之表示,與其說是重視其"言",不如說是關注其"行"。

擴大解釋令人不安

至於掃雷艇出航之限制條例,各國人民當然不妨聽之,但必須指出的是，誰也不敢保證日本今後不會作任何擴大的解釋，就如它對其憲法一再曲解一般。而所謂"影響日本國民生活與經濟死活問題的區域"到底是指甚麼，更不能不令人感到不安。60年代的日本財界就曾經高談過"馬六甲生命綫"，而70年代初期防衞廳長官西村就曾經倡儀"自衞隊"到亞洲鄰國救災，至於主張派軍護航，以免日本商船在公海受海盜干擾，或者建議派兵援救海外的日本人，乃至保護日本在外國的財產等論調，在日本國內更是不絕於耳。針對上述言行，海部又將作何"誠懇的解釋"與保證呢？

海部宣言先打折扣

最後，該談談日本對戰爭的"反省"問題了。事隔戰爭結束45年有餘（新加坡淪陷49年），日本首相才首次公開表明"反省"之意，這本身確是一項"新聞"。雖然如此，這畢竟是向前跨進一步，問題是：日本在反省之餘，將採取甚麼行動聊表其誠意？日本的教科書及傳媒又將如何反映日本對戰爭的"反省"？如果不能回答上述問題，或者甚至樂觀地以為"只要表示反省就可以大舉整軍"的話，那麼，"海部宣言"還未宣布，其意義可就要先大打折扣了。

（一九九一年四月）

海部南訪有些甚麼成果？

緊隨着自衞隊掃雷艇出航而南訪的日本首相海部俊樹，已於本星期一結束了亞細安五國之行。

海部此行，主要任務有二：一是向各國解釋掃雷艇出航政策，尋求各國的同情與諒解；二是向各國再度保證日本不成為軍事大國，并以首相身分，首次向東南亞各國人民針對日本在第二次世界大戰期間的行為，表明"反省"之意。兩項任務，看似矛盾，但目標卻只有一個，就是削減自衞隊首次踏出日本國門給各國帶來的衝擊。換句話說，海部是為了替掃雷艇"護航"而南訪的。

旨在爲掃雷艇護航

那麼，海部的"護航"之行是不是已取得預期的成果呢？此間的觀察家并不以為然。

首先，必須指出的是，日本官方在海部出國之前大事宣染"各國對掃雷艇出航已表示同情、諒解與支持"的論調，主要目的之一是在於影響與誘導國內的輿論。針對日本派兵海外事宜，日本國內仍有不少人士認為是禍國殃民的政策，堅決表示反對。日本官方故意突出與誇大各國對掃雷艇的"同情與支持"，用意就是在於向上述人士施加如此之壓力："就連被日本佔領過的東南亞各國都已對掃雷艇不存在有絲毫介意，你們還在吵些甚麼'維護和平憲法'的言論？"

大馬熱心要談的是經濟問題

但是，在海部南訪之後，上述出自霞關（外交部）對內宣傳的言論已站不住腳。一個多星期來跟着海部到亞細安訪問的《朝日新聞》隨團記者，從馬尼拉傳回國內的報導已經對海部的"已取得各國諒解"之說表示懷疑。該記者指出，各國領袖的所謂"贊同日本派遣自衛隊出國"，其實只是表面的反應，而這種反應實際上是在各國重視與日本的經濟關係的"現實問題"的氣氛中，予以"默認"罷了。

《朝日新聞》記者同時還引述日本官員的感受指出，在馬來西亞，當海部在高談其掃雷艇問題時，對方態度冷淡，不願深談。因為，對方熱心要談的是經濟話題。也許，在各國之間，對日本的政策最積極表示支持的該是泰國了。但據日本方面的觀察，這是由於該國在政變之後，急待日本履行第16次日圓貸款合約的緣故。因此，兩國領袖的會談，絕大部分的時間都花在經濟合作問題上。換句話說，一方是在突出自衛隊的"軍"字，而另一方所關心的是"錢"的問題。難怪《日本經濟新聞》刊登的一幅漫畫，要譏諷首相握手受到歡迎的秘密，是先以手勢許以日圓了。

一廂情願的解釋不攻自破

至於海部訪問新加坡，更不能不令東京當局對我國新一代的領袖的"日本觀"重作估計。原來在較早時，日本的部分傳媒曾經引述我國總理吳作棟的個別談話，斷章取義地引申為沒有戰爭經驗的新領袖已對日本今後所要扮演的角色持有不同的看法。但是，這個一廂情願的擴大解釋，在海部抵新之後即不攻自破。據日本報章報導，吳總理對到訪的日本首相，曾指出日本對國際的貢獻，應局限在"日美同盟的框架"以內。吳總理也曾提醒海部"有些國家對日本如何發揮其影響力仍然存有疑慮"。日本報章認為，這些談話表明了新加坡并不希望日本在東南亞有太大的政治發言權。這無疑澄清了前些時候日本部分傳媒對新加坡新一代領袖發言的錯誤理解。

"派兵"乎？"反省"乎？何者爲眞

海部此行另一個重大任務，便是表明對戰爭"反省"之意。但據日本方面的報導，反應并不熱烈。究其原因，一來這是遲來的"反省"；二來是海部在"反省"時，雖然提起日本給各國帶來的災害與痛苦，但卻不肯正面指出日本發動的是一場侵略性的戰爭；三來是海部雖然指出有關"反省"，將反映到日本的教科書上，但任何留意日本國內動向的人士都注意到，在1982年教科書問題發生時，日本教育部也曾答應要檢討其教科書內容，但時至今日，仍然是"只聞樓梯響，未見人下來"；四來是"反省"是在日本派遣掃雷艇出國，要各國"默認"日本的情況下進行的。這不能不令人有本末倒置之感。換句話說，即使有人要敏感地認爲日本是在"真派兵"、"假反省"，東京方面要辯解得清楚，也是不簡單的。

重彈"馬六甲生命綫"論

最後，應該指出的是，海部的亞細安之行并不是一項孤立的外交活動。正當海部在發表"反省"的宣言及通過電話，勉勵掃雷艇上的自衛隊，日本方面也出動了兩名前首相竹下登與中曾根康弘到北京訪問。竹下是日本大筆貸款給中國的簽約人，日本傳媒一度形容他爲"中國的恩人"，中曾根在國內有"風見鷄"的綽號，其辯才在自民黨內無人能出其右。東京方面爲甚麼要在此刻出動一名被視爲"財神爺"的元老及一名有三寸不爛之舌的說客到北京呢？日本報章承認，其任務之一就像海部一樣，即向鄰國解釋日本派遣掃雷艇的政策。在兩名前首相的"親善訪問"與遊說下，據說已取得中國方面"一定的諒解"。中共總書記江澤民表示"將掃雷艇出航的目的理解為是為了確保航路與國際水路"，曾令東京當局雀躍三分。因為，60年代日本財界的"馬六甲生命綫"論，就是在確保國際水路安全的背景下提出的。海部這回訪問馬來西亞古都馬六甲，傲視馬六甲海峽時，就不忘聯想起日本的掃雷艇。他說：

"這是世界重要的航路，只有確保航路的安全，才能維持今日國民生活水平。（我們）應該為保衛這條他國也使用的航路的安全而流汗。"

海部的談話十分清楚，只要確保水路的安全這項原則能被接受，日本的海上自衛隊從此就可以在世界公海通行無阻。

千里之堤毀於蟻穴

不過，江澤民在對中曾根表示上述"一定程度上的諒解"之餘，也不忘贈與中曾根"防微杜漸，見微知著"八個字。意思是說，要"防止小問題擴大為大問題"及"從小問題可以預見到大問題"。第二天，他在接見日本社會黨副主席田邊誠時，再次針對掃雷艇問題，引用中國成語"千里之堤，毀於蟻穴"作為贈言，間接地表達了中國領導人對日本整軍動向的憂慮與不安。

綜上所述，可以看出儘管亞洲各國基於與日本維持良好經濟關係的立場，在一定的程度上對日本軍事動向予以"理解"或採取"默認"的消極態度，但在實際上各方仍然對日本保持高度的警惕性。所謂"落一葉而知秋"，恐怕是今日亞洲民眾對日本這回藉故派兵的共同心理反應。

（一九九一年五月）

在日本看日相海部的"反省"

如果說,東南亞各國人民對日本首相海部不久前在我國發表"反省談話"的反應是"平靜"、"冷淡"(日本報章語)與"半信半疑"的話,日本方面幾乎已經忘了有這一回事。

針對海部的談話,日本各報章在第二天雖然都以頭條新聞處理,但并未像處理其他重大新聞一般,有着一系列或者至少是(上)(中)(下)的文章,進一步予以分析與"追蹤"報導。推究其因,一來是各方都知道,海部之所以"反省",是有其明確的目標的。親官方的《產經新聞》就直截了當地指出其目的是在於"創造一個(政治)環境,方便日本扮演政治角色"。換句話說,在日本方面看來,"反省"談話只是日本從經濟大國轉為"政治大國"的手段。既然只是一個手段,當然不必再針對有關新聞進行進一步的挖掘與發展。

原文并無"至誠懺悔"

其次是海部發言的華文譯稿雖然有"至誠懺悔"之字限,但在事實上,其日文原稿只是表示"深刻地反省"。

不管是華文或日文,"懺悔"與"反省"在字義上都有很大的區別。日本的讀者既然不知道其首相到海外"懺悔",該談話在國內當然也就不可能產生太大的衝擊了。

其三是,正當海部乘着日本的"黃金週的假日"(自4月29日至5月5日恰逢日本的幾個節日,日人稱之為Golden Week)南遊時,自民黨的政要們也在對準"後海部"的政局進行緊鑼密鼓的活動。因此,各方與其說是在重視"輕量級"首相海部南遊時的一言一語,不如説是把焦點集中於自民黨"重量級"的派閥領袖身上。特別是黨內最大派閥領袖的竹下登及剛剛恢復黨籍（因牽涉貪污案而被迫暫離自民黨）的前首相中曾根康弘的每一個動靜，更成為各方視綫之所在。各方所關心的是：①海部能否順利地渡過難關，圓滿地在十月下台？②在元老派"復權"的情況下，類似海部的"過渡期首相"是否已經完成其"使命"？如果是的話，誰將是首相的最有力候選人？海部之所以能够上台及擔任首相如此長久（其任期迄今已超越竹下），最大的本錢就是"弱和小"。因為"弱"，各方認為讓他擔任首相也不妨，理由是他對誰的長遠政治利益都不會造成太大的威脅。因為"小"，各方相信要把他拉倒，是輕而易舉的事。因此，在對自己有利的時機還未成熟時，誰也不急着拉垮他。也正因為如此，一年多來海部一直是處在"有驚無險"的境地。對於一個隨時都會被撤職，在國內的談話又經常更正的首相在東南亞的談話，各方當然也不會太過重視。

"矢言"曾令首相不安

也許是因為這個緣故，或者是由於日本政要經常"失言"，當新加坡《聯合晚報》在海部發表談話的當天傍晚以"日本首相失言……"的醒目大標題報導有關新聞時，曾令他一時感到不安。據《東京新聞》隨團記者的報導，首相在問清楚"矢言"并非"失言"之意時，才如獲重釋。

儘管如此，日本國內也有一些重視日本真正"反省"的人士。他們的基本看法和東南亞各國人民一樣，主張把"反省"的談話，具體地體現在日本的教科書上，清楚地向下一代交待日本侵略的史實。一名家庭主婦在"讀者之聲"欄中，就坦率承認自己在學生時代，未從課本中瞭解到日本侵略鄰國的事實。她認為這是日本重新檢討教科書的良好時機。

針對東南亞人民"半信半疑"的反應，海部在我國的記者會上，曾矢言將把"反省"貫徹到教科書上。這是海部當時受到各方贊賞之處，也是他當時得以避免尷尬的脫身之術。

"反省"成爲泛泛之談

在他回國後的第二天，據他在記者會上宣布，他曾指示文部大臣（教育部長）井上"改變教科書之課程內容"。可是，在宣布"指示"的同一天，內閣秘書長坂本卻發表談話，強調"無意修改（教科書的）指導綱領"。他指出官方"只是在一般原則中，表示有必要針對第二次世界大戰或者更早的時期進行反省"。換句話說，海部的"指示"，和過去首相一般，只是停留在"泛論的階段"，而不可能有具體的內容，更談不上"深刻地反省"及"至誠懺悔"。

能否兌現"國際公約"？

對於日本首相聲明"要進行正確歷史教育"在先，而內閣秘書長又以含糊字眼予以冲淡在後的做法，曾經隨團訪問亞細安的《每日新聞》記者山田道子為文指出，有關問題已經出現"不透明之處"。她認為，"如果首相明確的指示，內閣秘書長就沒有必要來個倒退一步的發言。在有關問題上，只有當總理署採取堅決的態度時，教育部才會相應有所行動。"她同時指出，首相對外許諾的矢言，就是政府的矢言，也是自民黨對外的矢言，只有當日本政府履行這"國際公約"時，日本才會受到亞洲鄰國的信任。

《每日新聞》隨團記者的上述呼籲，會不會受到永田町（日本政治中樞）的政要們的重視呢？恐怕就連海部本身，此刻也沒有時間或興趣去理睬。

（一九九一年五月）

海部"反省"後的反應

在今年4、5月間,日本首相海部為甚麼到亞細安訪問?在5月3日的日本憲法紀念日,海部在新加坡發表了甚麼聲明,許下了甚麼"國際許諾"?也許除了特別關注日本政治與外交的讀者,記憶已經不是太深刻了。

海部是在4月26日日本掃雷艇首次離開日本領海的第二天,到東南亞訪問,并在新加坡發表"反省"聲明的。按照日本大眾傳媒的看法,其原因是因為"新加坡是日本海上自衛隊的掃雷艇在朝往波斯灣途中停泊的港口,因此,非尋求對方的合作與諒解不可"(《東京新聞》社論)。至於此行是否成功,日本報章雖然有引用首相隨員的談話,表示日本與亞細安的關係"一帆風順",一般皆認為亞洲的反應,依然有"不透明"之處。

"不透明"反應的原因

從日本的角度來看,亞洲各國的反應也許真的是有"不透明"之處,但從亞洲的角度來看,其實這是日本的亞洲政策"不透明"的反應。就以日本首相這回在亞細安拼命強調日本"決心不成為軍事大國"的矢言來說,亞洲民眾"透明"的直接反應是:既然是如此,為甚麼日本那麼急於把自衛隊派遣海外?日本除了把海上自衛隊掃雷艇派送出國外,難道沒有其他可行的"國際貢獻"?

如果日本真的是想瞭解亞洲人的真正反應,新加坡資政李光耀倒是一針見血,說得再清楚也不過:東南亞各國對於日本派遣掃雷艇，只是予以默認罷了。因為，准許日本軍隊在海外扮演即使是有限度的角色，也好像是把含有酒精的巧克力糖送給酒精中毒者一般。

至於針對海部的反省，亞洲的反應并不像東京所期待般的熱烈，原因之一是因為大家知道首相的反省只是為了"製造一個讓日本扮演政治大國角色的環境"（日本報章語）。因此，"反省"只是手段，其誠意當然要大打折扣。其次是，亞洲人看待日本官員的談話，與其說是重視其言，不如說是重視其行。在歷來日本首相與高官的亞細安訪問中，不知道曾經多少次自我許下"軍費不超越國民生產總值1%"之諾言，作為"日本不會成為軍事大國"的重大保證，但這項諾言與保證今天到哪里去了？至於日本首相在亞洲演說（包括這回在新加坡發表的談話）必提的"和平憲法"，在今日日本國內的政壇與論壇，已成為訕笑的對象。堅持維護憲法的社會黨主席土井多賀子，甚至被譏為"愚蠢的一國和平主義者"。

表裏不一外交政策

尤其令人感到不可理解的是，海部在新加坡針對戰爭期間日本給各國人民帶來的痛苦一事，曾經表示"深刻地反省"（Kibishiku hansei），但其英文譯稿卻成為"Sincere contrition"（中文為"至誠懺悔"）。日文"反省"正如中文"反省"一樣，當然也可以解釋為有"後悔之意"，但它與"contrition"明確表明"懺悔"有很大程度的不同，卻是一目瞭然的。對內表明只是"反省"，對外為了贏取各國同意掃雷艇的出航，而以較強烈的"懺悔"字眼表達，這就難怪亞洲人要懷疑日本是在耍弄文字遊戲與推行"表裏不一的外交"了。（有趣的是，對於這項文字爭執，日本報章完全抹殺。）

從1972年日本首相田中角榮在北京鬧"增添中國麻煩"之笑話到今日海部"反省"談話引起的風波，霞關（日本外交部）對字眼的抉擇，用心可謂良苦矣！但殊不知此用心正是日本無法受到亞洲鄰國信賴的原因之一。當然，外交字眼不是一切，人們更加關心的是，海部"反省"的誠意如何體現到教科書上。在這方面，令人感到不安的是，海部答應在教科書反映真相的談話剛剛才發表不久，日本小學六年級的社會教科書，在官方的指導下，卻已出現了在戰前被喻為"軍神"、在新教科書中被稱為"引導日本在日俄戰爭中戰勝的東鄉平八郎"。

　　附：據《讀賣新聞》6月24日頭版新聞的報導，在行將於7月底公布的日本防衛白皮書中，將首次明確表示，日本派遣自衛隊出國，并不違背憲法。該報認為，這表明防衛廳對派遣自衛隊出國，有着"強烈的意念"。

（一九九一年七月）

日本的傳媒與"自衛隊海外救災論"

"東南亞人是不是已經對日本的軍備動向失去了警惕性?"

在東京的社交場合上,經常有日本朋友向筆者提出上述的問題。相信東南亞人態度已轉變的日本朋友,主要的根據有二:其一是今年4、5月間日本海上自衛隊首次派遣掃雷艇出航,途經東南亞各國時,并未曾遭遇到強烈的反對;二來是某些東南亞國家的個別領袖曾經表示并不反對日本扮演某種程度的軍事角色,條件是日本必須增加"經濟援助"的數額。這似乎是意味着,只要日本肯多出錢,就能換取東南亞人對日本派遣PKF(聯合國和平維持軍)的"同情"與"諒解"。

傾向於報喜不報憂

"只要日本肯出錢,就不反對日本派軍。"這樣的看法能否代表大多數東南亞人民的心聲?答案是十分清楚的,這裏不必詳述。至於日本掃雷艇出航并未遭受到"預想中的強烈反應",一方面固然是與日本國力之日益強大,日本與東南亞之間的微妙關係以及日本官方事前的遊說活動有關;另一方面,也和日本大眾傳媒近年來傾向於"報喜不報憂"(即偏重於報導外界對日本扮演軍事角色之"期待",而忽視或完全抹殺各國人民對日本整軍動向的警惕與批判)的態度相關。換句話說,在日本大眾傳媒有選擇與有偏差傾向的報導態度下,一般日本讀者所能看到的、聽到的就是東南亞的"一片歡迎聲"或者是偶而穿插的"不透明"(即不明朗)的反應罷了。

至於亞洲民眾真正的心聲，相對來說卻是很少被反映的。

日本大眾傳媒的上述態度，是與各傳媒的編輯與評論的方針密切相關的。就以今日日本國內的熱門話題——"自衛隊海外救災論"來說，幾乎沒有一家日本大報章曾經公開提出異議（較早時，還有"慎重論"者的聲音，但在掃雷艇乘風破浪，通行無阻之後，就連"慎重"二字也已銷聲匿跡了）。這與20年前日本新任的防衛廳長官西村直已以"個人身分"表示可以派遣自衛隊到亞洲鄰國"救災"時，日本各報予以抨擊的態度恰好相反。

西村構想曾被批判

西村長官是於1971年10月11日以"日本的防衛"為題，在外國記者會上發表上述談話的。日本官員在公開場合主張派遣自衛隊到海外"救災"，這還是前所未有的事。因此，西村的這項談話，當時馬上引起日本國內外輿論界的譁然，日本的主要大報也都紛紛著論，明確提出批判與反對。

在一篇題為《令人難以理解的防衛廳長官之談話》的社論中，銷路廣大的《讀賣新聞》表示不知西村為何會提出上述構想。它指出，"作為防衛廳最高的負責人居然提出如此看法，正顯示出他對自衛隊的性質完全不瞭解。"緊接着，該報還提出如下之質問：

"到底有哪一些國家會因為本國國內發生大災害而決定邀請外國的'軍隊'去救災？即使真的有這樣的事情發生，相信已領教過日本軍國主義惡夢的亞洲各國民眾，是不可能會期望日本派遣自衛隊去救災的。"

該報同時指出，以當時的情況來看，即使自衛隊要到沖繩"救災"，沖繩的縣民也會有不良的反應，何況是亞洲的民眾？

針對西村的談話，當時的《朝日新聞》也表示反對，認為"不管是從時機上，或者是從國際間對災害救援的基本看法與態度來看，都是不恰當與缺乏深思熟慮的。"在時機上，當時日本對外的援助政策正遭受各方的猛烈抨擊，各國也擔憂日本軍國主義復活。該報指出，在上述背景下，西村長官的談話，"將會被視為是在替自衛隊海外派兵鋪平道路而放出的試探風球"。

"人道貢獻"只是名目

上述兩家日本大報當時還不約而同地在同一天的社論中分別表示，日本如果真的要在人道方面做出貢獻，要做的事情很多，根本不必去動自衛隊的腦筋。《讀賣新聞》就列舉當時正在面對饑荒的東巴基斯坦難民為例，指出日本應該作出積極的反應。《朝日新聞》則指出日本在應該有所表現時，往往不是捐助的金錢太少，就是採取被動的態度，或者是在美國或聯合國的邀請下才有所反應，而在國際間不獲好評。

換句話說，當時的日本兩大報在一定的程度上都看到了官方要以"救災"之名而達到打破禁忌、派兵海外的目的。它們也都堅決反對西村的構想。反觀今日日本之論壇，像上述相對比較冷靜、客觀，且與亞洲民眾的看法較接近的言論，已不在日本的大報出現。取而代之的，不是極力鼓吹"國際新秩序"下的"日本貢獻論"，就是環繞在"派遣"技術問題上爭論的所謂"慎重論"。至於堅持維護和平憲法，堅決反對派兵者，在今日日本國內的論壇上，已經成為被抨擊的對象，而被喻為所謂"一國和平主義者"。

"善變"本色令人憂慮

詢以日本的輿論界對軍備問題的態度為何發生如此巨大的改變？一般日本論客在報上提供的標準答案是："因為國內外的形勢在改變，日本人的看法當然也要跟着改變。"

所謂"國內外形勢的改變"，一是指戰後美蘇冷戰體制的崩潰，世界進入"新秩序"的時代，日本當然非參加這場新遊戲不可；二是指日本已經成為舉足輕重的大國,各國對日本有極大的"期待",日本不能只照顧自己"一國之和平",而不為世界作出與國力相應的"貢獻"。

美蘇冷戰體制之崩潰,原本意味着蘇聯"假想敵"勢力之衰微,日本卻以此作為加強國防與派兵海外的藉口,是令人難以信服的。至於由於日本國力加強而非得在軍事方面作出重大貢獻不可,這與其說是世人對日本的所謂"期待",不如說是日本官方的一廂情願。日本當局希望通過撥出更大數額的經濟援助,換取某些國家對日本擴軍態度之"諒解",具體地說明了所謂要求是日本派軍之"壓力"與"期待",與其說是來自外國(即"外壓"),不如說是來自日本的內部(即"內壓")。由此可見,日本傳媒藉口"形勢改變"而改變論調的說法,是站不住腳的。"善變",正是人們對日本不信任的根源之一。

針對日本的大眾傳媒、官方與國民三者的關係,日本前副總理宮澤喜一不久前在接受一家雜誌的訪談時,倒有一番精闢的看法。他說道:

"令人惋惜的是,戰後日本的國民仍然容易盲從政府。在戰後,國定的教科書已經不存在,但取而代之的,卻是影響力巨大的大眾傳播媒介。"

如果宮澤上述的分析沒有錯誤的話,人們對於今日日本的大眾傳媒緊跟在官方後頭,高喊"國際貢獻論",是不能不感到憂慮的。

(一九九一年八月)

日本傳媒與偷襲珍珠港紀念日

幾個月以來，隨着日本偷襲珍珠港50週年紀念日的日益接近，日本大眾傳播媒介都在競相策劃與出版有關的紀念特輯，或者刊登一系列連載文章。

翻開這些特輯與連載文章，可以發現到幾個特徵。首先是，各報刊都迴避"偷襲珍珠港"的字眼，而把重點強調在"日美開戰50週年"。換句話說，除了少數文章正視偷襲的事實、"偷襲"二字的意義并提及它引起世人之惡評，以及個別文章還在歌頌日軍出奇制勝之外，一般都將1941年12月8日偷襲事件孤立地視為日美兩個太平洋大國勢力的消長與衝突。於是乎，環繞着日美兩國能否避免開戰的問題，不少文章都把重點放在檢討當時日美雙方對話的狀況，或者兩國在外交接觸與交涉過程中是否產生脫節，乃至個別官員在傳達訊息過程中是否失責等枝節的"技術問題"上。

忽視侵略亞洲史實

日本偷襲珍珠港，當然可以視為日美兩國矛盾加劇與爆發的產物。但同時必須指出，偷襲珍珠港并非只是對美不宣而戰的孤立行動。就在12月8日同一天，日本軍方也對東南亞各地發動了進攻。特別應該指出的是，早在偷襲珍珠港行動之前的一小時零五分，也就是當天凌晨2時15分（東京時間），日本軍已在馬來半島的哥打峇魯登陸。由此可見，1941年12月8日并不僅是日美兩國開戰的日子，它同時也是日本軍閥把侵略中國的戰綫擴大到全亞洲的重要一天。把這個日本全面侵略亞洲的紀念日,局限於日美兩國的開戰問題來看待與處理,顯然是只從大國政治力學的變化看待歷史,忽視亞洲弱小國家與人民存在的心理的反映。

如此這般的心理,清楚地表現在下列的幾種論調上。

一曰"東南亞被動論"

在不少日本專家眼中,東南亞一向都是他國的殖民地而處於被動地位,因此日本南進或者"乘虛而入",只是日本與西方列強之間勢力消長與利害衝突的問題,既與東南亞人民無關,也絲毫無可非議。一名日本專家在回述1940年日本急於與德國靠攏一事的背景時,雖然明確指出日本的目的是為了確保南方資源的供應,也承認日本南進的政策存有"趁火打劫的意圖"(即乘着德國軍隊進攻英法,勢力席捲全歐洲的千載難逢之良機舉兵南進),但卻同時指出:"於是乎,英法荷等國在亞洲的殖民地成了無主之地。"

這種把東南亞視為只能是列強殖民地爭奪戰的焦點與"無主之地"的觀念,不僅留存於當時發動太平洋戰爭的日本軍人腦中,也常出現在今日某些日本專家與學者有意無意的言談中。

二曰"白人驅逐論"

日本南侵的目的在於奪取資源及將東南亞佔為己有,這已經是世人皆知的史實。但由於當年日本是打着"驅逐白人,解放亞細亞"的旗幟南侵的,戰後以來日本方面總是有人在為這早已被揭穿為謊言的漂亮口號辯護。

一名曾經目睹新加坡淪陷,并為"昭南島"的誕生而歡呼的日本某大報的從軍記者,在戰爭結束十餘年後寫的一篇回憶錄中,仍然還在緬懷當年之"大東亞聖戰"。回憶錄寫道:

"在今天,這個字眼雖然不大可以使用;不過,這確是一場'聖戰'。證據是，我們每到之處，都聽到當地人真摯的歡呼聲，它與在中國大陸的戰爭情況是截然不同的。在各地的戰場上，日本軍驚異地發現到有不少與自己相同膚色的弱小民族，在熱烈歡呼他們的到來。這就是所謂'聖戰'……。"

日軍是在1941年12月8日向新加坡投下第一顆炸彈，并於次年2月15日攻陷新加坡的。從2月18日開始一連三天，日本憲兵隊就在全島進行恐怖的"大檢證"（日本官方稱之為"大肅清"），在80萬人口之中"逮捕了7萬699名抗日華僑嫌疑者"（1942年版《朝日東亞年報》），其中估計有5萬名被殺害。（條崎護著、陳加昌譯的《新加坡淪陷三年半》一書引述日本方面的資料，即"當時被屠殺有3600人"，或"集體屠殺5000人"等數字，顯然與史實不符。）針對上述的史實隻字不提，而興奮地大談亞洲人與日本侵略軍"膚色相同"以及日軍受到"歡呼"與"鼓舞"的"熱烈情景"，說明了該日本報人即使是到了戰後，還保持着戰爭期間從軍記者的心態。

同樣的，在這回"日美開戰紀念特輯"的熱潮中，也常可聽到類似的論調。一名著名的作家就表示：

"從日美開戰開始，戰爭的性質就有了改變。由於有解放亞洲的名堂，太平洋戰爭也開始含有解放亞洲戰爭的成分。"

顯然的，這名作家與前面的從軍記者存有近似的心理，冀圖一廂情願地解釋歷史問題。

三曰"獨立有功論"

基於同樣的心情與目的，儘管不少日本專家明知日本所謂"大東亞聖戰"的真正意圖，但仍然千方百計地要從戰後東南亞各國的獨立中尋求日本的"功勞"與"貢獻"。

一名戰史學家在回顧南進的戰略時，不忘如此地總結"皇軍"的"功績"：

"（日本）徹底地打擊了在這區域統治長達約300年之久的歐

美的威信,并動搖其根基,從而協助與促使亞洲各地人民在太平洋戰爭之後獲得民族解放與獨立。"

公然讚美"共榮圈"

除此之外,在這回的日美開戰50週年的紀念刊中,也有個別的學者與專家公然讚美"大東亞共榮圈",認為再沒有比這"共存共榮"更為美麗與動聽的口號與理想,主張日本藉着今日的經濟力量實現此美夢。

在日本侵略戰爭結束之後,亞洲各國紛紛獨立是一個事實。但這與其說是拜日本之賜,不如說是各國人民從日本的侵略戰爭與慘無人道的軍事統治的慘痛歷史經驗中,深深地體會到作為殖民地人民的悲哀。各國人民深知只有爭取民族自主、獨立,才能有效地保護自己的生命、自由與財產。換句話說,日本"皇軍"扮演了反面教師的角色。"反面教師"居然也要討功,日本某些傳播媒介本末倒置的言論是不能不令人感到吃驚的。

尤其令人憂慮的是,日本大眾傳播媒介此刻鼓吹的"東南亞獨立有功論"、"國際新秩序論"與"新亞洲經濟圈論",是在日本國內掀起"嫌美"(即討厭美國)氣氛中展開的,它使人不得不聯想起50年前日本在提倡"解放亞洲"與"大東亞共榮圈"時高喊"打倒鬼畜美英"的氣氛。

對於50年前日軍攻打哥打峇魯及偷襲珍珠港的行為,日本人到底從中獲得了甚麼歷史經驗教訓?日本大眾傳播媒介又將引導其國人朝往甚麼方向邁進?是不能不令人格外關注的。

(一九九一年十二月)

第三輯

虛虛實實的外交動向

第三編
電氣實質的文運向

日本的傳統外交及其今後政策

在日本近百年的歷史上，有着兩個著名的理論一直在支配着它的外交政策。一個叫做"脫亞論"，即脫離亞洲，不與亞洲各國為伍，走向西方列強的道路。另一個理論叫做"亞細亞主義"，即亞洲一體，聯合對抗歐美。

從表面上看來，這兩個理論似乎是針鋒相對，水火不容。然而，認真分析，它們卻是一對百年好合、恩恩愛愛的鴛鴦。回顧日本近百年史，我們大抵可以發現到這樣的一個規律：當日本國勢衰微，還無法與西方列強分庭抗禮時，它就拋出"脫亞"政策。對於白人，唯唯諾諾；對於亞洲近鄰，卻極盡鄙視。一旦勢力稍微強大，日本便不懷好意，欺壓亞洲鄰國。等到它自認為羽毛已豐，且當上"強國"時，更急着想獨佔亞洲。就在這樣的時刻，甚麼"亞洲一體"、"亞洲兄弟"等鼓吹"亞細亞主義"的論調也跟着應運而生。不久前還被敬為神佛的洋人，忽然間成為"鬼畜美英"，被列為打倒與消滅的對象。日本發動第二次世界大戰，就是高舉"解放大東亞"、"亞洲一家"的旗幟進行的。可見"脫亞論"與"亞細亞主義"本質上并沒有甚麼不同之處。它只不過是歷代統治者所使用的不同花招罷了。至於何時應以何種手法表演，這就有待當時的決策者以最"現實的"的眼光，"英明判斷"了。

屈從美國等待時機

一九四五年八月十五日，日本被迫投降了。作為支撐這場不義戰爭的理論——"亞洲一體""東亞同盟"等在一夜之間被宣判破產。接着，有關這一類"亞細亞主義"的理論，幾乎銷聲匿跡。在美國原子彈與大炮面前，日本前首相吉田茂領導國民，再度走上了崇拜歐美，脫離亞洲的老路。儘管如此，對於許多深受"天皇陛下萬歲"、"大東亞聖戰"教育的日本老一輩來說，他們屈服美國，只不過是"權宜之計"，一有機會，仍然是想"東山再起"的。直到目前為止，這一夥人仍然不肯承認打敗仗。他們壓根兒就不肯提個"敗"字。在政府要人的文告、言談中，他們所使用的字眼只有"終戰"而沒有"敗戰"。換句話說，日本在無可奈何的"現實"面前（他們往往歸罪於"策略失敗"或"力量不足"等原因）只好"終止"戰爭而不等於已經戰敗。用"終止"來代替"失敗"，看來似乎只是阿Q精神。然而，認真分析，卻是"大和民族不敗"的種族優越感在作祟。

堅持"安保"大發橫財

隨着一九四九年新中國的誕生以及一九五〇年朝鮮戰爭的爆發，美國為了自己的利益，重新檢討遠東策略，并開始放鬆了對日本的各種限制。靠着韓戰特需的刺激，日本經濟開始有所好轉。一九五二年四月，隨着講和條約的訂立，日美雙方締結了安保條約，允許美軍繼續佔領沖繩與設立軍事基地。這個條約實際上絲毫沒有改變日本戰後被美國佔領的狀態。一九六〇年，日美安保條約改訂時，即遭到了國內各界人士的激烈反對。他們認為該條約之繼續存在，不但有損日本獨立尊嚴，還使日本重新卷入戰爭的危險。轟炸朝鮮、越南的美機就是從日本起飛的。日本就有如美國在亞洲的軍火儲藏庫和兵工廠。對於深受廣島、長崎被炸，有着戰爭慘痛經驗教訓的日本廣大民眾來說，再沒有一樣東西比戰爭更加恐怖的了。儘管如此，日本的財界與政府，由於越戰"有利可圖"，即使被迫更換了首相（岸信介由於堅持安保，鎮壓群眾而成為眾矢之的；為了緩和民眾的情緒，岸信介被迫讓位給池田勇人），也仍然作出了延續"安保條約"之選擇。

"繁榮"聲中"時機"來到

十年過去了。日本的財界果然在越戰中撈了一筆。日本企業在世界各地（特別是亞洲）也有了長足的發展。現在，日本人開口閉口最喜歡提的一句話莫過於："我國國民生產總值居資本主義世界第二位"。就在這樣"高度經濟成長"與繁榮的氣氛中，殘酷戰爭陰影與敗戰慘狀，似乎已被日人所遺忘。也就在這樣的氣氛中，"安保檢討年"——一九七〇年終於來臨了。

對於日本企業與政府來說，繁榮既然是依靠鄰國發生戰爭與"安保體制"，今後之持續安保條約，自不待言。當然，今天的國際形勢和十年前已經大大不同，因此安保條約的實際內容也就自然要有所改變。十年來亞洲局勢最大的特點莫過於歐美勢力在衰退。美國在越戰中已經打得筋疲力竭，因此不得不開始出讓一些權益給日本，并希望它出面共同"保衛亞洲"。充當"亞洲領袖"，可以說是日本戰後二十多年以來的美夢。日本執行"脫亞"親美的外交政策，其目的也不外如此。現在，這千盼萬盼的日子終於到來了。這就難怪去年秋天，佐藤首相不辭勞苦，不顧國內青年學生的激烈反對，乘直升機突破包圍，迫不及待地飛往美國和約翰遜總統發表"日美共同責任時代"的聯合公報。有關日美安保條約之自動延長，在那時就已經成了定論。

"老大"姿態又再出現

為了配合日美新政策，日本國內開始出現了大量"關心亞洲"、"援助亞洲"、"研究亞洲"的言論與文章，一向被認為冷門的"亞洲"刊物與書籍，突然間有了銷路。久已銷聲匿跡的"亞洲一體"與"亞細亞主義"等理論,也不知從何時開始又再紛紛出籠。與此同時,政府要員也擺出亞洲"老大哥"的姿態,開始關心亞洲動向。至於軍事方面,日本雖然受憲法限制,不得擁有軍隊;惟在"自衛"名義下,日本軍事力量已經超過了許多國家而居世界第十一位。防衛廳長官中曾根(實際上就是國防部長)還預言,在一九七二年財政年度擴軍計劃的經費為二千億日圓(一百四十四億美元)至六萬四千億日圓(一百七十八億美元)之間。估計每年定購軍火價值為四千億日圓(十一億美元),比第三次計劃每年平均增加一倍。

以日本如此龐大的軍事預算與"自衛力量"而宣稱"未擁有軍隊",實際上只是愚弄憲法罷了。在美國的允許及鼓勵下,日本今後的武裝配備必將更加驚人地發展。佐藤首相在宣稱安保條約自動延長時,就明明白白宣布今後的防衛力量要以"自主防衛為主,安保條約為副"。他在更早之前就不止一次地鼓吹國民"要有保衛自己國家之氣概"。財相福田也指出:"靠他國保衛是可恥的。"凡此種種,都意味着日本保守勢力趁着與美國力量對比起變化的時刻,一面堅持日美同盟,一面也急想發展本身的武裝力量。實際上,一九四五年"結束戰爭"的日本保守勢力已經在蠢蠢欲動。著名的右翼作家林房雄一馬當先,著述了《大東亞戰爭肯定論》,為日本的侵略政策公開翻案。至於認為"和平憲法"礙手礙腳,急想修改并主張派兵海外的更大有其人。當然,此種做法,未免太奪人耳目,除非時機成熟,不會馬上付諸實現。然而,有關擴大憲法的解釋工作卻早已進行。政府就曾表示"在防衛的限度內,即使擁有核武器也不違憲法。"足見只要高舉"自衛"旗幟,日本出兵海外并不是一定沒有出現的可能。

日美關係同床異夢

顯然,今天自動延長的安保條約和十年前的安保條約已經有着很大的不同。用中曾根的話來說就是:十年前的安保相當於只拿別人錄好的錄音帶來播送,而今天的安保卻相當於我們也可以自由錄音了。這位軍事長官在未成為大臣之前,甚至曾經主張在一九七五年結束安保條約而重新檢討日美關係。當然,這兒所提的結束安保條約和一般民眾所要求的廢除軍事同盟——安保條約的主張有着本質上的不同。有人形容日美六〇年代"蜜月時期"已經結束,"同床異夢"的七十年代正在開始。這個比喻,從今日日美雙方的密切關係來看,似乎言之過早。不過,倘若我們仔細觀察,就會發現彼此在高喊"共同責任"與"太平洋新時代"之同時,就一直各為其財界利益與發展精打細算。日本執政黨在宣布安保條約自動延長時,就老老實實宣布它是"現實的外交政策。"

百年來,日本的外交決策人就是在"現實"的藉口下,有時實行"脫亞"政策,有時推行"亞細亞主義"政策。現在,靠親美"脫亞"起家的戰後日本,又想擺起"亞洲老大哥"的姿態,日本國內又再度掀起了"亞洲熱"。"亞洲外交"、"亞洲一體"的理論又再度被提倡。日本報人形容七十年代為過渡的年代。這過渡年代也意味着日本外交政策大轉變。日本會不會拋棄其傳統外交,改變作風呢?我們且拭目以待!

(一九七〇年七月)

佐藤"大國外交"觸礁

這兩年以來，日本的要人、專業評論家以及一切宣傳機構，天天都在談論"日本大國"的課題。特別是大阪萬國博覽會舉行之後，日本的政界、財界以及新聞出版界更是自認為今天的日本已經是在"兩超級大國"（指美、蘇）之下，萬國之上的"第三大國"無疑了。

正是為了要加強"第三大國"的國際地位，繼承"萬國博外交"的成果，佐藤榮作興致勃勃，率領了包括愛知外相、木村副官房長官在內的日本代表團，浩浩蕩蕩地出席聯合國大會，準備在國際論壇上大顯身手，一鳴驚人。

戰後日本首相出席聯合國大會，這回還是第一次。日本保守派視之為日本海外聲望之試金石。他們希望佐藤此行將象徵着"第三大國——日本"在國際政壇上"扮演重大角色"的開始。因此他們認為此次佐藤遠遊，使命重大；只許成功，不許失敗。為了壯大佐藤在聯大發表處女演說之聲勢，作為自由民主黨有力支柱的日本財界，早在幾個月前就已決定全力支持佐藤四度參加自民黨總裁的競選。他們認為正當日本一躍而為"大國"之際，國家首相不應中途更換。他們主張各大小派系，支持佐藤四選，替他在聯大之發言打氣。

没有内容没有反應

正因為佐藤此行，意義重大，日本各大報章除了發表社論為首相打氣之外，各駐美特派員莫不搶先報導日本代表團抵美後的一切動靜。十月廿一日,佐藤發表演說,這些特派員們更是忙得不可開交,他們除了拍電向報社報導會場的情景外,還得向各方試探他們對佐藤演說的反應。

翻開十月廿二日日本各家晚報,盡是報導首相在聯大演說的內容與消息。然而,仔細一看,差不多每家大報都刊登一張相同的電訊傳真,那就是佐藤聯大演說時,座席稀稀落落的情景。

《每日新聞》第二版的橫排大標題是:"會場空空如也",直排的標題則為:"沒有內容、沒有反應。"

保守的《產經新聞》更帶着沮喪的口吻感嘆道:"聽眾稀少,令人失望!"

至於其他報章,把這冷淡的場面當為特點來描繪的,更是不勝枚舉。

顯然,日本政府兩年來編織的"大國美夢"撲了個空,佐藤內閣幾個月以來大吹大擂,自鳴得意的"大國外交"原來只適合內銷,外揚不得。

據日本報章報導,佐藤是緊隨蘇聯外長葛羅米柯發表長篇演說之後登壇致辭的。也許是這位外長演說時間過長,與會代表在他致辭完畢之後紛紛退場,原本幾乎滿座的會場驟然顯得冷冷清清;又恰逢安理會召開緊急大會,就連宇丹秘書長也不在場。因此,日本首相在聯大的處女演說,除了第一排的日本代表團為之打氣之外,各方反應十分冷淡,掌聲稀稀落落,不僅如此,記者席上也只留下清一色的日本記者,外國記者團早已溜光。正是在如此冷落的場面下,佐藤榮作的臉色顯得黯然無光,沮喪地把早已準備好的演講稿急忙宣讀,居然比預定的時間提早數分鐘便唸完。演詞中雖提起要向蘇聯索取"北方領土",惟蘇聯卻置之不理,不加答辯。於是乎這位自稱為"第三大國"的日本首相,就在沒有人理睬的情景下結束了一幕排演已久的演出。

和平煙幕自欺欺人

會後,記者們問起佐藤首相對聯大演說的感想,這無異是在挖苦他。因此,首相除了歸咎"運氣不好",恰逢安全理事會開會與埋怨蘇外長演講時間過長之外,實在找不出甚麼堂皇的理由來為冷落的場面申辯。

據日本報章報導,外國記者不但不出席聯大聆聽佐藤的致辭,就是向日本代表團索取早已印好的演講稿者也為數不多。《每日新聞》特派員曾試探一位美國記者對於佐藤演說的感想,其答案只有一個字:"Nothing"。另一位記者則半打趣半諷刺似地說:"我深知日本是一個熱愛和平的國家。"

原來佐藤此行,除了要向世人炫耀"大國日本"的風度外,尚員有任務向世人"解釋"日本是一個"熱愛和平"的國家,藉以消弭各國指責日本軍國主義復活的"誤會"。為此,佐藤之演辭一再強調日本只想成為"經濟大國",而不會成為"軍事大國"。佐藤如此不厭其煩地強調"和平"與不"軍事化",這對於國際時勢比較敏感的通訊記者來說,當然要視之為"此地無銀三百兩了"。

事實果然如此,正當佐藤在聯大大聲叫嚷"和平國家"之同時,遠在國內的防衛廳長官中曾根康弘卻連續發表了戰後以來的第一份國防(美其名為自衛)白皮書與第四次擴軍計劃書。中曾根軍事長官選擇在此時此刻發表兩份大膽的有關擴軍問題文件,決不是一時之疏忽。相反地,這位長官深知"經濟大國"必須靠強有力的炮艦為後盾,強調"和平"純粹是一種煙幕。因此,為了要替身在太平洋彼岸的"大國首相"打氣助威,發表了"即使擁有核武器也不違反和平憲法"等昭然若揭的國防白皮書。難怪日本報章的時事漫畫家們,不約而同地把佐藤手持"第四次防衛計劃書"而在聯大高喊和平,極其不調和的表情作為描繪、諷刺之主題。

《朝日新聞》記者認為正當中加復交,中國問題成為國際熱門話題的時刻,作為鄰國的日本卻避而不談,首相的演說當然不會有人重視了。

對於佐藤在聯大的演說，日本在野黨莫不予以猛烈抨擊。日本最大反對黨社會黨認為佐藤一面高喊和平，一面卻推行軍備計劃，言行不一致。

顯然，佐藤此行所要放出的和平煙幕，不管是在國外或是國內都一樣失敗了。世界各國對於日本的評價，居然是那麼的低落，佐藤總算上了"自家人"鼓吹大國意識之當，誤把宣傳當為真相。看來"日本大國"這塊招牌，只適合掛在萬博會場，自我陶醉一番可也。

（一九七〇年九月）

評日本"亞洲通"的東南亞論

"日本與東南亞的關係",這不是一個甚麼新話題,而是個老題目。然而,"中日邦交恢復後的日本與東南亞之關係"可就顯得有點時髦與新鮮,它之將成為日本政論家們最熱門的話題,自不在話下。

事實上,早在幾個月前,日本報章與雜誌就陸陸續續出現了好幾篇有關的文章。自從田中角榮上台以來,在日本國內人民要求恢復中日邦交的高潮中,《朝日新聞》出版的《亞洲評論》(秋季號)還闢了一個惹人注目的特輯:今後中日兩國與東南亞的相互關係。這份特輯總共收集了九篇日本學者的大作,內容除了分析兩國與東南亞的關係及今後彼此在東南亞的矛盾與合作的可能性之外,還着重探討日本在東南亞的經濟援助政策與本地區的所謂"華僑問題"。日本學人到底是抱着怎麼樣的態度與立場來看待有關問題呢?由於篇幅關係,我們無法一一介紹。這裏只想提出其中一篇從日本角度看東南亞的文章,從而窺探日本某些學者眼中的東南亞。該文作者是某大學經濟學教授齋藤一夫。齋藤教授在日本學術界也許不是具有代表性的人物,但他在這篇文章所表明的立場與看法,不管是對東南亞的基本態度或者是對東南亞今後可能發展方向的分析,甚至是對日本今後政策的建議,在日本當前流傳的亞洲問題論調當中,可以說都具有相當普遍性的意義。換句話說,和他持有共同或接近看法的日本亞洲問題專家,是不乏其人的。下面即想嘗試通過該教授的大作,認識一下日本某些學者對於東南亞所持有的傳統態度以及他們分析國際事務的哲學與準則。

東南亞"特性"的規定

齋藤教授在這篇從日本角度看東南亞的大作當中,共分五個小節,即一、東南亞地區的闡明;二、中國與日本的罩影;三、(東南亞)對日本是不可或缺的嗎?四、經濟重要性的揣摩;五、展開活動的必要與政策。

在第一節中,該教授開門見山,指出其文章所指的東南亞係以一般地理概念為準繩,即東自菲律賓起,西至緬甸,并包括印尼在內的區域。雖然,日本很多人習慣上把印度與巴基斯坦也包括在東南亞的範圍。日本官方的《通商白書》甚至連台灣、南韓也包括進去。接着,他便從其"歷史眼光",總結本地區的"特殊性",即在數千年的歷史當中,從來只有接受外來武力、文化與經濟的影響,卻從未有影響其他地區的歷史經驗。於是,他認為東南亞是一個"被動的地區"。

可是,儘管東南亞是一個"被動的地區",輕易吸收印度文化、中國文化、伊斯蘭文化與西方文化熏陶,齋藤教授認為其中中國文化的影響卻"意料之外的輕微"。換句話說,他認為這是中國在本地區的一大失敗。

在比較日本與歐洲對於本地區的影響力時,該教授寫下一段頗值人們玩味的"歷史教訓":"儘管日本人在倭寇時代與最近的太平洋戰爭,曾經二度嘗試通過武力侵佔東南亞,它所遺留下來的文化影響卻可以說是絲毫也不存在。近世紀以後進入該地區的歐洲人,在通過武力進行統治之同時,也加緊文化滲透,因此儘管武力統治方面已經崩潰,它的文化影響相信還會持續下去。"

這段話的意思是甚麼呢?同作者在第二節有着更加"坦率"的說明,《亞洲評論》之編者還引用其中的一句話作為醒目的摘要:"沒有同時展開文化工作,便無法保持永久性的影響力——這便是歷史的教訓。"非常清楚,這裏所指的"歷史教訓",便是明治百年以來日本拜歐美列強為師,尋求殖民統治心得——大國永遠控制小國的妙方。同教授在總結第一小節時,還要他的讀者每當考慮日本與東南亞的關係時,首先便得牢牢記住本地區"被動性"之特性與上述的"歷史教訓",充分地表明了這位日本學者殖民思想之濃厚。

中日爭霸的所在地

正因為同教授認定了東南亞之特性只能是"被動的地區"——即接受外來勢力的影響,他在接下來第二節當中所能討論的便是列強在本地區勢力之消長。他認為,隨着美國勢力在本地區之後退(由於越戰關係),東南亞必然產生"真空狀態",而其結果一定使某些強國增加其影響力(在該日本學者眼中,本地區國家與人民力量之增強是不可能的,或者是微不足道的,因為我們的傳統只有"被動",所以隨着英美勢力之退出,東南亞便出現了有待列強來填補的"真空")。

那麼,甚麼強國會增加它在本地區的影響力呢?即甚麼強國會填補東南亞的"真空"呢?他認為:

"首先可以肯定的是,歐洲勢力捲土重來的可能性是不存在的。蘇聯也許會派遣艦隊等來加強其軍事影響力,但相信不可能展開全面之進出。至於連印度次大陸的問題也無法搞好的印度,在接下來的一段期間,相信不可能會對東南亞發揮甚麼影響力吧!這樣一來,所剩的國家恐怕只有中國和日本了。"

接着,該教授便分析中日兩國在東南亞的實力。他認為中國不管是在軍事方面、政治方面、經濟方面或文化方面都具有對本地區產生強烈影響的能力,而且又有"華僑勢力"可以作為"有力之援軍"。日本則以經濟力量為主,從而發揮其政治與文化的影響力。他還毫不掩飾地指出:"坦直地說,筆者的看法是東南亞在今後相當長的期間裏,料將成為'日中對決'(對壘)的場所。"

顯然,這位日本學者眼中的"今後在東南亞之日中關係"是一種敵對的關係。不但中國是日本的敵手,就連東南亞的所謂"華僑勢力"也是日本南進的敵手(至少是敵手的幫手)。這樣的一種推理與分析,當然是出自當年日本皇軍"弱肉強食"的霸權理論,其基本特徵是一、忽視東南亞弱小國家的獨立性與尊嚴,認為它們自古以來俱有被統治,被支配的"特性"。二、任何強國都一定會控制或欺侮小國。三、決定國際關係的最大因素只能以"國力"、"國運"為準繩。這之間并沒有"國際道義與公理"可言。

基於以上的標準,許多日本學者認為不管東南亞人民是否歡迎,日本勢力之加速南進是天公地道的。他們還同時以其"大和傳統"尺度來衡量中國,并相信它最後會為了要擴張其勢力而在東南亞與日本發生衝突。與此同時,他們還企圖把早已成為各地公民的華裔公民視為中國的"內應"。日本學者的這種推理與分析,不消說,是完全出自他們傳統的霸權主義哲學與狹隘種族主義思想。

必須指出的是,用霸權主義角度來衡量鄰邦與處理東南亞的關係,只會增加國際緊張的氣氛,對於亞洲的和平毫無裨益;把當年皇軍利用日僑扮演各種角色支援日本皇軍南進的"歷史經驗",來估計與理解東南亞各地華人與中國的關係,要不是別有用心,就不禁使人要為日本學術界對於東南亞的無知與知識之貧乏感到驚訝了。

東南亞對日本的依賴性

從第三節開始,齋藤教授便把重點移到經濟問題,檢討日本與東南亞在經濟上的相互關係。他舉出許多數字試圖證明:東南亞對於日本雖然是重要經濟交易對象,但并非到了沒有這個區域,日本經濟便不能維持的地步。"可是",他認為:"對於今天的東南亞來說,日本卻早已是不可或缺的經濟交易對象。換句話說,"東南亞一天沒有日本,其經濟便一天也無法維持。"他形容今天的日本與東南亞關係,宛如前些時期日本與美國的關係。那個時候,日本的經濟完全依賴美國,但美國即使失去日本,其經濟尚能維持一般。

齋藤教授上述分析的根據是:儘管對於東南亞各國來說,日本是經濟貿易之首位或極重要對象,但對於日本來說,這些數目只佔其貿易總額之少數。以一九七〇年的情況來說,日本向菲律賓、泰國、新加坡與印尼四國輸出之數字不過佔其輸出總額的百分之八點四;同樣的,從印尼、菲律賓與馬來西亞三國輸入日本的數字總共也不過佔日本總輸入額的百分之八點四。

到了第四節,同教授便從貿易方面、資源提供方面與投資方面三個角度來探討日本與東南亞的關係。在貿易方面,他認為日本貨幾乎壟斷了東南亞市場,問題只是擔心這些國家今後的購買力,因為許多國家與日本貿易都產生巨額入超現象。在資源方面,同教授除了看重印尼之外,并不認為東南亞的天然資源像一般人所想像的那樣富饒。從投資的角度來看,同教授指出由於東南亞的社會與政情不安定,對於投資者的資本缺乏保障,再加上收益不高,若純粹從對資本有利方面來考慮,則與其投資於東南亞,不如向各先進國進軍。

四項方案・兩點"注意"

綜觀齋藤教授在第三節與第四節的分析,人們很容易產生一種錯覺,以為東南亞對於日本不太重要,教授本人似乎也不太積極主張日本南進。其實,這是一個假象。人們只要仔細閱讀上述分析,并比較同教授在最後一節當中的數點獻策,便可以找到真正的答案。原來這位日本學者強調東南亞對於日本遠比不上日本對於東南亞的重要性,目的不過是為了說明當前東南亞對於日本的依賴性(宛如早些時候日本與美國的關係)。然而,他擔心這種關係不能持久,他擔心長久下去,這些國家會由於國防收支困難而失去購買日本產品的能力,不符合日本長期的"國益",因此他認為有必要展開一些工作,創造一些對日本有利的條件。他毫不忌諱地指出其目標是要促使這個地區(東南亞)成為更加重要的輸出國(以日本為對象),并"提高它們作為資源供給地的魅力與作為投資地的有利性。他提出下列四個具體方案。

第一個方案是對於東南亞的礦產、農林水產等資源的開發進行"援助"。同教授認為要開發這些資源,首先就得創造出"投資的機會"。接着,緊隨着開發的進行,日本方面從東南亞輸入的資源便跟着增加,這就有助於平衡日本與東南亞貿易之逆差,而它反過來又能促使日本增加對東南亞的輸出。換句話說,同教授希望通過向東南亞進行"經濟援助"與"技術援助",開發東南亞資源,在促使東南亞成為更富有魅力的資源供給地與投資地之同時,挽回貿易逆差,加強各國購買日貨的能力。

第二項方案與第三項方案分別針對東南亞的農業與輕工業,主張對它們進行"援助"并開放日本國內市場,讓彼等進口。其目的也不外是為了平衡日本與各國的貿易逆差,希望藉此加強各國購買日貨的能力。

第四項方案是在輸入資源時,儘可能讓原料在當地先進行初步加工,譬如,讓礦石先在當地煉為粗金屬。他認為這樣一來,不但可以使各國增獲外匯,讓各國有更多機會進行"工業化",而且"對於經濟陷入資源消費型,正面對日益嚴重的公害問題而苦惱的日本也是有利"。至此,齋藤教授還特別指出要慎重處理,別讓各國指責日本在進行"公害之輸出"。顯然,這位學者在鼓吹"共存共榮"論之同時,也深深知道誰真正得益,誰真正受害,只是一切得"慎重行事,免遭責難"就是了。

最後,齋藤教授還再三強調在推行以上的方案時,還得注意兩點要項:第一點是不要只是為着眼前利益,因為"眼前利益決不是真正國益";第二點是在展開經濟活動之同時,不應忘記進行文化工作。有關第一點的重要性,在四項具體方案當中同教授早已有所闡明;至於為甚麼要重視文化工作,同教授在第一、二節探討東南亞之"特性"及其對外關係史中已經說得十分清楚。為了加深讀者的印象,這位日本學者還在其後的結語上再次強調:

"經濟也是一種力量,但倘若只偏重這方面的工作,那就會重犯過去只靠力量（指日本用武力發動太平洋戰爭）之過錯，日本對東南亞的影響力就將缺乏永久性了！"

顯然，從朝日《亞洲評論》的這篇文章，我們所能感受到的是，怎樣想盡辦法保持與加強日本對東南亞的影響力（即永久控制東南亞），已經成為日本某些"亞洲通"研究東南亞問題所要達到的最重要目標。然而，從東南亞的角度來看，我們看不出類似的研究會有甚麼價值與意義。特別是在中日建交之後，倘若類似的研究態度與論調反覆出現，大談甚麼"今後在東南亞之中日關係"，那就無異在本地區制造冷戰，有違"中日聯合公報"當中所強調的中日不在本地區爭霸的原則了。

（一九七二年十月）

泰國學生抵制日貨運動來龍去脈

多年來日本官方及其東南亞問題專家最為擔憂與恐懼的事件——"抵制日貨運動"，終於無法避免地在泰國首都曼谷觸發了。

根據東京報章報導，這項從十一月二十日開始，一連十天的"抵制日貨運動"，是由泰國八個大專院校學生組成的全國學生中心所領導的，它很快地從曼谷蔓延到泰國境內各大城市，形成了一個全國性的運動。日本報章同時報導，在運動展開的第三天和第四天，學生們便紛紛走上街頭，向市民分發傳單，傳單寫道："不要買日本貨！不要乘日航飛機！不要進日本料理店！不要到日本百貨公司！"到了廿五日，千名學生分乘六輛巴士車，車身寫着"日本滾回去！"的標語開進曼谷市內游行。他們在市中心的熱鬧廣場上，憤怒地燃燒着日本商品的模型，情緒異常高漲。現場採訪新聞的記者指出：這是泰國今年夏天以來規模最大的一次學生運動。日本記者同時還報導：這項運動并不像日本有關當局所想象的只是學生們"一時感情之衝動"，它將發展成為一個有組織性與長期性的愛國運動。

這項消息，對於許多上了年紀的日本人來說，也許是一個晴天霹靂。因為在日本，長期以來流傳的說法是：泰國是東南亞最"親日"的國家。這不僅因為在第二次世界大戰期間，泰國曾經是日本的"同盟國"（實際上是不戰而降的日本附庸國），"皇軍"未曾留下有如新馬或菲律賓大屠殺的罪惡紀錄；更重要的據說泰國有以下的"特殊性"：由於地理位置的關係，泰國在歷史上一直成為列強在東南亞爭奪霸權的"緩衝國"，它未曾淪為列強之殖民地。由於沒有被外來民族直接統治的經驗，泰國人對於外來民族之侵入，既不敏感，也少抵抗。《朝日新聞》的社論在評論這次的抵制日貨運動時,就形容泰國恐怕是"東南亞各國當中,對於外國與外國人最為寬容的國家"。

這樣一個被日本人視為有"親日"傳統,又是"對於外國與外國人最為寬容"的佛教王國,為甚麼會鬧到要抵制日貨,不能"寬待"前盟主日本呢?日本報章承認:這項運動不是到了萬不得已,是不會展開的;換句話說,泰國學生對於日本不滿的情緒,已經到了忍無可忍的地步。

貿易逆差一向嚴重

泰國是戰後最早與日本恢復貿易的東南亞國家之一,也是日本資本最早滲透的國家之一。早在一九五九年,日泰貿易的出超就十分嚴重,當時日本對泰輸出的貿易總額高達一億三百萬美元,而從泰國輸入的總額僅有三千六百萬美元,兩國貿易逆差達六千六百餘萬美元。一九六二年,泰國當局為了吸引外資,大大修改了原已推行的"產業投資獎勵法"。其獎勵辦法除了保證不把民間企業收歸國營以外,還附有許多優厚條件,例如:免除"獎勵企業"的機械、零件、原料以及工場設備等的輸入稅,允許百分之百的外資企業之投資等等。針對泰國這些獎勵外資辦法,一九六二年日本通商產業省出版的《經濟協力之現狀與問題點》就興奮地指出:"這將是我國今後在海外投資頗有希望的國家。"

在這以後,日本資本更大舉進入泰國。到了一九六九年,日本資本已佔泰國外資總額的三分之一,約佔泰國總投資的百分之十餘。在貿易方面,從五九年到六九年短短十年之間,日本對泰輸出的貿易總額已從一億三百萬美元一躍而為四億五千萬美元,約佔泰國總輸入的百分之三十六。與此同時,泰國對日輸出的貿易總額也增至一億五千萬美元(約佔泰國總輸出額的百分之二十一),惟與日本的輸入總額相比,兩者之逆差仍保持十年前三倍的記錄。

從以上的數字,人們可以很清楚地看出日泰經濟關係密切之程度。不管是從泰國的貿易數字或投資數字來看，日本已經遠遠超過美國而高居第一，在一定程度上掌握了泰國的經濟命脈。

"東京文化"佔領曼谷

緊隨着日泰經濟關係之密切，日本企業的職員與旅客便接踵而來。據日本報章雜誌的統計，常年住在曼谷的日本人就有五千名。與此同時，為提供這些日人消遣、助興的"東京文化"與"大阪文化"也跟着被帶到曼谷。於是泰國首都便成了日本料理店、土耳其浴室、酒吧、旅店的天堂。曼谷儼然成為"日本化"的都市。且聽東京每日新聞社前駐曼谷記者德岡孝夫筆下的一段對話：

"初到曼谷的日本人，總是齊聲感嘆道：

'啊！簡直和住在日本沒有兩樣。德士不都是清一色的科羅納牌和藍雀牌嗎？'

'霓虹燈廣告幾乎都是日本的。有精工錶，也有本田的廣告牌。一點都感覺不到是到了外國'。"

再聽聽一位日本學者訪問曼谷的印象：

"住在曼谷的日本人有五千名之多，在世界上可以說是僅次於日本。日本料理店也很多，日本女招待的接待方式和東京完全沒有兩樣。電影院上映的日本電影《姿三四郎》、暴力片與武俠格鬥片等，電影節目也很多是把日本節目重加播映的。一走到旅館走廊，就突然聽到那熟悉的日本話。尤其令人感到驚奇的是：電影銀幕上甚至出現美空雲雀（日本的老牌女歌星）在為蚊香公司唱日本歌打廣告……。"（見長洲一二：《南進的日本資本主義》）

由此可見，日本不僅在經濟上控制了泰國命脈，甚至在文化上也支配了泰國（特別是曼谷）一般市民的生活方式。一家日本雜誌甚至毫不忌諱地歡呼道："曼谷——日本國的第×縣"。

日商吞併聯營企業

然而,對於泰國如此"寬待外國與外國人"的態度,日本當局與各大小公司的"報答"是甚麼呢?綜合日本報章、雜誌的報導,人們可以看出腦袋裝滿"大國主義"、"金錢第一"的日本商人并不因此而感到滿足。他們不僅通過合法手續加緊經濟滲透,也通過賄賂、逃稅等不正當手段加速泰國經濟之惡化。泰國的高級官員就向日本記者申訴日本公司怎樣憑藉其雄厚資本吞併泰國企業或日泰聯營企業的事實。下面便是其中的兩個實例:

兩者都是發生在日泰聯營(各出資本百分之五十)企業。一宗是:在最初幾年,未知日方是否有意安排,業務老是無法振興,致使泰國合夥者感到債務累累,資金難以周轉。就在這個時候,日本股東提出救濟方案(即由日方增加資金)。惟在泰方有所察覺時,公司實權已經落在日人手中。

另一宗的情況恰恰相反。在最初兩三年,公司營業不是虧空,而是有所盈餘。不久後,日本代表便建議擴充營業,以便賺取更多利益。倘若對方無法拿出足夠資金,日方便會建議由他們單方面增加資金。其結果也和前例一樣,泰國夥伴的發言權逐漸相對減少,實權終於為日本方面所接管。

上面所說的不過是日本大魚吞食泰國小魚的無數例子中的兩個實例罷了。針對日本公司只顧自己利益,不顧他人死活的"殘酷商法",一位泰國政治家就向日本記者感嘆道:

"我們後進國歸根到底只是蝦米,最後的命運只有被大魚所吞掉。然而,日本如果還想長久把泰國當為貿易夥伴,對於顧客的泰國的情況不是也應該好好的想一想嗎?我希望你們能記住金鵝與農夫的故事。如果好好照顧,金鵝是可以繼續生金鵝蛋的,然而倘若一根一根地把鵝毛拔掉,其結果是鵝死蛋完,一無所有。

日泰貿易,日本取了百分之九十九的利益,只有百分之一利益為泰國所獲得。如果按照目前的情況繼續發展下去,泰國所獲得的利益將越來越少,其結果是零——到了那個時候,泰國已經不是日本的夥伴了。……"

然而,對於泰國這隻金鵝,日本公司所採取的卻是殺鵝取蛋的辦法。他們不但企圖控制泰國的大企業、聯營企業,甚至連觀光的小生意也不放手。前泰國財政部長就針對日本旅客抨擊道:

"日本旅客乘着日航飛機來了。到曼谷國際機場去迎接的是日本公共汽車公司的車輛。接着,他們被接到日本人經營的旅館。他們乘着日本汽車到處觀光,到日本料理店用餐。到了晚上,則把錢花在日本人經營的夜總會。就連觀光的嚮導也是日本人。他們最後是乘着日本公共汽車到機場,然後乘着日航客機飛回日本。"

前面所叙述的,可以說是反映了泰國上層分子與官員的不滿,他們并不反對日本把泰國當金鵝看待,只是希望日本公司不要將它迫死。至於一般泰國青年學生不滿的情緒,那就更加高漲了。

一九七一年一月十二日,在曼谷郊外的一所農科大學裏,一個叫做"反日俱樂部"的組織出現了。這個組織成立時,其成員只有四名。經過泰國國家警察的嚴密調查,這四個人都沒有任何"政治色彩",可以說是純粹不滿日本經濟侵略的知識分子。根據日本報章報導,他們在第一篇"泰國淪為日本經濟殖民地告同學書"中,就指出他們成立"反日俱樂部"的目的是在於弄清敵友。文中列舉了日資滲透、泛濫之嚴重性。其中有一段是:

"諸君有沒有想過:倘若有一天,當泰國的道路上沒有了日本車,當泰國人家庭沒有了日本的收音機和電視機,當泰國人脫下了用日本布製成的衣服,那將是怎麼樣的情況?"

針對這個事件,《曼谷世界報》曾向泰國學生進行民意調查,其結果是在六名學生當中,有四名學生表明支持"反日俱樂部",其中有一名學生還向該報記者指出:

"如果由於反日運動,日本和泰國切斷經濟關係的話,我們可以和其他國家進行貿易。中國不就是一個很好的貿易對象嗎?"

日本共同社記者在一篇報導這個事件的通訊中,就憂心忡忡地指出:"以目前的情況來看,學生們的這種反日情緒,幾時將發展為一項有組織的運動,幾乎是無法預測的。"

日本錯估泰國青年

在這事件之後,泰國知識分子探討有關日泰關係和反對日本經濟政策的座談會與出版物顯得比以往更加頻繁。然而,日本公司并不因此稍微收斂或者緩和向泰國進行滲透的政策。不久以前,一間日本人經營的高級"咖啡花園"在曼谷出現了。這間"咖啡花園"的另一特色是設計有"泰拳競技場",以供顧客一面喝茶,一面觀賞日泰選手練拳。日本經營者還為它堂堂皇皇掛上日文招牌:"踢拳"。這樣的一種旁若無人、為所欲為的做法,馬上招致泰國輿論界的抨擊。一家泰國報章就指它"冒瀆了泰國之國術"。這個"泰拳競技場"終於在泰國民眾的憤怒聲中和抵制聲中消失了。與此同時,和這"咖啡花園"并列在一起的一間日本百貨公司——"泰國大丸百貨公司"為擴充營業而改建的十層大廈也於十月十日開幕。"大丸"早於一九六四年即打入曼谷,是泰國最大的百貨公司,在泰人眼中已成為象徵日貨的標誌。這次擴充營業,巧逢"泰拳事件",於是馬上成為群眾不滿發洩的對象。十一月十七日,"大丸"大廈出現了一條寫着"抵制日貨"的橫掛布條。至此,一場大規模的"抵制日貨運動"實際上已經從醞釀階段發展到瀕臨爆發了。

根據《朝日新聞》報導,對於泰國學生的這種"反日情緒",日本財界老早就感到非常擔憂。去年"反日俱樂部"成立還不到一個月,日本的某些公司就決定向朱拉隆功等四所大學的學生提供獎學金。目的明明白白:"為了要緩和反日情緒"。去年五月,日本財界的代表性組織——"經團聯"便決定撥出二千萬日圓作為曼谷亞細亞技術大學學生的獎勵金。

然而,這一切看來都沒有生效。"抵制日貨運動"的全國性展開,說明了泰國的年輕一代并不像老一輩的日本人所想像的那麼容易"親日"與"寬大"，也說明了年輕一代的他們再也不容許日本把泰國當成金鵝或金鵝蛋來玩弄了。

（一九七二年十二月）

日本輿論看泰國抵制日貨

由泰國全國學生中心機構所發動的"抵制日貨運動"已於十一月三十日告一段落，但它給日本帶來的"衝擊"并不因此而稍告緩和。自從事件發生以來，幾乎所有的日本報章都予以詳盡報導，《朝日》、《每日》、《讀賣》、《產經》、《東京》等日本報章都紛紛發表社論，提出看法。與此同時，日本外務省、通產省、財界要人以及有關的專家們也都在忙着召開會議，焦慮地在尋求對策。下面即想報導有關的反應以及日本今後可能採取的對策。

對於這次的事件，日本輿論雖然表示極端"憂慮"與"重視"，但并不感到有甚麼"突然"或"突兀"。差不多每家報章都同意這是日本經濟向東南亞迅速擴張的結果。實際上，幾年以來，有關日本在東南亞聲名狼藉的報導，一直從未間斷。"日本軍國主義"、"黃種央基"、"經濟動物"等雅號在日本早已家喻戶曉。特別是"經濟動物"這個綽號，在日本書刊之定義當中，差不多已經成為了"日本"或者"日本人"的代名詞。親官方的《產經新聞》承認：嚴重的日本貿易出超與毫無節制的輸出商品與資本，是必然會引起當地人民不滿的。同報章在報導正在東京召開的日本駐亞太地區大使會議時指出，針對泰國抵制日貨事件，與會的大部分大使都認為："日本經濟進出引起人們之批評是必然的。日本的態度未免炫耀得太過份了。"大使會議上，還特別舉出椰加達三十層樓屋頂的日本廣告霓虹燈為例，認為這種做法只有刺激當地人民不滿的情緒。與會大使也都表示，這次事件雖然發生在泰國，但日本與亞洲各國的關係卻大同小異，因此各大使都擔憂這種抵制日貨運動會蔓延到其他國家。

擔憂怒火蔓延各地

談到日本駐亞洲各國大使的這項"擔憂",日本輿論界都表示同感。《朝日新聞》在一篇題為《向'日本株式會社'敲的警鐘》的社論指出:"泰國是東南亞各國當中最早制訂產業投資獎勵法的國家,也是最早開放門戶讓日本企業進去的國家。目前,日本的制造工廠大約有一百座,再加上商社、銀行等一共二百數十公司,是日本企業在東南亞最為活躍的所在地。單憑這一點,我們就應該認識到泰國所發生的事情,在不久將來,也許就將成為擴大到全體東南亞問題。"《每日新聞》在其《不可輕視泰國之排斥日貨》的社論中指出:"批評我國為'經濟動物'或者'經濟帝國主義',并不是泰國特殊的現象。印尼就出現了深深覺得受到我國威脅的論調:'日本現在正憑着其經濟力量,控制着第二次世界大戰時以軍事手段佔領的國家'。在新加坡與馬來西亞等國家,一般國民對於我國的看法,也不見得就良好。泰國的事件,必須放大到全東南亞,把它當為各國批判日本的冰山一角來看待。"《產經新聞》則直截了當指出:"從日本商品與日本企業像洪水般進出來看,這項運動的升級化,或者擴大到東南亞各國的可能性并非不存在。"

實際上,日本大使與各報的"擔憂"并非"過份敏感",日本共同通訊社就從西貢傳來了南越報章號召響應泰國抵制日貨的電訊。該社指出,在泰國發動抵制日貨三天後的十一月廿三日,南越就有兩家著名的中立派報章,發表文章譴責日本進行經濟侵略。其中一家報章在一篇題為《日本經濟侵略的危險》的文章指出:"越南民眾由於每天都面對着戰爭而沒有察覺到,但戰爭一旦結束,就得和泰國一樣面對着日本貨的危險。"另一家報章則指出:"泰國學生站起來展開反日運動,是一點也不令人感到不可思議的。奇怪的是,西貢的學生為甚麼還不站起來?"

正因為日本官方與各大報章都一致認為這次事件之意義并不僅

限於日泰關係，因此各方都紛紛提出長遠方案，企圖改善日本在海外的聲譽。差不多每家報章都舉出放寬或者廢除經濟援助之條件，努力平衡日本與東南亞各國的貿易差額等作為緩和彼此經濟關係惡化的手段。曾經派出大規模記者團到東南亞各地去考察日本企業與各地人民之關係的《產經新聞》則重彈該報在較早之前不斷提出的論調。即一、日本企業應該瞭解各地人民的感情，進行比較有節制的經濟活動。二、海外的日本人與旅客必須檢點其舉止言行。三、海外的日本職員必須與當地人打成一片，所謂"入鄉隨俗"是也。四、官廳或者企業的駐外人員不應只限一兩年就回國而應該採取長期駐外的制度。此外，尚得避免職員"單身赴任"，并儘量改善海外職員子弟的教育設備和環境。據說假如上述政策能全部實施，則"情況將會有所改變"。

日本財界要人與日本駐泰大使經過一番商談之後，則認為日本當局與企業必須加強推行下列五項政策：

一、日本公司錄用更多當地人為職員。最重要還得記住要"一起工作"。（即日本職員要與當地人打成一片）。

二、不要只是為了賺錢，還得建立病院、兒童公園等對當地有益的公共設施。

三、即使出錢，也不要下指示，應讓對方自己去計劃。同時還得採取與其貸款不如贈與的援助方式，因為這樣才是符合泰國增加外匯之做法。

四、從泰國到日本的留學生很多，應該利用他們的"同窗會"（即校友會）緩和日泰之間的關係。

五、廣告不要老是為了推銷商品而應該換為加強人們對企業之印象。

然而，即使全面實現了這些方案，東南亞人民對日本印象果真就會好轉嗎？此間觀察家并不表示樂觀。

(一九七二年十二月)

蘇聯向日本推銷亞洲安保體系

在上星期，我們曾經提到田中訪蘇之主要目的是在於索回大戰末期被蘇軍所佔領的日本北部的四個島嶼，但蘇聯卻希望把會談主題拉到"亞洲集體安全體系"之構想上，兩者之間產生了巨大差距。蘇聯當局為甚麼那麼急於推動其構想？這個構想的內容與目標何在？日本方面的反應怎樣？雙方是否可能在這問題上取得協議等，這裏想進一步加以探討。

蘇聯勢力伸張南亞

蘇聯的"亞洲集體安全體系"構想，自從一九六九年六月蘇共總書記布列茲涅夫提出以來，為時已經四年有餘。四年之間，這項倡議自始至終未獲得任何亞洲國家的積極響應，而正面表示反對之國家倒有好幾個。與蘇聯關係極端惡化的中國不用說，就是被認為是蘇聯盟友的印度也曾經一度表示不大贊同。因此，在一般人眼中，布列茲涅夫這項構想到頭來只能是個空想，遲早會胎死腹中。

克里姆林宮在碰了滿鼻子灰之後，的確也沉靜一段時期，健忘的人也許早已忘記了還有"亞洲集體安全體系"這回事。然而，從去年初開始，蘇聯又再重新活躍起來。原來自從前年底印巴戰爭結束以後，蘇聯便認為亞洲大陸已經出現了對它有利的局面。它首先分別邀請孟加拉國總理穆濟柏·拉曼和巴基斯坦當時之總統布都訪問莫斯科，商討如何與印度共同解決南亞糾紛。接着，印度外長史瓦蘭星抵蘇，克里姆林宮主人照樣擺着老大姿態，呼籲印度通過政治途徑，解決與鄰國之糾紛。蘇聯出面調解南亞次大陸的紛爭，充分說明了它實際上已經在推行其亞洲安保計劃，努力擴大對亞洲國家的影響力。尤其值得注意的是，當孟加拉國總理穆濟柏・拉曼訪蘇時，蘇聯當局還與他簽署了一份有關"經濟復興援助之協定"，一口答應員起項目繁多的經濟援助。協定內容包括建設火力發電廠、電機工廠、無綫電台、發展海運、漁業、重建鐵道網以及培養工農業高級人員等等，可以說是包羅萬象。

日本成爲最大目標

然而，單單在南亞產生一些影響力，蘇聯要在亞洲實現其集體安保計劃畢竟不容易。因此，蘇聯官方早就看中東亞大國的日本，希望它出來當帶頭羊。可是，如眾所知，日蘇一向交惡，再加上"北方領土"問題尚未解決，媾和條約尚未簽訂，要日本出面支持蘇聯號召，那是完全不可能的。有鑒於此，自從去年初蘇聯外長葛羅米柯訪日以來，克里姆林宮便拼命努力製造日蘇友好氣氛。蘇聯不僅積極邀請日本財閥合夥開發西伯利亞資源，甚至連已斷定為"早已解決"的領土爭執懸案，在口氣上也改軟，表示還有商談餘地。特別是在日中恢復邦交以後，蘇聯拉攏日本所展開的外交攻勢，可以說是達到戰後以來之頂峰。

上月六日，也就是東京與莫斯科同時宣布田中訪蘇消息當天，蘇聯總理柯西金在款待伊朗首相霍維達的宴會上，提出了實現蘇聯構想的十項原則。這些原則除了早些時候已經公布的五項，即一、相互不使用武力；二、互相尊重主權；三、不侵犯他人領土；四、不干涉內政；五、進行經濟合作之外，還增添了下列五項新原則，即：

一、尊重各民族自決權。
二、禁止通過侵略手段擴張領土。
三、通過協商解決國際分歧。

四、尊重各國擁有本國天然資源之權利。

五、承認各國社會、經濟改革之權利。

柯西金提出這些新原則，顯然是為了爭取中東產油國之支持。然而，從全篇演詞之內容來看，卻意味着蘇聯有意將其構想之計劃擴大。日本《讀賣新聞》駐莫斯科特派員便指出：

"從柯西金的演說中，可以清楚地看出其構想之範圍十分廣泛，從遠東到中東，差不多都被它所囊括。柯西金除了列舉南亞、中東地區、伊朗之外，還特別提起印度、阿富汗、伊拉克、土耳其和巴基斯坦，顯示它對這些國家發生興趣。……特別值得注意的是，蘇聯之構想甚至可以接納田中首相的'亞洲太平洋國家會議'計劃，把它當為亞洲安保計劃的一部分。"

領土未還，談何構想

克里姆林宮主人在宣布田中訪蘇消息當天宣布其構想之新內容，并且表示可以和田中之構想配合，在這之後又一再強調日蘇首腦會議的中心主題放在亞洲安保之構想，顯然是有計劃的安排。針對蘇聯這項新瓶舊酒的建議，日本方面的態度又是怎樣呢？

根據通訊社從東京傳來的消息，日本外相大平等政府領袖，已一再指出這個構想之非現實性，理由為：

一、既然是亞洲集體安全，則所有亞洲國家包括中國都應該參加，否則便無意義。但實際上，中國不可能參加。二、亞洲局勢并不穩定，尚未具備協商安全體系的具體條件。三、該構想標榜的原則之一是"國境不可侵犯"，無形中是要求日本默認日蘇間目前的領土範圍。

顯然，日本不能贊同蘇聯構想，一方面是由於日蘇之間領土爭執尚未圓滿解決；另一方面是日本不願因此遷怒好不容易才恢復友好關係的鄰邦——中國。較早時，親官方的《日本時報》便指出蘇聯構想的目標係企圖利用日本執行包圍中國之政策。一份銷路廣大的綜合性雜誌——《信使周刊》則指出：

田中豈願遷怒中國

"不消說，蘇聯的目的是要在亞洲建立起包圍中國的鐵絲網。緊隨着蘇聯與韓國朴政權和台灣蔣政權相靠攏，蘇聯的遠東政策是企圖勾結日本向中國施加壓力。"

此外，《朝日新聞》出版的《亞洲評論》也著文指出：

"蘇聯之目的，係企圖模仿'歐洲安全會議'，穩定亞洲之現狀，鞏固蘇聯影響力。"

針對日本官方與輿論界的反應，原本張開笑口，向日本展開"親善外交"攻勢的蘇聯領導人，初則表示不能接受日本之看法，否認有意包圍中國；到了最近一兩個星期，顯然已經感到忍無可忍，乃予以猛烈之反擊。

九月一日，蘇聯陸軍機關報《紅星報》便指責日本索土要求是"違反日蘇睦鄰關係"，儼然代表蘇聯官方全面拒絕歸還日本的四個島嶼。文章在抨擊日本的"非現實之要求"的同時，還指出："歷史清楚證明，亞洲各國人民的安全與幸福，并不是依靠報復與軍事冒險手段，而是依賴睦鄰關係發展之結果。"言外之意是把日本的索土要求形容為報復主義和軍國主義之表現。

與此同時，日本官方之態度也日益強硬。根據法新社報導：日本外交部的高級官員大和田在國會答覆反對黨議員之質問時，一再清楚表示日本在未索回"北方領土"及中國尚未答應參加蘇聯之亞洲安保體系之前，對該構想不予以認真考慮。

雙方底牌已經公開

日蘇兩國首腦會議之召開，距今還有一個月，惟在兩項決定性的中心議題上，雙方的底牌已經完全公開，表明完全沒有妥協之餘地。日蘇首腦會議還有甚麼可以談判的東西呢？

較早前，也許有人還會預測這次首腦會議可能會在一些主要問題上互相退讓，并在一些次要課題上達成協議。例如，蘇聯先交還色丹與齒舞兩島，日本則對蘇聯構想表示願意考慮，含糊其詞，然後在開發西伯利亞資源問題上加以誇張、強調，并歌頌兩國之經濟合作與友誼。

然而，從最近兩國官方與輿論界展開的"前哨戰"來看，這種臆測顯然是太過樂觀。首先，田中首相在日本輿論界的壓力底下，已經一再矢言他在四個島嶼沒有同時歸還之前，決不與蘇聯簽訂任何和約。至於有關蘇聯構想，日本官方態度已極明朗。何況日本向來喜當亞洲老大，田中何苦把其"亞洲太平洋國家會議"構想，納入克里姆林宮軌道，讓位給這個日本一向不承認的"亞洲國家"來領導呢？

這樣一來，首腦會議唯一可以商談的便是有關西伯利亞資源的開發問題了。然而，即使是在這項牽涉政治軍事的經濟交易問題上，情形也未必可以樂觀。日蘇經濟委員會首腦會議一再召開而無具體結果以及秋明油田計劃之一再拖延，便可以想見其中問題之迂迴複雜了。

（一九七三年九月）

"資源小國"的阿拉伯政策

日本副總理三木武夫已於昨日以特使身分,乘着專機前往阿拉伯各國進行親善訪問。據悉,此次訪問的國家將包括埃及、沙地阿拉伯、叙利亞、阿拉伯聯合酋長國、科威特、伊拉克和伊朗等七國。

三木武夫為何在此時刻以特使身分飛往阿拉伯各國呢?據有關當局公布的理由,是想"摸索日本在中東和平問題上所能扮演的積極角色,并向阿拉伯各國解釋這回日本採取的中東新政策"。然而,在實際上,誰都知道三木此行真正目的,不外是為了確保今後石油的供應來源,解決日本國內的石油危機與由此而來的打擊與恐慌。

石油削減引起恐慌

談起這次石油危機對於日本社會的打擊與帶來之恐慌,那是够驚人的了。如衆所知,日本的石油有百分之九十九是依賴外國輸入,而其中的百分之八十是仰賴於中東,在這之中,又有一半以上係依靠阿拉伯各國之提供。因此,只要阿拉伯國家削減生產或減少輸出石油,日本便首當其衝,其生產活動便要大受影響。即使只是抬高石油價格,日本的經濟也將面對嚴重的挑戰。日本《現代週刊》便指出:

"去年,單單為了購買石油,我國便使用了四十六億八千萬美元的外匯。緊隨着石油生產國不斷提高石油價格,有人已經提出將目前一桶三美元的訂價抬高到十六美元,即漲價超過五倍,據說美國曾經以這新價格購買石油。其實,即使只是漲價三倍,日本每年流出的外匯將達一百三十億美元;換句話說,就連被人譏為'經濟動物'的日本人,拼命積存下來的外匯儲備金也無法支撐了。"

在石油供應削減的情況下,問題就更加嚴重了。早稻田大學的一名教授便向某日本雜誌指出:

"明年內石油問題大概不會解決吧!要是各大企業減產百分之十的話,其產品價格必然跟着上漲。特別是鋼鐵等材料相信會上漲百分之二十五至三十。這樣一來,明年內相信有不少中小企業將相繼倒閉。"

其實,即使是這幾個月,中小企業倒閉宗數已有顯著增加。據一名股票評論家分析,單單十月份,日本已有八百八十九家中小企業倒閉,到了十二月,其數目相信會超過一千。尤其可怕的是,緊隨着大公司之減產與中小企業倒閉,裁人員與失業者必將大量出現。

列島充滿悲觀論調

據東京大學教授內田忠夫估計,倘若經濟成長率在百分之五左右,完全失業者的人數將約達六十萬,如果成長率等於零,則失業人數將近百萬。

談到明年的前景,一般評論家更把它與日本戰敗後初期混亂的情景相比擬。老實說,自從石油危機發生以來,日本列島便充滿悲觀論調與籠罩着一層層恐怖之陰影。在物價猛漲,日常必需品流通供不應求的情況下,許多市鎮還出現了搶購消費品的熱潮。儘管官方與報章再三呼籲市民保持鎮定,保證日常必需品之足夠,這股熱潮并不消退。在謠言與流言的侵襲下,像日本這樣一個四處為海,不愁無鹽的島國,居然掀起了一股搶購食鹽之狂潮。最後,連廁紙也變成了搶購對象。據報導,在搶購廁紙的騷動中,還發生了擠壓受傷的事件。

重新檢討能源政策

就在這種氣氛下,十多年來被認為係創造日本"經濟奇跡"的"石油文明"便成為了眾矢之的。

原來,日本在能源方面之全面依靠外國,還是最近的事。據一九七一年之統計,日本的基本能源當中,石油佔百分之七三點五,煤炭佔百分之十七點九,水力佔百分之六點七,剩下的百分之二為天然煤氣與原子力。在這之中,石油的百分之九十九,煤炭的百分之四十五係依靠外國提供。在所有動力能源當中,差不多有百分之八十三係依賴外國。這顯然是一個十分驚人的數字。

然而,在戰前,日本在能源方面之自給率卻高達百分之八十至九十。即使到了一九五五年,其自給率仍然保持在百分之八十一。這主要是因為儘管日本沒有其他甚麼富饒資源,煤炭的產量卻倒不少。可是在這之後,由於大量地輸入石油代替煤碳,到了一九六八年,日本的能源自給率便降至百分之二十。一九六八年之後,在有關當局有計劃地關閉煤礦山的政策引導下,日本能源的自給率降得更低了。

日本當局為甚麼要以石油代替煤碳呢?這主要是因為當時石油價格低廉。然而,為了尋求低廉能源,而不惜放棄本國能源,幾乎全面地依靠外國的提供,是否是一項賢明政策?據說當時曾經引起一番論戰。不久前,日本著名物理學家武谷三男在《能源政策底破產》的文章中,便猛烈抨擊有關當局只強調利潤的"經濟動物"本性與所謂"石油永不枯竭與價廉"之神話。

顯然,通過了這次石油危機之教訓,日本人已開始懂得經濟自供自給的重要性。根據報導,日本通產省屬下"煤炭礦業審議會綜合部會"已於日前向有關當局提交一份報告,重新檢討開採與使用煤礦能源的可能性。

日本官方臨渴挖井

但是，遠水不能救近火，要解救日本當前災難，還得向阿拉伯國家叩頭乞求放寬石油輸出之禁令，這便是三木副總理這回環遊阿拉伯國家所負的使命了。

對於三木此行，據說日本外務省官員們都表示不可輕率提起"石油問題"。因為這回是"親善訪問"，要是多談石油，很可能會觸怒阿拉伯國家，認為日本只是為了石油，而非真正"友好國家"。

其實，日本外務者的這番顧慮是多餘的。日本一向不重視阿拉伯國家，以為有了美國靠山，便不愁沒有石油。直到十一月二十二日，大難來臨前夕，才匆匆忙忙、慌慌張張地打起"親阿拉伯"的旗幟，天下人有誰看不清日本的面貌呢？正如日本報刊所形容的一般，三木奉命執行的不過是一條"臨渴挖井"的外交路綫罷了。

針對日本的中東外交政策，許多日本報刊曾經抨擊外務省高級官僚鄙視阿拉伯小國，從不到機場迎送其官員，也很少接見阿拉伯國家的外交官。這種態度，也許真的流露出了日本"大國意識"之情感。然而，更重要的還在於日本對待他國之誠意。否則，即使體儀週到，也是無濟於事的。

據《朝日新聞》報導，埃及外交部長於十二月六日接見日本社會黨非洲訪問團時，曾經表示日本的所謂"親阿拉伯"聲明固然比過去不明確的態度好些，但還不充分；同外長籲請日本出面勸告美國停止援助以色列，并要求日本採取具體措施抵制以色列。

針對埃及外長的這兩點呼籲，負起確保石油來源供應重任的三木特使，將如何以對，無疑是各界視綫之所在。

（一九七三年十二月）

從田中將訪問東南亞談起

日本首相田中角榮已決定按照原定計劃於下月初到東南亞訪問,受訪國家將包括菲律賓、泰國、新加坡、馬來西亞和印尼。這是今年夏季以來,田中訪美、訪歐、訪蘇等一連串外交活動的一個組成部分。如果説,前面的三項訪問,都是以大國為對象的話,那麼,此次東南亞之行,該是田中上任以來,到小國訪問的第一遭了。日本時事通訊社出版的《世界週刊》不久前在總結前述三次訪問時,便指出其目標係在於樹立日、美、歐三者合作的新關係,並與中蘇兩國保持"等距外交"。那麼,訪問東南亞,目的又何在呢?該週刊指出:

"站在日本國益的立場,怎樣確保亞洲地區的和平與安全,促使該地區社會與經濟的發展,仍然是或者説是比往時都來得更加重要……"

聆聽各方對日看法

鑑於此,該週刊認為日本對於亞洲的看法與政策有必要重新認真加以檢討。該刊的一名署名的執筆者還奉勸田中首相在訪問期間,千萬不要以"大國"、"優越者"或者"成功者"的姿態,向各國首腦説教或者激勵,而應該謙虛地、誠心誠意地聽取各方意見。換句話説,田中此行不該像六年前日本前首相佐藤訪問東南亞時那樣四處炫耀"日本大國所應負起之任務",而應該冷靜地聆聽各方對日本的反應。

"聆聽東南亞人對於日本的看法",這是日本近兩三年以來大眾傳播媒介最熱門的話題。不管是大報特派員還是到各地進行"文化交流"的大學教授、專家，甚至是日本商社駐外的職員，凡遇到了外國人，大抵忘不了向對方徵詢對日本的看法或印象。日本國際貿易振興會甚至定期地在東南亞各地進行各種民意調查，以便測知各地人民對於日本印象是好轉或者惡化。現在，親官方的週刊甚至要求田中首相本人在訪問期間也負起這項任務來了。

曾幾何時，"日本經濟大國"的鑼聲敲得何其響亮，日本國內一部分有勢力的財界人士與政界人士就不止一次地重申要使日本在政治上與軍事上和"經濟大國"相應稱地發展。直到今天，這種想法在日本國內依然存在，而且還在不斷地被鼓吹着。儘管如此，日本的亞洲問題專家則強調首相在環遊各國時，不要流露"大國"意識，理由何在呢？要了解這個問題，就得讓我們先談談近幾年來日本與東南亞之間關係的發展。

日本重視泰國事件

談起日本與東南亞的關係，日本報章與書刊大抵免不了要以："自從去年泰國發生抵制日貨運動以來……"作為開場白。的確，去年的泰國事件給日本帶來的衝擊太大了。推究事件原因，差不多所有的日本大報都承認這是日本經濟勢力大舉南下的結果。日本三大報章之一'朝日新聞社'出版的《經濟學人週刊》便指出：

"隨着日本向亞洲集中資源開發的援助，亞洲各國對日本輸入品依存程度也跟着增加；一九六九年，其數字為百分之二十五，比起同地區從美國輸入之百分之二十一還要多，在這之後，這種傾向只有越來越加顯著。其結果是亞洲各國對於美國之貿易收支一年比一年接近平衡，但對於日本貿易的赤字卻越累積越多。一九六六年，亞洲各國對日本貿易赤字總和不過是八億美元，可是到了一九七一年，卻增至二十五億美元。從一九六九年至七一年之間，東亞及東南亞各國依賴日本產品之程度從百分之二十九達至百分之三十四。

處身在如此環境底下，各國不感到有被日本支配的危險才是不可思議的。"

與此同時，該週刊也指出，日本資本之所以特別令泰國學生不滿，另一個原因是它慣於與軍部上層人物相互勾結，弄得整個社會烏煙瘴氣。該刊揭露道：

"日本資本佔泰國的外國資本的三分之一。這些日本企業很多都邀請乃他儂夫人等和軍政首腦人物有關人士擔任顧問，從而展開其經濟活動。因此，當學生們追究日本資本與乃他儂政權之關係時，曼谷市便貼滿了'日本人與美國佬滾回去'的標語。"

印尼醞釀抵制日貨

除了泰國外，最近印尼學生也連續展開了好幾次示威遊行，抗議日本資本大量侵入，毫不把發展中國家的利益放在眼裏。《世界週刊》駐椰加達特派員最近在一篇題為《排斥日貨運動爆發前夕》的通訊中，便報導印尼學生正在醞釀一場規模龐大的抵制日貨運動。據同篇報導，印尼學生曾提交一份備忘錄給日本大使館，內容着重指出下列三點：

㈠在印尼之投資首先應該考慮到印尼人的利益。

㈡通過不正當手段發展經濟，只有損壞日本在印尼人眼中的形象，并促使印尼領導層墮落腐敗。

㈢印尼國民與日本國民之間，應該基於互惠原則而不是建立在消費者與生產者之間的關係。

同篇通訊還指出，印尼學生的不滿與抗議，深獲該國輿論的支持。

瞭解了日本資本在泰國與印尼備受各方責難的背景，我們再回頭看看日本輿論界呼籲田中首相耐心聽取各方意見，避免流露"大國意識"之警告，問題就很清楚了。

日報倡議改變政策

《朝日新聞》上星期在一篇提及"改變東南亞政策"的社論當中，就曾經把日本在東南亞所處的地位與美國在中南美之地位相提并論，并認為這是一個危險的訊號。談及對策問題，該報同時指出：

"對策之一是避免過度集中在東南亞。然而單單這樣並不能解決問題。在石油危機聲中，對於日本來說，東南亞係日本的輸出市場與資源供應地，日本是有必要重估東南亞的地位的。"

基於此，該報倡議改變東南亞政策，特別是有關經濟援助之政策。

提起日本的經濟援助政策，使人想起了不久以前日本總理府在一份日文雜誌刊登的一篇宣傳廣告："國際協調時代的海外經濟合作"。

原來在日本大眾傳播媒介與教科書的描繪中，日本進行經濟援助似乎純粹是站在"人道主義"的立場，以盡"大國應盡之義務"。可是最近以來，特別是資源危機發生以來，日本列島可以說是充滿了危機與不安的恐怖氣氛。在物價高漲、公害問題嚴重、國民福利未受保障的情況下，一般市民對於當局撥出大量金錢，援助外國都感到迷惑不解，紛紛提出疑難。為了解釋這些疑慮，日本當局在這份宣傳文告當中，除了重彈"人道主義"的舊調之外，不得不向國民遊說經濟援助對於日本將帶來的好處：

"當然，經濟協助如果只是協助者單方面作出犧牲，是不會成立的。事實上是其結果對於援助者也會帶來很大的利益。正如前面所說，對於缺乏資源的我國來說，怎樣確保資源來源的安定，不消說是一件很重要的事。"

文告接着還列舉日本依靠外國資源輸入的許多數字，藉以說明展開經濟援助政策的重要性。

此外，據日本報章報導，日本政府在吸取這次石油危機的教訓後，深刻地領悟到該國對中東經濟援助政策并不完善。為了避免亞洲出現類似的問題，該國將加緊展開新的亞洲政策。這些政策除了改善經濟援助的條件外，也將與各國展開更多的"文化交流"，藉以促進彼此之間的相互瞭解。這也是此次田中訪問東南亞的主要目標。

然而，正當日本國內人心惶惶、"經濟大國"面臨資源恐慌之時刻，田中首相能否安心環遊東南亞，"聆聽各方意見"，抑或"人在東南亞，心在阿拉伯"呢？有人就曾經表示擔憂。

（一九七三年十二月）

田中南訪前夕談日本的東南亞觀

剛剛踏入一九七四年，日本的要員們便急急忙忙，分頭趕着出國展開外交活動。先是外相大平飛往北京，與中國領袖舉行雙邊貿易談判，并"交換有關石油危機等國際問題的看法"。接着是田中首相訪問東南亞五國，"聆聽各方對日本的看法"。此外，剛從中東回來的特使三木副總理又奉命前往美國會見基辛格，而自稱"與中東關係良好"的中曾根通產大臣也將訪問伊朗、英國和伊拉克。還有，為了出席國際貨幣基金會二十國財長會議，新財相福田即將抵達意大利。如此頻繁的部長級外交活動，要是借用日本報章的話來形容，則無疑是"反映了日本在多極化國際政治與石油危機中所處之地位"。倘若使用日本報人喜好的醒目標題，一九七四年將是日本"面臨生死關頭的一年"了。

正是在這樣的一種緊張、不安的氣氛當中，田中首相帶着沉重的心情動身來訪了。在國內，輿論界一再叮囑首相戒驕、戒躁、少發言、多聽意見，不要再把日本帶入孤立的死胡同；在國外，泰國學生揚言將持"標語"前往機場歡迎，印尼學生則恫言將以示威遊行回敬。面對着如此壓力，田中將以怎樣的姿態在東南亞出現呢？

新年獻辭表白立場

根據田中在新年記者會上的發言，他將向到訪國家表示日本無意在亞洲稱霸，也無意以經濟力量支配亞洲。他同時亦將表明日本願意竭盡所能與東南亞各國合作。另據《東京新聞》透露，田中亦將建議提供一艘"亞洲青年船"，讓日本及亞細安五國的青年到有關各國訪問,藉以"促進日本與此地區的持久友誼"。換句話說,田中希望通過青少年的交流活動,改善日本與東南亞各國的關係。

日本首相的這番表白與建議,顯示着日本對於本地區人民日益不滿日本的情緒有着極大的顧忌,也顯示着日本當局正苦無良策與焦慮。就在田中發表新年獻辭,提出上述方案之前夕(一九七三年十二月三十一日),《朝日新聞》也刊登了兩則同樣旨在改善日本與發展中國家關係的頭條新聞。前一則是自民黨為了加強向發展中國家進行經濟援助,正以該黨"對外經濟協力特別委員會"為中心,草擬"經濟協力基本方針",并考慮成立"國際協力事業團"與設立一個由大臣專門負責的"海外經濟協力部"。後一則新聞是以東京大學隅谷三喜男教授為首的"東南亞政策研究會",在田中動身前夕,發表該研究會的初步報告書,呼籲當局加強"文化交流活動。"

統一經濟援助政策

據報導,自民黨草擬的"經濟協力基本方針",料將於今年春天國會討論新年度財政預算案時提出。其中心內容為:

㈠改變過去以民間為中心的援助方式,增加政府級經濟援助。

㈡與其重視眼前利益,不如通過開發與發展對方國家,促進貿易與經濟之交流活動,從而促使我國經濟獲得長期性與安定性之發展。換句話說,就是把眼光放大,重視日本長遠之國益。

㈢在通盤檢討日本與個別國家關係的基礎上,擬定經濟援助國家的"優先順序"。

此外,為了有效推展經濟援助政策,日本對於被援助國家的"經濟計劃"與"開發計劃",也將站在日本立場,進行調查與研討。在外務省、日本進出口銀行、石油開發公團、亞細亞經濟研究所等從事搜集經濟援助情報與進行調查、研究活動的各種機構與團體的合作下,日本當局將針對不同國家推行不同程度援助政策,執行日本人所說的"援助戰略"。當然,這種"戰略"的決定,同時也將與日本的外交政策相配合。

至於成立"國際協力事業團"與開設"海外經濟協力部"新部門，據同篇報導說，目的主要是為了在行政上統一與加強經濟援助之體制。同篇報導就指出："特別是在這次石油危機當中，政府對於經濟援助并沒有基本政策。在行政上，外務省、大藏省（財政部）、農林省、通產省以及經濟企劃廳有如一盤散沙，各自推行其計劃，顯然存在着很大之缺點。"

同篇報導同時也反映自民黨內有人極力主張今後把援助重點放在"促進農林作物之生產"方面，理由是日本對某些農林作物，例如小麥、大豆、飼料用途的穀類以及木材等，有必要依靠外國的輸入。同篇報導并不否認這類援助主要是為了替日本開拓原料的供應來源。

日本當局為甚麼要急急忙忙開展這些"經濟援助"政策呢？《朝日新聞》的"新聞解說"便一針見血地指出："不用說，這是由於石油危機與世界性糧食不足的結果。"

基本國益并未改變

綜上所述，人們很難看出自民黨擬定的"經濟協力基本方針"與日本傳統的援助政策有何不同之處。誠如日本輿論界曾經指出一般，日本的經濟援助政策實質上只不過是"自我援助"的政策。如果這句話不會過份的話，自民黨在田中來訪前夕所發表的經援方針要點，在我們看來，就只能是為了加強"以日本國益為中心"的現有經濟援助體制罷了。

不久前，日本為了解決石油危機，曾經發表一篇自稱為"親阿拉伯"之聲明，并派遣特使三木攜帶"援助計劃"到中東各國訪問。日本此舉，固然倖免被列為"非友好國"，惟中東各國對於日本的"誠意"，卻仍然半信半疑。一名阿拉伯國家的高級官員即對日本的"親阿聲明"指出："日本只不過是肯定世界各國承認之原則，不能當為親阿拉伯來看待。嚴格地說,日本的政策應被稱為'親日本政策'。

阿拉伯官員這番幽默談話,大可作為田中訪問東南亞的警言。也許是瞭解各國不滿日本之情緒,日本報章曾經一再提醒首相在訪問期間,不要給人留下如此印象,即"經濟援助是為了確保資源",而應該自始至終使人相信日本并非為了私利,而是真正想"竭盡所能,作出貢獻"。

日本報人之苦口婆心,也許真的是出自善意,然而國策已定,外交辭令又有何益呢?

文化交流并非仙丹

前面提及的"東南亞政策研究會"則從另外一個角度來探討日本與東南亞的關係。其中心論點是:"亞細安各國對於日本有如患了'單思病者',因為未獲滿足而感到失望,從而產生反日情緒。要改變這種趨勢,就得加強文化交流活動,并一改過去偏重經濟的態度。"

這個研究會,據說是成立於去年十月,其研究成果將成為日本外務省今後展開亞洲外交的參考資料。成員除了會長隅谷三喜男之外,尚包括來自各界五位"對於亞洲問題十分熟悉"的專家。然而,令人感到非常失望的是,這些學者專家所提出的"研究成果"并未擺脫時下日本大眾傳播媒介"以日本為中心"的論調。把東南亞人民批判日本不顧他人死活在他國領土進行經濟、文化力量之滲透,比喻為"患單思病"者對於日本期待過高(即"落花有意"),而日本卻未能領會(即"流水無情"),學者們所想的也的確够羅曼蒂克的了。

其實,日本學者這種動不動便把亞洲各國不滿日本的情緒理解為各國對日本"期待過高"之結果是有其根源的。原來不管是在戰前與戰後,日本教科書與大眾傳播媒介所強調的不外是日本在亞洲的特殊性與優越性,好像亞洲國家(特別是東南亞國家)沒有日本領導,便是一項甚麼重大損失似的;而日本,作為"亞洲唯一之先進國",如果沒有負起"領導責任,便是有失其"天職"。在如此教育熏陶底下,一談起東南亞,某些日本人腦海裏所浮現的,不外是這樣的一幅圖景:一群饑餓、落後、迷信、無知、骨瘦如柴的民眾伸着雙手在懇切乞求日本大國之恩賜。這也許便是最原始的、最典型的"日本期待論"!

傳統態度能否改變?

正因為這種以日本為中心的"大國意識"在一般日本人腦海裏仍然根深蒂固,記者真擔心學者們建議的"文化交流"與田中建議的"亞洲青年船"未能完成"應有之使命"而是弄巧反拙。試想,我們的知識份子與青少年怎能忍受得住日本人擺着"恩人"姿態,開口閉口要我們回答:"你們對日本有何期待?"之類的問題呢?老實說,當前日本急欲展開的文化交流活動,目的不外是為了改變人們對於日本的看法。人的印象與其說是"文化交流",不如說是"文化宣傳"。也正因為如此,日本的"文化交流"活動,在本地區一直無法產生共鳴。這種情況,倘若我們套用日本專家喜愛的詞句,日本單方面強烈要求進行"文化交流"的欲望,未免就有點像"單思病患者"了。

日本三大報章(《朝日》、《讀賣》、《每日》)在田中動程的前一天,都以社論呼籲田中首相設法消弭各地人民不信賴日本之情緒。其實,東南亞人并非日本某些學者所想像的那麼難以相處與不可思議。從我們的角度來看,日本要獲得他人的尊重與信任,首先便得先尊重與信任他人。倘若不願拋棄日本傳統的東南亞觀,樣樣想以高人一等、自私自利的姿態出現,要消除本地區人民對於日本的"誤解",恐怕是難以成功的。

(一九七四年一月)

田中南訪之後再談日本的東南亞觀

不久前,日本報章曾經把東南亞五國對田中訪問可能的反應比擬為"政治氣象圖",預測田中一路所碰到的"天氣"並不那麼晴朗,其中在某些國家(如泰國和印尼),將遇到陰天,雨天和大風暴。果然,田中角榮一抵達曼谷機場,整個"氣溫"便驟然下降,學生的揶揄聲與怒吼聲代替了對待國賓應有的禮貌。到場採訪的《朝日新聞》記者便這樣地報導:"作為一國首相,在正式訪問期間被人們焚燒其芻像和叫嚷'滾回去'的例子,至少在亞洲並不多見。"到了椰加達,情況就更加嚴重了。日本報章只是預測將會有一場風暴,卻沒想到這颱風竟吹走了十多條人命。在萬不得已的情況底下,田中首相只好模仿日本前首相佐藤榮作在國內上演的那一幕,乘直升機從迎賓館直抵機場,脫離險境。

田中否認此行失敗

這樣的狼狽場面,對於口口聲聲說是為"聆聽東南亞民意"、"消除各國對日本不滿情緒"而南來的田中首相,無疑是一個諷刺。於是,日本國內有人便抨擊首相訪問時機不適宜,有人怪他弄巧成拙,增長各地"反日情緒"。"早知如此,何必訪問?","不訪問還好,一訪問就……"之類的看法,可以說相當普遍。對於這些看法,田中當然不能接受,他說:"我相信此行是有價值的,因為它將加深彼此的瞭解"。坐守在東京的日本內閣秘書長二階堂也否認此行失敗,他忙着解釋道:"田中首相有機會親身目睹這次的騷動,將有助於日本決定今後的亞洲外交政策,并非壞事。"換句話說,在二階堂看來，這次的流血騷動，只是給田中上了一節"東南亞"的講義，并無不良後果。日本官員這種視東南亞人死亡事件為度外，只是強調首相增廣'見聞'、'認識'之談話，曾經引起了日本記者之反感，他們諷刺首相為了上這一節課，卻付出了亞洲人喪失生命的"高昂學費"。當然，二階堂的上述談話，如果與日本的一名前內閣閣員稱呼某小國為"土人國"相比，其"小國觀"或"東南亞觀"在日本也不算是甚麼了不起的偉論了。

日本官方重彈舊調

那麼，以"高昂學費"換來的對東南亞的"新認識"又是些甚麼呢？

先聽聽外務省幹部的看法：

"從整個地區來看，日本與亞洲的關係決不是只通過外交途徑所能搞好的。事情越來越清楚，如果沒有改變企業與旅客等全體國民的一些觀念，問題是無法解決的。……還有，對於亞洲各國對日本之看法，必須努力予以改善。"

對於後者，外務省深痛感到對外"宣傳不夠"，因此強調進行"文化交流"、"人之往來的重要性"。對於前者，即使變日本人的一些觀念，外務者所指的是甚麼，其具體方案又是些甚麼呢？從日本官方人員與政論家們一向的一些言談當中，日本當局除了呼籲日本企業不要過份看重"眼前利益"，并呼籲旅客在舉止言行方面，多加照顧之外，似乎很難有些甚麼新鮮的東西。

據從東京傳來之外電，倉然回國的田中首相，在記者會上則強調日本將檢討其對外經濟政策，并重彈日本學者與專家近年來的一些舊調，例如：日本公司應提供更好的就業機會給當地人，旅居東南亞的日人應當學習當地語言，和當地人多往來，切勿自成一個與外界隔離的日人社會集團……。一句話，日人應與當地人打成一片，建立起"友誼"。

其實，我們早就指出過，日人之難與東南亞人相處，一方面固然是出自日本"經濟動物"之本色，不擇手段的玩弄東洋權術，而無信譽可言，另一方面則出自歧視亞洲人之心理。在前一篇"新聞眼"中，筆者就曾經提及日本大眾傳播媒介與教科書從來并未放棄宣揚日本在亞洲的"優越性"與"特殊性"，致使一般日本人從小即產生鄙視亞洲人的優越感。這裏即想進一步針對這個問題，提出研討。

教科書中的東南亞

先翻開日本小學六年級"社會"課本。在一則"熱帶的國家——印尼"的課文中，有着這麼一個小節："資助建國的日本"，其內容是這樣的：

"我國在印尼建立工廠、築水壩，并進行有關石油、森林、農業、水產業以及電力等的調查與開發，資助（印尼）興立產業。此外，為促進作為建國最重要的科學技術，日本還派遣技術人員到印尼，并接受印尼留學生到日本受教育。"

這段敘述，既未提起日本經援印尼的目的，主要是為了確保石油以及其他寶貴原料之來源（按：印尼石油供應，佔日本石油需求量的百分之十七點三），也未提起日本在印尼興建工廠，係日本廠家向外發展經濟的一種慣常活動。把這種與日本的利益十分密切的活動，記述為日本對於後進國的一種"恩惠"與"援助"，十一二歲的日本兒童怎能獲得正確的東南亞觀呢？正如日本國內有人指出的一般，這類教科書之目的，是要促使日本學生產生"日本係亞洲盟主與領導者"的潛在意識。在這樣的一種教育熏陶底下，再加上接受日本某些政論家鼓吹"印尼（甚至是東南亞）係戰後之滿洲"這類思想的影響，當這些兒童長大到東南亞工作或旅遊時，他們怎不會昂首闊步，自以為高人一等呢？不僅如此，為了激發日本青少年領導亞洲的"使命感"，日本官廳也常舉辦一些諸如"亞洲之開發與日本之經濟援助"等題目中學生徵文比賽。在我們看來,這些活動除了加深日本學生的"優越感"之外,對於正確瞭解亞洲,并不會有甚麼裨益。

日商主張昂首闊步

在學校如此,一旦進入社會,日本的青年所受的又是甚麼樣的教育呢?

不久前,日本的一家雜誌曾經揭露一名東南亞留學生,由於不滿日本公司高級職員的一席訓話而提出辭職,其簡單經過是這樣的:一名東南亞留日青年在大學畢業之後,原本打算回國後在某日本公司工作,因此便和其他日本學生一樣接受該公司新職員的訓練。然而,在受訓練期間,一名高級職員在一個演講會上,居然發表了如下之談話:

"最近,大眾傳播媒介時常宣傳日本在東南亞名譽很壞。我們公司在東南亞也有聯營企業。我想日本人之所以給人看不起,主要是因為我們過於戰戰兢兢,與當地人叩頭作揖,缺乏信心的結果。其實,只要我們挺起胸膛,採取不同的態度,問題就解決了。我們應該學習當地的白人,昂首闊步,才不會給人看輕。如果因為過去戰爭的關係而懷著不同的心理,只有把問題弄得更糟……。"

這席談話,充份地表露了日本商社職員鄙視東南亞人,主張日人採取高傲態度,并對於過去戰爭毫不介意的看法,因此,日本雜誌提起的那名東南亞青年在一氣之下便憤而辭職。

毫不悔改的"戰爭觀"

其實,在日本,主張日人優越感以及不把過去的戰爭當為教訓之言行是比比皆是的。舉個最簡單的例子,日本官方以及比較保守的日本人從來就不承認日本打敗戰,他們把一九四五年日本的投降稱之為"終戰"。這雖然只是一個字眼的用法，卻也可以看出日人對過去戰爭的態度。

正因為日本保守人士并不承認打敗戰，也不以發動戰爭為恥辱，因此，只要翻開日文報紙，隨時隨地可以看到"XX部隊、戰車第XX部隊戰友會"召開集會的通告。這個緬懷戰爭的團體，有時甚至還公然組織旅行團，到東南亞各地日軍之前佔領區去憑吊與致哀，聊表他們忠於軍魂的心願。日本官廳口口聲聲呼籲日本旅客舉止謹慎，惟對於這些目中無人、前往各地日本墳墓，祭拜軍神的"戰友旅行團"，當局又提出過甚麼警告呢？

對於日本國內掀起的這些"懷古情調"，我們原本可以置之不理。然而，不幸的是，日本曾經和我們有過一段不愉快之過去。因此，從我們的角度來看，日本的"戰爭觀"，在某種程度上來說，也便是日本的"東南亞觀"。只要日本沒有徹底的改變其"戰爭觀"，也便無法徹底改變其"東南亞觀"。可是，令人感到百思莫解的是，日本官方與教科書迄今仍然不肯承認日本所發動的第二次世界大戰是一場不義戰爭，就連田中首相本人在去年二月日本國會的答辯中，也不承認"太平洋戰爭是一場侵略戰爭"，而聲稱將交由"後世之史學家去判斷"。

如此這般的"戰爭觀"與"東南亞觀"，要怎樣與東南亞搞"交流"，要怎樣與東南亞人"打成一片"呢？我們不禁要提出疑問。

（一九七四年一月）

馬六甲海峽與"祥和丸"事件

有人形容,去年一月日本赤軍騎劫"拉裕號"事件,是自從一九四二年以來,日本報章連續幾天以新加坡為對象刊登頭條新聞的首次,但沒想到還不到一年,新加坡又再度成為了日本記者競相採訪的舞台。採訪的地點,仍然離不開'海',所不同的是,這回的主角已經不是手執兇器的日本赤軍,而是觸礁漏油、造成海洋污染的龐然大物——二十三萬七千噸的巨型油槽船"祥和丸"。

深恐引起國際紛爭

日本巨型油槽船"祥和丸"是於一月六日凌晨五時四十分左右,在馬六甲海峽的進口處史巴洛島觸礁擱淺的。據東京太平洋海洋運會社("祥和丸"所屬公司)當天發表的數字,觸礁擱淺的結果,已經導致流出三千六百噸原油。儘管公司方面指出這項數字只不過是佔該船所載原油重量二十二萬四千噸的一小部分,但稍微關注海洋污染與馬六甲海峽問題的日本人,都深深感到事態的嚴重。一月七日的日本各大報章,都以最醒目的標題以及大量的篇幅,刊登有關的新聞。《朝日新聞》的橫寫標題是"馬六甲海峽祥和丸事件必將引起國際風波"。《讀賣新聞》的縱寫標題為"政府為對策而苦惱、國際海峽通航限制是否加速?"橫寫標題是"原油恐將污染沿岸"。至於《每日新聞》則橫寫着"重大影響石油輸送",縱寫着"恐將引起國際紛爭"。

單單從各報迅速的反應以及醒目的標題,便可以看出東京方面一開始便認識到這次事件的性質,決不是普通一艘日船觸礁,而引起賠償問題的"民事訴訟"所能解決。日本當局最關心與焦慮的問題,不消說便是引起沿岸三國提出限制巨型油槽船通過海峽的"國際紛爭問題"以及由此而增加人們的"反日情緒"。

決定派遣高官道歉

對於一般的日本人來說,馬六甲海峽已經不是一個生疏的地名,而是一個家喻戶曉,與日本似乎結下不解之緣的"特殊地帶"。由於沿岸各國"敏感性"的反應,前些時候日本國內主張出兵護送油船的"馬六甲海峽生命綫"論,雖稍告收斂,但在一般人心目中,仍然留下"生命綫"論的陰影,對於馬六甲海峽引起的風波,不能不顯得格外關注。特別是在"石油危機"發生以來,怎樣確保原油來源以及最短的航程,輸送最多的原油,便成為日本官方與財界面對的首項課題。為了確保石油輸送航綫,前些時候的"動武論"算是較少聽到了,取而代之的是"積極的外交活動"以及"以行動顯示油船對於沿岸各國的無害性"。《朝日新聞》的"馬六甲海峽採訪組"去年四月至六月間,曾到新馬印三國進行實地採訪,并寫了《海峽是屬於誰的?——馬六甲的報告》的連載性文章,其結論是馬六甲海峽自由通航的結束,只是時間性的問題,它取決於"日本的油槽船決不危害沿岸國家"這項"信賴感"之能否維繫。換句話說,一旦人們對於日本巨型油槽船的安全性失去信心,海峽通航之將受到限制,是可以想像得到的。難怪當"祥和丸"事件的消息傳至東京時,日本當局和財界莫不感到驚慌異常。日本運輸省(交通部)便坦然承認,日本最擔憂的是沿岸三國將因此制定各種限制條令,例如實施"事前通報制度",規定通過海峽的船隻必須停港、徵收海峽的通行稅,甚至限制油槽船的經過等。與此同時,日本輿論也紛紛籲請當局以積極的態度,迅速處理有關事件。《讀賣新聞》在一篇題為《馬六甲海峽與日本的責任》的社論中,便強調日本責任的重大,並力促當局以最大的誠意,消除各方對於日本的不信任感。

社論指出："超過二十三萬噸的巨型油槽船，載滿原油通過馬六甲海峽，原本就是很勉強的。馬六甲海峽海底幾乎都是砂礫，但在油船觸礁的地方卻是海底岩石豎立的驚險處，即使是在漲潮時刻，吃水極深的巨型油槽船，在通過它時，也是够緊張的。這便是日本從波斯灣，來回只費四十天，賴以追求經濟利益的環境。"

一月七日早上，也就是"祥和丸"事件發生的隔天，日本的內閣會議便決定在必要時，將派遣部長級的特使，前往沿岸三國表示歉意。據日本報章透露，鑑於事關海運等複雜問題，木村運輸大臣被派遣的可能性最大。有此可見，在事件發生最初的兩三天，日本政府的出面處理有關問題以及派遣特使巡迴道歉，已經是官方的一項既定政策。

海洋污染的嚴重性

日本方面之所以重視"祥和丸事件"，另一方面可以說是由於日人深知海洋污染對於海洋寶庫破壞和人體損害程度的嚴重性。最近幾年來，日本臨海工業排除廢液和油管洩漏事件等，已經使東京灣和瀨戶內海，成為了污穢不堪的內海。日本沿海的污染，不僅使漁民的收入大受影響，而且也使日本成為了舉世無雙的嚴重公害國，製造了不少無藥可救的公害病。不久前三菱石油製造所在水島油槽的洩漏，便曾經引起日本國內的一場騷動。據報導，由於石油污染的結果，水島附近的魚類大量死亡，即使未死的魚類能否賣出，也成問題。不僅如此，重油的沉澱物亦將破壞甚至消滅海底生物，其損失是無法估計和難以補償的。目前，有關的賠償談判還在進行中，有人建議三菱賠償額為一千億日圓，可以說是日本史上空前龐大的賠償數額。要是根據這項數額賠償，三菱恐怕要如日本某位教授的建議一般，得變賣其資產，始能補償了。當然，在日本漁民看來，補償是無濟於事的，因為不管數額多少，他們賴以為生存，清澄無比與魚產豐富的大海，已經是再也無法復原了。

從三菱石油製造所漏油事件,再回頭看看馬六甲海峽的海洋污染,日人深恐本地產生"反日情緒"是可以理解的。儘管"祥和丸"污染的程度,遠遠比不上三菱石油廠洩油的嚴重,但正如日本不少報章所指出,三菱事件污染的只是日本領海,"祥和丸"卻是在他國的沿海流出原油,其情況是有所不同的。《讀賣新聞》的一篇專欄文章便指出:"瀨戶內海的污染,是嚴重的,但在國際海峽製造污染,迫使他國漁民生活受到威脅也是嚴重的。他們猶如突然遭到鐵鎚的鎚擊,而受害者並不僅限於他們。"《每日新聞》也以'內和外''重油的恐怖',分別刊登"祥和丸"事件和"三菱水島事件"的照片,并在另一篇新聞報導中,指出日本官方對於如此嚴重的石油問題,并沒有統一的政策。差不多每家報章,對於官方與財界,不以民生和安全為前提,只是一味追求利潤的政策深表不滿。

日本態度迅速改變

日本輿論界在最初幾天所表現的態度,儘管其中有些是站在"國益"的立場,故意縮小問題的嚴重性,但基本上來說,都採取積極的態度,并力促政府當局"顯示誠意,迅速處理"。但過了幾天,不知是由於感到三國對這問題的"敏感性",不像東京所想像的那麼嚴重,抑或是基於本地民眾對於"海洋污染問題"認識的不夠,各報對於有關問題的報導和評介,便驟然減少。與此同時,日本官方也從積極涉入的態度,改為觀望態度。派遣部長級特使道歉的計劃在不聲不響當中消失了,取而代之的是日本官方的強硬姿態:"這個事件純粹是民事訴訟事件"。日本輿論界態度的驟變,也許是出自"國益"的立場,以為多報導將暴露日本"焦慌"的弱點,日本官方態度的動搖則準確地反映了日本外交一向飄搖不定、望風轉舵的"觀望外交"特徵。

公司態度日益強硬

既然純粹是民間的事件，前往三國致歉的就不再是日本內閣的大臣，而是公司的代表。但是，即使是公司方面的態度，也比最初幾天來得強硬。太平洋海運公司的代表在回答日本記者的質詢時，便振振有詞的說：

"我們創業二十六年以來，並未發生過類似的事件，我們對於安全是十分重視的。這一點，你們可以去問問保險公司，便會明白"。

但，人們不會忘記的是，五年前同公司一艘二萬一千噸的"祥和丸"也曾經在新加坡海峽和利比里亞貨船"伯利恆號"相撞，并導致後者船上六名華籍船員失踪。對於五年前的這項悲慘經驗教訓，太平洋海運公司是不是早已忘得一乾二淨呢？該公司代表的辯解是："我們並未遺忘這項教訓。但這回發生事故的地點與角度和上回并不相同。"

顯然，"祥和丸"的公司對於其船長的技術是有"充分的信心"的。但正如日本報章所指出一般，不管"祥和丸"船長曾經在馬六甲海峽有過兩百多次的航海經驗，這次事故的發生，卻暴露了"海峽的問題"，不是老練的船長所能解決的。

除此之外，在事故發生之後，東京方面也迅速放出重新考慮克拉地峽運河與油管計劃的風聲，但不少觀察家則認為，這項計劃之重提，與其說是有迫切的實現意義，不如說是像以往一樣，仍然是試探風球罷了。

有關事件仍在發展中，日本的反應也在變化中。日本最終將擺出甚麼樣的姿態，目前還未知曉，但願《讀賣新聞》社論提出的"日本的文明，不應建築在污染他國海洋的基礎上"這項原則，將成為日人處理有關問題的座右銘。

（一九七五年一月）

社論十五則

（一）東京經濟峰會與亞細安

本月底，七個主要西方工業國家（即美、德、法、英、意、加和日本）的首腦將聚於東京舉行極峰會議，探討有關世界的經濟難題。正當世界能源問題再度面臨危機，產油國與用油國之間的摩擦日益加劇、發展中國家與發達國家間越來越難進行對話（即所謂"南北對話"）之際，西方經濟峰會的召開是令人矚目的。但是，對於東道國的日本來說，這回峰會在東京召開，還有着另外一番特殊的意義。

原來自從明治維新以來，日本的目標就是在於"追越歐美"，早日躋入西方強國之行列。"大東亞聖戰"的失敗，曾經一度摧毀了日本的夢想。但是，隨着戰後經濟的復興與高度成長，日本再度恢復了戰前的信心。如果說1964年在東京舉行的奧林匹克運動會與1970年在大阪舉行的萬國博覽會，是象徵着日本經濟力量的復蘇與重新躋入國際舞台的話，這回峰會首次在東京召開，則無疑是承認與肯定了日本已經加入"富國俱樂部"，且有"坐莊"的資格。

正因為如此，幾個月以來日本官方與財界莫不為峰會的籌備而忙碌；日本學術界與大眾傳播媒介也不斷為峰會提出許多意見和大肆渲染，其籌備之熱忱與盛況是不亞於當年的奧林匹克運動會與萬國博覽會的。

那麼，對於這象徵着日本達致明治國家目標的峰會，日本將以甚麼姿態出現，并促使峰會成功呢？日本的專家們幾乎都一致同意，日本應該替亞細安說話，"發揮南北對話的橋樑作用"。理由很簡單，在七個主要工業國家當中，沒有一個國家比日本更加需要依賴發展中國家的原料與市場。日本必須利用這個良機，改善人們心目中的形象。為此，大平首相興致沖沖地趕到馬尼拉出席聯合國貿易與發展會議第五屆大會，成為了大會出席者當中唯一來自工業發達國家的首長。也為了同樣的目的，東京當局慎重選派了安川特使巡迴訪問新、馬、泰、菲四個亞細安成員國，聆聽四國政要對於東京峰會的意見與"期望"；與此同時，大平首相也在東京與印尼總統蘇哈多會談時，鄭重宣布將在峰會傳達亞細安各國的意見。

對於日本近來如此的熱衷於"促使南北對話"，以及處處以老大哥的姿態出現，揚言要替亞細安"仗義執言"的言行，我們當然沒有任何理由提出反對。但是，平心而論，我們對於東京在熱鬧的大節日中，慷慨激昂許下的任何承諾，從未存有過高的奢望。遠的不說，就以這回被渲染為日本外交重大決策的大平馬尼拉之行，日本到底是扮演了甚麼樣的角色呢？答案是十分清楚的。自喻為亞細安密友的日本，不但在會議中未發揮其"橋梁"作用，甚至在關係到亞細安切身利益的有關問題上（例如，先進國家採取航空交通的貿易保護主義的政策等），日本也跟着西方國家與亞細安唱對台戲。在"南北對話"的聯合國貿易與發展會議上，東京的態度況且如此，到了"北北對話"的極峰會議，日本會如何替亞細安及發展中國家說話，那就更加不是我們所敢想象的了。

（一九七九年六月十日）

（二）日本應停止經援越南

在國際輿論嚴厲譴責越南，非共工業國家紛紛以停止經濟援助，作為制裁河內的一項手段的今年，對於有關經援河內問題，態度最不明朗，立場最不堅決的國家，該是日本了。

打從去年底越南出兵侵佔柬埔寨開始，日本外交部為了照顧世界輿論，就不止一次地向河內發出"警告"，暗示日本可能重新檢討有關經濟援助的政策。然而，"警告"終歸只是"警告"，在這之後，既未見河內有良好反應，也未見日本曾經認真檢討其態度。相反地，河內卻變本加厲，把魔掌伸至泰柬邊境，加緊展開慘無人道的難民攻勢，為本地區製造了嚴重的災害；與此同時，東京雖然也還斷斷續續發出一些象徵性的"警告"，但基本態度卻仍如上週園田外相所發表一般：日本將繼續向河內提供經濟援助。

河內不為日本或其他非共國家的"警告"而絲毫改變其既定的戰爭政策，這是可以理解的，因為它的後台老板，并非東京或其他非共國家，而是莫斯科。然而，東京為甚麼老是空有"警告"，遲遲未敢採取斷然行動呢？

原來日本對河內的經濟援助政策，是和"復興印度支那"的計劃分不開的。早在印支戰爭末期，西方世界的工業國家（特別是美國和日本）的工商界就看到印度支那戰爭結束後城市重建，經濟發展的潛能，便爭先恐後地設法和河內建立起聯繫，以圖在越戰後得以壟斷或分享"復興印支"的大宗生意。東京在西貢陷落後一改過去態度，答應經援河內，目的正是為了和後者保持對話，方便日本工商界向印支市場進軍鋪路。

正因為如此，日本對於國際輿論要求停止經援越南的呼籲，遲遲不肯採取積極的態度。早些時候，東京的辯解是：①日本經濟援助數額微不足道，取消與否對河內影響不大；②日本應講信用，答應了的東西不該輕易反悔。到了最近，園田外相在試探了亞細安的態度，發現到五國反應并不那麼強烈之後，更大膽地表示，東京繼續援越是為了和它保持對話，以免後者因過份孤立而走極端。

在我們看來，這一切只不過是東京為達到繼續援越的"合法化"而提出的藉口。事實說明，東京區區一百幾十億日圓的經援，除了助長河內的囂張氣焰，購買更多武器威脅本地區的安全之外，根本起不了任何牽制河內的作用。河內堅決表示只出席討論"人道問題"的國際難民問題會議，就是明證。

幾天前，泰國《民族報》發表社論，呼籲亞細安五國向日本施加壓力,要求它停止對越南的援助,直到越南停止輸出難民及從柬埔寨撤軍為止。對於泰國輿論界的這項呼籲,我們謹在此表示全力支持。我們認為,現在日本不該只是發出"警告",而應該是斷然採取行動,停止經濟援助,制裁越南的時候了。

(一九七九年十月十三日)

(三) "經濟動物"本色不變?

　　戰後日本外交的基本原則是甚麼?它是否真的有明確的目標?這是國際關係專家們以及關心亞洲形勢發展的人們經常提出討論的問題。

　　直到1971年尼遜總統宣布訪華消息,以及隨後美國宣布徵收日本輸入品百分之十的附加稅等一連串"尼遜震盪"發生為止,有關問題答案是十分清楚的:日本沒有獨自的外交政策。它的唯一基本原則,就是追隨美國政策;它的唯一明確目標,就是在於積累財富,協助日商謀求最大的經濟利益。

　　憑着上述的原則與目標,再加上韓戰與越戰的刺激,戰後日本不僅很快地復興,也很快地一躍成為"經濟大國"。到了七十年代初期,隨着美國改變亞洲基本戰略,美元的江河日下,以及越戰的趨於結束,日本的外交政策也被迫相應提出檢討。與此同時,日本長久以來以"利"字當頭的國家政策,不但招致各國的猛烈抨擊,也使日本陷入了極其孤立的境地。日本被封上"經濟動物"、"寄生蟲"與"日本株式會社"等不雅的綽號,顯然不是沒有理由的。

　　正是在美國戰略改變,東京處境極其孤立的情況下,日本朝野有識之士莫不疾呼重建外交政策。各方認為日本外交不應一味追隨美國,更不應該以"利"字掛帥,損害聲譽。為了改善日本的國際形象和制定更加符合日本長遠利益的國策,各方認為東京應該重新檢討及確定其外交的目標與原則。

　　平心而論,自從1972年田中訪華以及1973年石油危機爆發以來,日本外交政策的確有了一定程度的改變。東京當局宣布親"阿拉伯政策"，無疑象徵着戰後日本全面跟隨美國時代的結束。與此同時，歷任政府也在摸索一條新的外交路綫。前年八月，前首相福田赳夫的高唱"福田主義"，強調日本是亞細安的密友，揭開了日本重視區域外交政策的序幕。大平首相上台以後，園田外相更忙碌得不可開交，到處出席國際會議，宣稱日本要替發展中國家說話，并一再強調日本要與亞細安打成一片。顯然地，亞細安已經成為日本外交的重點之一。

對於日本一再許願要與亞細安五國站在一起以及要替亞細安在國際舞台上發言的慷慨激昂的言辭，儘管我們當中有不少人還存有許多的疑慮，然而，在主觀願望上，我們都不希望那只是一張不可兌現的空頭支票。

可是，令人震驚的是，園田外相在峇厘與亞細安外長同聲譴責越南之後，接下來的并不是採取行動，抵制河內，而是宣布繼續經援越南。現在，一個日本私人貿易代表團，在日本政府的諒解或默許下，又決定要前往亨桑林政權統治下的柬埔寨，謀求重新通商的途徑了。對於這些不可理喻的行徑，不管東京當局如何巧辯，在我們看來，其結果將只有一個：本地區人民不滿與不信任日本的情緒將會隨之升漲。

(一九七九年七月二十二日)

（四）飄搖不定的日本外交

在美、蘇、中三大強權的國際政治爭衡當中，作為"經濟大國"的日本應該扮演甚麼角色？這是日本外交決策機關及政壇論客們近年來爭論不休的焦點之一。

從東京幾年來的外交動靜來看，日本顯然并不滿足於"經濟大國"的地位。但是，從現實的國際環境來說，日本要一躍成為軍事大國，一方面除了必須說服國內人民放棄"非戰憲法"，改變對整軍的態度之外,還得獲得亞洲鄰國,特別是曾受日軍蹂躪的中國及其它亞洲人民的諒解和默許,也得取得華盛頓的首肯。至於要成為名副其實的政治大國,就得在國際舞台上大顯身手,發揮領導作用,改變被人譏為"經濟動物"的形象。

為了達致上述的目標,幾年來東京正在巧妙地玩着幾張外交王牌。在步向軍事大國的過程中,幾年來日本的"防衛白皮書",都把目標朝向北方,着重向國內人民及世人描繪北極熊虎視眈眈的恐怖面目,強調日本重整軍備的重要性。隨着國際形勢的迅速變化、越南的侵略柬埔寨、中越戰爭的爆發,以及越南展開難民攻勢,威脅亞細安的安全等,日本鷹派的主張在一定程度上,可以說已經取得一定的宣傳效果。

與此同時,為了成為政治大國,幾年來東京也高舉"全面外交"的旗幟,既強調與中蘇保持"同等距離",又提倡"福田主義",聲言要與亞細安緊密合作,也和印支半島國家保持友好關係。

這樣的一項"全面外交",表面上看來,似乎意味着日本將採取獨立自主的外交路綫,但實際上在外交執行的過程中,卻使人對於日本的政策感到飄搖不定,難以捉摸。

其實,日本外交之所以給人一種混亂,無法理解的感覺,歸根結底在於它的決策過於偏重日本本身的利益,以及它只圖在國際紛爭與混亂中謀利,卻不肯作出一定的犧牲。

根據日本《讀賣新聞》的報導,大平首相已於數日前訓令園田外相改變日本外交政策,加緊與蘇聯修好,以便糾正日本過於偏向中美的外交路綫。大平首相改變外交戰略,明眼人不難看出真正原因,一方面是因為東京禁不住西伯利亞油田和天然資源的誘惑,另一方面也可能是為了它要向中國施加壓力,冀圖在中日合作過程中謀求更大的利益。

站在亞細安的立場,我們最關心的是,隨着日本外交路綫的檢討,日本是否將加強它與河內及金邊亨桑林政權的經濟及政治的聯繫。坦率地說,日本不顧國際輿論,決定繼續向河內提供經濟援助,發揚其"雪中送炭"的精神，以及日商迫不及待前往金邊討論貿易，顯然旨在為日商壟斷印支市場鋪平道路。這一切的行徑，不但充份體現了東京戰後外交精華的所在："利"字掛帥，也很自然的使我們對於日本的外交產生更多的疑慮。

（一九七九年八月十四日）

（五）日本與亞細安

如果說，1977年8月，日本前首相福田赳夫訪問東南亞，宣布"福田主義"，是象徵着戰後日本重視亞細安外交的開始的話；那麼，兩三年來東京積極與亞細安展開"對話"，并在不久以前宣布站在亞細安這一邊，表示將為保留"民主柬埔寨席位"而展開遊說工作，卻不能不說是日本的東南亞政策的一項大躍進。

日本是亞洲唯一的工業先進國，在許多方面，它的成功經驗，可以作為亞洲各國發展的借鏡。但是，很不幸的，翻開近現代史，亞洲民眾對於扶桑鄰國所留下的最深刻印象，除了戰爭期間慘痛的經驗教訓之外，就是戰後日貨泛濫的情景。前者使人對東京的軍事動向，產生畏懼與敏感的心理，後者構成了日人被視為"經濟動物"的原因。一句話，人們對於東京還存有恐懼、懷疑的不信任感。

坦率地說，造成日本與亞洲各國隔閡的另一重要因素，是百年來東京推行"脫亞"（脫離亞洲、鄙視亞洲的思想）政策的結果。這項政策，不僅使日本把外交重點放在歐美，也形成了一般日人極端崇拜歐美，鄙視亞洲的異常心理。結果是，所謂"關心亞洲"，只是東京在不尋常時期（例如，第二次世界大戰爭期間）提出的特殊口號。戰後人們對於日本"亞洲熱"之所以抱着懷疑的態度，原因便在於此。

當然，我們同意，要消除上述歷史遺留下來的傷痕，以及改變人們的看法或偏見，不是一朝一夕就能辦到的。我們也同意，隨着時代的改變和國際環境的變遷，日本的亞洲觀或者東南亞觀，以及亞洲人或東南亞人的日本觀，也將隨之而改變。

在這一方面，我們很高興地看到，日本已經逐漸地認識到身為亞洲大國，它和東南亞有着密切的相互依存關係。我們尤其高興地看到，被譏為"經濟動物"，以"經濟外交"作為座右銘的日本，終於逐步地擺脫了八面玲瓏、不分是非的政策。東京停止對河內的經濟援助，放棄對亞細安及河內展開所謂"等距離外交"，無疑是日本贏取亞細安民心的第一步。日本進一步宣稱將為民主柬埔寨席位而積極展開外交活動，不但說明了東京已經決心站在國際公理這一邊，也同時反映了日本外交的目標，已經開始明確化。

從全面倒向歐美，到逐漸認識到亞洲外交的重要性，從重視"經濟外交"到展開"政治外交"，這可以說是日本從"經濟大國"轉為"政治大國"的過程。日本會不會進而發展成為"軍事大國"呢？

坦率地說，東南亞不少民眾對此仍然存有疑慮。所謂"喂虎成患"，相信仍然是亞洲民眾對於日本整軍保留態度的最大顧忌。

（一九八〇年九月十二日）

（六）日本和環太平洋共同體

根據來自東京的消息，日本鈴木政府在試探了各國，特別是亞細安國家的反應之後，已經決定暫時放慢推動"環太平洋共同體"的計劃。

"環太平洋共同體"，是日本已故首相大平正芳的私人諮詢機構所倡議的。它的基本概念是：隨着交通、通訊系統的發達，環繞着太平洋的各國已經具有形成一個區域社會的條件。換句話說，以太平洋為內海，通過現代的交通和通訊系統，周圍各國可以發展成為一個新的區域組織。這個區域是十分廣泛的，從南北美、東北亞、東南亞，一直伸張到澳洲、紐西蘭，其間不但包括了許多在軍事上或經濟上，具有重要戰略地位的島嶼，也包涵了富饒的海洋資源。它不僅包括了美、日、澳等工業先進強國，也包羅了許多資源豐富、市場廣大的新興國家。

這樣的一個龐大的區域機構如果成立,它無疑是目前世上最具有經濟潛能的區域組織。這對於資源缺乏、以貿易立國的日本來說,當然是求之不得。通過區域內的互惠與合作的關係,倡議國日本不但解決了資源的供應問題,也替工業產品找到了出路。

然而,正因為這個區域的過於龐大,它所面對的問題也顯得特別複雜。撇開不同的種族、宗教、語言和文化背景不談,單單是從政治制度和經濟發展水平的不一致來看,要把所有或者大部分太平洋區域的國家匯集在同一組織內,就不簡單。首先是,要如何處理分裂國家(例如中國與台灣,南北韓)?應否邀請共產國家參加呢?換句話說,會員國的資格問題,首先就容易引起論爭。其次是,由於經濟發展的不平衡,區域內國家之間就存有"南北問題"。"共同體"能否有效地解決彼此的爭執?

平心而論,這個概念離開可能實現的日子還十分遙遠。目前它只是停留在各方交換看法的階段。為了促使這個概念的具體化,前首相大平今年一月在訪問澳洲時,曾倡議召開一個有關國家的專家會議,以便進一步檢討。這便是9月間澳洲坎貝拉專家會議召開的緣由。但根據報導,與會代表的看法并不一致,特別是菲律賓等消極派,認為"共同體"的成立,將無形中削弱亞細安現有組織的獨立性。此外,也有部分國家擔憂這個由"北"國倡議的組織,不利於"南"國的發展。基於此,東京認為此刻操之過急,也許會起反效果,而決定官方暫時放慢有關計劃的步伐,不過民間團體將和海外機構繼續保持接觸和進一步探討。

東京重視亞細安成員的反應,說明了亞細安已成為日本外交的重點之一。鈴木首相決定在明年初訪問亞細安,也充分反映了這一點。但是,坦率地說,站在亞細安的立場,我們與其說關注空泛的"共同體",不如說我們是更加重視東京的具體行動。特別是在有關民主柬埔寨的問題上,東京是不是傾全力支持亞細安?日本是不是已經果斷地停止對河內的經援?東京是否有效地勸阻日商和金邊貿易?

仍然是我們對日本外交評價的重要標準。

（一九八〇年十月十日）

（七）從鈴木將訪亞細安談起

日本首相鈴木善幸將於1月間訪問亞細安。對於東京來説，這不能不説是一件外交大事。因為，戰後日本歷任首相走馬上任後，首相迫不及待訪問的國家，便是美國。1972年，前首相田中角榮上台，決定到夏威夷和尼遜總統會晤，就被視為是戰後日本外交邁向獨立自主路綫的重要里程碑。這就難怪東京當局要把鈴木訪問亞細安，視為日本重視本地區的一項表示，決定大肆渲染了。

日本重視亞細安，一方面固然是因為亞細安五國與日本的經濟關係異常密切；另一方面是，自從1976年峇厘極峰會議以來，亞細安已經崛起成為一個名副其實的區域性組織。對於這樣一個在經濟上有密切關係，在區域政治和經濟有着一定發言權的亞細安，東京當然不能不刮目相看。實際上，戰後以來，日本政府和親官方的學者就時常興嘆東京在國際政治上的過於孤立。他們羨慕美國在中南美，以及英法在非洲的"後院"。於是乎，部份論客便乾脆建議在東南亞建立"日圓經濟圈"，主張早日把東南亞劃入東京的"後院"。

站在亞細安的立場，我們歡迎和亞洲經濟強國——日本加強緊密的關係，我們也歡迎東京在國際舞台上發揮積極的作用，但是，這并不絲毫意味着東南亞民眾有意響應東京發展"後院"的論調。這個基於互惠互利原則的平等關係，看來雖然淺白簡單，但在一個極端講究上下關係（包括國際問題）的日本，我們有時卻難免聽到一些令人不悦的論調。無可否認，在某些日人的腦海中，"大日本盟主論"的意識依然根深蒂固。這也許正是日人與東南亞人之間，容易產生隔膜和摩擦的地方。

對於上述問題的根源和癥結，東京是瞭如指掌的。實際上，自從1974年田中首相訪問亞細安，引起椰加達和曼谷反日暴動以來，日本的官方和非官方機構，就不知動用了多少人員進行檢討和尋求對策。不久前，一家親官方的日本報章在報道鈴木首相將訪問亞細安的消息時，就擔心椰加達和曼谷會重演類似1974年的反日暴動，足見日人對於六、七年前的不幸往事，猶有餘悸。

綜上所述，我們可以得出一個簡單的結論：對於東京來說，鈴木不先訪問美國，而決定先到亞細安訪問，也許是一項精心策劃，具有重大意義的決定；然而從亞細安的角度來看，我們更加關心的是，鈴木將以甚麼姿態在本區域出現。我們知道，日本歷任首相到東南亞訪問，總是喜歡扮演聖誕老人的角色，或者喜愛發表甚麼"主義"之類的言辭。如果鈴木以為這就是亞細安民眾所喜聞樂見，也依樣畫葫蘆的話，日本外交部特地安排的首相南訪，恐怕是難以取得預期的成果的。

當然，必須指出的是，我們對於東京在經濟上的突出成就，是給予極高評價的；我們也希望，日本在"南北問題"、經濟援助和技術援助問題上，真正關心和協助發展中國家。與此同時，如果東京真正關心亞細安，并決心和亞細安進一步保持密切關係的話，在我們看來，它的首要任務之一，便是在國際政治舞台上扮演重要角色，全力支持亞細安的合理行動。最近以來，在柬埔寨問題上，東京顯得比過去較為積極，是值得讚揚和鼓勵的。

（一九八〇年十二月九日）

（八）"日本熱"中談日本

這是一個"日本熱"的時代！

這股熱潮的掀起，首先是來自西方工業先進國，也是明治維新百年來日人崇拜的師父。師父驚慌失措，發現高徒武藝非凡，甚至承認在某些領域得倒向後者虛心求教，的確反映了"風水輪流轉"的客觀事實的無情。被日人視為師表的歐美國家的態度既然如此，發展中國家的提倡向日本借鏡，甚至偶爾出現過度的反應，也就一點也不令人感到驚奇了。

平心而論，日本能從一個封建落後的亞洲國家，發展成為一個現代化的工業先進國，實現明治時代開國功臣"追越歐美"的遺訓，它的確有值得人們另眼相看的地方。毫無疑問，百年來日本的經驗（包括成功的和失敗的），有許多地方確實是值得我們學習和參考。

問題是，正如許多人在羨談富賈白手起家的成功故事時，絕口不提他致富的某些途徑一般，近年來人們在高談日本的"經濟奇跡"時，幾乎完全遺忘了戰前和戰後日本原始資本積累的最主要形式：大發戰爭財。戰前日本發動日俄戰爭和甲午戰爭，戰後日本經濟復興依靠韓戰和越戰特需品的刺激，都是盡人皆知的事實。

我們提起這些史實，并不是有意挖苦日人，也不是存心要唱反調；恰恰相反，我們希望能夠勾畫出一個更加明朗、清晰的歷史圖景，以供人們在談論日本"成功"的實例時，瞭解日人"發達"的多種客觀與主觀的因素，不致於過度沉迷於"大和民族創造神話"的神話。

日人之所以從十年前被譏為"經濟動物"，而搖身一變成為今日備受世人推崇為"借鑒的模式"，推究原因，主要還是因為它沒有在1973年石油危機中垮下去。不但沒有垮下去，反而更加突出地屹立於工業先進國的行列。一個國內市場狹小、資源缺乏、以貿易為命根子、經濟地盤脆弱的國家，卻能經得起石油危機的風暴，迅速恢復元氣，這不能不使比它條件優越百倍，但卻百病叢生的歐美師父相形見絀，驚嘆徒弟"功力"深厚。

日本能在1973年渡過被日人稱為"存亡挑戰"的石油危機，一方面固然和日本的社會結構、公司的經營方式以及日人工作態度有關，但另一方面，當時日人岌岌可危，全國上下群策群力，進入"非常體制"，應付危機，也是一個不可忽視的重要因素。坦率地說，70年代初期和中期，日人在戰後培養起來的信心，曾經一度大動搖。一部描繪"日本沉沒"的小說在當時的暢銷，反映了日人的恐慌心理狀況。

正是在戰戰兢兢,作好充分準備的情況下,日本戰勝了"危機",也恢復了自信心。日人應付危機的過程和本領,顯然值得人們深入地研究和分析。

必須指出的是,要研究和學習日本,只有從瞭解日本整個社會背景和歷史着手。生吞活剝或者單從形式上、表面上的東西去理解日本,看來是難得領悟日本的"秘訣"的。至於因為日本的"成功",就把日本"獨特的東西"盲目模仿,誤以為是竅門或捷徑,則往往弄巧成拙。誠如《日本名列第一》的作者傅高義教授所指出一般:日本人之所以會成功,實際上并不是由於他們文化上的獨特。真正的原因是他們深思熟慮,想出了許多行之有效的技術和方法。

(一九八一年七月二十九日)

(九)"日本式"的外交

"日本是亞細安最可靠的朋友!",儘管人們對於這項保證從來沒有真正相信過,但看到東京決策人一再堅決表示,慷慨許諾的神情,人們不能不半信半疑:日本外交的基本政策果真起了"質"的改變?從宣傳的效果來看,1977年前首相福田赳夫南訪時提出"親亞細安"的"福田主義",以及本年初鈴木善幸首相選擇亞細安為上台後的第一個訪問對象,的確有助本區域民眾改善對"日本外交"的形象。

然而,熟悉日本事務的人們都知道,在"奇妙"的日本社會裏,"講原則"、"談大前提"是一回事,真正做起事情或者在實踐時,往往又是另一回事。

就以"支援亞細安,反對越南侵柬,要求河內撤兵"這個問題來說,在表面上,也許沒有一個國家比起日本更加積極,聲音更加洪亮了。可是,誰又曉得,就當日本外相園田直在疾聲高呼"河內應該即刻撤兵",聯大正在討論民主柬埔寨席位,越南在外交上再度處於劣勢的當兒,日本執政黨(自由民主黨)的一個"亞非問題研究會"的代表團卻靜悄悄地前往河內及亨桑林傀儡政權統治下的金邊，進行"友好訪問"。

日本執政黨代表團選擇這個非常時刻訪問河內和金邊，其用意是十分明顯的：

①聊表"雪中送炭"的心意，藉以保持東京和河內的"良好關係"；

②試探各方的反應，為日本恢復對河內的經濟援助作好輿論準備。

在結束對越柬的訪問時，自民黨考察團團長石井一除了描繪兩地經濟破產的情景，以及傳達河內的聲音之外，便肆無忌憚地強調"亨桑林對柬埔寨有效統治"的"既成事實"，并主張日本"基於人道的立場"，協助河內與金邊擺脫困境。

對於代表團的訪問和石井的發言，東京當然大可表示和官方的看法無關，或者甚至可以把"亞非問題研究會"形容為一個普通的"政治壓力集團"，與"霞關"（日本外務省所在地）的決策毫無相關。

不錯，在日本政治圈裏，的確存在着形形色色，代表各幫各派的"政治壓力集團"，但是，如果我們以西方政治術語的概念理解它們，卻無疑犯了大錯。

原來這些標榜"研究會"的"壓力集團"，與其說是以爭取執行其政策的主張為最主要目的，不如說是為着"日本丸"（"丸"者，船號也，日人常形容全國猶如一艘船，藉以激發國人同舟共濟的精神）的浮沉和發展，分別扮演各種不同的角色。這種情形，不僅表現在執政黨自民黨黨內不同壓力集團，有時也突出地體現在反對黨的外交活動上。換句話說，在許多情況下，自民黨個別壓力集團（甚至是在野黨）的外交活動，是為了輔助官方外交政策而展開的。

瞭解了"日本式"外交活動的特徵，我們可以肯定，這回自民黨"亞非問題研究會"訪問河內和金邊，決不是偶然的。當然，這也不意味着東京一時糊塗，對於印支的經濟困境賦與"人道"的同情；恰恰相反，它只反映了"經濟動物"對於"復興印支"的濃厚興趣，準備搶先一步。

對於這種見利忘義，採取兩面手法的左右逢源外交，日本國內有人形容為"無節操外交"。在我們看來，只要類似的外交活動繼續存在，日本充其量只能成為"外交小國"，無法在國際上贏取良好信譽。

(一九八一年九月二十三日)

（十）從美日貿易摩擦談起

美日貿易發生摩擦，這不是新聞；但雙方的矛盾，嚴重到美國眾議院外交委員會亞洲太平洋小組要開設"公開聽證會"，聆聽各界有識之士對日本的看法，卻不能不說是一項別開生面的措施。難怪日本一家大報敏感地意識到，這個"公開聽證會"，目的是在於捉拿美國工商業不振的"犯人"——日本。

國會的"公開聽證會"，是影響美國輿論和決策的重要立法程序之一。在這次的"公開聽證會"上，亞太小組所要聆聽的課題計有：①美國對日本的政策；②日美關係的展望；③日本外交的傾向。受邀陳述意見的人士，除了和日本關係密切的政府官員和軍部要員以外，也包括大學的日本問題專家等。

從3月1日及3月3日"公開聽證會"的內容來看，人們可以很清楚地瞭解到，"貿易"和"美日軍事責任分擔"，這兩個被形容為美日摩擦的主要課題，是這次"聽證會"的焦點。

談起美日之間的貿易矛盾，人們馬上便聯想起1981年度美國對日貿易的龐大赤字：180億美元。這個破紀錄的赤字，再加上成千上萬美國人的失業以及經濟不景氣，促使美國工商界和政治界把矛頭對準東京，要求日本早日全面開放門戶，結束利己的"鎖國"政策。一部分強硬派的議員甚至恫言，現在不是和日本一問一答，討論問題的時刻，而是採取報復、制裁的措施，迫使日本就範的時候了。正是在上述的氣氛底下，美國議員（包括一部分主張自由貿易的自由派人士）紛紛在國會提出"相互主義"的法案。

所謂"相互主義"，按照美國議員們的解釋，是指兩國間相互開放的互惠原則；換句話說，美國開放市場給有競爭能力的日本商品進口，也希望日本採取同一措施，允許美國有競爭能力的商品輸往日本。這些美國議員認為，只有通過這樣的一種市場開放和交換的原則，美國對日貿易的赤字才會逐步減少。

針對日本與美國及其他西歐國家的貿易摩擦，一部分同情東京的西方人士認為，歐美經濟搞得不好，應該好好地自我檢討，不應把日本當為"代罪羔羊"。也有人認為，西方人士對於日本經濟表現優越不能容忍，那是因為長久以來"白人優越感"在作祟。

表面上看來，這些看法當然不無道理，但是認真分析，人們卻會注意到，日本之所以四面楚歌，并不單是上述因素造成的。實際上，日本在高喊反對"保護主義"的時刻，的確也在國內高築起形形色色的非關稅壁壘，阻止他國貨品或農產品的進口或暢銷。這些人為的壁壘，有些是通過官僚機構的行政措施，有些則以"日本的文化與傳統"為藉口。難怪在美日貿易的摩擦聲中，部分激進的美國議員高嚷非改變"日本的文化"不可了。

日本以貿易立國，它的生存與發展，在相當的程度上，可以說是仰賴於它與各國的貿易關係。如果因為過於精打細算，而導致他國無法和它競爭，從長遠來說，未必對日本有益。也許是意識到這一點，近來日本貿易振興會在各地都設有"投訴組"，聽取各方對貿易問題的投訴。這些"投訴組"，如果不是為了擺門面，而是真的把實際情況傳達東京，并作為決策當局參考資料的話，也許日本與各國貿易的矛盾，能略為緩和。

（一九八二年三月十日）

（十一）日本與西方工業國的摩擦

"為甚麼人口比法國多一倍的日本，每年從法國入口的工業產品，還不到它輸往法國工業產品價值的一半？"這是法國總統米特朗抵達東京後，向日本提出的第一質問。

儘管日本人在傳統上對法國文化極其仰慕與偏愛（日人形容為對法國的"單戀"），但法國總統親自訪問東京，在法日的關係史上，這回還是第一次，難怪日本朝野各界，對於法國總統米特朗的到訪，莫不表示熱烈的歡迎。

米特朗總統訪問日本，一來固然是為了加強法日之間的友好關係，二來是試探東京對6月在法國舉行西方工業國峰會議的態度；但最重要的，相信還是在於謀求日本在貿易問題上的讓步。

談到法日之間的貿易矛盾，這其實也是日本與美國及其他西方工業國矛盾的另一縮影。西方工業國當前的通病是：失業人口增加、通貨膨脹率高、工業不振、產品（包括農產品）沒有銷路等。但與此同時，它們還面對另一個問題，就是遭受日本產品的激烈競爭和打擊，其結果是：各國對日貿易赤字累累。就以法國的情況來說，1981年，它對日本貿易的赤字已超過16億美元（日本官方的資料只承認10億5千萬美元）。

針對貿易不平衡，向日本提出最強烈抗議和施以最大壓力的，不消說，是美國。為了彌補180億美元的貿易赤字，美國國會不但召開了別開生面的"聽證會"，而且還恫言通過許多近似"相互主義"的法案。意思是說，如果日本不自我節制，放緩商品外銷的攻勢，并進一步撤銷國內關稅與非關稅壁壘的話，美國只好採取相應的報復措施。一部分激進的國會議員甚至借題發揮，要求日本增加國防開支，分擔軍事責任，從而減輕美國在遠東的軍事開銷。

同樣的，在西歐，共市國家對於日本貨品的猛烈攻勢，和日本市場的"閉鎖性"，也深表不滿。上月間，歐洲共同體外長理事會便認為日本有違自由貿易原則之嫌，議決向貿易與關稅總協定提出申訴。它同時還要求日本在今後的幾年間,自我節制對歐洲的出口(特別是汽車業、彩色電視業等)。在共市國家當中,被認為是"強硬派",積極主張共市對日本採取"共同戰略"的,除了意大利之外,就是法國。

果然,"強硬派"法國的總統一抵東京,便向日本開炮;他毫不客氣地針對法日之間貿易的不均衡,提出強烈的批評。法國外長謝宋更直截了當,要求日本降低白蘭地酒的入口稅,并指出"如果兩國貿易不均衡的現象不受制止,可能將演變成政治問題"。

巴黎貴賓如此直率的談話,對於部份只"仰慕法國優美文化",或只知道"米特朗社會主義政權"的日人來說,未免有點吃驚和失望;但無論如何,不管東京喜歡與否,日本如果不能在米特朗訪日期間,在貿易問題上作出一些讓步,它也得在6月西方工業國經濟峰會召開前,調整有關的政策,以免屆時受到各國的孤立與非難。

(一九八二年四月十七日)

(十二) 日韓關係透視

在"日韓關係進入新紀元"的歡呼聲中,日相中曾根康弘結束了訪美的前奏曲——漢城之行。

日韓兩國把中曾根訪韓,稱為"掀開歷史的新篇章",不是沒有理由的。原來兩國雖然是一衣帶水的鄰國,也在1965年復交,但日相到漢城進行國事訪問,這回還是第一遭。難怪有人形容韓國是距離日本最近,也是離開東京最遠的國家。

兩國關係遲遲無法"正常化",是和歷史的背景分不開的。

韓國曾經是日本的殖民地。在統治朝鮮半島的36年期間,日本殖民宗主國稱得上是使盡了民族壓迫與經濟掠奪的手段,這是年老一輩的韓國人永遠無法遺忘的。大韓民國把日本投降日——8月15日,稱為"光復節",并定為國慶日,可見韓國人對日本殖民統治的痛恨。這也是為甚麼戰後日韓政治、經濟關係雖然異常密切,但大規模的反日遊行（不管是民間自發性的或者是官方支持的）隨時爆發的原因。

同樣的，儘管朝鮮半島早在1945年擺脫了日本的殖民桎梏，但時至今日，在一部分喜愛"懷舊"的日本人當中，仍舊把朝鮮半島視為日本的勢力範圍，他們并未放棄鄙視朝鮮人，把大和民族視為高人一等的落伍思想。60萬居留在日本的韓僑迄今仍然遭受日本社會的排斥與嚴重的歧視，充分地說明了這一點。

除此之外，幾年來環繞着"金大中綁架事件"，兩國關係可以說是搞得糾纏不清，極不正常；東京和漢城的處境是十分尷尬的。日本首相之所以拖延至今日才到漢城進行國事訪問，這不能不說是其中的一個因素。

雖然如此，上述的恩恩怨怨并不足以促使兩國關係完全冷卻；恰恰相反，在兩國領導人腦海裏，日韓的進一步密切合作，仍然是彼此的共同目標。原因是①兩國同屬反共陣營，是美國在遠東最親密的夥伴，兩國進一步合作，有利"美日韓三角同盟"的成立和發展；②在經濟上，漢城有賴東京的進一步援助，藉以擺脫當前的危機；與此同時，東京也希望通過援助的方式，進一步擴大對韓國經濟的影響力。

由此可見，不管是從美國世界戰略的角度，或者是東京與漢城的經濟利益來看，日韓兩國進一步的密切合作，只是時間上的問題。中曾根的上台和訪韓，無疑是加速了兩國合作的步伐。

但是，基於各自利益與顧慮，雙方對於首腦會談的結果，卻各作不同的解釋。在漢城方面，官方與報界大肆渲染日本同意加強美日韓的三角關係，強調日本對朝鮮半島的關注；與此相反，東京方面卻把"兩國的友好"與經濟援助當為重點。前者目的顯然是要把東京貸款視為資助韓國反共的經濟承擔，淡化漢城向日本求援的色彩；後者雖然樂於在經、政甚至軍事方面和漢城進一步掛鈎，但卻要避免被指責有意染指朝鮮半島，既擔憂韓人的反對，也擔心來自北韓的強烈的反應。

無論如何，雙方在一定程度上，容許對方對首腦會談作有伸縮性的解釋，反映了日韓關係雖然緊密，但在複雜的國際環境中，這兩個愛恨交織的鄰國，關係仍然十分微妙。

（一九八三年一月十五日）

（十三）"禮儀外交"行得通嗎？

日本首相中曾根康弘伉儷已於昨日抵達我國，進行國事訪問。這是去年11月中曾根出任首相以來的首次到訪，我們衷心地表示歡迎。

自從1974年日本前首相田中角榮訪問亞細安以來，日本歷任首相幾乎都循例訪問亞細安（中曾根首相這回還訪問盛產石油、行將獨立的汶萊）。這說明了在日本當政者眼中，亞細安已經是一個不可忽視的區域。也正因為如此，日本官方對於中曾根首相不能像前首相鈴木一般，先到亞細安訪問總是耿耿於懷，外務省也一再強調日相走馬上任後，雖然沒有即刻南訪，但卻曾經直接打電話給亞細安各國首腦，表示友善。換句話說，東京希望通過各種機會和方式，表示日本對本地區的重視和關懷。

與此同時，據說日相此行，最傷腦筋的問題之一是"禮物"的選擇。按照日本人的傳統，訪客總得帶些禮物，以示禮儀和討主人的歡心。但霞關（日本外交部）非常清楚，現在世界經濟前景欠佳，日本經濟也不可樂觀，因此中曾根此行，不可能像前日相福田赳夫或鈴木善幸般扮演聖誕老人的角色，唯一可以渲染的是，每年邀請750名亞細安青少年到日本訪問一個月。也就是說，這回日本雖然沒有送貴重禮物給大人，但也忘不了攜帶糖果給亞細安的青少年。

這一切，都可以說是典型的"東洋外交"，或者說是"禮儀外交"。

對於東京推行上述的"禮儀外交"，老實說，作為東道主，我們沒有理由拒絕或反對。但是，坦率地說，日本是否能得到亞細安國家和民眾的特別尊重,日本與亞細安的關係是不是能够有所加強,有所突破,問題不在於日相有沒有選擇亞細安作為第一個訪問目標,也不在於日相是否有提倡甚麼主義,或者是否一上台就打電話給亞細安領袖。問題的焦點是,東京在處理實際的經濟問題與政治問題時,是不是真心誠意地把亞細安的國家,當為平等和親密的夥伴?日本是不是在世界不景氣的時刻,能照顧亞細安各國的利益,還是通過各種法令或者行政的、人為的措施,高築關稅壁壘,阻止亞細安商品的進口……?

至於日相的"隨身禮物"——邀請青少年到日本旅行,亞細安的青少年也許會樂於接受。然而,這項標榜"促進彼此相互了解"的"人際交往"計劃,如果目的只是為了解決"見面禮",或者是希望通過如此的交流,醫治東南亞的所謂"恐日症",那麼,可以肯定的是,日本與亞細安的友誼決不會因此而增長,東南亞對日本的"誤解"也不會因此而消除。

徒有形式,內容貧乏的"禮儀外交",看來不是交友之道!

(一九八三年五月五日)

(十四)中曾根南訪是否成功?

循例到亞細安訪問的日本首相中曾根康弘,已於昨日在最後的一個訪問站——吉隆坡,循例發表政策性演說,并將於今日抵達汶萊,結束他對亞細安及汶萊的十天訪問。

在吉隆坡的演說中,正如日本官方較早時聲明一般,中曾根首相只是重申日本對亞細安的基本政策:日本將繼續支持亞細安在柬埔寨問題上的立場;在河內從柬撤兵之前,日本不會考慮恢復對河內的經濟援助以及日本將繼續和亞細安加強經濟合作關係,并把亞細安的看法反映到經濟峰會上等。與此同時,日相也不忘矢言日本決意要當和平國家,不走軍事大國的道路。日相同時宣布每年邀請750名青少年到日本旅行,并倡議召開日本與亞細安部長級的科技會議,主張加強文化、科技的交流。

綜合十天來各方的報導，人們可以清楚看出，日相此次南訪，除了遵循前例，以示親善之外，重點是放在向各國解釋日本最近的擴軍政策，尋求各方的諒解；至於亞細安各國重視的經濟合作、市場開放以及如何糾正貿易不平衡等問題，日相的態度是：1.儘量躲閃，避免作出具體的承擔；2.高談空泛的"文化交流"或"人物交往"論，轉移問題的焦點。難怪日相所到之處，常被人提醒不可只是追求一己的利益。

談到日本的擴軍——也是日相此行最感興趣的問題，亞細安各國都表示理解日本的立場，即不相信，也不希望日本有限度的擴軍，會發展成為軍事大國，從而威脅亞細安。這是亞細安國家對日本的高度信賴和期待，可以說是一種善意的表示；也是在蘇聯的威脅聲中，人們在某種程度上，對日本不得不放鬆監視的尺度。

但是，這樣的一種善意的、客氣的表示，絲毫并不意味着日本首相在擴軍問題上，已經無條件地取得亞細安各國的"信賴狀"（日人的戰爭史觀，是令人擔憂的根源之一），更不意味着日本從此可以為所欲為，有如在國內曲解憲法定義一般，肆意解釋亞細安各國對日本擴軍所持的立場。日本官方近日來迫不及待地在國內宣染日相此行取得"重大的外交突破"，誇大五國對日本擴軍的理解和支持，到頭來只有增加人們對東京動向的疑慮與不安。

必須一再指出的是，國與國之間是否能够相互信任，彼此之間的關係能否進一步加強，主要是表現在雙方能否在具體的政治與經濟問題上，相互照顧彼此的利益。從這角度來看，日相南訪，如果只是為了尋求各國的諒解，以便在國內宣染，它固然可能達到改變部分日本人對中曾根的印象，也可能在國內達到"東南亞對日本的誤解已完全消除"的宣傳效果，但作為首腦外交，此行是否成功，卻令人感到懷疑。

（一九八三年五月十日）

（十五）評日本的"第二次開國"

日本有人形容，當前歐美迫使日本貿易自由化和撤除關稅壁壘，就猶如1853年美國為了迫使日本"開國"通商，派遣海軍准將培理率領艦隊（因為船隻為鐵造，塗成黑色，日人稱之為"黑船"）以武力威脅日本一般。他們認為日本目前正面對"第二次的黑船事件"，也就是說，在今天國際的壓力下，日本不得不考慮第二次"開國"。

說也奇怪，日本雖然是一個科學昌明、工業先進的國家，但任何瞭解日本國情或者與日人有交往的人士，都會發現到日本人或者說日本社會迄今仍然保存着許多保守的、令人難以置信的古老傳統和制度。當然，日本決策當局之所以不願意輕易擯棄舊有的、過時的措施和制度，有一些是和他們為了維護日本或日人的利益分不開的。日本官員藉故拖延實行自由政策，日本公司不肯擢升外籍職員擔任高職等，理由便在於此。

然而，在舉世的非難聲中，東京終於逐步地覺悟到，如果只是繼續遵守舊有的政策是行不通的，它最終只有迫使日本成為"世界的孤兒"。於是乎，不少有識之士都在振臂高呼，日本應該進一步"自由化"和"國際化"。正是在國際化響徹雲霄和外國人的抗議聲中，幾年前日本法務省破例允許第一位外國人（韓國居民）參加日本的國家考試，執業當律師。至於外國人正式受聘為日本國立大學講師，還是去年才有的事。難怪當時日本各大報章莫不大事渲染，當為重大新聞。

日本社會之所以遲遲無法"國際化"，歸根結底，是因為儘管日人在表面上瞭解到國際化的重要性，但在思想意識上并沒有徹底進行革新。就以把"推動國際化為己任"的日本大眾傳播媒介來說，到今天為止還未聘請外國人為正式職員，這比起被它們抨擊為保守的文化堡壘——國立大學，可以說還落在後頭。

當然，要日本人拋棄舊有的包袱和建立起平等對待其他國家的觀念，不是一朝一夕所能辦到的。這除了日本官方應該率先進行改革之外,日本的大眾傳播媒介和文部省,也得負起重任。不幸的是,據東京傳來的消息,日本最新年度通過的中學教科書,除了在戰爭問題上的敘述和我們一般的看法有出入之外,幾乎每一本教科書都把在東南亞各地落地生根的華人視為外僑,稱為"華僑",甚至冠以"控制當地經濟命脈"的字眼,而掩蓋了日本在各地經濟膨脹的實際情況。對東南亞多元民族社會作如此不公允敘述的教科書,怎能促使日本青年對東南亞有進一步的瞭解?日本人又怎能進一步"國際化"呢?

(一九八三年七月五日)

在北海道看日蘇領土紛爭

（一）開場白——我爲甚麼北上？

在福克蘭群島的危機聲中，記者在日本外務省（外交部）官員田中先生的陪同下，抵達北海道東部的根室市，眺望世界上另一個危機潛伏的領土紛爭所在地——"北方四島"。

來自赤道的報人為甚麼專程北上，研究日本的"北方領土"問題？新加坡人是不是都十分關注蘇日之間爭執不休的領土糾紛？這不僅是根室市和北海道其他市鎮的朋友愛向記者打聽的問題，也是記者在東京拜會外交部及總理署高級官員時，常被詢及的問題。

日蘇關係惡化癥結

蘇聯與日本之間的領土糾紛，正如世界上其他地區所發生的國界、領土（包括島嶼與領海資源主權）的爭執一樣，只要問題沒有嚴重化，雙方沒有發生軍事衝突或者演變為區域戰爭，沒有直接或間接影響國際政治與國際經濟的關係，是不可能引起世人的密切關注的。說得更加具體一些，要不是這回英國和阿根廷大動干戈，也許世人早已遺忘了福克蘭群島問題的存在。

從這角度來看，日本與蘇聯爭執的"北方領土"，在表面上，就像記者從根室市納沙布岬"望鄉之家"的瞭望台所看到的齒舞群島與國後島一樣，顯得十分安寧、平靜。如果不是水面上偶爾出現蘇聯巡邏艇，或者看到根室市四處飄揚，要求歸還北方領土的旗幟標語，人們怎會記起這就是蘇日關係惡化的火苗？

就像是一座活火山

然而,對於這幾個看來似乎十分平靜,但卻導致戰後以來蘇日之間一直無法簽署和平條約的島嶼,記者一向是十分關注的。一方面,這是由於記者長期留學日本,對於日本列島所發生的問題,莫不密切關注;另一方面是,記者在大學期間,除了修讀本科的新聞學之外,最關心的科目,該是國際關係學了。記者深深瞭解到,任何領土主權爭執的所在地,就像是一座活火山,只要處理得不妥善,隨時都有爆發的可能性。換句話說,這是國際關係最易引起波動的"敏感地帶"。1973年秋天,記者結束東京的研究院生活,返回新加坡投入本報的編輯部工作,當時的老總曾替我闢了一個論述國際問題的每週專欄——"新聞眼",記得我所交出的第一篇稿,便是《日蘇領土爭執來龍去脈——田中訪蘇談判焦點之一》。

正因為一向對蘇日爭執的北方四島主權問題有着濃厚興趣,這回當日本外交部決定邀請我到日本考察,并任由我選擇研究題目時,記者便毫不猶豫地決定到北海道,以便進一步瞭解和研究"北方領土"的問題,以及實地瞭解邊緣市鎮的民眾與其他各界人士對有關問題的看法和感受。

國際關係敏感地帶

當然,促使記者決定北上的另一重要因素是:十年來國際政治已經有了極大的變化。這些變化包括:中日簽署和平條約(1978年10月)、越南侵略柬埔寨(1979年1月)、中越發生邊境衝突(1979年2月)、蘇聯侵略阿富汗(1979年12月)和里根入主白宮(1981年1月)。換句話說,在過去的幾年裏,蘇聯集團已經進一步暴露了它要擴張領土、稱霸全球的野心;與此同時,為了抗拒和阻止北極熊勢力的伸展,美、中、日在亞洲也有逐漸形成三者"鬆懈同盟"

的傾向。這些新的國際因素,對於日本的"北方領土"問題,到底帶來了多大的影響?在美蘇中日錯綜複雜的國際關係中,"北方領土"到底被置於何等地位,扮演何等角色?日本是否有希望索回北方四島?蘇日兩國對於有關領土爭執的看法,是否有了變化?雙方的態度是日趨和解,還是進一步僵化?這些態度的變化,對於國際關係又將帶來甚麼樣的影響?……這一切,都是記者急想瞭解和急於尋求解答的。

(二) 歷史上的一段恩怨
——爭執焦點之一

為了讓讀者對蘇日之間爭執不休的"北方領土"問題,有個輪廓的認識,這裏有必要把問題的來龍去脈和雙方爭執的焦點,作個簡單的叙述。

日本所稱的"北方領土",在狹義上,指的是與北海道根室海峽并列的四個島嶼——齒舞群島、色丹島、國後島和擇捉島,總面積為4,996平方公里,相當於冲繩群島總面積的兩倍以上。至於從廣義而言,一部分日人(包括日本社會黨和共產黨)則主張"北方領土"的範圍,應包括整個千島群島(總面積為10,315平方公里),理由是千島群島是日本原有的領土,它與靠侵略兼併的領土無關,日本沒有理由在戰敗後交出這些土地。除此之外,也有人認為,即使是南樺太島(南庫頁島),也是"北方領土"的一部分,因為正如千島群島一樣,按照1951年舊金山和平條約的規定,日本雖然同意放棄有關的主權,但對於領土歸屬問題,并未有個明確的決定。

"日本固有領土"根據

然而,不管是哪一個黨派,日人都一致認為北方四島(即狹義

的"北方領土")是日本固有的領土,決不容許蘇聯繼續霸佔。理由是:

①無論是從歷史上或地理上的角度來看,橫列於根室半島東部的齒舞群島和色丹島,原來就是北海道的一部分,它們與千島群島毫無相關,日本沒有理由放棄這些土地。

②俗稱為南千島的國後島與擇捉島,自古以來就是日本的領土,其根據包括:

●在歷史上,除了日本人之外,從來沒有其他民族(包括俄羅斯人)曾經在這兩個島上定居過;

●除了日本之外,從來沒有一個國家(包括蘇聯)曾經在這兩個島上,行使過主權;

●不管是1855年簽署的日俄通商友好條約,或者是1875年簽署的千島・庫頁島交換條約,俄羅斯政府都承認國後島與擇捉島,是日本民族固有的領土。

那麼,"北方四島"為甚麼會被蘇聯所佔有?莫斯科又是以甚麼為理由(或藉口),繼續霸佔日本的"固有領土"呢?

勢力消長的角逐場

為了要回答這些問題,我們得略為追述戰前日俄之間的一段抗衡史,以及第二次世界大戰末期與和平初期的幾項國際宣言和協定。

撇開日俄雙方在千島群島和庫頁島的開拓史不談,從18世紀到19世紀中葉,兩國便不斷發生大大小小的衝突事件。1855年,雙方簽署了"日俄通商友好條約"。條約規定"日本國和俄羅斯國,以擇捉島和得撫島之間為國界。擇捉島全島歸屬日本,得撫島以北的千島群島歸屬俄國"。換句話說,俄國擁有千島北部和中部的大部分島嶼;至於日俄在庫頁島的疆界,由於雙方無法達致協議,沒有明確劃定。

明治初期領土交換

隨着這項協定的簽署，日俄之間在千島群島的糾紛總算告一個段落。然而，雙方在庫頁島的爭執與衝突事件，卻有增無減。1875年，兩國簽署了另一項條約，雙方同意交換千島與庫頁島的主權。俄國把千島群島的得撫島以北的18個島嶼交給日本，日本則放棄庫頁島南部的主權。換句話說，日本從此佔有整個千島群島，俄國則擁有整個庫頁島（包括原本日人眾多的南庫頁島）。

至於南庫頁島再度併入日本的版圖，那是1905年俄國在日俄戰爭中戰敗，被迫割讓以後的事。

由此可見，庫頁島和千島群島，原本就是日俄兩國勢力消長的角逐場。不管是通過和平協商的方式，或者是武力奪取的手段，這些領土主權的歸屬，往往反映了當時雙方力量對比的變化。從這角度來看，蘇聯如果繼承沙皇時代的遺志，在日軍節節敗退，所謂"皇運"日衰的時刻，奪取千島群島和庫頁島的管轄權，甚至把熊掌伸至"北方四島"，是一點也不會令人感到驚奇的。

（三）大戰與國際協定
——爭執焦點之二

事實上，就在1945年9月2日，也就是日本簽署降書的同一天，蘇聯總理史大林發表了一篇歡慶蘇聯參戰勝利的"告蘇聯人民書"。在這篇歡呼勝利的獻辭中，史大林除了指責日本帝國主義"一向與蘇聯人民作對，曾經出兵參與干預蘇聯的革命事業"之外，也毫不隱藏地流露出紅軍替帝俄雪耻（指1904年俄國在日俄戰爭中吃了敗仗）的興奮情緒。他同時還指出，隨着日本的戰敗，千島群島與南庫頁島將歸蘇聯所有，作為"防守日本侵略蘇聯的基地"。

蘇軍南進佔領島嶼

蘇聯希望通過向日宣戰，擴大領土的野心，實際上也具體地表現在它佔領千島群島和"北方四島"的過程和時間表：

1945年8月 8日：蘇聯向日本宣戰。

8月 9日：蘇聯進兵庫頁島。

8月18日：紅軍炮擊千島群島，并在佔守島登陸。

8月28日：紅軍佔領擇捉島。

9月 1日：紅軍在國後島、色丹島登陸。

9月 3日：佔領齒舞群島。

在短短的25天裏，蘇聯紅軍迅速南進，完成了佔領庫頁島、千島群島以及"北方四島"的任務。

尤其值得注意的是，紅軍進兵四島，實際上是在日軍宣布戰敗（8月15日），日本簽署降書（9月2日）前後。在這非常時刻，蘇聯軍隊按照既定計劃在各島登陸，目的十分清楚，不外是為了要製造一個既成事實，把四島劃入"大蘇維埃"的版圖。

英美蘇簽秘密協定

莫斯科之所以毫無顧忌地採取如此敏捷的軍事行動，是有其背景的。

原來在1945年2月，美國總統羅斯福、英國首相邱吉爾和蘇聯總理史大林，曾經在雅爾達舉行了著名的三巨頭秘密會議。這項密談的主要內容，雖然是旨在處理德國、波蘭以及遠東戰爭結束後的課題，但為了爭取蘇聯參加向日本宣戰的行列，美、英兩大巨頭也在密約中同意在戰爭結束後，"日本應將南庫頁島及其鄰近的小島歸還給蘇聯；至於千島群島，也應交給蘇聯"。

這便是往後蘇聯極力主張南庫頁島和千島群島無條件歸屬蘇聯的最有力根據。

另外，早在1943年3月11日，美國總統羅斯福、英國首相邱吉爾，以及中國總統蔣介石也在開羅簽署了向日宣戰的"開羅宣言"。宣言除了強調三國決不通過戰爭手段擴大領土版圖之外，也主張要把當時"被日本佔領的中國領土東北，台灣和澎湖島等地歸還中國；將日本逐出它通過武力或其他方式所攫取的所有土地……"。

國際宣言對日不利

1945年7月26日，中、美、英三國聯合發表"波茨坦宣言"。"宣言"主張履行"開羅宣言"的條文，并規定日本國的主權"只限於本州、北海道、九州、四國及其他指定的島嶼"。換句話說，"宣言"再次肯定千島群島并不屬於日本的領土。

1951年9月，美國號召了47個國家，在舊金山和日本簽署了和平條約。條約規定"日本必須放棄千島群島，以及1905年9月日本通過樸茨茅斯條約獲得的庫頁島及其鄰近島嶼的一切權利、權限和請求權"。

綜上所述，我們可以清楚看出，在千島群島的問題上，戰爭末期以及戰後初期簽署的幾項國際公約或宣言，基本上可以說是對日本不利。

千島群島難以翻案

針對這些國際"密約"、"宣言"與"和約"，日本方面所能提出的不同看法是：

(1)"雅爾達協定"純粹是美、英、蘇三國領袖私下簽署的密約，日本在接受"波茨坦宣言"，同意投降時，根本不知道有這項"密約"的存在。

(2)千島群島并非"以武力或其它方式所攫取"，而是明治初期，日俄雙方在極為"和平的氣氛"下簽訂的條約（"千島・庫頁島交換條約")而獲得的,不該受到"開羅宣言"的約束。

(3) "雅爾達協定"同意蘇聯佔有千島群島,顯然違背"開羅宣言"中"不通過戰爭手段,擴大領土版圖"的原則和精神。

(4)日本在"舊金山和約"中,只是同意放棄對千島群島的權利、權限和請求權,并不意味着這些島嶼將歸屬非簽約國的蘇聯。換句話說,千島群島的命運還有待國際社會的另行安排。

北方領土局限四島

當然,這些看法,基本上是從廣義的"北方領土"(即"千島群島是日本的領土")的概念出發而提出的。在理論上,也許站得住腳,然而,在講究"國際契約"與履行國際公法的國際社會裏,日本要全面推翻上述的幾項國際協定與宣言,特別是日本政府代表也簽署的舊金山和約,是不容易的。

也許是認識到這一點,日本方面除了社會黨、共產黨和《北海道新聞》之外,一般上已不再堅持收復整個千島群島的原則,而把北方領土的範圍,局限於四島。

1961年,日本當局提出了官方的統一看法:"齒舞、色丹諸島是北海道的一部分;國後島與擇捉島自古以來就是日本的領土"。

這便是戰後以來日人高嚷要求歸還的北方四島,也是日本當局與蘇聯進行領土談判的原則和基礎。

(四) "問題早已解決"
——蘇聯的基本立場

針對日本舉國一致"歸還北方四島"的要求,蘇聯的基本態度又是怎樣的呢?

簡單的說,它的答案是一個"不"字。

莫斯科擺出強硬而冷酷的態度，不消說，目的是要永遠佔有這些土地。實際上，在克里姆林宮領導人看來，"北方四島"是紅軍參戰的"勝利品"，蘇聯是不會在毫無交換條件的情況下，拱手把四島交出來的。

"史上最寬大的措施"

如果說，在戰後史上，莫斯科曾經在"北方四島"的問題上作出些微的讓步，或者說曾經對日本作過象徵性的"善意表示"的話，那該是指1956年10月日蘇兩國簽署恢復邦交的共同宣言了。在宣言中，蘇聯同意在簽訂和約之後，將齒舞群島和色丹島交還給日本。至於國後島和擇捉島的主權問題，由於彼此爭執不下，共同宣言并未提及。這兩個島嶼談判的失敗，其實也正是當時日蘇無法簽訂和約的主要原因。

對於莫斯科來說，蘇聯決定放棄齒舞和色丹這兩個"小千島群島"（俄人如此稱呼），這在俄國歷史上，是"未曾有過的寬大措施"（蘇聯會議代表馬立克語），也是"最後的讓步"。莫斯科當時的看法是，只要日本從此不再吵嚷甚麼"北方領土"問題，俄人是可以"作出犧牲"，把這兩個日人稱為"北海道附屬島嶼"的"小千島"交出來的。

取消歸還兩島諾言

莫斯科決定作出如此"寬大的讓步"和"犧牲"，一方面是因為克宮主人的更換（1953年史大林逝世），蘇聯外交政策的改變。另一方面是，在戰後美蘇冷戰的體系下，美國正在快馬加鞭，提升日本"在遠東扮演的角色"。基於此，莫斯科希望早日和日本復交和簽訂和約，阻止日本向美國一邊倒。

但是，對於當時的日本領導層（特別是以前首相吉田茂為首的保守派）來說，"親美路綫"已經是一項既定的政策，既然蘇聯不肯把四島一齊歸還，日本也不急於和蘇聯簽署和約，兩國的關係也就只好繼續處在"戰爭還未了結的狀態"。

然而，誰也沒有料想到再過三個多年頭，俄人連這半塊已經答應過的麵包（指歸還齒舞、色丹兩島），也宣告取消，理由是：隨着1960年日美安全保障條約的修訂，蘇聯交出上述兩島，等於是讓它們淪為美軍基地，不利於蘇聯。為此，蘇聯提出了歸還兩島的兩個附加條件，其一是美國歸還日本的沖繩島和小笠原群島；其二是外國軍隊從日本撤退。換句話說，只要美國人還佔領日本的土地，蘇聯人也可以依樣畫葫蘆，繼續佔有日本的島嶼；只要美軍還留在日本列島，蘇聯為了"自衛"，就不能放棄有關島嶼。很清楚，這兩個附加條件，實際上等於取消了1956年日蘇共同宣言中有關領土問題的許諾，難怪日本外交部暴跳如雷，指責莫斯科"毀約"。

重視四島軍事價值

在這之後，不管是在公開或非正式的場合，克里姆林宮官員都避開"北方領土"的話題。1964年5月，蘇聯主席米高揚訪問日本，在被詢及有關的問題時，則直截了當告訴當時的日本首相池田勇人：擇捉島和國後島雖然面積不大，但卻是蘇聯海軍從堪察加半島出口的重要通道，蘇聯是不能沒有它們的。

同年7月，蘇聯總理庫魯塞夫在接見日本社會黨訪蘇代表團時，也毫不隱瞞地指出擇捉島和國後島的重要價值是在於軍事，而非經濟。兩個月後，庫魯塞夫坦白告訴到訪的日本國會代表團團員：齒舞群島和色丹島"具有軍事戰略的價值，對於蘇聯的安全保障非常重要"。

表示沒有商談餘地

從答應交出兩島到附加歸還的條件，從提出附加條件到"坦率"承認四島的軍事價值，以及蘇聯不能放棄四島，這清楚地說明俄人已經遠離了兩國領土談判的主題——誰是四島的主人？蘇聯應否歸還日本的領土？相反地，克宮主人擺出了霸權者的姿態："我們繼續佔領這些島嶼，因為我們（在軍事上）有這個需要！"

1966年1月，日本外相椎名訪蘇，曾試探有關領土問題的解決方案，但蘇聯外長葛羅米柯卻給予極其冷酷的回答："這問題早已解決，不必多談。"

1969年9月，蘇聯總理柯西金進一步告訴日本外相愛知：最好不要再談領土問題。因為任何國家如果要重新改變大戰後所劃定的國界，將可能引起其他國界的更動。

柯西金的意思十分清楚：除非戰後全球的國界來個重新安排，日本沒有希望從蘇聯手中拿回任何小島，日人應死掉這條心。

這樣的態度，其實已經等於宣布"領土問題"已沒有任何商談的餘地。

（五）"親善"與"領土"無關
——複雜的國際關係

克里姆林宮再度向日本微笑招手，那是七〇年代初期的事。

這個時候，蘇聯已經和西德簽署了莫斯科條約，西德與波蘭之間的國界總算有個明確的劃定。然而，在亞洲，中蘇關係卻日益惡化，兩國從思想論爭，發展到爭奪珍寶島的武力衝突事件（1969年3月）。正是在中蘇關係最為險惡的時期，莫斯科推出了組織"亞洲集體安全體系"的構想。這個構想，雖然沒有十分具體的內容，但在戰略上，它要日本遠離中國，卻是誰也看得到的。

蘇日關係有新轉機

1972年1月，閉口不談領土問題的蘇聯外長葛羅米柯突然訪問東京，這是六年來該外長的首次訪日，外交界都認為是一件大事。果然，在葛羅米柯訪日期間，他再也不發表類似"領土問題已經解決"的談話。在他的演說中，充滿的是"蘇日友好合作"的字眼。

毫無疑問，莫斯科態度迅速的轉變，給東京官員帶來了一個幻想：克宮可能會在領土問題上作出一些讓步。

七〇年代初期，也正是日本外交多事之秋。美國總統尼遜決定訪問中國（1972年2月），以及隨後接二連三宣布的幾個"尼遜震驚"，給東京帶來了極大的教訓：日本不能再只是追隨美國，霞關（日本外交部總部）必須確立獨立自主的外交政策。

田中訪蘇空手而歸

這個時期，同時也是日本經濟發展達到高峰，日人渴求海外資源的時刻。於是乎，在克宮頻頻招手，以及西伯利亞閃閃發亮的油田吸引下，日本首相田中角榮於1973年10月抵達莫斯科。這是1956年，前首相鳩山到莫斯科簽署日蘇復交共同宣言以來，第一位日本首相的訪蘇。

對於渴望收復北方領土的日人來說，田中此行的任務是十分重大的。為了替田中壯行，日本的參眾議院還特別通過"一致要求歸還北方領土"的議案。

然而，莫斯科的反應，卻令日人失望。原來日蘇首腦的會談中，克宮把話題集中在經濟、技術合作以及西伯利亞油田的開採；對於日本方面提出的"領土"問題，莫斯科卻採取盡量回避的態度。即使是在雙方發表的共同聲明中，克宮也反對使用"領土"的字眼，而只是含糊其詞地承認雙方還"存在着大戰遺留下來尚未解決的問題",有待兩國進一步談判。

克宮耍弄文字遊戲

克宮在文字上下功夫,實際上是希望誘使田中執行"政治經濟分離"的政策。換句話説,莫斯科希望兩國在西伯利亞油田開採等經濟、技術方面進行合作,從而加強兩國的友好關係;至於領土問題,那是"歷史遺留下來的複雜問題",不應在此刻提出討論。

因此,當田中首相回國,把共同聲明中有關"大戰遺留下來尚未解決的問題",解釋為"領土問題"時,莫斯科馬上予以糾正,并指出東京方面如果還堅持這個立場,只有妨礙蘇日友好關係的發展。

至此,問題非常清楚,儘管莫斯科在戰略上和資源開採方面,有賴和日本搞好關係,但在領土問題上,態度是十分堅定和強硬的。

1975年,蘇共總書記布列兹涅夫致函給日本首相三木武夫,建議兩國繼續進行有關和平條約的談判,并主張兩國簽署"友好合作條約"。1978年2月,蘇聯在未獲東京同意的情況下,片面發表了莫斯科提出的"蘇日友好合作條約草案"。這些動向,顯然是要表示莫斯科對日本的重視。東京觀察家認為,蘇聯在這時刻對日本頻送秋波,主要目的在於阻止中日兩國簽署和約,阻止美中日三國形成"反蘇同盟"。在中日簽署和約前夕,莫斯科甚至發出警告,日本一旦和中國簽訂和約以及"反對霸權的條款",蘇聯將採取報復措施。

但是,值得注意的是,即使是在莫斯科最需要日本的時刻,克宮也未曾對日本作出有關領土問題上的些微許諾。恰恰相反,莫斯科變本加厲,否認兩國有領土問題的存在。布列兹涅夫就曾經形容日本的領土要求,是"沒有根據"和"不合法"的。

莫斯科如此強硬的態度,終於使東京認識了一個殘酷的事實:日本即使是在外交上對蘇聯作出一些犧牲與遷就,也不可能從克宮領回半個島嶼。

（六）現狀成爲"定局"
——日本的恐慌與焦慮

莫斯科不僅在外交上拒絕和東京進行有關領土問題的談判，認爲"問題根本不存在"，而且還通過實際的行政措施和具體行動，加強對四島的統治。這些旨在把佔有四島的現狀，變成"定局"的法令和措施包括：

● 1976年9月，蘇聯規定日人到"北方領土"掃墓，必須向蘇聯申請入境證。

● 1977年3月，莫斯科宣布實施200海里"漁業專屬水域的臨時措施"，實施範圍包括四島。

● 1979年初，蘇聯在國後島和擇捉島加緊建設軍事基地。

禁止日人回鄉掃墓

規定日人回鄉掃墓須領蘇聯簽證，這分明是要把蘇聯在國內施行的法令和行政管轄權，擴大到"北方領土"，也是要日人變相承認四島主權爲蘇聯所有，這是日人所無法忍受的。因此，這項措施實際上等於禁止日本人回鄉掃墓。

蘇聯宣布200海里爲其專屬漁業水域，毫無疑問地，直接打擊着原本以漁業爲生的四島原有居民，以及北海道漁民和有關加工業界人士的生計。從此，日人除非獲得蘇聯的特別首肯，再也不能自由自在地在四島水域捕魚。眼望着祖先開拓的島嶼和資源豐富的大海從此與他們隔絕，日本漁民內心的感受是可以理解的。

至於蘇聯在國後島和擇捉島建設軍事基地，這對於日本（特別是北海道）來說，更是受到直接的威脅。爲此，日本外交部曾提出抗議，但所得到的答覆卻是：這兩個島是蘇聯的領土，莫斯科要怎麼樣用，這是蘇聯人的內政，不許日本干預。

這一切的事實和發展，不能不使日人感到受挫和沮喪。難怪年邁的四島漁民要發出哀嘆：三十多年過去了，俄人絲毫沒有放棄對四島統治的立場，看來在有生之年，是沒有希望回鄉了。

寄望於國內外輿論

在外交桌上無法說服蘇聯同意談判，在軍力方面根本不是北極熊的對手，東京當局只有寄望於國內外輿論的同情與支持，希望有朝一日能迫使蘇聯回到談判桌上。但是，令東京當局大失所望的是，世人對北方四島的認識和關心，竟是那麼的膚淺和淡薄！1981年年初，日本的一個內閣小組委員會曾經針對"舊金山和約"48個簽約國出版的地圖，進行了一項有關的調查，結果在收集到的16國的地圖當中，發現只有巴拿馬一國出版的地圖列將之為日本的領土，其他國家的出版社不是承認蘇聯佔有的既成事實，就是把它列為歸屬不明的區域。

與冲繩問題不同點

尤其令東京當局感到憂慮的是，儘管日人一致認為四島為日本的北方領土，也表明不能容許蘇聯繼續非法霸佔，但平心而論，日人要求北方領土歸還的情緒，如果和十多年前要求美國歸還冲繩島慷慨激昂的情況相比較，可以說是天淵之別。

推究其因，一方面固然是因為蘇日還未簽訂和約，兩國仍然處在"戰爭還未完全結束"的狀態，領土紛爭也還有待政府去談判，而更重要的原因是，目前四島沒有日人居住（蘇軍佔領後不久，便把日本居民驅趕出境），全國聽不到同胞被異族欺侮、迫害的聲音，沒有感受到有必要早日收回領土的"迫切感"。這一點和冲繩島民日夜與美軍發生衝突事件，島民向東京中央政府請願的情景，是完全不同的。

與此同時，日人要求收復冲繩島，也正是美國泥足深陷越戰，四處碰壁的時刻。因此，日人要求收回冲繩，不僅符合日本的國家利益和民族利益，也和當時日本在野黨，以及激進青年、知識份子同情越南，"反對美國軍事基地的反美鬥爭"的立場相一致，因此很容易在國內形成一股洶湧澎湃的力量。

老邁島民相繼去世

可是，在"北方領土歸還運動"中，除了最靠近四島的北海道居民，以及以四島居民為中心的民間團體力促政府加速進行領土問題的交涉，和高嚷"島嶼啊，回來吧！"的口號之外，表現得最積極的，恐怕是右翼的國粹主義份子。至於在思想上較左傾或開放的青年和知識份子，也許對蘇聯存有一定的幻想，或者認為"不是當前鬥爭的迫切課題"，一般對北方問題的發展，并不十分關注。

除此之外，最使東京當局感到不安和焦慮的是，隨着四島原有居民的病老和去世，蘇聯變相禁止日人前往四島掃墓，以及四島200海里專屬漁業水域的限制措施的實施，今後真正瞭解四島，對北方領土有深厚感情，強烈要求"還我故鄉"的日人將日漸減少。據日本官方的一項調查，戰後初期從四島被俄人驅逐出境的日本人共有1萬7000名，但據最新的統計，其中五千餘名已經逝世，930名下落不明。長此下去，能給下一代親自講述北方領土故事的日人恐將寥寥無幾。北方四島，對日人來說，是更加陌生和遙遠了。

島上日本居民的完全絕迹（取而代之的是從堪察加半島以及西伯利亞南下的俄人），內外輿論對北方四島關心得不够密切，蘇聯態度的日益強硬并加強對四島的實際統治，這一切都增加了東京的恐慌與焦慮：蘇聯統治四島的現狀將成為難以改變的"定局"。

"日本是不能再繼續保持沉默了！"東京深深地領悟到這個道

理。

（七）蘇聯威脅北海道
——是虛？是實？

四島軍隊一度撤退

在上一節，我們提到蘇聯加緊在國後島和擇捉島興建軍事基地。實際上，從1979年夏天開始，蘇聯也在加強駐紮於色丹島的陸軍部隊以及有關的武裝配備。根據日本防衛廳發表的資料，直到1960年夏天為止，蘇聯在國後島和擇捉島駐有一支為數2萬名的陸軍部隊（司令部和一個師駐於擇捉島，另一個旅則駐於國後島），擁有40架M17的防空戰鬥機。此外，約有1500名邊境巡邏部隊分佈於四島。

1960年夏天，蘇聯從擇捉島和國後島撤退了所有的陸軍部隊。到了1965年春天，原來部署在國後島的20架防空戰鬥機也移往庫頁島。這樣，蘇聯除了在擇捉島還擁有20架防空戰鬥機之外，它在四島的武裝力量只有邊境巡邏部隊。在這段時期，蘇聯也未在四島建設任何海軍基地。

蘇聯為甚麼從四島撤出軍事佈防呢？一位武官出身的日本高級官員向記者分析，基本上這是由於戰略的改變。隨着核子武器作戰效能的提高，陸上部隊所扮演的角色也相對減退。除此之外，要長期維持和補充四島的軍事人員和配備等也是一項沉重的經濟負擔。

重新佈防真正目的

這個局面差不多維持了12年。1978年夏天，蘇聯軍部突然改變策略，重視千島群島的軍事地位。它不僅在國後島和擇捉島加緊建設軍事基地，也在丹色島搭起可以容納2000名士兵的帳棚，并置有大炮、地對空導彈、坦克運輸卡車等軍用車輛。蘇聯在色丹島佈防，這回還是首次。

　　針對上述的動向，這位熟悉軍事問題的官員認為，蘇聯的目的，與其說是為了"守衛"這些島嶼，不如說是具有更加重大的戰略意義，或者說與國際政治有關。因為，這段期間，日本的國際地位正日益重要，莫斯科希望通過北方的軍事佈防，多少能產生某種國際政治的恐嚇作用，警告日本不要過於靠近美國。與此同時，這個時期，也正是中日簽訂和約的前後，克里姆林宮也許還有另一個目的，就是警告東京，中日關係過於密切，將有損"蘇日之間的友誼"，莫斯科是不會坐視無睹的。

阿富汗事件的衝擊

　　如果擴大國際的範圍來看，人們會發現，蘇聯加緊在四島的布防，是和它近年來加強亞洲軍事力量的戰略分不開的。事實上，莫斯科不僅設法在堪察加半島、千島群島加緊建設軍事基地，也南下在越南取得海軍軍港及軍用機場。這些動向，再配合4萬噸級航空母艦"明斯克號"的編入太平洋艦隊，蘇聯在亞洲區域的活動，是令人關注的。

　　尤其值得注意的是，克里姆林宮在加緊把四島變為軍事要塞的同時，也正是越南侵略柬埔寨以及蘇聯侵略阿富汗的前後。這兩個赤裸裸的侵略事件，喚醒了世人對莫斯科集團的注意和警惕。不少國際政論家從中得出一個結論：所謂"蘇聯是一個以守為主的超級大國"這個概念與看法已經過時，或者根本就不符合事實。相反地，從它近年來在非洲、中東和拉丁美洲的活動，以及加緊擴充軍備等事實來看，莫斯科顯然已經不滿足於戰後以來劃定的疆界。說得更加具體一些，北極熊已經是按捺不住，決心加速熊步，實現其稱霸全球的戰略了。

科幻小說相繼出籠

在上述的背景下,任何關心國際政治的人士都可以容易得出一個結論,蘇聯是不會放棄四島的;不但不會輕易放棄,而且還會把它當為南進的軍事基地。1976年,一名蘇聯飛行員駕駛米格25型軍機在毫不受阻的情況下,在北海道千歲機場降陸,尋求政治庇護;1980年,一名前日本軍官宮永充當蘇聯間諜事件被揭發……。這些事件,給日人(特別是北海道居民)帶來的衝擊是巨大的。

人們都在擔心,蘇聯在吞噬阿富汗後,下一個目標會不會就是北海道?

正是在這樣的緊張氣氛和心理狀態下,不少描繪侵佔北海道的戰爭科幻小說相繼出籠,成為暢銷書。其中包括《佔領北海道!》、《蘇聯軍隊在日本登陸!》、《第三次世界大戰——封鎖日本海》……等。

至於報紙、雜誌、連環圖中有關"來自北方威脅"之類的文章、評論家的對談,紙上座談……等,那就更加不勝枚舉了。這一切,充份地反映了日本人對北方巨人的恐懼。

深恐東京藉口整軍

也許是由於書刊的過份渲染,也許是因為美國向日本施加過於強大的壓力,或者是東京當局的過於急着整軍,從1980年後半期開始,這股"北方威脅"論的熱潮略有消退;取而代之的,是一連串"反論"文章、書刊的出現。最典型的,莫過於北海道年輕商人村井幸雄所編的《來自東京的北方威脅論》,以及《朝日新聞》連載的文章《蘇聯果真'威脅'(日本)?》。

前者叙述作者們身在北海道的直接感受,并認為東京官員、評論家和小說家不瞭解實際情況,單純從戰略的角度,或者憑臆測,誇大蘇聯的威脅,增長了人們不安的情緒。後者主張日人不應在這問題上過於"敏感",應該設法和莫斯科保持對話。他們認為,鼓吹"威脅論",無助兩國關係的改善,也對和平毫無裨益。弦外之音是,日人應該實事求是,面對現實,和莫斯科取得某種諒解和妥協,以求相安無事。

一部份日本論客之所以如此主張遏阻"蘇聯威脅"論,固然是因為擔憂書刊的過於渲染,徒增民心的不安;但更重要的是,他們也深恐東京當局藉口"威脅",大力整軍,甚至修改"和平憲法",重蹈戰前軍國時代的覆轍。

未必先向北部下手

針對上述問題,記者在北海道期間,曾經和不少地方政府官員、新聞工作者以及小市民交換看法,一個普遍的回答是:只要蘇聯不停止在四島興建軍事基地,只要四島不歸還日本,日人不安的情緒是無法消除的。至於蘇軍是否會侵佔北海道,受訪者大都不願正面回答,只表示在日常生活中,還沒有特別的"危機感"。換句話說,他們不太相信蘇聯會出此下策。

理由何在?一位受訪者指出:

①現在是核子時代,蘇聯如果要向日本宣戰,第一個目標未必是北海道,也許應該是政治中心的東京,或者是東京與橫濱之間的京濱工業地帶。

②蘇聯出兵阿富汗或者非洲國家,往往得找個藉口,以"受邀"的姿態出現,但日本政治經濟安定,看來蘇聯沒有混水摸魚的機會;何況日人在傳統上對俄人從未有好感,莫斯科在侵略日本之前,是不能不再三深思的。

這樣來說,北海道居民對來自北方的威脅,是否真的不掛在心上呢?這個問題,倒是北海道大學一位蘇聯問題專家說得最坦率。他指出,如果說北海道居民在心理上絲毫不受北方威脅的影響,這是不確實的。但大家總不能因此而遠走高飛,離開家園。既然如此,當然沒有必要自我嚇唬,鬧得惶惶不可終日。在這一點上,日本自衛隊加強在北海道的駐紮,雖然未必能有效對付北方巨人,但對於北海道居民,卻多了一層心理上的安全保障。

對於日本軍備的擴充,記者一向多少存有疑慮,也在一定的程度上保留態度。然而,正當北極熊張牙舞爪的時刻,如果日本真的是為了自衛而在北海道加強防衛的力量,應該是無可厚非的。問題的,東京要怎樣使人相信,日本除了堅守北方,負起"防守東北亞的任務"之外,不會有其他"非份"的念頭?

(八) "還我四島"
——響徹日本雲霄的呼聲

正是在蘇聯加緊在四島布防,北極熊侵入阿富汗,莫斯科受到國際輿論一致譴責和非難聲中,日人對於"北方領土"的看法的態度,也有了極大的改變。

如果説,在這之前,要求歸還四島的運動,主要是以北海道為據點,以四島原有居民為中心的話,幾年來這項運動已經逐步擴大為全國性和全民性的運動。就以簽名請願的人數來說,1972年只有100萬名,1977年,人數增至1000萬;到了去年年底,向國會強烈表示要求收復北方領土願望的簽名請願者,共達2200萬名。

在第六節裏,我們曾經分析過,"收復北方領土運動"之所以不能和"收復冲繩運動"相比擬,一方面是因為四島原有的日本居民全被趕走,日本全國聽不到同胞被異族欺侮與迫害的聲音;另一個因素是,不少激進青年由於對"社會主義的嚮往",在主觀上對蘇聯存有太多的幻想,或者是把"北方問題"當着"次要問題"看待。

然而,這兩個因素,到了80年代,卻開始有了改變。其一是,隨着蘇聯宣布200海里為其"漁業專屬水域",北海道漁民活動的範圍受到進一步的限制,捕魚量也在相對上減少。眼看着祖先開拓的土地被異族所佔領,甚至連漁民命根子的大海也被劃入莫斯科的管轄範圍,日人心中的不滿,以及民族自尊心深受損傷和刺激,是可想而知的。

其二是,隨着阿富汗事件以及波蘭危機的爆發,原來對蘇聯存有好感或者幻想的人都不能不在心底打了問號:莫斯科和當年佔領冲繩的美國,到底有何差異?日本既不允許山姆大叔佔冲繩,為甚麼卻准許北極熊在四島興建軍事基地,容忍它把日人趕出日本的固有領土,甚至連四島周圍的200海里,也劃入蘇聯的漁業專屬水域?

規定"北方領土日"

促使這項運動成為全國性廣泛運動的另一重要原因是,東京中央政府態度的改變。

在戰後的日蘇關係史上,儘管歷屆的日本政府都一再重申"四島為日本的固有領土",但在實際上,東京當局除了撥款幫助四島原有居民在北海道安頓生活,照顧他們的福利,或者協助他們轉行,以及印發一些宣傳手册,讓國民瞭解"北方領土問題的真相"之外,老實說,并未採取其他積極的措施或行動。

推究其因,最主要是擔心會激怒俄人,搞壞關係,不利於兩國領土問題的談判。但是,莫斯科日益強硬的態度和措施,終於迫使日本外交部看清楚了一個事實:低聲下氣,或者是"婉轉表達心意",決不是說服俄人退四島的有效方法和手段;恰恰相反,這只會促使後者得寸進尺,加速四島"軍事基地化"的政策。

1981年1月6日,日本內閣終於決定把1855年日俄簽署通商友好條約的2月7日,定為"北方領土日"。

同年9月10日,日本首相鈴木善幸一行人乘直升機,在北部瞭望"北方領土",并抵達根室市納沙布岬,視察"北方領土館"。在記者招待會上,他表示政府決心收復領土;他還同時強調:"領土問題一天不解決，日蘇之間真正的友好關係便無法建立"。

日本首相親抵北海道根室市視察與瞭望"北方領土"，這回還是首次。

針對上述的動向，蘇聯外交部曾向東京提出強烈抗議，蘇聯報章與通訊社也一再指責東京"企圖展開反蘇宣傳攻勢"。

儘管如此，日本各界并不因此而軟化收復領土的決心和態度。不少評論家指出："這是到了清楚表明我們立場的時候了。為了維持表面的友好關係，把領土問題擱置，只是有利於蘇聯的長期霸佔，決不是日本應該採取的政策。"

口號改變立場鮮明

尤其值得注意的是，一向主張"收復整個千島群島"，不同意北方領土只局限於四島的日本共產黨和社會黨，也在國會支持"北方領土日"的議案。這就說明，收復四島，已經不再只是日本執政黨的政策，而是一項超越黨派的全民運動。1980年11月，"要求歸還北方領土的大會"在冲繩島那霸市召開，更象徵着這項運動已經蔓延至日本的南部，日人要求收復四島的呼聲，已經響徹日本列島的雲宵。

正是在日人要求收復領土日益高漲的呼聲中，記者在北海道，特別是"前綫市鎮"根室市和標津鎮，四處都可以看到要求收復四島的口號和標語；甚至在咖啡座、餐館和酒吧贈與客人的火柴盒，都不忘印上四島的略圖，和要求收復領土的口號。

在四處林立的標語牌與旗幟中，記者注意到，過去寫的是"島嶼啊，回來吧！"，近年已逐漸改為"還我北方領土！"，或者"還我島嶼！"的鮮明口號。

這象徵着日人收復江山的願望日益強烈，也反映了他們對有關領土問題，態度日益強硬。

(九) 魚乎？領土乎？——何者爲重？

隨着戰後蘇聯佔領日本北方四島，蘇、日兩國除了環繞着領土問題進行談判，或者說展開針鋒相對的論戰之外，兩國之間也常為了漁民"侵犯領海"等問題發生摩擦。

原來四島周圍的海域，位於寒暖流交錯處，盛產鮭魚、鱒魚、鱈魚、毛蟹、海帶和海扇等，是世界三大漁場之一。然而，這個水產資源豐富的海域，卻隨着莫斯科的侵佔四島，被劃入蘇聯的領海。從此以後，任何日本漁船一旦駛入這海域，便被蘇聯的監視船所扣押。從1974年以來，至去年底為止，因闖入四島海域先後被扣押的日本漁船共1,201艘，被捕的漁民8,459名，其中迄今還繼續被拘留的漁船為426艘，漁民6名。

每當上述的意外事件發生，北海道議員以及有關的團體都得四處奔走，忙於營救被拘捕的漁民，并與蘇聯進行交涉，要求歸還被扣押的漁船；與此同時，他們還得照顧受難者家屬的福利。有關各界人士都深深地感受到，東京當局有必要和莫斯科進行談判，取得某種臨時的協議。因為，誰都明白，日蘇之間的領土紛爭，是不可能在短暫時間內解決的；然而，漁民的利益和安全，卻是刻不容緩，急待解決的問題。

1963年6月，"大日本水產會"和蘇聯國民議會附屬的"漁業國家委員會"簽署了一項有關採撈貝殼島（距離北海道根室市只有3.7海里，屬於齒舞群島，也是距離北海道最近的小島）海帶的民間協定。

根據這項協定，蘇聯允許日本漁民在指定的期間（即6月至9月）和指定的海域（即貝殼附近）採撈海帶。這項協定每隔一兩年審核一次，以便重新規定日本漁船的數目，漁民的人數以及日本應繳納給蘇聯的"採撈稅"等。

簽署漁業合作協定

1977年，隨着蘇聯宣布200海里為其漁業專屬水域，蘇日關係曾一度呈現緊張。因為這一宣布，不僅意味着日本漁船活動範圍將進一步縮小，也意味着莫斯科堅持擁有四島水域主權的主張。為了和蘇聯的這一政策相對抗，日本也宣布實施200海里為其漁業專屬水域。經過雙方艱苦的談判，兩國終於先後簽署了"日蘇漁業臨時協定"（即日本漁船進入蘇聯200海里的有關手續和規則等）和"蘇日漁業臨時協定"（即蘇聯漁船進入日本200海里的有關手續和規則等）。日本還特別強調，這些協定的簽署，絲毫無損於它對北方領土問題的立場。

除此之外，兩國還簽署了一項"日蘇漁業合作協定"。這項協定主要是規定日本漁船在太平洋西北的公海活動的區域、捕魚期、使用的漁具，以及魚獲額的限制等。為了補償蘇聯方面保護鮭魚與鱒魚所下的努力和投資，日本同意付出"漁業合作費"。至於魚獲額的限制數字和"漁業合作費"的多寡，每年則由兩國代表談判，作出決定。這便是每年四月在莫斯科舉行的"日蘇鮭魚、鱒魚談判"。以這兩年的情況來說，日本每年得交給蘇聯"漁業合作費"40億日圓（約4000萬元新幣），魚獲額為4萬2000噸（約3,640萬條魚）。

政治經濟并不分離

從表面看來，在漁業談判的問題上，蘇、日兩國似乎都能撇開"領土"問題不談，即採取所謂"政（政治）經（經濟）分離政策"，但在實際上，人們都會發現到，這其實只是一部份日本人的主觀願望罷了。對於莫斯科來說，經濟利益是服從於政治利益的；莫斯科決不會因為日本交了"漁業合作費"，就在"北方領土"問題上採取比較軟化的立場。恰恰相反，每當日本國內掀起索回北方領土熱潮的時刻（如規定2月7日為"北方領土日"），或者東京在國際問題上（例如阿富汗事件或者波蘭問題）對蘇聯採取較堅定和強硬的政策（如參與制裁蘇聯的行動）時，莫斯科便露出難色，指責東京展開"反蘇宣傳的活動"，并恫言此舉將"影響兩國的友好關係"。

對於日本漁民，或者有關的加工業及貿易商來説，這一類的警告，無疑意味着莫斯科今後在漁業談判時，會提出更加苛刻的要求（例如提高"漁業合作費"，或者削減日本的魚獲額等）。一部份只顧眼前利益的日人之所以反對東京在北方領土問題上採取強硬立場，以及不贊同日本當局參與國際制裁蘇聯的行動，原因就在於此。

蘇聯展開"親善活動"

實際上，蘇聯推行"政經不分離"的政策，不僅表現在莫斯科隨時可能通過漁業問題的談判，向東京施加壓力，也表現在它積極拉攏北海道漁商與漁民的"親善活動"。近年來蘇聯積極提倡搞"日蘇共同事業"，便是明顯的例子。

所謂"日蘇共同事業"，是指日本民間的漁業團體或商社，和蘇聯的漁業團體簽署的特殊合作協定。這些協定雖然是以交流漁業技術和調查海底能源為名目，但實際上卻是變相地允許部份日本漁船在蘇聯200海里經濟水域以內的指定海域，捕撈蝦、蟹等甲貝類的水產動物。儘管莫斯科在1977年倡議推行"共同事業"時，所定下的條件十分苛刻（如規定日本須交給蘇聯的"漁業合作費"，為魚獲額總價格的21至25%等），部份日本的漁業界人士仍然認為這是日本漁船駛入蘇聯200海里專屬水域的一個突破口。他們都希望通過"共同事業"的合作，改善蘇日的關係，從而促使莫斯科逐步放鬆有關的條件。但是，正如前面所指出一般，蘇聯是不會實行"政經分離政策"的，因此，只有那些被莫斯科視為"友好"的商社，才有可能被接受參加"共同事業"。

頒發特殊的會員證

談起日蘇之間的"親善活動",人們都注意到近幾年來北海道各大市鎮紛紛建立"日蘇友好會館",展開各種交流活動。此外,蘇聯的幾個城市,也相繼和北海道的幾個市鎮(如旭日、稚內和釧路等)建立起"姐妹市"的關係。

正如參加"共同事業"一樣,許多日本漁商或者漁民之所以積極參與"親善活動",目的不外是希望和俄人打好關係,方便他們在蘇聯200海里以內的海域進行漁業活動。對於這一點,莫斯科當然是比誰都看得清楚的。

1981年3月,"日蘇親善協會"發給北海道根室市羅臼部支部76名會員(漁民)一種特殊的會員證。這些會員證不僅以日文,還同時以俄文寫着船名和船主名。尤其引人注意的是,蘇聯駐日大使波里揚斯基還親自出席這個會員證頒發的典禮。這些動向,引起了日本各界密切的關注,各方都在懷疑這些"會員證",是否等於蘇聯頒發"北方海域漁業活動"的准證?如果事實如此,蘇聯是否有意通過這些魚餌,分裂北海道漁民積極展開的"歸還北方領土"的運動?

遞送情報的"報告船"

除此之外,特別使東京官方感到不安的是,近年來當局相繼發現了"報告船"。所謂"報告船",是指某些日本漁民為了討好蘇聯,以便獲准進入蘇聯水域的禁漁區活動,定期地把日本自衛隊、警察、海上保安廳、"歸還北方領土運動"的資料和情報,以及相機、錄音機等物品,交給蘇聯的巡邏艇。這些定期向俄國出售情報的漁尸,有的是出於自願(即為着私利),有的是因為非法闖入禁漁區被拘留,接受蘇聯方面的洗腦後而接受任務的。

綜上所述,我們可以看出,在北方領土問題上態度原來最為堅定和積極的日本漁民與漁商,近年來在蘇聯威迫利誘的攻勢下,多少呈現分裂的現象。在原則上,誰也不會反對索回北方領土,或者否定這項全民性的運動,但在具體問題上,到底應以何者為優先,是魚,還是領土?卻不能說看法沒有分歧。筆者在北海道期間,曾經反復地向不同階層的人士提出類似的問題,官方人士(如北海道副知事中川和根室市長寺嶼)都強調兩者沒有矛盾,因為只有當蘇聯歸還北方領土時,漁民的長遠利益才會獲得完全的保障。

話雖這麼說,一部份漁民和漁商擔憂"歸還北方領土運動"影響他們的生計,因而有意無意地反對或削弱這項運動的力量,卻是一個不可否認的事實。這也許正是北海道當政者感到左右為難之處。

(十) 展望——四島會歸還日本嗎?

有人把日人形容為最性急的民族,也有人認為俄人城府最深。在"北方四島"的領土紛爭問題上,兩者的關係就如急驚風遇到慢郎中。不管東京怎樣叫囂和蹦跳,北極熊卻賴在四島,一動也不動。東京之所以顯得無可奈何,莫斯科之所以能夠視若無睹,說穿了,這是因為兩者國力懸殊的緣故,日人看得十分清楚,1904年戰敗俄國的時代,已經一去不復返了。

那麼,面對這樣一個完全不把東京放在眼裏的勁敵與強鄰,日本到底應該採取甚麼態度呢?是繼續據理力爭?還是採取妥協態度?或者是設法尋求一個暫時相安無事的折衷方案?

有人認為,日蘇關係之所以越鬧越僵,主要原因是因為雙方缺乏相互瞭解,日人在傳統上討厭俄人,彼此沒有足夠的對話和交流。贊成這個看法的日人,可以很容易找出一些數字,支持其論據。比如說,12年來《朝日新聞》曾經進行過至少十次的輿論調查,結果發現到贊同和蘇聯搞好關係的日人只有1至4%。另外,前年日本總理府也進行一項有關外交問題的輿論調查,同樣地發現到只有8%的受訪者對蘇聯有"親切感";至於表示對莫斯科缺乏好感的日人竟達84%。

日人普遍討厭俄人

論者同時還可以指出，正是因為"討厭俄人"，日本從事蘇聯問題研究的學者，可以說是少之又少；即使是年輕一代，對於俄文或俄國文學發生興趣的，也是少得可憐。就以早稻田大學俄國文學系的情況來說，該系每年的學額為35名，但近年來錄取的學生卻一直保持在20名左右。談到一般的青年，雖然喜歡到海外旅行，但大多數都選擇到歐美國家，很少願意到蘇聯的。

基於上述的因素，論者認為日人應該改變對蘇聯的態度，加強和俄人進行文化交流活動，從而改善日蘇之間的關係。為了避免刺激蘇聯，以及助長日人厭惡俄人的情緒，一部份論者甚至主張日本應該避免渲染"蘇聯威脅"論，也不應該把"歸還北方四島"的運動，搞得太過火熱。他們也不同意日本參與任何制裁蘇聯的國際行動。一句話，他們把希望寄託在日蘇的友好關係上，祈望通過善鄰外交的積極活動，感化蘇聯人，把四島歸還日本。

"經濟、技術援助"論

與上述"文化交流"論同時出籠的，還有"經濟、技術援助"論。論者認為儘管蘇聯是一個政治和軍事的超級大國，但在經濟和科技方面，還有其不夠先進之處，如果日本能夠在這方面向蘇聯提供援助（例如，共同開採西伯利亞和庫頁島的資源），不但有助兩國友誼的增長，而且還可以感化或迫使蘇聯在領土問題上作出一些讓步。

在理論上，這些看法似乎是站得住腳的，但在實際上，以政治優先的莫斯科會不會因為日蘇文化交流活動的頻繁，或者因為在經濟和科技方面有求於人而放棄霸佔他國的土地，卻令人感到懷疑。

特別是在阿富汗事件和波蘭危機爆發之後,越來越多的日人更加不相信蘇聯會在領土問題上輕易退讓。何況在事實上,日本財界與蘇聯合作開採西伯利亞和庫頁島的天然資源,與其說是為了爭取蘇聯歸還北方的四島,不如說是為了經濟利益。

那麼,日本是不是可以利用錯綜複雜的國際關係,向莫斯科施加壓力,誘使它放棄四島呢?論者認為,蘇聯當前最恐懼和最仇視的國家,除了美國之外,就是中國了;為了阻止中、美、日三國連成一氣,成立反蘇同盟,蘇聯可能會採取一些討好東京的政策。因此,日本應該好好地利用"中國"這張王牌,與它保持若即若離的曖昧態度,從而抬高身價,誘使莫斯科在政治上對日本作出更大的許諾。

東京如何玩"中國牌"?

針對這一點,北海道大學"斯拉夫研究中心"的蘇聯問題專家木村泛教授在接受記者的採訪時,回答得十分清楚:在1972年,田中首相和周恩來總理簽了恢復邦交的共同聲明,但直到1978年,兩國才簽署和平友好的條約。在這漫長的六年裏,莫斯科雖然百般阻撓中日簽約,但卻從未在四島問題上,作出絲毫讓步的表示。可見"中國王牌"論,效果是有限的,蘇聯并不會因為日本疏遠北京而給東京任何好處。

除此之外,一部份悲觀論者認為,在國力懸殊的情況下,與其和莫斯科進行毫無結果的談判和爭吵,不如實事求是,和蘇聯尋求各種解決辦法的折衷方案。

"兩島歸還"折衷方案

其中,最著名的是"兩島歸還"論。所謂"兩島歸還"論,是指日本放棄同時收復四島的立場,只要蘇聯答應歸還四島中的兩島(即色丹島和齒舞群島），便和莫斯科簽訂和平條約。這個看法，實際上是1956年日蘇談判時，莫斯科向東京提出的建議，但是遭到拒絕。日方的理由是，如果接受這個安排，并和蘇聯簽署和平條約，無疑意味着四島中的兩個大島（即國後島和擇捉島）歸還日本遙遙無期，變相地承認蘇聯對這兩島擁有合法的主權。

然而，即使是日人無法接受的"兩島歸還"方案，莫斯科在1960年也宣告取消。當時，蘇聯外長葛羅米柯便發表聲明，表示除非美國歸還沖繩和小笠原群島給日本，并從日本撤軍，蘇聯決定不歸還日本色丹島和齒舞群島。小笠原群島和冲繩島先後在1969年和72年歸還日本，算是符合了莫斯科歸還兩島的部份條件，但要外國軍隊從日本列島撤退，卻無疑是要求日本政府廢除日美安全保障條約，這是東京怎麼也不可能接受的。這也意味着莫斯科在實際上已經放棄了"兩島歸還"的方案。

重視經濟、漁業利益

對於一部份急於和蘇聯搞好關係，急於簽署日蘇和平條約的日本人士來説，"兩島歸還"可能性的消失，是十分可惜的。雖然如此，他們仍不氣餒，繼續爭取色丹、齒舞早日歸還日本。

實際上，強烈主張"兩島歸還"論的日本人，與其説是重視領土問題，不如説在他們眼中，所看到的是日蘇簽署和約之後，日本可能獲得的經濟利益。因為在理論上，日蘇一旦簽訂和約，兩國即可結束大戰以來還未消除的緊張關係，雙方可以傾全力在漁業問題上，以及西伯利亞資源開採的問題上相互合作。日本一部份財界人士和北海道的部份漁民之所以積極參與日蘇的友好活動，以及支持或同情"兩島歸還"論，原因便在於此。

1975年9月，被視為日本首相三木武夫的智囊的外交問題評論家平澤和重在美國的學術雜誌《外交事務》上，發表了一篇有關日本外交政策的文章，文中建議蘇聯將色丹島和齒舞群島歸還日本，作為日蘇簽署和約的先決條件；至於國後島和擇捉島，則凍結到本世紀末才解決。針對平澤公開提出的"兩島歸還"論，三木內閣召開緊急會議，宣稱這方案純粹是平澤個人的看法，與日本政府的政策毫無相干；東京的立場依然是：在四島同時歸還日本之前，日本決不與蘇聯簽署和平條約。換句話說，日本當局決不考慮任何有關"兩島歸還"的方案。

發動國內外輿論

綜上所述，我們知道，不管是"文化交流"論，"經濟、科技援助"論，"中國王牌"論，或者是"兩島歸還"論，都不是迫使蘇聯放棄四島領土的有力武器。日本要從蘇聯手中索回在第二次大戰末期被俄軍佔領的土地，歸根結底，還得依靠國內外強有力的輿論，作為向蘇聯交涉的後盾。但是，要發動國內的輿論，全面支持當局的政策，日本政府除了要爭取各黨對"北方領土"採取統一的政策（部份政黨仍然主張"北方領土"不應限於四島，而應包括整個千島群島）之外，最重要的恐怕還得設法使"歸還北方領土運動"擺脫國粹主義的色彩。如果整個運動給人的印象，是以極右派的愛國黨和"大和民族不敗"的國粹份子為主流，運動的目的只是為了擴大軍備的話，這項運動肯定無法爭取厭戰人士的廣泛支持。它的結果，只有利於蘇聯的繼續非法霸佔四島，其理至明。

同樣的，在北方領土問題上，日本要爭取國際輿論支持，除了有必要把問題的來龍去脈，向世人說個清楚，堅持主權不容侵犯的原則之外，還得在每一個國際問題上，以同等的態度和原則積極支持被侵略者的一邊。如果東京在外交上飄浮不定，在應當發言或者應該行動的時刻表現得優柔寡斷，處處以一己的利益着眼，它要贏得其他國家與民眾的全力支持，是不可能的。

尤有進者，直到今天為止，老實說，在世人，特別是亞洲民眾眼中，"戰前日本"的形象，仍然無法根除。日本當局在教科書，以及靖國神社問題上開倒車,毫無疑問地增加了人們對"軍國日本"的恐懼。只要這樣的恐懼心理存在,世人對於日蘇領土的紛爭,以及日本的合法要求,在相對上,也會減少關心和同情。說得極端一點,一部份對日本竄改歷史教科書不滿的人士甚至會認為日蘇紛爭只是"兩個惡霸之鬥",犯不着去分辨誰是誰非。因為既然日本侵略亞洲所幹下的滔天罪行,在日人眼中只是毫無罪惡感的"進出",人們又何必因為北極熊在四島的"進出",而替日本仗義執言呢?

要怎樣發動國內外輿論支持東京收復四島的主張,要怎樣有效地逼使北極熊退出四島,最主要的鑰匙,其實是掌握在東京當政者的手中。

(一九八二年六月)

越南外長阮基石東京之行透視

越南外長阮基石到東京訪問了。這是六年來越南外長的第一次到訪，加上阮基石在出發前放出"和談"的空氣，頓使國際間產生一些猜疑。有人形容，河內又再進行"微笑外交"。

河內為甚麼又再展開"微笑外交"？國際間有兩種看法。其一是，耍弄"和平花招"，這是越南的慣技；特別是在聯合國大會辯論柬埔寨問題前夕，阮基石途經東京，放出"和平"煙幕，用意是十分清楚的。其二是，河內被迫把態度放軟，是有其不得已的苦衷的。論者認為，越南經濟處境十分惡劣，國內通貨膨脹嚴重，對外負債累累，高達60億美元，使河內不得不重新檢討柬埔寨駐軍的得失。換句話說，在經濟的重壓下，河內可能真的會在柬埔寨問題上作出某種程度的讓步。

東京不忘充當"橋樑"

在上述兩項看法中，日本官方與輿論界一向傾向於贊成後一種看法。原因是：

一、東京雖然凍結對越南的經濟援助，但卻念念不忘檢討有關的政策，深恐在恢復對越南援助的步驟上，落在其他西方工業國的後頭；

二、在原則上，東京雖然站在東協（亞細安）這一邊，但卻口口聲聲表示要充當東協與印支對話的"橋樑"。誇大河內態度的"伸縮性"，顯然有助於東京採取更有彈性的政策，從而促進日越關係的"正常化",符合日本的長期利益。

東京的上述心態,不僅反映在日越貿易數額之擴大上(據統計,1983年上半年日越貿易總額高達6720萬美元,比前一年同期增加了40%,為1979年中越戰爭發生以來所罕見),也表現在日越高官的頻繁接觸上。1983年越南發生水災,日本迫不及待以"人道"的名目,恢復對河內的援助,聊表東京之"心意",就是其中一例。

除此之外,日益傾向於"國益論"的日本在野黨(如共產黨與社會黨),也不忘展開"野黨外交",進行穿針引綫的工作。日本共產黨不僅邀請越共總書記黎筍訪日(後者已經接受),也再三促請日本政府早日結束對越南經濟援助的凍結。

河內認爲有機可乘

正是在上述背景下,河內當局認為阮基石此行,不僅有"利"可圖,而且還可達到分化日本與東協緊密關係及混淆國際視聽的作用。

果然,阮基石在動身前及抵日本後,即忙着放出兩個試探風球:

一、在河內接受日本共同社記者的訪談時,阮基石表示,即使未通過政治途徑的解決方式,越南也將準備在五年至十年內從柬埔寨境內撤兵。

二、在東京與日本社會黨主席石橋正嗣會談時,阮基石表示同意召開一個十五國出席的國際會議,討論柬埔寨問題,與會國則除了印支三邦、東協六國之外,還包括美、蘇、英、中、法及印度。

乍看之下,這兩國試探風球似乎意味着河內政策有所"調整"或"改變",但仔細分析,河內并未增添任何新的貨色。

"請先向印度看齊"

先談談第一個方案。河內的所謂"準備在五年至十年內撤出大部分軍隊",是有其先決條件的。那就是:"在亨桑林傀儡政權有效統治柬埔寨之後"。換句話說,只有當柬埔寨人心甘情願屈服於河內的統治,越南軍隊已無可用武之地的時候,越南才會逐步撤兵。這其實也可以理解為:在五年至十年(即越南1987年侵佔柬埔寨後的十至十五年)內,大規模的越南軍隊將繼續留在柬埔寨境內。

至於第二個試探風球,其實是針對日本放出的。暫且撇開越南倡議的十五國國際會議的用意不談,阮基石"專程"到東京,倡議一個不讓日本參加的十五國國際會議,是耐人尋味的。

有關這一點,阮基石在東京日本記者俱樂部舉行記者招待會上,有着進一步的說明:

一、三十年來,日本對印支和平問題沒有盡力和貢獻。

二、日本一邊倒向東協國家,如果讓日本參加,將使原已不夠平衡的國際會議,顯得更不平衡;

三、像印度這樣關心印支和平的國家,才有資格出席有關的會議。

阮基石在台上嘻皮笑臉要說的話,其實是:"喂,日本佬!我知道你們想當魯仲連,也想做生意。不過,請先向印度看齊!"

"經濟援助,我所要也!"

不僅如此,在談到日本的經濟援助問題時,越南外長假裝不在乎,說道:

"日本即使再恢復對越南的經濟援助,也沒有任何的保障。因為日本未守信用,一旦簽約,還可以隨時廢約。"

緊接着,他責問日本:"在中日復交之前,日本對中國採取的是政治與經濟分開的政策,對越南為甚麼卻不能採取同樣的態度?"

從阮基石喜怒無常的談話中，人們可以觀察到，越南外長東京之行，主要目的是要促使東京"中立化"。即：

一、日本既然那麼熱衷於促進日越的正常化工作，那麼，請毫無條件地恢復對河內的經濟援助。

二、日本如果真的想當東協與印支對話的"橋樑"，請先疏遠東協。

"撤兵問題，可以免談"

至於撤兵問題，河內根本不想考慮。在日本記者的追問下，阮基石就以強硬的口氣回答道："只要中國及東協放棄對越南的敵視態度，我們明日即可撤兵。"

在阮基石的心目中，所謂"敵視態度"，當然是指各國反對越南侵略柬埔寨一事。

值得注意的是，越南外長此行，除了利用日本人目前的心態，一面向日本求援，一面又力促日本"中立化"之外，也不忘採取其他的分化策略。

在東京的記者招待會上，阮基石在嘻笑之餘，也左右開弓，猛烈地向下列三方面進行抨擊：

一、怒斥波博派，表示可以讓西哈諾親王及宋山代表參加談判，卻不能讓波博的代表出席會議。因為，等待後者的應該是監牢。

二、歷數中國千年來對安南犯下的罪過，并指責新中國一直出兵干擾鄰國，例如中越邊境、中印邊境及珍寶島事件等。阮基石還說：好在日本與中國沒有共同國境，才免受中國的侵犯。

三、列舉泰國為東南亞最不安定的國家。因為泰國經濟雖然不差，但貧富懸殊，不像越南雖然經濟欠佳，但貧富均等，政權最為安定。

綜上所說，可以看出，在阮基石心目中，最討厭的反越勢力，是遊擊隊實力最為強大的波博派；最敵對的鄰國，是與越南針鋒相對的中國。至於最令他感到煩惱的東協國家，卻是常受其侵犯的泰國。

先促使日本"中立化"，再孤立上述三股令阮基石看不順眼的"反越力量"，看來是河內目前展開"微笑外交"的基本策略和方向。人們如果因此而誤信河內已被迫改變對柬埔寨問題的態度，或者甚至輕信越南已準備從柬撤兵，無疑是上了阮基石的大當。

（一九八四年十月）

從全斗煥總統訪日看日韓關係

動員2萬3000名警察，消耗7億8000萬圓（約新加坡幣700萬元）保安費的全斗煥總統日本之行，已於日前結束。日韓兩國首腦都形容此行翻開了"日韓關係史的新篇章"。兩國首腦也矢言，要建立"持久的友誼與相互合作的善鄰關係"。

日韓關係微妙複雜

日韓兩國一衣帶水，建交已經十九年，但韓國總統訪問日本，這回還是首次。至於日本首相初訪韓國，也是去年的事。兩國首腦遲至近年才得以相互造訪，說明了兩國關係的微妙、複雜與不尋常。實際上，十九年來，兩國雖然名為"建交"，但彼此的關係一直是偏重於"經濟上的交往"，以及建立在"反共"的共同意識基礎上。兩國國民之間的成見與隔閡，并未隨着建交而消失。恰恰相反，不管是在日本或者韓國進行的民意調查，都顯示對方一直被認為是"最不受歡迎的國家"之一。

韓國人討厭日本人，既有歷史的情景，也有其"現實"的因素。戰前卅六年"日帝的殘暴統治"以及日本篡改教科書的態度，是韓國人對這"強鄰"無法放心的主因；戰後日本人繼續歧視韓國人（在韓國人看來，70萬旅居日本的韓僑，迄今仍然過着"受盡屈辱的生活"），是韓國人無法信賴與尊重日本人的另一個原因。

至於日本人對待韓國人的態度，除了一部分是基於政治因素（如金大中事件、光州事件等）而對韓國現政權產生惡感之外，日人討厭韓人，主要還是繼承了戰前的殖民思想。換句話說，在一般日本人眼中，大和民族的優越感仍未根除，要他們以平等的態度對待曾被統治卅六年的朝鮮民族，是難以辦到的。

重視日皇使用字眼

由此可見，兩國關係要真正正常化，或者要在現有的基礎上向前跨進一步，就得對過去的歷史來個"清算"，也得根除日本人鄙視韓人的殖民思想意識。韓國官方較早時堅持日本天皇向全體韓人"謝罪"，以及決定在全總統訪日期間，討論旅日韓僑在日本的法律地位，目的便在於此。

經過雙方的多次接觸與討價還價，在有關問題上，韓國總統全斗煥此行所取得的成果是：

一、日本天皇對日韓之間"不幸的過去，表示遺憾"。

二、日本官方表示同意"繼續努力"改善旅日韓僑的法律地位。

裕仁天皇公開對日本侵略鄰國的"不幸過去，表示遺憾"，這回還是第一遭，可以視為天皇對戰爭的首次公開反省。但是，天皇避開韓國主張的"謝罪"字眼，而使用"遺憾"的曖昧語氣，就未免使韓人對天皇反省的誠意產生懷疑。

針對天皇使用的字眼，日本官方的辯解是，戰後的天皇只是象徵性的元首，不能涉入外交的事務。因此，表示"遺憾"，已是天皇所能表達的最高方式。

但是，對於曾在裕仁天皇名目下被直接統治的朝鮮半島民眾來說，天皇坦率"謝罪"，不僅不會損害由"神"降為"人"的戰後天皇的形象，而且還是順理成章的事。有關這一點，在《朝日新聞》的"讀者之聲"欄中，一名日本學生就指出：單單用"遺憾"的一句話，是無法清算朝鮮民族受盡日本統治卅六年的苦難的。

當然，日本官方喜愛使用曖昧字眼，這回不是首次。早在1972年，日本前首相田中角榮訪問北京時，因為將日本過去對中國的侵略行為，稱之為"給中國增添了不少麻煩"，而引起已故中國總理周恩來的不悅，而不得不一再訂正。"增添了不少麻煩"這句名言，也成為了當時外交界的笑話。

旅日韓僑處境問題

至於旅日韓僑地位的改善問題，日本官方只是表示"將繼續努力改善"而無具體承諾，更引起有關各界的不滿。

原來所謂"旅日韓僑"，大多數是在戰前，也是日本統治朝鮮期間，被強制徵用為勞工而到日本的。現在，儘管他們已經在日本落地生根，他們的第二代或第三代已在日本土生土長，卻仍然一律受到日本社會的排斥與嚴重歧視。他們不僅在就職上、教育上遇到難題，而且還得每三年（按：現改為五年）更換"外國人登錄證"，忍辱蓋上指紋。較早時，一部分觀察家曾經預測，中曾根政府可能會在全斗煥總統訪日期間，宣布放寬或廢除對外國人管制的部分條文。但事實說明，以守舊、固執聞名的日本法務省并不肯作出絲毫的讓步，全斗煥此行就連這點"小禮物"也無法馬上拿到。

日韓之間要真正進入"新時代"，看來還有一段路程。

（一九八四年九月）

日本"雙簧外交"的剖析

由日本前外相櫻內義雄率領的日本越南友好議員聯盟代表團，已於1月12日結束了為期八天的河內之行。他原本還準備到亨桑林傀儡政權統治下的金邊進行"友好訪問"，但在東協（亞細安）五國駐日大使的抗議下而告中止。

據東京報章報導，櫻內代表團此行受到河內的熱烈歡迎。在訪越期間，代表團不僅與越南總理范文同、外長阮基石談論有關日本的經濟援助問題，還交換對柬埔寨問題及越南撤兵問題的看法。代表團也曾到胡志明市視察在日本援助計劃下建立的醫院、養豬場等。據稱，越南當局對日本的援助，給予"頗高的評價"，但由於上述的設備已日漸陳舊，加上配件的欠缺，河內希望日本方面能早日供應。

在談到柬埔寨問題及越南撤兵的問題時，櫻內代表團替河內傳達下列幾項訊息：

一、河內希望透過政治途徑，和平解決柬埔寨問題，并將從柬埔寨撤軍。

二、即使政治途徑行不通，河內也準備主動地撤軍，從而在事實上結束有關的紛爭。

三、越南準備在五年至六年內從柬埔寨撤退所有的駐軍，今年也將完成第四次的撤軍計劃。到1987年，越南在柬埔寨的軍力將減少一半或三分之一。

櫻內身分非同小可

從河內對櫻內代表團的盛大歡迎及談論的內容來看，顯然地，越南當局并不把它當作普通的日本"民間代表團"看待。這是有道理的，因為：

第一，櫻內義雄雖然是以所謂超黨派的友好議員聯盟會長的身分率領團訪問，但誰都知道不久前他還是日本的外相，是東京對印支問題的主要決策人之一；

第二，櫻內此刻雖然未擔任內閣職務，但仍然是執政黨（自由民主黨）的高層人物。尤其值得注意的是，他同時還是當今首相中曾根康弘所領導的中曾根派的首領，算是主流派的領袖之一。

正因為櫻內有着上述兩種"特殊身分"，河內希望隨着櫻內的到訪，日越關係將早日"正常化"。越南期望同東京建立起良好關係的殷切心情，其實早在1984年10月阮基石訪問日本時便暴露無遺。當時，這名以喜怒無常聞名的越南外長，便清楚表明要日本毫無條件地恢復對河內的經濟援助。阮基石東京之行的另一目的，是要促使東京在柬埔寨問題上保持中立，遠離東協。

對於阮基石的企圖，東京自然心知肚明。不過，鑒於國際客觀因素的存在，日本無法接受河內的要求。問題非常清楚，在東協與越南之間，東京當然不會捨棄前者而選擇後者。雖然如此，東京并不希望因此而失去與河內交往的良機；因為，改善與河內的關係，恢復對越南的經濟援助，從而確保印支半島未來的市場，仍然是日本長遠利益的所在。在越南向民主柬埔寨展開猛烈的旱季攻勢聲中，日本前外相毫不猶豫地前往河內，不少觀察家認為東京是在表演"雙簧外交"。

黨內人士分擔角色

所謂"雙簧外交",是指以外務省為中心的官方外交以外,再配合"民間"的所謂"補助外交"。"雙簧外交"的最終目標,當然不外是為了日本的國家利益。日本執政黨自由民主黨是一個派系林立的政黨,不同派系的首領輪流掌權,發號施令。為了爭權奪利,彼此的關係有時顯得十分緊張。不過,在政見上,彼此看法并沒有甚麼出入。特別是在外交問題上,執政黨內的主流派和非主流派更沒有甚麼分歧。他們的不同點只是基於黨政職務、身分的不同,有時分別扮演不同的角色罷了。比如說,在1981年,正當舉世非議河內侵柬,日本保證跟東協站在一起的時刻,自民黨的一個代表團"亞非問題研究會"便靜悄悄的前往河內及亨桑林統治下的金邊,進行"友好訪問",聊表"雪中送炭"的心意。日本當局當時的辯解是,這個代表團與官方無關,但熟知日本外交的人士都明白,執政黨"亞非問題研究會"的代表團其實是在利用其"非官方"的身分,履行其"補助外交"的任務。

在野黨展開外交活動

當然,日本的"雙簧外交",并不止於自民黨內人士串演。在許多情況下,日本的反對黨(如社會黨、公明黨乃至共產黨等)也都樂意負起所謂"野黨外交"的使命,協助官方達致外交的目標。特別是自從前年石橋政嗣接任社會黨主席,高舉"新社會黨"旗幟以來,社會黨領袖更到處活動,四處拉綫,積極展開其"補助外交"的活動。1984年9月,也就是韓國總統全斗煥訪問日本的時刻,石橋更迫不及待地率團前往平壤,拜會金日成主席,表達日人不忘朝鮮,有意與平壤保持對話接觸之心意。在出發前與歸國後,石橋都不忘向中曾根首相致意與匯報,更反映了他的平壤之行根本就是"雙簧外交"的一部分。

同樣的，以前外相櫻內為首的所謂超黨派友好議員代表團訪問越南，目的也在於向河內表示：日本不忘印支之"友誼"（準確的說，應該是"利益"）。一名團員接受日本記者的訪問時，便坦然指出：正因為官方不方便到河內訪問，我們此行具有更重大的意義。

（一九八五年一月）

日圓增值後美日之間的爭執

自從1985年9月22日，五工業國（美、英、法、日和西德）財長召開會議，指出"美元兌換率過高，有必要調整"以來，日圓對美元的兌換率就一直扶搖直上。到了1986年1月24日，1美元對日圓的兌換已從240圓跌至200圓以下。2月17日，美元甚至一度跌破180日圓大關。現在，美元與日圓的兌換差不多都停留在180日圓左右。從1985年9月至1986年2月的短短5個月之間，日圓的漲幅達25%。如此凌厲之漲勢，使得日本當局與廠商不能不採取各種應對之措施；與此同時，和日本貿易關係密切的國家（特別是對日本貿易赤字嚴重的美國），對於日本方面的動向以及日圓高漲後帶來的影響，也不能不予以嚴密的關注。

低息貸款目的何在？

這之中，最令人注目的是，日本當局為了照顧受到日圓上漲影響的中小企業，決定提供年利5.5%的低息貸款，以便協助它們渡過經濟難關。針對日本當局這項解救中小企業的緊急措施，美國認為是在變相提供輸出補助金，違背"關稅與貿易總協定"（GATT）的精神。

對於美國的強烈反應，日本通產省（國際貿易部）最初是採取堅決否認的態度，認為這是日本國內的問題，和"關稅與貿易總協定"毫無相關；接着則態度轉軟，按照國際規矩，向"關稅與貿易總協定"報告有關的措施。

美國之所以反應強烈,是和它對日貿易出現嚴重赤字的問題分不開的。在美國看來,這回日圓之上漲,如果能多少削弱日本產品對外輸出之攻勢,從而縮小美日貿易的巨大赤字,那麼,日圓幣值上漲對於美日經濟矛盾的緩和,是起着積極的作用的。反之,日本政府在日圓升值之後,卻迫不及待地以低息貸款的方式,救援受日圓升值打擊的中小企業,卻無疑是在提供"補助金",加強其產品對外輸出的競爭能力,擴大各國與日本之間的貿易赤字。

日本認爲是"誤解"

針對美國方面的上述看法,日本當局認為是一項"誤解"。理由是:

一、政府向中小企業提供低息貸款,主要目的是要協助這些公司改變產品的種類,促使它們不再依靠對外的輸出,而以國內市場為中心。

二、低息貸款的另一目的是防止這些公司的倒閉。因此,當公司發生資金周轉困難,例如,無法如期發薪時,即可申請這項低息貸款。

為了進一步證明上述的措施,并不是旨在加強中小企業產品對外輸出的能力,也不是美國所說的"輸出補助金",日本當局還準備將其貸款之手續等文件譯為英文,讓美國人參考。

然而,對於美國來説,儘管日本當局表明目的不在於鼓勵日本產品的輸出,也儘管日本政府在批准中小企業的低息貸款時,需要繁雜的申請手續,但誰也無法保證這些中小企業在獲得低息貸款之後,不會透過其他的形式,用在對外貿易之途徑上。換句話說,美國認為日本所提出的理由和解釋是缺乏足够的説服力的。

僱傭調整基金問題

日圓升值後美日之間的另一項爭執是，日本的"僱傭調整基金"問題。"僱傭調整基金"是1979年根據"僱傭保險法"而設立的。主要的目的是為了應付經濟不景氣，或者是當工業結構起變化而公司出現冗員時的問題。在上述情況下，公司可以申請基金，作為職工的重新訓練或者轉職、停職的津貼等用途。隨着日圓的升值，以及2月底"特定中小企業轉業對策臨時措施法"的通過，一些面對日圓高漲而有意轉業的中小企業也可以申請上述的"僱傭調整基金"。

對於這項基金，美國的擔憂是，它可能會被日本一些商家利用，成為另一項輸出的補助金。針對美國的顧慮，日本勞動省（勞工部）雖然再三加以解釋和否認，不過，據《日本經濟新聞》的報導，日本勞動省本身也缺乏信心。因為：

第一，它不敢保證這些接受基金津貼的公司在改業之後，不會繼續搞以輸出為主的貿易活動。

第二，接受津貼的冗員在轉職之後，是否會轉到以輸出為主的公司工作，是誰也無法制止的問題。

如何緩和美日矛盾？

正因為日本當局無法圓滿回答美國方面提出的質疑，看來美日之間環繞着低息貸款與"僱傭調整基金"問題的爭執，還會繼續下去。

當然，必須指出的是，美日之間的上述爭吵，只不過是兩國貿易嚴重摩擦的小插曲。對於美國來說，怎樣削弱日本商品對外的攻勢固然重要，但更重要的還在於如何迫使日本進一步開放門戶，讓外國產品（包括農產品）打入日本的市場，進行公平與自由的競爭。最新年度的《美國總統貿易報告書》，就指出：

"自從1984年初以來，日本雖然先後發表了三次的市場開放措施,但美國企業在打入日本市場時,仍然遇到各種各樣的壁壘。"

由此可見,只要日本沒有進一步採取自由化政策,只要它的非關稅壁壘還繼續存在,美日之間500億美元的貿易赤字是難以縮小和消除的。這也就注定了日圓今後還要面對增值的壓力,以及美日矛盾之難以緩和了。

怎樣減少對外貿易之盈餘,怎樣進行工業結構的調整,以及如何早日拆除有形無形的關稅壁壘,進一步開放國內的市場,看來已成為日圓升值後的日本,能否和其他自由世界貿易夥伴國友好相處和減少衝突的先決條件。

(一九八六年三月)

蘇聯對亞洲的新姿態與蘇日關係

戈爾巴喬夫在海參崴向亞太國家微笑招手,不消說,中心目標是北京。演說中宣稱要從阿富汗撤出六團蘇軍以及有意從蒙古撤出部分軍隊,目的不外是部分滿足中國提出的中蘇關係正常化的三大先決條件(即從阿富汗撤兵、停止支持越南侵柬以及停止在中蘇邊境結集大軍),從而打破兩國對峙的僵局。8月6日,被認為是"中國通"的蘇聯副外長賈丕才更進一步表示莫斯科有意承認中國劃分國界之原則,準備將珍寶島等島嶼歸還中國。緊接着,中國與蒙古簽訂領事條約。這一切,再加上中蘇高層領袖近年來頻繁的互訪與接觸,在在反映了中蘇兩個共產大國二十年來的冷凍關係已有冰解的跡象。

頻向中國大送秋波

克里姆林宮新主人重視亞太地區,并向亞太國家(特別是中國)頻送秋波,一方面是基於國內因素;另一方面是出自全球戰略的改變。所謂國內因素,其實就是經濟因素。對於蘇共新總書記來說,如何進行經濟改革,提高生產力,從而在公元2000年以前,實現1986年2月黨代表大會通過的長期經濟計劃,無疑是當前急務。要搞好經濟,就得在相對上有個比較和平的國際環境(特別是邊境);要發展經濟,就不能不開發資源富饒的西伯利亞,也不能不重視經濟潛能強大的亞太區域。從比較單純的角度分析,這也許就是莫斯科決定削減國防開支,改弦易轍的原因。

至於談到世界戰略，今日蘇聯在亞洲不但備受各國輿論界孤立，在實際上還面對美、中、日、韓四國的包圍。在四國之中，美、日、韓三國同屬反共陣營，美國又與日、韓各簽有雙邊安保條約，彼此之間的軍事聯盟關係十分牢固。唯有中國的社會制度與三國截然不同。它之所以與美、日建立密切的關係，完全是因為受到莫斯科威脅，出自抗衡蘇聯的心理和意識。這其實也意味着北京是這蘇聯包圍網當中最脆弱的一環。蘇聯與中國交惡，始自兩國兩黨的思想爭論。現在彼此在思想、意識形態方面的爭論已結束，雙方都在注重國內經濟之發展，兩國何不化干戈為玉帛，減少沒有必要的摩擦與開支。何況中蘇關係的好轉，還意味着中、美、日、韓包圍網的出現重大缺口。莫斯科決定與北京恢復正常關係，相信是克宮新主人在檢討亞洲局勢後政策調整的結果。

重視日本經濟科技

　　對於美國在遠東最重要的忠實盟友——日本，克宮新主人又怎樣看待呢？以戈爾巴喬夫特使身分抵達東京的賈丕才，此行目的又何在呢？

　　一般相信，莫斯科對東京最大的興趣，無非是後者的資金與高科技。在海參崴的演說中，戈爾巴喬夫就着重指出，蘇聯對日本最大的期望是雙方進行經濟合作，共同開採海洋資源；他希望以"經濟外交"見稱的日本人能發揮其特長，與蘇聯搞各種聯營企業。換句話說，莫斯科基本上強調的是"政經分離"（即政治與經濟分開）的政策。

　　當然，單單強調"政經分離"是不可能引起東京濃厚興趣的。在海參崴演說中，克宮新主人不忘提起今年初以來，蘇日兩國外長恢復互訪，以及兩國已在討論首腦會談的日程。賈丕才在這個時候訪問東京，一方面相信是為了給外長謝瓦爾德納澤訪日做好安排；另一方面，也是在解釋蘇共領袖海參崴演說之意義，以及試探東京的反應。

蘇日之間領土紛爭

蘇聯與日本雖然早在1956年便恢復邦交,但遲至今日雙方還未簽署和平條約。嚴格地說,兩國還在"戰爭還未結束"的狀態。雙方一直無法談攏的原因,主要是兩國之間還存在着領土紛爭,即千島群島中的四個島嶼(國後島、擇捉島、色丹島和齒舞群島)的歸屬問題。這四島是在第二次世界大戰結束前後被蘇聯所佔領的。根據舊金山和約,蘇聯認為日本已同意放棄對千島群島的權利、權限與請求權,四島當然歸蘇聯所有。日本卻認為"齒舞、色丹諸島是北海道的一部分;國後島與擇捉島自古以來就是日本的領土"。換句話說,東京的看法是,上述四島(日人稱之為"北方四島"或"北方領土")不應與整個千島群島混為一談,蘇聯應無條件歸還日本。

針對這四個島嶼,莫斯科在和日本進行恢復邦交的談判時,曾經一度採取較有伸縮性的政策:即蘇聯放棄齒舞和色丹兩個"小千島群島"(俄人如此稱呼),日本則承認國後島與擇捉島為蘇聯領土的既成事實。這就是日本人所指的"二島歸還論"。

所謂"二島歸還論"

這項提案并不為當時日本的外交部所接受。緊接着,隨着國際形勢的變化,美日軍事聯盟關係的日益明確,莫斯科就連原本已經許下的上述"二島歸還論"也宣告取消。

1972年1月,對日態度強硬的蘇聯外長葛羅米柯突然訪問東京,大談"蘇日友好合作"。東京官員曾為此雀躍三分,寄望克宮在領土問題上作出些微的讓步。第二年10月,在克宮微笑招手與西伯利亞油田的吸引下,當時的日本首相田中角榮飛抵莫斯科。東京官員滿以為十七年來日本首相的首次訪蘇,在領土問題上不致於空手而歸。哪裏知道兩國首腦所談的只是經濟與技術合作的問題，至於"大戰遺留下來尚未解決的問題"，則"有待進一步談判"。然而，即使是對這"大戰遺留下來尚未解決的問題"的含糊字眼，莫斯科過後也加以澄清，表明并非指領土紛爭。換句話説，克宮仍然堅持"蘇日之間沒有領土紛爭問題存在"。

緊接着，為了阻撓日本與中國簽署包括"反對霸權的條款"在內的中日和平條約，蘇聯曾經向日本施以各種威迫利誘的手法。當時日本的部分論客與官員認為，這是東京玩弄"中國牌"與"蘇聯牌"的良好時機。但是，直到1978年，也就是中日簽署和平條約前夕，莫斯科許以東京的，卻不是歸還四島中的任何半個島嶼。至此，東京才恍然大悟，看出蘇聯在"北方領土"問題上是決不會作出任何讓步的。不但不作出讓步，即使是要將它列入任何討論議程，也不可能獲得對方首肯。

蘇日和平條約無法簽署，兩國繼續處於"戰爭還未了結的狀態"，再加上1979年蘇聯進兵阿富汗以及蘇聯在"北方四島"加強軍事基地的活動，蘇日關係只有日趨緊張。1982年，日本鷹派首相中曾根康弘上台，更把莫斯科對亞洲的軍事威脅列為日本大力擴軍、整軍的藉口。蘇日之間的矛盾，當然也日益尖鋭化。

葛羅米柯外交結束

1985年3月，戈爾巴喬夫政權誕生，長期以來掌管外交部門的葛羅米柯被"調升"為國家主席，蘇聯的外交政策有了轉機。在加強與西方接觸的開放政策下，一向來被葛羅米柯拒之千里之外，認為只是"美國遠東走卒"的日本，開始受到克宮新主人的重視。戈爾巴喬夫對於日本的重視，基本上當然還是着眼於"經濟大國"的經濟力量及其高科技。但是，如果能夠在"經濟利益"的誘惑下，軟化日本的反蘇立場，削弱美、中、日、韓對蘇聯包圍網的力量，當然也符合莫斯科的基本世界戰略。實際上，只要日本決定與蘇聯全面合作開採西伯利亞資源，美日之間的裂痕就將進一步擴大與加深。換句話說，加強與日本的對話，多少就能達到牽制東京，分化美日反蘇同盟的作用。

中曾根好大喜功

對於東京來說，戈爾巴喬夫的新政策，當然并不意味着蘇聯對日本的態度會來個一八〇度的轉變，更不意味着對方在"北方領土"問題上會作出任何讓步。然而，眾所周知，日本首相中曾根康弘是一個好大喜功、擅長耍弄政治的權術家。在他看來，只要克宮新主人肯和他握手，答應和他舉行會談，這就是他的成功與成績。對於樣樣喜歡爭第一，比高低的日本人來說，中曾根也許就會因此而更有"人氣"（人緣）。因為，自從帝俄時代以來，俄國（或蘇聯）的最高領導人（不管是沙皇或蘇共總書記）從來還未踏上日本的土地。今年1月，蘇聯新外長謝瓦爾德納澤抵達東京，恢復了兩國外長已經中斷八年之久的蘇日和平條約談判；5月間，日本外相安倍晉太郎報聘訪問莫斯科。這兩次外長談判，雖然并沒有獲得特殊的進展，但卻多少產生"氣氛的變化"（日本外交部發言人語）。

允許日人北上掃墓

氣氛的變化之一就是莫斯科解除了十年來的禁令，允許日本人從8月起，不必申請入境簽證就能到"北方領土"掃墓。對於東京來說，這不能不說是"向前跨進了小小的一步"。

當然，最令中曾根眉飛色舞的，莫過於戈爾巴喬夫曾示意可能於明年1月到日本訪問。在贏得大選壓倒性勝利的背景下，中曾根正滿懷信心，準備在談判桌上與蘇聯領袖就領土問題討價還價。

姑且撇開克宮新主人屆時是否訪日的問題不談，人們首先想到的問題是：

一、戈爾巴喬夫雖然改變克宮的舊作風，但在訪日期間是否同意談判領土問題，還是一個未知數。

二、即使克宮新主人答應將有關問題列入議程，他是否會作出些微的讓步？

三、如果蘇聯決定作出"最大的讓步"，重提"二島歸還論"，兩國是否就可以簽訂和約？

針對第一個問題，如果蘇聯不同意將它列入討論議程，兩國首腦會議召開的意義就大為減低（當然，從中曾根個人政治宣傳資本着眼，則另當別論）。

重視政治宣傳效果

至於要莫斯科在領土問題上作出些微讓步，東京官員并不表示樂觀，但也不排除其可能性。因為，蘇聯既能把珍寶島歸還中國，為甚麼就不可能在附加條件的情況下，重提"二島歸還論"。當然，在這問題上，誰也不會輕易溜出"二島"這兩個字眼。因為任何一方只要說出"二島"，就意味着在領土問題上先放軟本身的立場。特別是對於中曾根來說，如果他能迫使戈爾巴喬夫退回到1956年，也就是蘇日恢復邦交以前的立場（即"二島歸還論"），無疑就是一大成績。儘管他不會因此而接受蘇方的折衷方案（在實際上，蘇聯重提這項建議的可能性微乎其微），但卻可藉此在國內渲染"外交的成果"。接着出席明年在意大利舉行的七國經濟高峰會議，進而在所謂"世界領袖中曾根"的氣氛與形象下，再度要求延長首相的任期。這也許就是權術家中曾根此刻最大的心願。

"蘇聯牌"耍弄不得

除此之外，在面對蘇聯外交新攻勢的情況下，東京可能採取虛張聲勢的態度，玩弄"蘇聯牌"。正當美日貿易摩擦日益尖銳的時刻,東京故作"親蘇聯狀"的可能性是存在的。然而,玩弄"蘇聯牌"宛如玩火,一不小心,不但會被火所灼,還可能會因此而激怒美國,促使後者在貿易問題上採取更加強硬的態度。

正因為蘇日問題錯綜複雜,中曾根首相雖然躍躍欲試,急於參加戈爾巴喬夫海參崴演說之後的外交遊戲,但霞關(外交部)官員基本上所採取的,仍然是"觀望與謹慎"的態度。

(一九八六年八月)

從美日關係演變看日本的內政與外交

如果說，1853年美國派遣海軍准將培理率領艦隊（因為船隻為鐵造，塗成黑色，日本人稱之為"黑船"），以武力迫使德川幕府結束長達二百餘年的鎖國統治，是日本的"第一次開國"的話，那麼，目前世界各國猛叩日本大門，要求日本開放與擴大國內市場，正是要迫使日本"第二次開國"（注1）。

有趣的是，一百多年來，不管是"黑船事件"、"盟軍"佔領時期，或者是目前正進入高潮，要求日本市場"自由化"，再度"開國"的主角和急先鋒，都不是其他國家，而是來自太平洋彼岸的美國。從這個角度來看，要分析日本的內政與外交（特別是戰後部分），先瞭解美日之間的一段恩怨史，以及掌握美日關係的基本特徵，是有所幫助的。

明治維新　富國強兵

簡單的說，日本"第一次開國"帶來的直接結果，就是1868年的明治維新。從那個時候開始，日本的基本國策就是富國強兵。至於國家的長遠目標，不外是"追上歐美、跨越歐美"。在美國"黑船"闖開日本的大門之後，日本在震驚之餘，甘拜歐美白人為師，導入西方的制度，進行改革，并希望有朝一日能躋身於歐美的行列，甚至超越歐美，一躍成為世界的"第一等國"。戰前日本在模倣西方、學習西方之同時，不忘向鄰國進行經濟、政治的滲透，乃至通過軍事行動而擴大版圖，目的正是為了要奠定"大東亞盟主"的地位,從而向當時稱霸全球的歐美勢力挑戰。日本在本世紀三四十年代高嚷"打倒鬼畜美英"口號與高舉"重建世界新秩序"的旗幟,接着偷襲珍珠港和揮軍南進,無疑都是為了達到上述目標而採取的具體行動和步驟。

然而,事實說明上述訴諸武力的行動與步驟已遭到慘重的失敗。1945年8月15日,隨着日本天皇的宣讀"停戰大詔",日本被打回原形:明治以來南征北伐得來的領土在一夜之間喪失殆盡,日本的版圖恢復到原有的四島。那個時候日本面對的是敗戰後的一片廢墟與饑餓,日本人真正嚐到發動戰爭的苦果。處理戰敗問題的首相東久邇就是在上述背景下,發表了"一億(人)總懺悔"的談話。

戰後淪為"第四等國"

對於亞洲人來說,日本"大東亞聖戰"的失敗是與亞洲各地人民頑強抗拒日本殖民統治分不開的。然而,對於某部分日本人(特別是當政者)來說,他們只承認這場"聖戰"敗於美國,他們認為日本之所以失敗,只是由於太過"性急",太早向歐美白人師父發出挑戰罷了。廣島與長崎的原子彈,再加上戰後初期美國以"盟軍"之名義單獨統治日本的事實,在在加強了日本人對美國人又敬又畏的自卑心理。"低聲下氣、臥薪嚐膽"可以說是戰後日本保守派對美國的座右銘。於是乎,原本以打倒"鬼畜美英"為己任的日本當政者,戰後搖身一變成為親美的旗手。"唯美國的馬首是瞻"就是戰後日本保守政府內政與外交政策的起點。

對於美國來說,它對日本的基本政策是十分明確的。1945年9月22日,美國政府發表"美國佔領日本初期的基本政策",清楚表明佔領的最終目的是要確保日本不再威脅美國、不再威脅世界安全與和平,同時確保日本實現非軍事化和民主化的目標。這段話,最可圈可點的字眼,當然是"確保日本不再威脅美國"。

為了使日本這手下敗將甘拜下風,聯合國"盟軍"總司令麥克阿瑟元帥一抵東京,就來個下馬威。他先指出日本已淪為"第四等國"。接着相繼頒布不少旨在削弱日本舊制度根基的法令和措施,其中包括解散日本財閥和下令國家和神道分開等等。與此同時,一部規定主權在民、以天皇為象徵、放棄戰爭的憲法也在草擬中,并於1946年11月正式頒布。

然而,正如前面所述,美國佔領日本最大的目標就是"確保日本不再威脅美國"。因此,只要這個目標獲得保證,美國對日本的政策是隨時可以檢討的。

1947年至1948年,正是美蘇冷戰進入高潮的年代;緊接着,中國紅色政權誕生,朝鮮戰爭爆發。這一切,在在促使美國佔領軍重新檢討對日本的策略。於是乎,"盟軍"總部開始撤銷對日本財界的一些限制;麥克阿瑟元帥也一再表示對日本媾和與重新武裝日本的必要性。日本自衛隊的前身——國家警察預備隊(7萬5000人)和海上保衛廳人員(8000人),就是在那個時候先後誕生。

美國遠東戰略棋子

1952年4月,隨着舊金山"對日和平條約"和"日美安保條約"的生效,美國佔領軍解除了對日本的統治。但這并不意味着日本從此擺脫美國的影響。恰恰相反,不管是在政治、經濟、軍事或外交上,日本的政策無一不與美國緊密掛鈎。正如美國所期待一般,日本扮演着美國在遠東"忠實盟友"的角色。

在政治上,自從1955年保守派的自由黨和民主黨合併為日本自由民主黨以來,該黨一直就掌握着日本的政權。自由民主黨(簡稱自民黨)的基本政策是堅持日美安保體制。這不僅意味着日本在軍事上處於美國的保護傘下,允許美國繼續在日本駐軍和使用軍事基地,同時也意味着日本在經濟上對美國從屬個人將持續與加強。實際上,正是在美國的扶持下以及朝鮮戰爭特需的刺激下,日本的工業生產力很快就恢復并超越戰前的水平。

1957年，也就是岸信介內閣取代石橋湛山內閣那年，日本工業生產額相當於戰後初期（1948年）的四・七倍和戰前（1938年）的二・一倍。

至於外交方面，岸信介內閣在1957年提出下列三項原則，作為基本的方針：

一、以聯合國為中心。

二、與自由世界各國相互協調。

三、堅持作為亞洲成員國的立場。

這三項原則意味着日本的對外政策，基本上是跟着美國的路綫跑。所謂"堅持作為亞洲成員國的立場"，當然是指日本活動的基地仍然離不開亞洲。然而，在戰後初期甚至是到了六十年代，亞洲各國民眾對於日本佔領期間的殘暴統治，仍然記憶猶新。如果不是美國撐腰，日本要在戰後迅速打回上述地區，重建其經濟活動基地，顯然是不可能的。日本與東南亞各地的賠償談判以及1965年日韓條約的簽署就是很好的例子。在戰後的首二三十年，日本之所以在外交上保持低姿態，高舉"經濟外交"的旗幟，尾隨美國，原因之一也在於此。

綜上所述，可以看出，從戰爭結束、"盟軍"佔領日本時期開始，美日的基本關係是：日本被美國所制服，成為後者在亞洲的重要棋子。與此同時，在美國的庇護與扶持下，日本的經濟發展神速（韓戰、越戰特需的刺激，也是不可忽視的因素），它很快地在其活動與發展的傳統根據地——亞洲，佔有了一定的位置。

有人形容上述美日之間的從屬關係，就猶如如來佛與孫悟空，美國明知日本可能會搞鬼，但只要它還沒有跳出華盛頓所劃定的範圍，美國就可以高枕無憂而任其自由活動。

六十年代恢復信心

六十年代是日本經濟高度增長的時期,從1966年至1970年,日本經濟連續五年都是以10%以上的速度增長。1968年,日本的國民生產總值已經超過西德,僅次於美國而居自由世界第二位。

隨着日本成為"經濟大國",日本人逐步恢復了對國家的信心,有人也開始宣揚"愛國心"與"國威"。1964年的東京奧林匹克運動會、1968年的明治維新百年紀念、1970年的大阪萬國博覽會,在在刺激着日本人的民族意識。日本會不會從"經濟大國"轉為"政治大國",進而發展成"軍事大國"呢?這是人們開始關注的問題。與此同時,日本財界叫嚷的"馬六甲海峽生命綫論"以及三島由紀夫的切腹自殺,更喚醒了世人對日本的關注。

六七十年代也是日本商品湧入世界市場,日本人四處被譏為"經濟動物"的時候。1974年,當時的日本首相田中角榮在訪問時,遭到曼谷與雅加達示威群眾的抗議以及引起暴動,充分地反映了人們對於戰後日本經濟南進的態度及其凌厲攻勢感到不安與不滿。至於日本與美國之間的貿易摩擦也日益擴大。開始時,它是表現在"日美紡織品戰"上,接着是環繞在日本汽車、彩色電視機等對美國出口數額的問題。此外,日本國內資本自由化問題,也是美日之間爭吵不休的主要焦點之一。

1970年6月,日美安全保障條約自動延續。1972年5月,美國冲繩島歸還日本,美日之間戰後以來懸而未決的冲繩島問題到此告一段落。不過,美日之間的軍事同盟關係并不因此而受到削弱,因為在新安保條約下,美國仍然得以使用日本列島的軍事基地,并負起防衛日本的任務。

"尼遜震撼"帶來衝擊

七十年代初期的兩大事件,無疑是美國總統尼遜決定訪問北京,以及白宮為保衛美元,緊急宣布暫停黃金兌換美元及徵收百分之十進口附加稅等新措施。日本自認是美國最忠實的盟友,也是"追隨外交"的忠實執行者。白宮在作對華態度改變的重大決策之前,未讓東京知曉,只在發表聲明的前三分鐘通知日本當局,這是令當時的佐藤政府感到狼狽不堪的一件事。尼遜宣布的新經濟措施,更給東京股票市場帶來了極大的衝擊,使日本財界普遍存有心理上的蕭條感。日本將這兩項突如其來的美國措施,稱為"尼遜震撼"。在"尼遜震撼"的衝擊下,取代佐藤榮作而成為日本新首相的田中角榮在1972年訪問北京,恢復與中國的邦交,結束了1931年日本侵華以來中日兩國處於"戰爭狀態"的關係。中日關係的正常化,改變了日美安保條約原本以中蘇為假想敵的部分構想。中日恢復邦交也為日本的經濟打開了一條新的出路。有人形容,中日復交是日本脫離美國,踏入"自主外交"的第一步,是不無道理的。

資源小國應變外交

1973年10月,第四次中東戰爭爆發引起的石油危機,日本所受到的打擊是非同小可的。原因是日本的石油有99.8%是依賴海外的供應,而其中有75%是來自中東國家。油價的高漲與原料的短缺,促使日本通貨膨脹率直線上升。當時,不少日本經濟學家擔憂,隨着"石油廉價時代"的結束,戰後好不容易才建立起來的"經濟大國"將從此走下坡。怎樣尋找資源與確保資源的供應不絕,成為了"資源小國"——日本所面對的緊迫課題。換句話說,"資源外交"與"技術立國"成了石油危機之後的日本非考慮不可的重要策略。日本突然採取"親阿拉伯"的外交路綫,正是在上述的背景下促成的。

至於日本的"重視東南亞國家"的政策,那是在1977年日本首相福田赳夫訪問亞細安國家,發表所謂"福田主義"宣言以後的事。在這以後,日本歷任首相一走馬上任,往往得先在訪問美國或亞細安之間作一抉擇,藉以表示對亞細安的重視。但是,平心而論,日本對亞細安國家的所謂"重視",其實只是停留在表面上的裝腔作勢。

儘管亞細安是僅次於美國的日本重要貿易夥伴,但不論是國力或者是今後經濟發展潛能的角度來看,日本是不會對本地區給以特別的重視的。在日本決策人眼中,美國、歐洲與中國仍然是重點所在。當然,日本標榜重視亞細安國家,除了經濟因素之外,還含有政治的意義。長期以來,不少日本人對美國有中南美後院、對西歐與非洲之間的特殊關係,老是投以羨慕的眼光,他們希望日本能在東南亞建立起日圓經濟圈,從而壯大日本"政治大國"在國際上的聲勢。

日人想爭"名列第一"

七十年代末期,隨着日本經濟迅速復蘇,世界各地掀起了一股"日本熱"。大家都想瞭解,在這場石油危機中,經濟根基最為薄弱的日本為甚麼沒有倒下去,日本應付危機的秘訣到底在哪裏?美國哈佛大學教授傅高義所寫的《日本名列第一》就是在那個時候面世的。有趣的是,這本只談日本優點、長處、不談日本缺點、短處的著作,最暢銷的地方不是作者所期待的美國,而是被吹捧上天的日本。原因是《日本名列第一》正符合日本人明治維新百年以來夢寐以求"跨越歐美,名列第一"的心理。從聯合國佔領軍司令麥克阿瑟元帥貶稱日本為"第四等國",到美國著名大學教授的吹噓日本"名列第一",反映了戰後短短的三四十年之間,美國人對日本看法的巨大改變。

正是在上述的背景下,部分日本人認為日本從經濟大國轉為"世界一等國"的政治大國的時機已經到來。1982年,鷹派首相中曾根康弘上台後，更大大地加速了這方面的步伐。

中曾根之能够上台，完全是依賴前首相田中角榮的支持，因此得處處以田中的馬首是瞻。也許是因為這個緣故，中曾根在當政的最初兩年，雖然也曾發出類似日本為"不沉航空母艦論"等鷹派論調，但還不敢明目張膽，推出所謂"中曾根哲學"。到了1985年，眼看任期快要屆滿，加以田中角榮已經病倒，不必再看後台老板的眼色，中曾根便公然提出與推行"戰後政治總清算"的改革路綫。

戰後政治總清算

所謂"戰後政治總清算"，是指戰後以來日本的政治、經濟與社會的價值觀，必須來個總清算。換句話說，中曾根認為，戰後四十年日本的政治、經濟和社會價值觀并不符合日本人的傳統和願望，而是在戰敗與無可奈何的情況下被強加於日本人身上的。因此，日本人有必要重新尋求和肯定"日本人的意識與歸屬感"。

中曾根在表面上雖然表現得比任何前首相更加能與美國合作，日本大衆傳播媒介甚至由於里根總統與中曾根首相同樣是屬於超級鷹派，而形容他們的關係為"隆納德‧康弘蜜月時期"；然而，彼此內心所想的完全是兩回事。在華盛頓，里根強調的是"強大的美國"，他要日本扮演的是履行在美國領導下的遠東防衛責任；在東京，中曾根想的卻是要借美國的壓力，趁機整軍，進而擺脫美國的控制和影響，成為"世界一等國"，甚至在時機成熟時，與美國分庭抗禮。他內心所想的是恢復日本戰前的"傳統"，日人稱之為"新國家主義"。

大力推銷"中曾根哲學"

中曾根的上述哲學，具體地表現在他於1985年8月15日，不顧國內外輿論的反對，以首相身分前往靖國神社正式参拜。與此同時，他也迫不及待地要撤除自民黨政府的國防開支原則：不超過國民生產總值的1%。

在對外方面，中曾根提出的另一項方針是要把日本建成"國際國家"，面向世界。他對於來自世界各國——特別是來自美國要求日本開放市場的壓力，一改過去支吾其詞的態度而採取較有伸縮性或者說是陽奉陰違與嘩眾取寵的手法。例如，對於如何促進外國貨在日本銷售的問題，中曾根就曾親相到百貨商店上演了一幕"購買洋貨劇"，籲請日本人每人購買100美元的洋貨。又如，在5月七國經濟高峰會議召開前夕，他迫不及待地帶了一份以日本銀行前總裁前川為首的經濟改革報告書，前往華盛頓當作禮物送給里根，冀望白宮主人看在這個不能充饑的"畫餅"之份上，在東京高峰會議上放他一馬，讓他贏得政治資本，從而實現三任首相的美夢。

然而，里根總統畢竟也是一個出色的演員，他雖然照樣和中曾根稱兄道弟，但是在高峰會議上卻把中曾根一手扔開。因為白宮主人十分清楚，前川報告書既未獲自民黨內部通過，也未具有任何具體約束力，它只是一張空頭支票。為了這張空頭支票而放鬆對日本施加壓力，豈不是上了東京的當？有鑒於此，里根在高峰會議中不買中曾根的賬，不願插手干預日圓與美元的兌換率。於是乎，會議過後日圓猛漲，1美元的兌換率一度跌破160日圓的大關，達到戰後的最低點。被認為是中曾根大顯身手、提高聲望的東京高峰會議，也幾乎變成了中曾根"三選"的葬禮。中曾根在國內的威信，也因此降至上台以來的最低點。

正如前面所述，中曾根在自民黨中只是中小派閥的領袖，他之所以能夠上台，完全是依靠黨內最大派系——田中派的支持，以及黨內派閥勢力之均衡。中曾根以第四大派閥的首領而當了兩屆首相，照理應該心滿意足，不應三度問鼎黨章禁止的黨總裁寶座。黨內的"年輕領袖"，即六十六歲的宮澤喜一（鈴木派）、六十二歲的竹下登（田中派）和安倍晉太郎（福田派）早已按捺不住，搶著要接棒。

"保守傍流派"的煩惱

在戰後日本保守派政治的系譜中,中曾根不是主流派,而被稱為"保守傍流"。自從前首相吉田茂領導自民黨以來,以官僚出身的政治家就是正統的領導人。池田勇人、佐藤榮作、福田赳夫、大平正芳,都是代表性人物。日本人稱之為"保守本流"。"保守本流"派的基本特徵是,着重於經濟外交,對於美國基本上採取服服貼貼的態度(至少在表面上)。他們認為,戰後的繁榮與成功主要是建立在日美安保體制的基礎上;換句話說,他們希望在美國如來佛的庇護下獲得最大的經濟利益。他們不敢也不願向美國公開挑戰,因為他們不認為時機真的已經成熟。

至於"保守傍流"的中曾根,一方面固然是出自強烈的"國家主義"意識,另一方面也是由於政經力量的薄弱,因此鋌而走險,訴諸於戰前的"愛國情緒",提出激進的政治口號,作為政治資本。他所提出的"戰後政治總清算",實際上就是否定戰後以來以親美為中心路綫的吉田政策。

從國際政治與經濟角度來看,人們最關心的是日本新領袖將有甚麼作風?他們將擺出甚麼姿態?(儘管自民黨的基本外政策不會因為新領袖上台而有甚麼重大改變)。他們是否將繼承中曾根的路綫?

與此同時,另一個令人關注的問題是,日本經濟高度成長的結果及其巨大的貿易盈餘,大大地加劇了它和其他各國的經濟摩擦。日本已經成為世界最大的債權國,它在國外的資產高達1298億美元。與此相反,被認為是戰後日本褓姆的美國,卻墜入赤字累累的深淵。够諷刺的是,在美國去年對外貿易高達1458億美元的赤字中,對日貿易赤字就達497億美元,相當於總額的三分之一。這就是為甚麼美國人要大拍桌子,強烈要求日本加速開放國內市場,刺激國內的需求,并停止對外進行"不公平貿易"的原因。

可以這麼說,今天的日本已經不是當年戰敗初期在美國如來佛手中的孫悟空。在美國的強大壓力下，日本是否會同意"第二次開國"，進行政治、經濟改革？美日之間的矛盾，是否會因此而緩和？日本的"第二次開國"是否真的朝向與世界各國相互調協的方向發展？還是要以"一等國"自居，清算"戰後政治"，甚至重演歷史的悲劇？安（安倍）、竹（竹下）、宮（宮澤）三領袖今後的言行與抉擇是引人注目的。

（注1）也有人將第二次世界大戰結束後"盟軍"佔領時期列為日本的"第二次開國"，而將目前日本面對的"開國"挑戰稱為"第三次開國"。

（一九八六年六月）

美日貿易戰白熱化

"美日掀起半導體貿易戰"、"日圓對美元兌換率再創戰後最高記錄"、"英國恫言對日本採取制裁措施"……這是一個多星期以來舉世關注、具有刺激性的國際經濟新聞。

美日之間鬧半導體糾紛,這不是第一次。早在去年夏天,兩國關係就曾一度為此而告緊張。為了緩和彼此之間的矛盾,美日在去年9月2日簽署了半導體協定。協定的主要內容有二:其一是日本開放國內半導體市場,協助與鼓勵美國半導體輸入日本;其二是日本不得以低過成本的價格向美國或第三國市場傾銷其微型晶片。

決定採取報復措施

針對上述的協定,老實說,美國一開始對日本能否認真遵守就深表懷疑。幾個月以來,為了促使兩國協定早日付諸實踐,華盛頓一面不斷催促東京當局加強行政指導措施;另一方面也在嚴密監視日本是否有在第三國進行傾銷活動。3月27日,美國在既無法有效打進日本半導體市場,又發現日本公司在香港傾銷二五六KDRAM晶片的情況下,宣布將於4月17日,動用1974年通商法三〇一號的條文,對進行"不公平貿易"的日本採取報復措施。具體的內容是對日本165項電器與電子產品(包括電視機、錄音機、小型電腦和激光磁碟等)一律課徵入口稅100%,總額高達三億美元。

東京指責美國"異常"

對於美國這次突如其來的決定行使戰後以來前所未有的嚴厲懲罰措施,東京最初的反應是"震驚"與"受不了",認為華盛頓的決定未免"太過分",并準備向關稅與貿易總協定(GATT)提訴。日本通產省(國際貿工部)的官員即表示,日本已經竭盡所能,無法再作讓步。一部分輿論則認為美國處於"不平衡心態",得寸進尺,以為只要向日本施加壓力,即能有所獲;日本必須採取強硬態度,針鋒相對。在以題為《情緒化的"對日報復決議"》與《美國之半導體要求乃不尋常》的社論中,親官方的《產經新聞》即表示:一、半導體在第三國傾銷是由於生產過剩的結果,日本通產省已訓令日本公司減產,美國方面不應過於急躁;二、美國大型電腦無法打入日本市場,是與其價格及服務方式密切相關的,它不能構成美國採取報復措施的理由。換句話說,《產經》的社論與官方向來處理貿易摩擦的態度沒有兩樣。其一是耍弄太極,施展拖延策略,要求對方給予更長的時間,以便調整政策;其二是歸咎於對方的產品、價格與服務態度缺乏競爭能力。

然而,在指責美國"過分"與恫言提訴關稅與貿易總協定之餘,東京方面也意識到如果不能早日和華盛頓達致協議,局面將難以收拾。日本前外相安倍晉太郎(現任執政黨總務會長)倉促奉命訪美,目的正是要求美國放棄或暫緩實行有關的報復措施。東京方面也希望透過政治的途徑,能夠制止兩國一觸即發的貿易戰。

貿易逆差有增無減

日本指責美國態度"異常",批評華盛頓報復措施為"保護主義"與"缺乏大國氣量",這些都是事實。但是,人們如果進一步了解與分析美日戰後經濟摩擦的結構與發展,就會發現到華盛頓對東京態度的"異常"與"過分",是有其原因的。

首先，必須指出的是，美國這回決定採取報復措施，目標雖然局限於電子與電氣工業產品，但誰也不敢否認這不是美日貿易戰全面爆發的起點。事實上，美國參眾議院全體議員一致通過有關的制裁議案，是與美國對日本貿易赤字累累的現實分不開的。在去年美國對外貿易赤字1690億美元當中，日本就佔580億美元，相當於赤字總額的三分之一。

其次是，針對美日貿易赤字，白宮歷屆主人雖然曾經竭盡所能，促請日本市場自由化與籲請日本自我節制對美市場的滲透，但都不得要領。其結果是：美國對日貿易赤字有增無減，日本逐步取代美國，佔有其紡織工業、鋼鐵工業與汽車工業等之市場；至於日本的門戶，卻仍然高築關稅與非關稅的重重壁壘，不願真正打開。東京遲至今日，依然不肯對外國農產品如米、橙、牛肉等開放市場，是一例子。美國公司要參與日本關西新機場工程的建設，談判一直沒有結果是另一例子。

最後堡壘不喪失

第三是，在日本凌厲的貿易攻勢之下，美國目前得以稱霸與領先的只有高科技的電子工業。但是，即使是這美國碩果僅存、位居領導的高科技工業，日本也迎頭趕上。1980年，美國高科技工業產品之貿易盈餘為269億美元；但到了1985年，卻降至36億美元。可以想見，如果美國不採取相應的強硬措施，其最後堡壘也將告喪失。這就是為甚麼美國要以"國防"為理由，插手干預日本富士通收購美國一家電子企業菲爾查公司，也是美國參眾兩院無法坐視日本半導體公司在第三國傾銷，而決定採取最嚴厲報復措施的原因。特別是在東京傳來日本通產省審議官（次長）黑田真曾發表"不管美國怎麼努力，都休想日本政府購買其大型電腦"談話之後，參眾議員更是個個義憤填膺，決定好好給東京一個教訓。這便是報復方案一致通過的背景。

綜上所述，可以看出美國決定對"不公平貿易的國家"投以報復的"氫彈"（美國貿易代表雅特語），與美國迫使日圓上漲的策略可說是同出一轍，其最終目標無非是要迫使日本開放市場，擴大國內需求，從而削減美日之間嚴重的貿易逆差。同樣的，英國政府揚言採取行動，報復日本拒絕英國大東電報公司參加日本新國際事業公司的投資，目的也是希望透過迫使日本資本自由化，從而削減目前英國對日貿易59億美元的赤字。

促使保護主義抬頭

在美國恫言採取報復的怒吼聲中，中曾根首相在本月底也許又將故技重施，帶著前川報告書前往白宮。問題是，一年來，日本政府在兌現該報告書所建議的擴大國內需求的問題上，曾經做出甚麼樣的努力？中曾根又將如何以具體的事實，說服里根相信日本正在朝向前川報告書的方向邁進？在日本全國掀起炒地皮與玩股票熱潮的今天，一年來，日本給人們的印象，與其說是將其龐大的國際貿易盈餘用在刺激國內需求上，不如說是在進行日人所說的"金錢遊戲"之投機活動。

美日之間半導體之戰能否避免？兩國貿易戰會不會全面爆發？在相當程度上，得看東京是否有誠意作出一定的讓步與妥協。從第三者的角度，特別是從東南亞的立場來看，我們擔憂的是，兩個經濟超級大國摩擦之加劇，只有促使保護主義勢力進一步的抬頭。為了避免歷史開倒車，重蹈戰前不幸之覆轍，美日雙方有必要開誠布公，以冷靜的態度，透過協商方式及時解決糾紛。

（一九八六年十二月）

中曾根訪美空手而歸

如果説，1983年1月中曾根康弘第一次以首相身分訪問華盛頓，有如日本傳播媒介所渲染一般，是揭開"隆納德‧康弘蜜月時期"序幕的話；一個星期前中曾根的拜會里根，無疑是他以首相身分訪美的最後一次，也是康弘與隆納德‧里根爭執、告別與分手之旅了。

與四年多前中曾根訪美時相比較，這回美日首腦人物之會晤，有着下列幾個不同的特徵與背景。

首先是，不管是中曾根或里根，現在都已經患上"政治末期症"。前者由於國內銷售税問題及地方統一選舉之受挫，隨時都面對下台的壓力；後者因受"伊尼門事件"所累，不但疲憊不堪，其政權也岌岌可危。與雙方當年剛剛上台，意氣風發的情景相比較，可以説是不可同日而語。正因為雙方都已到了自顧不暇的時刻，彼此既無太大的發言權與影響力，也沒有心情表演"蜜月期"的親熱鏡頭。

摸索對付日本良策

其次是，1983年中曾根訪美時，美日之間的貿易逆差雖然已經很嚴重，但充其量只不過是180億美元。可是，今日日本對美貿易之盈餘已經快達600億美元。也因為如此，在1983年，中曾根還可以避重就輕，少談貿易問題，大談美日之間的軍事同盟關係，甚至是發出要把日本發展成為"永不沉沒的航空母艦"的論調。當時，中曾根如此這般的"演出"，在一定程度上倒也博得鷹派里根的欣賞。緊接着，中曾根在威廉斯堡經濟高峰會議上強調日本要與北大西洋集團認同，成為"國際社會一員"，更使西方世界對中曾根領導下的日本不得不刮目相看。因為，在這之前的日本首相對於國際的重大問題，不是默不作聲，就是支吾其詞，不肯作出任何重大的許諾（哪怕只是口頭上的承諾）。

採取強硬報復措施

但是，經過四五年的時間，西方世界終於瞭解到中曾根的所謂願意與歐美分擔責任，其實只是着重於日本的整軍，其他的事務都提不起勁；至於要日本在經濟方面作出一定的讓步或妥協，東京方面是萬萬不會接受的。與此同時，里根也認識到，與中曾根談判，重點不該只是聆聽對方之解釋或接受他所提出的報告書，而是要迫使對方作出具體的承諾，并且列明實施之日期。

正因為如此，這回中曾根訪美時，雖然再次高談"美日友好"與"西方團結"，也想和里根交換對歐洲中程核彈談判的看法，但一點也打不動里根的心弦。相反地，里根開門見山，要中曾根對日本關西新機場及第二國際電信電話公司是否將開放門戶給外國投資的問題，作正面的答覆；他也直接詢問中曾根是否有意購買美國的大型電腦。

里根對中曾根採取如此單刀直入式質詢的粗暴態度，充分地反映了美國人對日本產品毫無止境輸入美國市場，又緊閉國內市場大門之作法，已經是到了忍無可忍的地步。從經驗的教訓中，他們瞭解到日本人對門戶開放與擴大國內需求的態度是：能拖則拖，能免則免。

為此，美國方面的應對措施是：一、採取報復手段。二、迫使日圓上漲。前者可以美國在上月17日實施徵收日本電子、電氣產品100%關稅為例；後者更被認為是對付東京最有力的武器。從前年9月1美元兌換245日圓，到今日跌破140日圓大關，日圓之漲幅不能說不驚人。

美歐聯手孤立日本

對於華盛頓的上述措施，中曾根這回雖再三懇求里根手下留情，但都不得要領。在美國人看來，國際貿易盈餘數字高達1000億美元（據最新發表的數字）的日本，除非能以實際行動，促使美國對日本貿易的赤字大幅度削減，否則一切免談。里根不肯明確答應解除對日本半導體產品制裁措施的日期，而表示要看日本的具體表現後才作決定，清楚地說明了這一點。

隨着中曾根訪美的空手而歸，國際視綫又將集中在6月西方工業先進國在威尼斯舉行的經濟高峰會議。從各方最近幾個月來的動向來看，可以預測屆時日本將再度成為眾矢之的。本屆高峰會議的中心主題為農業問題，日本對外國米輸入之限制，以及在橙與牛肉等農畜產品的高築關稅壁壘，遲遲不肯開放門戶，無疑地也將成為各方抨擊之焦點。針對當前的國際形勢，日本外交部最擔心的局面是美歐組成對日本的包圍網。從今天美歐對日本不滿的高漲情緒來看，這個包圍網之形成，似乎只是時間上的問題。至於美日貿易關係，借用美國商業代表雅特的話來說，實際上是處在"開戰之前夕"。美國和日本在政治上與軍事上雖然是盟友關係，但彼此之間的經濟利益，是針鋒相對和難以協調的。兩國的經濟矛盾會不會演變成為政治矛盾，這是東京當局今日憂慮之所在，也是世人對美日關係的變化今後應關注的重點之一。

（一九八七年五月）

鄧小平談話與日本的反應

關係已有惡化徵兆的中日兩國,最近由於日本高級官員的公然指名批評中國最高領袖鄧小平,而引起一場不愉快的風波。

6月4日,鄧小平在接見日本公明黨委員長矢野絢也時,曾就中日關係問題發表如下談話:

一、京都中國留學生宿舍"光華寮"事件,涉及"一個中國"的原則問題,如果處理不當,將使日本政府在史册上留下不遵守中日和平條約的記錄。

二、日本國防費突破國民生產總值1%之頂限,符合日本國內一部分意圖重建軍事大國的願望;日本有復辟軍國主義之傾向。

三、中國對日本貿易赤字累累,中國商品不易打入日本市場。與歐美相比較,日本對技術轉移并不積極。

四、在世界上,虧欠中國最多的國家恐怕是日本。在中日恢復邦交時,中國并未提出戰爭賠償的要求。日本應以東洋人的精神,對中國的發展作出更大的貢獻。

鄧小平的上述談話,可以說是1972年中日恢復邦交以來,中國最高領導層對日本當局最嚴厲的批評。談話內容既重申北京不能容忍"兩個中國"的態度,也對日本整軍動向予以極高的警惕。至於經濟問題,鄧小平更直截了當指出,日本虧欠中國,必須作出更大的貢獻。中國領袖公開重提北京未追究戰爭賠償一事,這似乎還是第一次。

不必重視鄧小平談話

對於鄧小平的上述談話，日本外交部首腦人物馬上予以猛烈的反擊：

一、鄧小平對中日關係實際情況并沒有掌握。日本不應為中國要人的一言一語而一喜一憂。

二、鄧小平看來已經成為"雲上"的人物（指脫離現實），人越老越頑固。日本應該關注的是鄧小平以後的未來掌權者對中日問題的看法。

日本外交部一向以發言曖昧、善於玩弄外交辭令聞名，但這回對鄧小平談話，卻以上述"情緒化"（日本各大報章社論評語）的態度回敬，是十分不尋常與令人感到驚奇的。

推究其因，一來是隨着日本成為經濟超級大國，越來越多參與日本決策的官僚與政治家認為，日本戰後在外交上低聲下氣的時代已過去，日本應擺出與經濟力量相等的姿態，與各國周旋到底。在對待華盛頓時，東京最近的態度是如此，對北京當然也不例外。換句話說，日本外交官員"情緒化"的談話，是與日本國內大國意識之加強分不開的。

懷疑北京另有目的

其次是，對於來自北京有關"光華寮"事件及軍國主義的批評，東京已感到忍無可忍，難以接受。較早時，日本官方甚至認為，北京之所以對日採取嚴厲態度，是有着下列的背景的：一、為了配合國內加強政治控制的政策；二、旨在尋求日本增加對中國經濟合作的數額；三、"光華寮"單純是資產問題而非政治問題；四、中國領導層內部意見并不統一。

針對日本外交部高級官員對鄧小平談話之批評，首先予以非難的是中日友好協會會長孫平化。他指出："日本對中國的認識未免过於膚淺，令人遺憾。從外交禮節的角度來看，日本的態度不但失禮，而且異常傲慢。"

為了不讓問題嚴重化，日本外交部亞洲局長藤田特地向中國駐日公使徐敦信表明，日本外交部要員的發言，并非"正式談話"，也毫無誹謗鄧小平之意。他對"由報章的報導而引起中國之不愉快"，深感遺憾。與此同時，日本防衛廳長官栗原佑幸則把矛頭對準公明黨委員長矢野，認為鄧小平之所以嚴厲抨擊日本軍國主義，是由於矢野多事，再三催促鄧小平回答有關問題的結果。因為，他在矢野訪華之前也曾到北京訪問，但并未得到同樣的反應。

不懂外交基本禮貌

然而，把問題歸咎於報章或者日本反對黨的領袖，并無法平息兩國這回的風波。6月10日，中國外交部正式發表聲明，指責日本外交部首腦人物"不懂最起碼的外交禮貌，傷害中國人民的感情，這對中日關係將產生不良的影響。"

中日雙方一來一往的激烈論戰，既反映了自1972年兩國恢復邦交、1978年雙方簽署和平友好條約以來"中日蜜月時期"的結束，也說明了雙方在許多基本問題上存有嚴重分歧。在日本看來，北京對東京的諸多批評，源自中國內部的政治因素，或者是為了謀求經濟上之利益。但是，從中國的角度來看，鄧小平的批評"光華寮"裁判，并不在乎"光華寮"的產業價值，而是基於"反對兩個中國"的政治原則。至於日本整軍動向問題，東京認為鄧小平發言乃無的放矢，北京則認為日本軍費突破1％頂限事非孤立，而必須與教科書問題、靖國神社等問題結合起來看。

平心而論，東京對北京採取日益強硬態度，與中日復交後，北京一度對東京採取"柔軟"政策不能說毫無關係。也許是為了抗衡蘇聯及催促日本早日簽署和平友好條約，北京一度對日本的"自衛隊"予以過高的評價；也許是為了要借助日本的經濟力量，對日本協助中國現代化寄予過高的期望，北京允許中日復交後東京繼續與台灣保持緊密聯繫，包括航空協定，致使東京得以左右逢源。這或許也是東京誤信中國默許日本整軍或者不把台灣問題視為敏感問題的原因；也可能是東京把北京的一切反應，單純從經濟角度來衡量之依據。

鄧小平對日本的嚴厲批評，以及中國官方對有關事件的強烈反應，反映了中國現領導層的立場與看法，并不如日本外交部所分析與想像的那樣單純。東京將如何平息這場風波？中日雙方能否縮小彼此看法的差距？亞洲兩個大國接下來的一舉一動，是值得人們關注的。

（一九八七年六月）

竹下登如何實踐"誠實外交"

日本自民黨359名國會議員聯名反對十二項農產品的自由化，其實這不是新聞。前首相中曾根康弘之善變與投機取巧，這也不是甚麼新聞。但自詡為"國際派"政治家，口口聲聲表示要引導日本成為"國際國家"的前首相一下台，就迫不及待地參加貿易保護主義的行列，卻不能不令人對其"風見雞"精神之徹底而瞠目結舌。

中曾根一御任就反自由化

自民黨議員之反對農產品輸入自由化，當然是為了討好農村地帶的保守選民，也就是為了保住及爭取選票。由於日本遲遲不肯完全開放市場，加以美日貿易逆差日益擴大，華盛頓遂決定向關稅與貿易總協定（GATT）申訴，指控日本限制十二項農產品及其加工品之進口，有違自由貿易的精神。

為了促使官方不在"外國壓力"下低頭，標榜維護日本農林業利益的"自民黨農村振興議員協議會"等團體的代表特地到總理府，向首相竹下登面呈359名議員聯名簽署的反對書。參加簽名的議員還包括前首相福田赳夫，但最突出的是中曾根。保守的《產經新聞》即畫龍點睛地指出：

"在署名者當中，還包括了在當政期間以積極主張市場開放的姿態出現、從不在類似的反對聲明中簽字的前首相中曾根。"

這個按語的弦外之音是，中曾根在任期間許多言談，其實只是故做姿態給外國人看看。也許是因為中曾根演技高明，一部分只看表面或者喜歡聽漂亮話的外國人,居然在中曾根下台時感到惋惜。

竹下登新上任左右兩難

正因為身分不同,扮演的角色也不相同,剛剛輪到"坐莊"的竹下新首相對同黨議員聯名簽署的聲明,既不敢公然贊同,也不敢斷然反對,而是支吾其詞地說道:

"我對諸君的看法完全理解。"

這項回答的確與"協調型"政治家竹下的作風相符合。如果換成中曾根,也許又會假惺惺地大談國際信譽之重要性,而在實際上卻毫無作為,甚至在私下對同黨議員講另一番話。

不知道這是因為自知演技無法與中曾根媲美,還是因為瞭解到中曾根五年來"言而無信"所帶來的國外"信心危機",竹下一上台就標榜要推行"誠實外交"。這個口號的提出,是及時和具有號召力的。在竹下上台前後,日本傳播媒介幾乎清一色都在譏諷及批評竹下不懂外交,難以應付當今的國際形勢。竹下上台後不久,輿論反應已大為改變,認為腳踏實地和誠懇的態度,才是外交成功與否的關鍵因素。

問題是,竹下將以甚麼具體的行動,來實踐其"誠懇外交"?

(一九八七年十一月)

四小龍處境與日本態度

幾個月來，"NICS"這個字眼一直出現在日本的報刊上。所謂"NICS"（新興工業國），在亞洲指的就是所謂"四小龍"（即韓國、台灣、香港和我國）。亞洲四小龍突然成為日本傳播媒介競相報導的話題，是與世界貿易摩擦的加劇，以及"四小龍"在國際經濟領域異軍突起的事實分不開的。

原來自從1985年9月，主要工業國五國財長在紐約召開會議，同意美元降值以來，"四小龍"對西方工業國（特別是美國）的輸出數額以及貿易盈餘就有了迅速的增長。就以去年對美輸出的總額來說，即高達600億美元，僅次於日本對美輸出總額的830億美元，而位居第二（其中韓國佔180億美元，比前一年度增長31.9%，台灣佔236億美元，比前一年增長24.4%）。至於對美貿易的順差，"四小龍"去年度也比前一年度增加了22%，高達370億美元，使順差款額也僅次於日本對美貿易順差的598億美元，而名列第二。

美國採取"報復"措施

"四小龍"在對外輸出及貿易盈餘方面，有着上述非凡的成績表現，不消說，是拜賜於日圓之迅速增值。也因為如此，歐美工業國在發現到"四小龍"有部分取代日本輸出地位趨勢之時刻，即決心予以對付。對付手法有三：其一是宣布"四小龍""畢業"，不再屬於發展中國家，不得享有任何優待。具體的例子，就是美國從明年起，不再對其產品之入口實施普惠制。其二是，迫使"四小龍"

開放國內市場;其三是向"四小龍"強施壓力,促請它們提升幣值。

三項手法的共同目標,無非是要削弱"四小龍"對外的競爭能力,以及削減它們的貿易盈餘數額。但平心而論,將"四小龍"一視同仁,予以"處罰",這其實是不公平的。事實上,我國和香港一向奉行的是完全自由的貿易政策,沒有所謂"市場開放"的問題,照理不該成為取消普惠制的"報復"對象。

至於幣值問題,自從前年只去年底為止,台幣在實質上對美元已增值約29.5%,韓幣增值約10.8%,新幣增值約6.7%。只有港幣,完全未受波動。

目的在於逼升幣值

然而,對於歐美(特別是美國)工業國來說,"四小龍"上述幣值之實際增值率并不能令他們滿意,韓、台國內市場開放的速度也和他們的期待相去甚遠。尤其令華盛頓深感不安的是,不少美國專家相信美國今年對日貿易赤字將會削弱,但對"四小龍"貿易逆差卻毫無削減的徵兆(不久前,二十名美國專家在接受《日本經濟新聞》的訪談時,即清楚地表達這個看法)。

為了迫使"四小龍"提升幣值及促請韓、台開放國內市場,歐美工業國可行的方式之一,是通過兩國間的直接談判予以解決。但從最近的趨勢來看,它們與其說是樂於採取兩國談判的方式,解決兩國間的貿易糾紛,不如說是更積極主張訴諸於國際會議。這就是國際經濟會議相繼表明將把"四小龍"問題列入討論議程的背景。

就以接下來幾個月的日程表來看,"四小龍"將成為討論議題的國際會議就有:一、4月13日在華盛頓舉行的主要工業國七國財長會議;二、緊接着召開的國際貨幣基金臨時委員會的會議;三、5月18～19日舉行的經濟合作與發展組織(OECD)會議。至於預定於6月在加拿大舉行七國經濟高峰會議,更把"四小龍"問題當為討論的焦點之一。

歐美工業先進國把"四小龍"問題列為重要議程之一,主要目的是要尋求聯手對付之方案。如果是套用日本評論家的說法,就是繼"棒打日本"論之後,歐美有意"棒打四小龍"。

通過"對話"施加壓力

與此同時,值得注意的是,幾個月來國際間也有人積極主張與"四小龍"對話,或者索性主張將"四小龍"拉入西方工業先進國的"俱樂部",如經濟合作與發展組織等。

在表面上,讓"四小龍"提前升格為工業先進國,這是"四小龍"經濟力量受到評價與重視的結果,但在實際上,卻含有下列的圈套:即"四小龍"不但不得再享有任何發展中國家的"優惠",而且還可能得挑起"援助國"的任務,分擔"富國"的責任。這就是為甚麼各小龍在被點名加入"俱樂部"的驚喜之餘,不敢貿貿然提出申請的原因。

至於"對話",誰也沒有理由提出反對。但必須指出的是,與代表西方列強利益的經濟合作與發展組織進行"對話",勢單力薄的"四小龍"能有多大的發言權,是不能不令人感到懷疑的。不少韓國政論家即擔憂這項"對話",實際上將成為西方工業國製造國際輿論,向"四小龍"施加壓力,要求後者作出讓步的論壇。

日本態度最為微妙

在歐美工業國與"四小龍"貿易摩擦加劇的時刻,地位最為微妙的該是日本了。首先是,在對歐美的貿易問題上,日本本身是盈餘大國,也是各國施壓與聲討的對象。其次是,與歐美工業國相反,日本與四小龍的貿易不但沒有出現赤字,而且還有巨大盈餘。其三是,從四小龍輸出的產品,有不少是日本公司為了應付日圓增值而轉到四小龍生產的。因此,支持四小龍,在某種程度上也意味着支援日本的海外企業。

基於上述因素，一心一意想當亞洲"老大哥"的日本，對四小龍在相對上採取的是較為諒解與同情的態度。東京宣布不但不取消對四者實施普惠制，而且還有擴大其實施的範圍，可以說是一項善意的表示。與此同時，日本外相宇野也一再表示日本將成為西方工業國與四小龍之間的"緩衝地帶"，有意扮演和事佬的角色。3月初，日本外務省更成立了專案小組，研討新設一個國際機構，讓歐美等國和新興工業國（包括四小龍）參加，以求一個正式、經常性的協調之處。有關提議，預料日本將於5月經濟合作與發展組織部長級會議召開時正式提出。

日本採取上述積極的態度，是令人歡迎的。然而，口口聲聲將協助亞洲四小龍與西方工業國對話的日本，其協調方案與內容迄今還是一個未知數。這就難怪人們在歡迎日本充當和事佬之同時，不能不對它予以一定的警惕和採取保留的態度了。

（一九八八年四月）

日本將如何展開"新皇室外交"？

如果說，在過去日皇裕仁病危的三個多月裏，"自肅"（自我克制、約束）二字是日本傳播媒介最常出現的詞匯的話，"戰爭責任"四個字卻是各界避而不談，談必招"禍"的字眼。前者之嚴重程度，使當時實際上已在攝政的皇太子明仁親王不得不親自出馬，籲請各界恢復正常的生活，以免影響民生與經濟。後者之最佳例子，莫過於長崎市市長本島由於承認日皇負有戰爭責任，而被自民黨取消其"顧問"銜頭及面對右翼白色恐怖的威脅。

製造日本新的形象

隨着明仁成為新天皇，有人期待他將帶來新的氣息，也有人認為，天皇與"戰爭"的陰影與話題就此結束。日本當局據說更想藉此良機，推動"新皇室外交"，為國際化時代的日本製造新的形象。

與裕仁相比較，明仁確是比其"神秘"而曾當過"活人神"的父親開放與明朗。他當年不但打破先例，自選皇太子妃，也不顧皇室傳統，自己撫養子女。他在即位之後將給皇室帶來一陣新氣息，是一點也不令人感到驚奇的。與此同時，由於他與戰爭沒有直接關係，人們在談論第二次世界大戰及戰爭責任時，相信也不會輕易將他拖下水。

不過，平心而論，世人是否將會因此而改變對日皇的看法和態度？日本的形象是否會因此而改變？這個問題與其說是與明仁個人的作風和主觀願望有關，不如說得看其周圍的人士，及日本當局要他扮演何等的角色。換句話說，人們對新天皇的態度取決於當局的"新天皇觀"。

修憲恢復皇室權威

對於新天皇所應扮演的角色，自民黨政府迄今雖然還未有清楚的說明，但從裕仁病危期間日本國內掀起的"自肅熱"及自民黨內鷹派人士之發言，以及新天皇之即位儀式等動向，人們不難看到一些蛛絲馬跡。

戰後天皇與戰前天皇最大的不同點是，戰後的天皇是人而非"活人神"，他只是象徵性的存在而未擁有統治權。但是，對於一部分懷舊的自民黨人士來說，象徵性天皇制并不能滿足他們的政治願望。在他們看來，作為經濟大國的日本，要轉化為政治大國或軍事大國，日本人的國家意識非進行大變革不可，日本現有不得擁有軍力的"和平憲法"及天皇在憲法上所賦予的使命，必須來個通盤的改變。換句話說，加強天皇地位、權威（甚至神化天皇），是與日本國內保守派的修憲運動緊密掛鉤的。1970年6月，當時身任自民黨憲法調查會會長的稻葉修在其憲法修正大綱中，就曾主張規定天皇為"國民統合的中心"及賦予天皇"國家代表"的地位。但由於當時大多數日本國民都接受戰後"象徵天皇制"的觀念，稻葉試案在日本國內引起一番爭論之後，只好成為廢案。

戰爭責任"時效"已過？

然而，在去年9月裕仁病危，英國大眾報章《太陽報》等發表抨擊日皇的文章，追究其戰爭責任時，日本外交部卻以"侮辱日本元首"為理由，提出強烈的抗議。緊接着，內閣秘書長小淵惠三及外交部條約局局長齊藤等，都先後解釋"元首"二字并未含有"主權者"的意義，與憲法所規定的"象徵"，并無相違之處。對此，不少日本有識之士認為，官方此舉無非是在偷換概念，使日本戰後的"象徵天皇制"，轉變為"元首天皇制"，其手法與當局曲解戰後憲法，一再擴軍，可以說是如出一轍。

正因為有着上述的背景，人們不能不擔憂，日本鷹派人士今後不會進一步利用日人對皇室敬仰的宗教心理，來達到他們的政治目的。如果答案是肯定的話，那麼，日皇臉孔雖然改變，人們對於明仁或者日本，不可能會產生新的形象。至於日本國內有人期待隨着日皇的改變，日本對亞洲所肩負的戰爭重荷與陰影就會減輕或消失，所謂"日本發動戰爭罪惡論"的"時效"就此宣告結束，這只能說是一部分日人的一廂情願。因為，亞洲人對歷史的記憶，決不會因為日皇臉孔的改變而告消逝。

明仁新天皇是否將給日本帶來新的形象？日本外交部今後如何推行其"國際化時代的皇室外交"固然十分重要，但日本國內鷹派勢力是否抬頭，將是一個左右世人看法的關鍵因素。日本當局接下來將以何種形式舉行葬禮儀式，是引人注意的。

（一九八九年一月）

日蘇外長互摸"領土""經濟"底牌

備受各方關注的蘇聯外長謝瓦爾德納澤的東京之行,已於前日結束。這是1986年1月以來,謝瓦爾德納澤的首次到訪,也是日本前外相安倍晉太郎於同年5月訪蘇以後日蘇外長定期會議的首次召開。從86年5月到這次會議的召開,相隔期間竟長達兩年七個月,既反映了日蘇關係的錯綜複雜,也說明了儘管克宮新主人戈爾巴喬夫對外展開緩和的外交戰略,但仍然把日本擺在"最後處理"的議程。

僅僅只是"氣氛轉變"

戈爾巴喬夫之所以遲遲才處理蘇日關係的課題,不消說,最主要原因是雙方還存在着懸而未決的領土紛爭。除此之外,在戰後克宮領導人的傳統外交戰略中,根本就不把日本看在眼裏,而將之視為西方陣營的"配角"。戈爾巴喬夫上台之後,雖然態度大有轉變,但如果仔細分析,人們就會注意到,蘇聯仍然把外交重點放在蘇美與蘇歐關係上;至於亞太區域,莫斯科微笑招手的真正對像,其實只是中國。所謂"日本重視論"也者,說穿了,只是局限於經濟與科技的範圍。也正因為如此,三年前謝瓦爾德納澤抵日,與安倍進行已經中斷了八年的蘇日外長會議,雖然會一度使東京雀躍萬分,但終歸只是取得"氣氛轉變"(日本外交部評語)的成果。緊接着,由於東芝公司違背禁運等事件,蘇日關係又告冷卻。克宮主人不但未依當時之日相中曾根康弘的主觀願望,在去年訪問日本,就連外長定期會議也遲到數日前才得以召開。

外長會談重開背景

對於謝瓦爾德納澤這回的訪日，日本官方寄以極大的期望，日本傳播媒介甚至形容，這是"本年度最重要的外交節目之一"。在分析蘇聯外長此次訪日的背景時，日本方面的基本論調是：

①世界局勢朝着緩和與對話的方向發展。在美蘇簽署廢除中程核彈條約、蘇聯從阿富汗撤兵、中蘇關係正常化以及中韓相互靠攏、接觸的氣氛中，日蘇關係當然也跟着相應改善。

②日本已一躍成為世界最大的債權國，日本的經濟力量決非莫斯科所能忽視。

③三年來戈爾巴喬夫推行的經濟改革路綫與開放政策，已經在國內扎下穩定的根基。為了更好推行其政策及取得日本在經濟與科技方面的協助，克里姆林宮勢必對日本採取有彈性的立場。

與此同時，日本官方與傳播媒介也注意到半年來莫斯科對有關領土紛爭的問題，態度已略有軟化的徵兆。在前外長葛羅米柯時代，蘇聯最初的態度是可以商量、討論，但後來則轉為根本不承認兩國之間存有領土紛爭，認為問題"早已解決"。然而，近幾個月，不少蘇聯的專家、學者不但公開討論這課題，甚至有人與日本的部分學者相互呼應，試探"兩島歸還論"（即將齒舞和色丹兩個小島先歸還日本）、"釣魚台方式解決論"（即有如中日兩國解決釣魚台領土紛爭的方式，暫時擱置不談，而共同進行資源的開發。）等等可能性。

針對上述動向，日本官方雖然強調日本堅決主張"四島同時歸還論"（即反對"兩島歸還論"），以及"政經不分離"的原則，但在內心裏卻希望克里姆林宮看在日本的經濟與技術的份上，能在領土問題上作出些微的讓步，哪怕只是在共同聲明中，提到"領土"這兩個字，就算是外交上的一大進展。

隻字不提領土問題

然而,從兩日來兩國外長會談之內容及共同聲明的遣詞用字來看,謝瓦爾德納澤此行的成果,依然只是停留在"氣氛改善"(日本外交部評語)的階段。蘇聯自始至終所要求的是加強經濟與技術方面的合作,及主張簽署"長期經濟合作"、"投資保護條約"、"互設銀行代表辦事處"等協定。與此相反,日本方面則強調在現階段沒有這個必要,而把焦點放在領土的問題上。在提到領土紛爭的問題時,蘇聯外長不像前外長一樣一口拒絕討論,但其觀點卻絲毫未超越莫斯科一向的立場。

正因為雙方看法自始至終保持"平行線"(日本報章語),兩國外長好不容易才擬定的共同聲明,除了強調"擴大對話"及克宮主人戈爾巴喬夫有意接受日相竹下登之邀請訪日之外,對於日本最關心的領土問題,卻隻字不提;與此同時,日本也未對蘇聯所要求的經濟與技術合作,許下具體的諾言。

在共同聲明中,被認為是可以讓雙方大做文章的,是下面的一段文字:

"為了除去兩國間存在的困難……兩國決定成立外交次長級的小組,繼續進行有關問題的討論,從而促使兩國早日簽署和平條約。"

針對上述文字中提到的"困難"二字,日本外相宇野宗佑在向國內解釋時,聲明是指"領土問題"。但謝瓦爾德納澤在回答日本記者的追問時,則不作正面答覆。

含糊字眼各作解釋

觀察家認為,聯合公報故意使用含糊字眼,目的不外是讓雙方保持面子,得以自由解釋,從而吹噓會談的成功。這使人想起1973年日本前首相田中角榮訪蘇,與布列茲涅夫簽署共同聲明時,也曾列有"兩國間存在着大戰遺留下來尚未解決的問題"的含糊字眼。但，當日方宣布它是指"領土問題"時，莫斯科馬上翻臉，指責日方斷章取義，自作解釋。以今日克宮的新作風及日蘇關係的"氣氛"來看，彼此因此翻臉的可能性已不大。但是，如果因此而輕易解釋為蘇聯態度軟化，已經準備在領土問題上作出讓步，則未免言之過早。為此，代表日本經濟界利益的《日本經濟新聞》，昨日曾發表題為《別擴大解釋日蘇共同聲明的事項》的社論，警告日本方面不要過於樂觀。

從這角度來看，日蘇外長這回的會談，雖然在促進雙方瞭解與合作方面取得了些微的進展，但這只能解釋為兩國在領土與經濟實利兩者之間討價還價、互摸底牌的一個回合。日蘇關係要有真正的進展，也許還得留待戈爾巴喬夫與竹下舉行的首腦會談。然而，這項曾經是前日相中曾根在任期間夢寐以求的日蘇首腦會談，幾時才能實現，迄今誰也不知曉。

（一九八八年十二月）

日本式外交與國際社會常理

"失言、道歉（甚至是辭職），再失言"這似乎是戰後日本高級官員在處理敏感問題時的一項慣用手法。

由於"失言"多了，大家都對"失言"已經鈍感。於是乎，在不知不覺當中，"失言"成為了"勇於道出內心的真話"。由於說"真話"的聲量越來越宏亮，在不知不覺中，"真話"在本國內又逐漸成為可被接受的"常理"。

從表面上看，一切似乎都朝着"失言者"（或者說是"說真話者"）的方向發展。但認真分析，這一切無非是在為日本喪失鄰國的友誼，或者說是在為日本外交埋下了失敗的伏綫。

竹下談話引起風波

最佳的例子，莫過於這回日相竹下登在為2月24日日皇裕仁舉行葬禮前夕發表的一系列有關侵略問題的談話而引起的風波，以及他在吊喪外交期間，不得不向中韓兩國擺出的低姿態。

竹下先是含蓄地表示第二次大戰并非出自裕仁之本意，間接否定裕仁的戰爭責任；後則索性明言"侵略戰爭與否，要留待後世史家去判斷"。等到有關談話引起亞洲各國之公憤，特別是被日本視為得罪不得的"大國中國"顯示強烈反應之後，竹下及其隨從才慌然改變態度，表示其談話并未否定官方過去同意"有侵略事實"的看法。竹下在中國外長錢其琛訪日期間，一再陪小心地解釋其談話之"真意"，充分地說明了這一點。

試探風球　決定態度

一向發言謹慎、含糊的竹下，為甚麼非在此刻一而再、再而三地鼓吹"侵略戰爭未定論"不可呢？

說法之一，是他誤信此刻日本國內之"常理"，真的已經可以在國際上走得通。說法之二，是隨着日本國力之強大，部分相信弱肉強食，崇拜"暴力哲學"的日本政治家相信，以此刻日本國力與經濟成就，日本老大即使說話過分，亞洲弱小國家也不得不退讓三分。

特別是由於中國在竹下發表上述談話之初期反應甚為溫和，更使部分日本人士深信，在"經濟改革"與"歷史事實"的兩者之間，中國已不得不選擇"現實"的路綫。在戰爭期間受害最大，又是大國的中國的態度既然軟化，日本當然可以得寸進尺，擴大其侵略戰爭無罪論的聲量。這也許正是竹下談話日益強硬與具體化的真正背景。

得寸進尺　步步爲營

如果上述的分析沒有錯誤，那麼，竹下談話之所以引起巨大風波，與其說是他個人不善於外交或者說日本的戰後缺乏外交哲學的結果，不如說是其哲學不是建立在力求與各國共存與相互合作的基礎上，而只是在於一味追求日本一己的狹隘國益，或者說只是在於強調日本單方面刻意製造的"道理"。這種得寸進尺、逼人過甚的外交政策，其結果當然是遭到最大彈性的反擊。

當然，日本這種步步為營，徹底追求狹隘國益的外交政策，不僅僅只是表現在竹下談話的問題上，日本外交部這回在處理南非代表出席裕仁葬禮上串演的"163＋1國"的政治遊戲，也可以說是上述哲學之反映。

原來日本外交部為了誇耀日本在國際上的崇高地位，曾竭盡所能爭取各國派遣代表出席裕仁葬禮。南非相信也是被爭取的對象之一。然而，日本官方知道，如果讓非洲其他國家獲悉南非也派代表出席，屆時可能會出現尷尬的場面。特別令當局擔憂的是，萬一有些國家因此而採取抵制措施，無疑有損喪禮外交成功的形象。為此，日本官方一直表示，共有163個國家出席葬禮。但在葬禮舉行之後，非洲各國代表陸續回國之際，當局則訂正出席國家的數目字，即從原本的163國改口稱為164國。這時各方面才知道所謂第164國是指南非。

外交并非數字遊戲

針對南非代表出席葬禮一事，日本官方先是表示并非出自日本官方的特別邀請，後則申明日本外相宇野對此事件事前一無所知，而無說謊之意。但明眼人不難看出，這其實是日本企圖博取最大外交利益，弄巧成拙的一項遊戲。

這個問題，與其說是與日本的"八方美人外交"（即四面求圓的外交政策）有關，不如說是關係到日本是否尊重國與國之間的相互信賴、坦誠相待的基本原則。因為，外交并非數字遊戲（其成敗當然不是以數字之多寡為依據），歷史之是非更不是可以一廂情願的解釋，或者根據鄰國反應程度之強弱而任意修改。不瞭解這兩點，日本是難以展開"大人外交"的。

（一九八九年三月）

評日本的"外壓利用論"及"內政干預論"

"沒有外壓（指外來的壓力），日本是不可能改革的！"

"那簡直是內政干預，不把日本的主權看在眼裏！"

翻開日本的報刊，隨時可以看到類似的爭論。如果說，前者是所謂"外壓有功（利用）論"的話，後者就是名副其實的"外壓排斥（反對）論"。表面上看來，兩者似乎是針鋒相對，勢不兩立，但仔細分析，這其實只是一個問題的兩面，一胎的雙胞。它們都有一個共同的特徵，就是把焦點轉到外邊。於是乎，不管遇到甚麼重大的問題，彼此都以"外壓"為擋箭牌，而不正面交鋒。如有甚麼爭執或差錯，那都是"外壓"的不對，"內政干預"的結果，日本人誰也不必負起任何責任。正是在這樣的背景下，日本人之間得以保持一團和氣，陶醉於看來似乎是沒有矛盾、沒有衝突的"國民意見統一"的"特殊文化"的神話裏。

一切責任歸於外國

撇開今日日本國內在為着"日美結構問題協議"的爭吵，有人高談"美國在扮演日本社會黨應扮演的角色"、"美國站在日本消費者的立場"，而有人又以極其煽情的字眼怒責美國干預日本內政的熱門問題不談，戰後日本在亞洲之所以一直無法獲得信任，究其原因，就是因為日本慣於把一切的問題歸於"外因"。日本從未對自己的過去進行徹底的清算。

遠的不說，就以這幾年來日本與亞洲之間頻頻出現的所謂"史觀摩擦"問題為例，日本方面所採取的態度，與其說是坦率承認其非，不如說是以模棱兩可的字眼，或者表示純粹是"為了照顧鄰人的情緒"（即所謂"鄰國情緒重視（顧慮）論"）而含糊了事。1982年日本教科書竄改事件發生時是如此，1986年前教長藤尾正行及1988年前國土廳長官奧野誠亮發表"日本侵略無罪論"，乃至1989年前首相竹下登主張讓後世史家判斷歷史是非而引起的風波時也是如此；即使是今年5月底韓國總統盧泰愚訪日，日韓之間針對如何對待歷史而發生爭執時，日本輿論界的主要論調也離不開"鄰國情緒重視論"。

製造煽情輿論憑據

所謂"鄰國情緒重視論"，其實是把問題的是非擱在一邊，採取姑息的態度。它既不意味着問題已經結束，也不意味着日本從此與亞洲各國的關係將會真正好轉。而更嚴重的是，這個原本應由日本人自我反省和解決的歷史問題，一旦被轉化為純粹只是為了擔心鄰國的反應，還為日本國內的"內政干涉"論者製造與提供了煽情輿論的憑據，加劇日本與亞洲各國之間的摩擦。（當然，堅持客觀史實，與所謂干涉日本內政也者毫不相關，其理至明。）從這層意義來看，日本國內的"外壓利用論"者與"內政干預論"者之間，與其說是相互對立，不如說是彼此在演雙簧，相互配合。

這樣說來，日本國內的輿論是不是真的一直都沒有"雜音"，一直都保持着"統一與和諧"的聲調呢？那也未必。認真而言，在不少場合裏，日本大眾傳媒的拿手把戲是把發出"雜音"的責任推給外國人。就以1988年底至89年初日皇裕仁病危，日本國內充滿"自肅"（自我約制）氣氛的時刻，相信不少旅日的外國人都曾被詢及有關的反應。筆者當時是新加坡《聯合早報》的東京特派員，先後就曾接到十至二十次來自日本傳媒的採訪電話。其中有不少的開頭語是：

"我認為目前自肅的氣氛是十分不尋常的，你的看法如何？"

既然採訪者的答案是那麼明確與堅定，又何必進行訪談呢？筆者百思莫解。仔細分析，日本傳媒其實只是為了達到"鄰國情緒重視論"的目的。至於在製造如此氣氛的過程中，扮演重大角色的日本傳媒本身，卻似乎是第三者，與它毫不相干。如此這般的做法，其結果是：在日本人眼中，任何看來可能會被套上"非國民"高帽的論調與"雜音"，都由原本就是非國民的外國人"負責"。這種內外"角色分別扮演"、"責任分別負擔"的做法當然十分"方便"。但必須指出的是，其危害性是進一步論證"日本人的哲學"與"外國人的哲學"之不同，進一步擴大"日本人的常理"與"外國人的常理"之差距。其最終結果是，加強"日本人特殊論"的理論根據。

種下互不信任惡根

正當日本邁向國際化的今天，有人主張外國人的看法應該多多反映到日本的論壇。從交流與對話的角度來看，這是對的。因為，只有多對話與多交流，彼此才能有進一步的相互瞭解。但必須指出的是，外國人并非日本的"便利屋"（近年來日本新興的服務行業，專門替顧客解決一切瑣碎難題，十分方便，日人稱之為"便利屋"），也不該是國際化的裝飾品。只有明確這兩點，日本人與外國人之間的對話才會有真正的成果。反之，如果一面強調要成為"國際國家"（前首相中曾根康弘語），一面又樣樣以日本為中心和本位，或者是根據自己的利益和需要，在本身應該發言時不發言，而將一切責任推給外國人，其結果將是交流越多，摩擦也越大。

怎樣才能清除日本人與外界（特別是亞洲人）之間互不信任的障礙？這是戰後45年日本人應該在精神上自我革新與解決的重大課題。"方便"但卻種下惡根的"外壓利用論"以及由此而招引的"外壓反對論"，可以休矣！

（一九九〇年八月）

"遺憾"乎？"道歉"乎？
——日韓兩國所爭何事

日本應該怎樣對侵略韓國的歷史作個清楚的交待？日皇明仁應該用甚麼字眼來表達其感情與看法？隨着韓國總統盧泰愚訪日日期（5月24日）的日益接近，日韓雙方的論爭也日益加劇。

對於韓國的輿論界來說，日本如果真的誠心誠意想以平等夥伴的態度對待韓國的話，就得明確承認日本侵略韓國的事實與過錯，日皇明仁也得以清楚的字眼表達其態度，像已故日皇裕仁含糊其詞，以"遺憾"二字總結"兩國間不幸的過去"的做法，是今日之韓國人所不能接受的。因為，裕仁在1984年向到訪的韓國總統全斗煥表示"遺憾"，既未清楚交代誰是侵略國與加害國的事實，也未明白表示是誰帶來了"不幸的過去"。如此這般對待歷史的曖昧態度，韓國輿論界認為不該在盧泰愚這回訪日時再度出現。有鑒於此，韓國報章認為，如果日本方面不肯接受韓國的條件，盧泰愚應該考慮取消原定訪日的計劃。

不滿"遺憾"含糊字眼

針對韓國輿論界的上述態度，日本方面原本還想重施當年首相中曾根康弘之故技，即由日皇明仁先發表類似以"遺憾"等不痛不癢、加害國責任毫不清楚的談話，然後再由首相海部俊樹以"補充"的方式，表示"不否定日本曾給韓國及韓國國民帶來極大苦難之事實"（1984年中曾根語）。在瞭解到韓國輿論界態度堅定，并非上述故技重施就能混過時,自民黨政府略為改變態度,決定加強首相"補充談話"的反省語氣。為了表示日本方面的誠意,外相中山太郎在上月底的眾議院財政委員會的會議上,指出"針對過去令人悲傷的侵略問題,(日本)是有必要真心誠意地自我反省的。"日本官方以如此明確的字眼,承認日本對韓國的侵略行為,據說還是戰後以來的第一次。日本當局以為只要首相、外相相繼發表類似的"補充談話",問題便可告了結。至於日皇談話的內容,則以"受到戰後憲法條文規定日皇為象徵代表而不參與國政"之限制為理由,即可將之推得一乾二淨,而不必使用比"遺憾"更為明確的字眼。

但是,東京方面的上述態度,并不能被漢城所接受。韓國輿論界堅持,只有由日皇親自重述類似中山外相的談話,才能算數。5月10日,在與到訪的日本六家大報的社論委員進行懇談時,韓國外長崔浩中表示希望日皇親自發表反省的談話。他并不認為這樣有違日本憲法條文"天皇係象徵性存在"之規定。他說:"55歲以上的韓國人,都會記得當年每天早上被迫向(日本)皇宮遙拜的情景"。

力促日本清楚表態

5月14日,盧泰愚總統進一步向駐韓的日本報界特派員表示,他此行之目的是要清算過去而寄望於未來。他認為,加害者向被加害者表示道歉,是理所當然的事。他同時指出,日本是當今的經濟超級大國,但卻無法見得鄰國成為其夥伴。推究其因,是由於彼此對歷史的看法仍然存有差距。日本應該藉着承認過錯的良機,不僅僅只是向韓國,同時也向中國和東南亞各國表明態度,從而消除各方對日本的疑慮。

韓國外長及總統相繼表示要求日皇發表措詞清楚的談話,可以說是反映了今日韓國人的心聲。但另一方面,相信也與韓國國內政局不安定有關。韓國的執政黨——民主自由黨,是在今年2月由原有的執政黨民主正義黨和反對黨的統一民主黨及新共和民主黨合併而成的。按照盧泰愚的估計,三黨合併之後執政黨在國會已擁有絕大多數的議席。政府今後也將可以高枕無憂,不再受到反對黨的挑戰與威脅。但事與願違,新執政黨在4月初的國會補選中,卻遭到挫折而取得一敗一險勝的不良成績。與此同時,由於民眾與學生不滿三大黨合併的決定,認為有違民主的原則與精神,紛紛遊行與示威;再加上勞資糾紛之頻發與通貨膨脹之嚴重,盧泰愚在國內的處境是不好過的。正是在上述的背景下,盧泰愚深知他不能在訪日的外交問題上再喪失分數。既然舉國上下要求日皇謝罪,盧泰愚當然也就不能放軟對待日本的態度。他當然也不能像前總統全斗煥那樣,看在貸款的數額上忍辱接受"遺憾"的談話。

不必跪着向韓道歉

就連盧泰愚也要求日皇清楚表態,這多少有點令日本方面感到意外。就在有關消息傳回東京當天,自民黨要員(日本報章最初稱之為該黨的"首腦人物",後查明是黨秘書長小澤一郎)表示非常不愉快,認為沒有必要向韓國"跪着道歉"。該黨首腦甚至主張,正因為有着過去一段歷史,日本才予以(經濟的)援助。弦外之音是,歷史的問題早已通過金錢的方式解決。至於要天皇謝罪一事,自民黨首腦表示絕對不能妥協,因為它違背憲法的精神。

自民黨上述強硬的態度,馬上遭受韓國輿論界的反擊。各報紛紛發表社論,批評日本要人的"傲慢態度"與"錯誤看法"。《朝鮮日報》的社論指出,"只要日本繼續保持上述態度,我們無法將日本視為能夠相互合作的'夥伴'看待。"該報力促當局重新檢討總統訪日之決定。《東亞日報》則以《爽直表示謝罪》為題,指出"日本應該知道,仍有不少韓國人將日本如此態度,稱之為'刁橫的鄰國'與'不知廉恥與道德之民族'"。至於《國民日報》,則認為日本"在經濟上是國際化,但在精神上卻仍然未踏出國粹主義之藩籬。"

強調憲法條文約制

針對韓國方面的輿論，日本報刊雖然都有詳盡的報導，各報也都通過比較日本與西德、東德及蘇聯對待歷史的態度，直接或間接表示日本的反省程度確有"差人太遠"之處。一個常被引用的強烈對照例子是，西德總統在五年前紀念戰敗40週年時發表的談話，不但清楚表明德國人應該牢記在戰爭期間曾犯下的滔天罪行，而且還表示："那些不願睜開眼睛看戰爭責任的人，他們對於今日的世界也將是盲目的。"與此相反，日本方面對過去歷史總結的態度可就不甚明朗了。在這一方面，大多數日本報章都多少主張日本可以進一步表態，但一接觸到日皇謝罪問題，看法就完全兩樣。最明顯的例子是一向被認為是"開明"的《朝日新聞》上週末發表的一篇社論。

在題為《甚麼是對歷史的反省？》的社論中，該報雖然承認日本對朝鮮半島所犯下的罪過，即使是道歉了多少次也無法彌補韓國人的重大損失，但緊接着卻以勸導的口吻，要韓國人知道戰後的天皇有別於戰前。該報寫道：

"根據戰後憲法的規定，天皇并沒有參與國政的權力，而成為國家的象徵。政治的民主化，可以說是為了不重演戰前侵略他國歷史的產物。我們相信，曾經飽受殖民統治痛苦經驗的韓國人，對於這項規定的意義應該能够瞭解。"

同樣的，基於"維護憲法"的原則，反對日皇清楚道歉的是日本社會黨。在韓國舉國上下提出強烈要求的氣氛中，剛從歐洲訪問歸國的社會黨主席土井多賀子雖然表示將動議國會通過承認錯誤的草案，但卻強調日皇發表政治談話有違日本憲法的規定，積極加入自民黨"護憲"的行列。

"日韓新時代"已來臨？

針對日本方面口口聲聲以"護憲"為理由，拒絕由日皇清楚表態的做法，不少韓國人認為那只不過是日本人不願意徹底反省的擋箭牌與藉口。因為針對日本的憲法，自民黨當局不知曾經做了多少次"擴大的解釋"。日本憲法原本規定日本不得擁有軍力，但美其名為"自衛隊"的日本軍隊的軍事力量與軍事開銷早在世上已名列前茅。對於官方如此曲解憲法的做法，在相對上日本的反對黨及輿論的反應并不那麼敏感，而是採取承認既成事實的態度。單單是在日皇承認侵略的問題上強調憲法條文的約制，規定只能使用"遺憾"的字眼，是不能令人信服的。旅日的韓國作家金達壽即如此表示：

"所謂憲法約制的問題，只有在對日本不利時才被提出。天皇確是一個象徵，但他同時也是人。作為昭和天皇之長子而繼承王位，他在其父之後進一步根據事實發表談話是不會違背憲法的。相反地，只有提高作為人（指非神）的天皇之權威。"

在韓國的強大壓力下，據説當局已在考慮擴大解釋日皇談話的權限，而授與在"遺憾"之餘，表示"内心深感痛苦"。至於是誰造成這令人心痛的"不幸的過去"，日本官方決定堅決拒絕由日皇說明。對於日本上述的文字遊戲，韓國方面將會有甚麼反應？也許在盧泰愚訪日之後就會分曉。不過，有一點可以肯定的是，日韓之間的關係并不會由於盧泰愚的到訪而告好轉。1984年日本前首相中曾根與韓國前總統全斗煥在卡拉OK的氣氛中乾杯與高呼的"日韓新時代"，看來仍然還不可能到來。

（一九九〇年五月）

從"遺憾"到"痛惜"
——日韓如何清理歷史難題

備受觀注的韓國總統盧泰愚的日本之行,已於廿六日結束。

盧泰愚此行的焦點,不消說,就是有關日皇是否能針對日本侵略的史實,向韓國道歉的問題。在過去的幾個星期裏,日韓兩國的官方與輿論界其實就是圍繞着這個問題爭論不休。一方是堅決要求日皇認罪,另一方面則以戰後憲法為擋箭牌,予以拒絕,兩國幾乎為此而告翻臉。

日方作出一定讓步

5月24日(也就是盧泰愚抵日當天)晚上,這項雙方一度爭執不下的難題總算告一段落。在皇宮舉行的晚宴上,日皇宣讀了顯然是雙方事前已達到默契的折衷談話內容。其要點是:

"在回顧朝鮮半島與我國長久與有益的交流歷史時,我想起昭和天皇曾經說過:'我對本世紀的一段時期,兩國之間存有不幸之過去深感遺憾。同樣的事情不該再發生。'想到在這段由我國所造成的時期中,使貴國民眾飽嘗痛苦時,我不能不有痛惜之念。"

日皇明仁上述之談話,與1984年韓國前總統全斗煥到訪時已故日皇裕仁談話的最大不同之處是:

①裕仁當年只承認兩國之間存有"不幸之過去"。至於是誰造成不幸的過去,卻拒絕予以說明。但這回在韓國輿論強大的壓力以及盧泰愚被迫擺出強硬姿態的情況下,明仁終於說出"主語",承

認"不幸之過去"是由日本所造成的。

②對於"不幸的過去",已故日皇只表示"遺憾",而新日皇則表示"不能不有痛惜之念"。

單從文字的語氣來看,明仁確比裕仁的態度較為明確。特別是他說出韓國極力要求的"主語",表明了過去的不幸是日本所造成的,間接承認日本是加害國,這可以說是日本官方的一項讓步。它也使到訪的盧泰愚在一定的程度上得以向本國國民交代,盧泰愚即藉此良機,在晚宴上指出韓國國民在近世以來曾被日本所迫經歷過痛苦的時期,并強調"必須在認識真正歷史的基礎上清算過去,而開拓友好合作的新時代"。他同時表示日皇明仁對這些問題深表關心"具有重大的意義"。

換句話說,韓國官方表示滿意在日皇承認日本有過的情況下,盧泰愚得以解釋為日本已有悔過自新之意。針對日皇的發言,青瓦台(韓國總統府)發言人李秀正即表示:

"對於日皇坦率承認在過去曾經犯錯,并對曾給韓國帶來痛苦與悲傷之事清楚表明謝罪的態度,我們予以評價。"

這其實也可以說是韓國官方已將日皇的談話擴大解釋為日方已經向韓國謝罪。因為也只有這樣解釋,盧泰愚才能夠向國內交代。

"痛惜"含義引起爭論

但是,"謝罪問題"是不是到此就告結束呢?此間的觀察家并不表樂觀。原因是明仁在承認日本之非之後,并沒有清楚公開道歉,而只是表示有"痛惜之念"。針對"痛惜之念",儘管韓國當局將之解釋為"有深切懊悔之意",但不少韓國人卻認為它與裕仁所說"遺憾"二字并無太大的差別。在盧泰愚訪日的隨團記者當中,就有人指出:

"所謂痛惜,豈不是就像看到棒球比賽失去機會接好球時的心情一般?"

在韓國國內，一名中年人則向日本《朝日新聞》表示：

"基本上與前總統全斗煥訪日時并沒有兩樣。針對統治韓國36年的歷史絲毫沒有具體談到。難道（日本文）沒有'對不起'這個辭匯？"

顯然的，日皇雖然已經從"遺憾"而改稱"痛惜"，但殷切期望日皇公開道歉的韓國民眾并不因此而感到滿足。韓國一家大報的封面專欄文章，即以譏諷的口吻形容"痛惜之念"係"日王"（韓國人稱呼日本天皇為日王，意即日本之國王）之"奇語與妙語"，"顯然是有經過精密之盤算，施展日本語言之才華"。

針對日皇談話，韓國各大報都發表社論，其一般看法是日本方面的態度比1984年全斗煥訪日時"有所進展"，但謝罪與反省的誠意不夠充分。其中《朝鮮日報》表示不滿官方擴大解釋的做法，而抨擊當局"似乎已成為日本方面的發言人"。

在日本方面，朝野各大政黨都認為日皇的發言已經是新憲法下所能允許的"最大極限"，并希望藉此了結兩國之間有關的論爭。日本共產黨則就上述日皇的談話，也認為有違憲法而予以非難。

韓僑難題有待解決

除了日皇談話之外，也許各方最關注的是今後日本如何對待與處理旅日韓僑，戰爭期間被原子彈（放射綫）輻射的韓僑以及當年被日本送往撒哈林，但迄今仍然還不能回歸的韓人等歷史遺留下來的問題。

在韓國的輿論壓力下，日本當局在盧泰愚訪日之前已表示將在一定的程度上改善旅日韓僑的待遇，同意第三代的韓僑（指1971年1月17日以後出生的韓僑所生的子女，迄今只有四名）繼續擁有居住在日本的權利。日本官方同時也同意這些第三代的韓僑年屆16時（即指十五、六年之後，因為他們現在都還是嬰孩）不必接受被認為是"屈辱性的蓋手印"的手續（而改以其他的方式），即能領取"外國人登錄證"。但目前旅居日本的第一代、第二代韓僑則仍然沿襲原有的法律處理。可見旅日韓僑的社會地位問題還有待改善。

　　正因為日韓之間存有許多歷史遺留下來尚未解決的問題，兩國要進入真正相互合作，并以平等夥伴相待的"日韓新時代"，真是談何容易。這些難題當然也不是日皇明仁在明確表明有過之後，僅以"痛惜"二字取代"遺憾"就能簡單清理的。

（一九九〇年五月）

盧泰愚訪日之後的"日韓夥伴關係"

在日韓兩國之間掀起軒然大波的"日皇謝罪"問題，已經隨着韓國總統盧泰愚訪日的結束而告一個段落。日韓之間的歷史恩怨問題是否就此了結？盧泰愚此行成果又何在呢？

要談盧泰愚此行之成果，就得先談他此行之目的。

針對此行之目的，盧泰愚宣稱是為了要"建立一個邁向21世紀的夥伴關係"。所謂"日韓的夥伴關係"，當然是指雙方在平等的基礎上建立的新關係。原來日、韓兩國雖然是在1965年簽署日韓基本條約，恢復邦交，但彼此的關係一直非常微妙。實際上，當時兩國的建交與其說是出自雙方強烈的意願，不如說是戰後美、蘇冷戰體制下的產物。在美國遠東的戰略下，日本與韓國都是重要的棋子，缺一不可。為了阻止日本向赤色中國靠攏，美國協助日本戰後重新獲得在韓國與東南亞"活動的自由"，藉以取代日本在傳統上一直依賴，而在戰後喪失了的中國大陸的富饒資源與廣大市場。換句話說，基於反共的戰略，美國把日、韓兩國拴在一起，建立了美、日、韓三國的反共同盟。在這個同盟的關係當中，日、韓實際上不需有太多的直接對話。因為一切皆美國馬首是瞻，萬事皆由華盛頓一手安排。因此，兩國雖然名為建交，但直到1983年1月日相中曾根康弘閃電式的訪韓及1984年韓國總統全斗煥訪日，日皇裕仁對"過去不幸的事"表示"遺憾"時為止，兩國的最高行政首腦從未互訪。

符合日韓戰略需要

但是,隨着戰後美、蘇冷戰時期的將告結束,美日關係的演變以及日韓經濟相互依賴性之加強,美、日、韓基於反共而建立的三國同盟的關係,毫無疑問地也將相應而起變化。換句話說,日、韓之間已經到了不需美國從中協調與指揮的階段,而是從"美日韓體制"進入"日韓直接對話"的時代。這就是盧泰愚口口聲聲所說的"日韓夥伴"的新時代。

對於盧泰愚的上述積極態度,東京當然是熱烈歡迎,因為加強日、韓經濟關係,促使日、韓經濟進一步"一體化",其實也正是東京在亞太區域重要戰略之所在。在美、日經濟摩擦日益加劇,歐洲邁向大一統的今天,日本知道它要擺脫備受孤立的境地,唯一的出路就是跑回亞洲尋求夥伴。如果連在亞洲都無法獲得鄰國的信賴,它是無法在世界上與列強爭一日之長短的。環顧亞洲,不管是在政治制度、經濟水平及其力量與日本最為接近的莫過於韓國。日本如果能夠聯合韓國在許多國際事務上採取共進退的立場,無疑是一股不可忽視的力量。至少它將冲淡世人眼中日本一直是在孤軍作戰的形象。反之,如果連韓國都無法成功爭取成為合作的夥伴,日本也休想在亞太區扮演領導角色,因為,日、韓畢竟有最多的共同話題與利益。最明顯的是,兩國都在面對美國的經濟壓力,彼此都想設法制止美國國內掀起的經濟保護主義之浪潮。

國內面對政經難題

當然,盧泰愚急於向日本靠攏,主張把眼光看遠,將重點放在未來長遠合作的問題上,是與今日他在國內面對的處境分不開的。在政治上,盧泰愚原本以為只要模倣日本自由民主黨,將朝野三黨合併為韓國民主自由黨,從此天下就太平,可以高枕無憂,那裏知道其結果卻進一步觸怒民眾與學生,認為官方意圖扼殺民主精神,并導致民自黨不久前在補選中受挫。在經濟上，近年來韓國雖然曾經表現非凡，但在奧運會結束，特別是在韓元增值、勞工成本提高以及美國施加各種壓力的情況下，韓國經濟已有走下坡之徵兆。這個事實，再加上國內通貨膨脹率之嚴重以及地價之猛漲，毫無疑問地又再起着動搖自民黨政治根基的作用。

貿易赤字與技術轉移

為了削減貿易赤字以及加強韓國產品在國際市場的競爭能力，青瓦台（總統府）認為有必要向日本求助。因為，日、韓之間的貿易一直出現不平衡的龐大數字。1984年韓國對日貿易赤字為3億美元，1986年則突破5億美元，緊接着雖然略為減少，但據韓國官方估計，本年度以來對日貿易的赤字已達1.7億美元。如此下去，今年又將恢復至5億美元水平的赤字。青瓦台希望東京能認真考慮漢城處境，協助它安渡難關。

與此同時，作為合作的"夥伴"盧泰愚認為日本有必要進一步向韓國轉移高工藝的科技，從而加強韓國產品在國際市場上的競爭能力。在這一方面，盧泰愚通過此行之良機向官方與財界進行遊說，藉以消除日本國內擔憂韓國超越日本的"恐懼症"。因為，只有消除日本的這項"恐懼症"以及日本對韓國產品放寬入口限制，廢除有形無形的壁壘，韓國的經濟才能繼續保持高度成長，并與日本共同扮演帶動亞太經濟發展的重大角色。

當然，盧泰愚知道他不能突出上述的經濟動機，否則將被國內輿論視為與前政權全斗煥沒有兩樣。因為在高唱"日韓經濟合作論"之前，他有必要遵循民意，迫使日本清理戰前留下的諸多難題。日本首相這回坦率承認日本侵略之史實以及日皇明仁委婉之認錯，雖然不能滿足韓人之願望，但在一定的程度上可以說是方便了盧泰愚向國內之交代。然而，兩國是否將從此結為真正的夥伴。精於朝鮮問題的日本慶應大學教授小此木政夫的看法是：

"日本與韓國或者是日本與朝鮮,基本上是一直保持相互競爭者的關係,有時是統治者與被統治者相對立的關係。由於兩國之間從未存有將對方視為'同伴'的美麗的回憶,彼此的猜疑心是十分重的。因此,這回即使彼此對'歷史看法'已經一致,雙方要馬上建立起夥伴關係是不可能的。"

(一九九〇年五月)

盧泰愚訪日後看日韓歷史恩怨難題

要建立"日韓夥伴"的新關係,首先就得清理戰前遺留下來的問題。有關這一點,軍人出身但同時又是直接民選總統的盧泰愚是十分清楚的。

所謂歷史遺留下來的難題,基本上有着兩個層次的問題。其一是如何具體解決舊大日本帝國給舊殖民地"臣民"製造與遺留下來的現實的問題。其二是,日本曾經統治朝鮮半島長達36年,但迄今對這段歷史的記述仍然十分曖昧。在向到訪的全斗煥談起這段不幸的往事時,已故日皇裕仁僅以"遺憾"二字表示。至於是由誰造成"不幸",誰是受害者,都不明朗。韓國要求新日皇明仁清楚地把"主語"説清楚,明確地向韓國道歉。

根源來自殖民統治

針對上述歷史遺留下來的難題,日韓雙方在盧泰愚訪日之前曾進行艱苦的談判。首先,是把重點放在解決具體的現實問題上。這包括旅日第三代韓僑的居留權問題、當年被強制徵往庫頁島但迄今仍歸不得的韓國人問題,以及如何對在廣島與長崎被原子彈輻射的韓人予以醫療救濟與援助的問題。這些問題其實都根源於日本的殖民統治。原來在日本的殖民統治下,當局曾經在朝鮮半島實施徵兵制,也曾大量從半島強制其舊"臣民"到日本及其他各地當廉價勞工,進行條件惡劣、危險的工作。但在戰爭結束之後,日本卻絲毫不負起任何基本的道義責任。

它體現在殘留於南庫頁島的韓國人問題上的是，日本戰敗時將所有日本人接走，但對於在帝國名義下被迫到該地當苦工的韓國人舊"臣民"，卻置之不理，將他們棄於庫頁島。據估計，當年被日本徵往庫頁島的韓國勞工共有7萬名；到了戰爭末期，則共有4萬3000名，目前仍然還留在庫頁島的據說有3700——3800人。由於蘇韓沒有邦交，而舊宗主國又置之不理，這些當年被遣送的韓國勞工迄今仍然回歸不得，他們及其家人所蒙受的精神與物質上的打擊是十分沉重的。韓國當局要求日本協助這些韓人早日回國或者協助安排他們與家人重聚，并予以適當的補償。日本有人形容這是日本當局應負起的"戰後的責任"的問題。

同樣的，對於被原子彈所輻射的韓國人受害者，在戰爭結束之後，由於韓國已非日本的殖民地，日本當局也不肯負起責任協助他們接受醫藥的治療。

韓僑"三世"居留權問題

針對上述日本處理舊殖民地居民的態度，韓國當局這回雖然曾與日本當局進行談判，但成果不大。對於韓國來說，盧泰愚在抵日之前贏得的最大成績，就是迫使東京同意讓第三代的旅日韓僑長久住在日本，并豁免他們在16歲時蓋"屈辱性"的指模。

原來根據1965年日韓恢復邦交時簽署的協定，日本允許戰前即居住在日本的韓僑及他們的子女（指1945年8月16日至1971年1月16日出生者）擁有永久居留權。當局統稱他們為"協定一世"。

至於這些第一代韓僑在1971年1月17日以後所生的子女，只要在出生後的60天內向當局呈報，也得以擁有永久居留權。當局稱他們為"協定二世"。對於"協定二世"所生的子女，當時兩國并沒有任何協定。趁着盧泰愚之訪日，兩國正式簽署有關"三世"的協定。在韓國輿論的壓力下，日本方面作出了一定的讓步，同意這些第三代的韓僑得以在日本居留，并同意他們免套指模。但認真而言，這樣的成果是微不足道的。因為,現在距離這些"三世"必須領取"外國人登錄證"還有十五、六年,(因為他們目前都是嬰孩,共有四名),但"一世"、"二世"的韓人在現實社會裏,仍然得按照日本法律,繼續"受屈辱"。有關這一點,盧泰愚訪日時曾要求改善,但不得要領。

韓國方面理直氣壯

在有關韓僑"三世"問題達致協議之後,日韓之間的爭執即轉移至敏感的"日皇謝罪"問題。

回顧幾個星期來雙方爭論的過程,可以看出下列的幾個特點。

其一是,在韓國輿論界的引導下,韓國當局遵循民意,日益採取強硬的立場和態度。與此相反,日本的輿論與官方則處於被動的地位,力圖抵擋韓方的攻勢。

其二是,針對日本侵略韓國的問題,韓方理直氣壯,認為加害者向被害者道歉,理所當然。與此相反,日本方面的對應就顯得十分迂迴與複雜。首先,"基於憲法之約制",日本方面堅持日皇只能表達"遺憾"而主張由首相海部俊樹發表"補充談話",明確日本道歉的態度。但在韓國堅決拒絕之後,日本在盧泰愚抵日前夕,終於同意日皇說清楚日本是造成不幸往事的一方。至於謝罪一事,日皇只說"痛惜"二字,但默許青瓦台將它擴大解釋為"有懊悔、謝罪"之含意。

日本對應迂迴複雜

除了在文字上下功夫之外,日本在拒絕韓國之要求時的另一拿手把戲,就是藉口法律與權限而設法將它推得一乾二淨。較早時,為了顯示誠意,日本國內有人曾一度醞釀由國會通過一致向韓國道歉的議案。當時執政黨內也有不少人贊同這項看法,但在第一反對黨社會黨正式出面試探各方態度之後，別說是自民黨，即使是其他的反對黨如公明黨、民社黨的反應也都甚為冷淡。它們的藉口是這項外交行政權該由當局"專屬"，而不應該由國會通過一致的決議案予以牽制。針對這項說法，不少日本有識之士認為，這其實只能說明各黨對這項議案既無誠意，也不熱心。因為，在戰後的許多外交問題上，國會通過一致決議的例子可以說是不勝枚舉。兩年前國會通過"反對大米自由化"的決議就是最明顯的例子。可見此并非不能，而是不為也。

隨時可能重燃戰火

正因為對於歷史問題的反省，日本採取的是吐吐吞吞與被動的態度，東京這回的處理雖然比起1984年全斗煥抵日時"向前跨進一步"，但其誠意難免要受到質疑。韓國《東亞日報》在盧泰愚結束訪日之後曾進行一項民意測驗，結果顯示共有70%左右的韓人對日皇的談話仍然表示不滿。可見一般韓人對於盧泰愚此行之成果雖然給予"一定的評價"，但并不意味着"歷史難題"已告解決。日韓之間隨時重燃教科書問題之論爭，是一點也不令人感到驚奇的。何況在這翻案風熾熱的"失言大國"，誰也不敢保證今後不會有大臣再發出"侵略有功"的論調。

至於怎樣具體改善旅日韓僑的社會地位問題，如何消除日人對韓人傳統的歧視態度，那更不是首腦的互訪或迂迴的反省字眼所能解決。日韓兩國要真正進入"夥伴時代"，真是談何容易！

（一九九〇年六月）

戈爾巴喬夫帶給日本甚麼禮物？

如果説，在過去的幾年裏，蘇日兩國官員與專家頻頻接觸與談判，是旨在互摸對方底牌的話，蘇聯總統戈爾巴喬夫這回的訪日，卻已經是到了雙方非把底牌亮開不可的時候。

東京充滿樂觀情緒

所謂"底牌"，就日本而言，是指對蘇的"經濟與技術的合作"；就蘇聯而言，是指對日本要求索回"北方四島"所採取的真正立場。針對上述問題，儘管東京方面口口聲聲表示要堅持"四島同時歸還"的原則，并放出"蘇聯不會反對歸還兩島"的風聲，此間觀察家相信，只要蘇聯願意回到1956年日蘇恢復邦交時所採取的立場，即同意歸還其中的兩個小島（齒舞群島和色丹島），就是日蘇外交的一項大突破。至於所謂以"220億美元"或者"260億美元"為餌，誘使蘇聯放棄四島的"收買四島"的想法與提法，那完全是出自"經濟動物"本色的日本財界的構想，只有那相信"金錢萬能"，玩慣"金錢與派閥力學遊戲"的自民黨前秘書長小澤一郎才會在戈爾巴喬夫訪日前夕的3月間，前往莫斯科提出"獻議"。

也許是因為官方放出"樂觀"的風聲以及財界拋出"收買四島"的構想帶來的衝擊，不少日本人相信經濟陷入極端困境的蘇聯，萬無拒絕日本獻議的理由。他們都在等待戈爾巴喬夫帶來"兩島"或"四島"的禮物。據日本報刊報導，為了捷足先登，一些炒地皮的大公司已在開始對四島的土地所有權進行詳細的調查，準備牟取暴利。

民間更掀起一股"戈爾巴喬夫熱",人們相信帝俄時代以來首次到訪的北方鄰國的最高領袖,不致於"空手而來"。

克宮冷靜不露聲色

與東京上述動向相比較,克里姆林宮的態度可就顯得不易捉摸與冷靜。直到戈爾巴喬夫搭上飛機,離開莫斯科時為止,他對專程採訪的日本記者可以大談其"新思維外交"與蘇聯的經濟改革課題,但一接觸到"北方四島"問題,就以微笑淡淡回答:"這問題等着和海部首相談吧。"

正因為克宮主人採取的是上述的態度,近幾個月來一直渲染"戈爾巴喬夫熱"的日本傳媒不免有些恐慌,各報的漫畫欄紛紛刊登了"魔術師戈爾巴喬夫"或者"難以卜測的克宮主人"的時事漫畫;不少日本的蘇聯問題專家也向國民發出警告,不要對克宮主人的禮物抱着太大的希望。

也許,最為焦慮與不安的,莫過於日本首相海部俊樹了。作為自民黨小派閥的小領袖,能夠和舉足輕重的超級大國的總統平起平坐,這無疑是海部政治生涯的一個難忘的重大節目。但與此同時,他所承受的壓力也非同小可。撇開曾經夢想以首相身分迎接戈爾巴喬夫,從而抬高政治威信的前首相中曾根康弘與前外相安倍晉太郎對他存有看法不談,自民黨內不少有權勢的人士就發出如此的問號:"如此重要的會談,海部應付得了嗎?"一家日本大報的專欄更形容這次會談的主角是:"一個經濟小國、政治大國的大總統對一個經濟大國、政治小國的小領袖們"。

海部辯才無濟於事

正是在上述的心理壓力下,急於向國民展示"早稻田大學雄辯會"時代訓練的辯才的海部,在與戈爾巴喬夫進行第一輪會談時,即迫不及待地要後者公開他對領土問題的底牌,但克宮主人卻慢條斯理地回答:"這問題應該以更高層次的政治角度來處理"。緊接着,在日本國會的紀念演說中,戈爾巴喬夫高談其亞太地區安保計劃,但對於四島問題卻沒有具體提到。在第二輪、第三輪、第四輪會談時,態度仍然一樣。這回海部可焦急了!自民黨的領袖們也在冒火,表示如果領土問題沒有任何進展,不要簽署聯合聲明。不簽署任何聲明,豈不等於承認談判全面失敗?豈不是要有代罪羔羊,承擔責任?為了不讓會議全面破裂,於是雙方取消原定的一些行程,再舉行另外三輪的艱苦談判。到了深夜,總算達致協議。在共同聲明中,雙方對"領土劃定"問題,表示將繼續進行談判。至於所謂"領土劃定"的範圍,也提起齒舞、色丹、國後及擇捉四個島嶼。

共同聲明空洞無物

針對共同聲明,海部首相及日本外交部認為是"向前跨進一步",因為共同聲明中明確提起四島的名字,說明莫斯科至少承認兩國之間存有四島的領土紛爭。不過,日本輿論界及不少蘇聯問題專家卻認為,這次會談并未取得預期的成果。理由是:

①蘇聯同意有四島領土之紛爭,并不等於它答應在未來交還任何島嶼;

②在海部的強大壓力下,戈爾巴喬夫堅持拒絕交還即使是1965年莫斯科曾經一度答應交還的兩個小島。這意味着日本官方這回取得的成果連迫使莫斯科採取1965年的態度也無法辦到。

在分析日蘇談判無法有大突破的原因時,不少日本專家認為一方面是由於戈爾巴喬夫此刻國內難題重重,面對俄羅斯共和國主席耶爾辛的挑戰,不可能在領土問題上作出任何讓步。另一方面,各界也都認為日本官方與傳播媒介對蘇聯的立場未免存有一廂情願的看法,因此終歸得碰壁。

收買建議弄巧成拙

至於財界與小澤一郎等人提出類似"260億美元收買四島"的構想,國際日本文化研究中心教授木村汎的看法是,那是對蘇聯與國際政治無知的想法和做法。他指出,在俄國史上,亞歷山大二世曾以720萬美元將阿拉斯加賣給美國而被喻為"俄國史上最蠢的皇帝"。戈爾巴喬夫怎麼會願意步其後塵,被封為"蘇聯史上最蠢的總統或黨總書記"呢?何況在日本提出"收買四島"論調後,蘇聯國內的輿論界已發出"不要把四島賣給日本"的論調。從這角度來看,戈爾巴喬夫如果輕易答應日本的要求,是很可能被套上"賣國賊"的帽子的。這也就是為甚麼戈爾巴喬夫不願意將領土問題與經濟問題相掛鈎的原因。日本的"經濟"王牌在談判中無法發揮其威力,理由相信也在於此。

在上述背景下,海部所能爭取到的成果就是與戈爾巴喬夫簽署無傷大雅,同意"繼續談判"的上述聲明了。在這次的會談中,雙方的神色自始至終是硬邦邦的。也許唯一能够成為花邊新聞的,是海部二度建議,戈爾巴喬夫和他以小手指拉鈎,而克宮主人也爽然答應。因為,日本小孩以小指拉鈎是象徵彼此的相互信賴,含有一言為定,決不說謊之意。第二天,日本一家大報的漫畫卻譏諷兩名領袖在小手指拉鈎的同時,他們各自的頸項也被國內的黨要、政敵的小手指所鈎住,而力不從心。

(一九九一年四月)

評海部俊樹的北京之行

日本首相海部俊樹已於8月13日結束對北京的訪問。海部為甚麼選擇在這個時候訪問北京？他此行又取得了甚麼成果呢？

首先，應該指出的是，海部的北京之行，是他緊隨今年1月的訪韓，4、5月間的亞細安訪問之行的另一"善鄰活動"。其共同目標是"尋求各國對日本在國際社會所扮演的政治角色予以諒解"（《朝日新聞》語）。換句話說，怎樣促使亞洲鄰國對日本行將扮演"政治大國"角色之言行保持沉默或者支持，就是日本首相"善鄰外交"的重點所在。正如海部的亞細安之行，係旨在為日本海上自衛隊掃雷艇的出航"護航"一般，他的北京訪問，是希望博取中國對日本行將派遣自衛隊參加聯合國和平維持活動（PKO），以及自衛隊準備到海外"救災"的活動等予以"同情"與"諒解"。

當然，對於海部來說，他還有一個個人的奢望，那就是通過上述外交的成果，要求執政黨內的各大派閥讓他在10月首相任期屆滿之後延長一任或半任的任期。

天安門事件後重要訪客

對於海部的如意算盤，北京當然心知肚明。不過，從北京的角度來看，撇開外交會談內容不談，單單是日本首相到訪本身就是一件大事。因為，這是天安門事件以來西方陣營的國家領袖的首次到訪，更何況海部到北京，不可能空手而來。這就是為甚麼北京當局給於海部"超級接待"的原因。中國總理李鵬與國家主席楊尚昆分別在10日及12日宴請海部,充分地說明了這一點。

那麼,海部此行到底帶了甚麼禮物呢?

平心而論,這回海部的禮物并沒有甚麼可觀之處。禮物之一是,日方表明將前此答應的第三次日圓貸款中1991年度的1,296億日圓貸款一次交給中國。日本對中國提供第三次日圓貸款(總額8,100億日圓)是1988年,由當時的日相竹下登在訪問北京時作出決定的。但第二年即發生了天安門事件,日本也跟着其他的西方國家採取制裁措施,予以凍結。到了去年底,東京同意解除制裁措施,并撥出1990年度的1,225億日圓貸款,但卻分成三次交付。由此可見,海部這回答應恢復提供的1,296億日圓貸款,唯一有吸引力之處就是一次交給中國,而減少了一些不必要的麻煩。

至於另一項隨身禮物,就是為中國的大水災增多150萬美元的捐款。更早之前,日本已捐出50萬美元,因此合計200萬美元。與西方歐美國家相比較,日本這回的表現可以說是不錯的。但如果與中國這回的災情,以及日本的經濟力量相比較,海部的表現未免還差強人意。特別是與今日日本國內天天高談要履行"國際道義"及準備將自衛隊送出國外"救災",為鄰國作出"貢獻"的言論相比較,日本對"軍事"以外的"救災"熱忱,未免顯得過於冷淡。難怪一名日本讀者在報上主張日本至少應捐出十倍以上的款項,才與國力相匹配。

爭取中國同意日本派軍

不過,正如前面所述一般,對於北京來說,海部到訪本身就是一件值得大書特書的事。因為海部開了天安門事件以後西方國家首腦人物到訪的先例。從這角度來看,海部到訪的象徵性意義也許要遠遠超越其實質上的意義。換句話說,在當前國內外面對困難的非常時刻,北京對海部的禮物原本就未存有太高的期待。

至於日本方面,海部自然明白他此刻訪華的有利時機。實際上,東京方面正希望藉此良機，以最經濟的禮物博取最大的外交成果。所謂外交成果，正如本文一開始所指出一般，就是促請北京對日本自衛隊參加聯合國和平維持活動（PKO）等予以"支持"或"諒解"。針對日本官方的上述期待，《朝日新聞》的社論在海部出發當天，倒寫得比較冷靜與客觀。它寫道：

"今天，中國即存在着天安門事件的後遺症，又面對著建國以來最大的水災，經濟處境是十分艱難的。在這樣的時期，該國對日本也許不易率直提出本身的看法吧！如果因此而輕易地以日圓貸款作為交換條件，促使中國同意（自衛隊之）派遣，對於日中關係來說，那將是不幸的一件事。"

北京態度不够明朗

所幸，《朝日新聞》擔憂的不幸事件并未發生。儘管海部再三向中國解釋日本派遣自衛隊參加聯合國和平維持活動（PKO）的目的與意義，敦促中國領袖的諒解與同意。中共總書記江澤民隻字未給予答覆。這對於在日本國內極力宣傳日本的政策已獲得亞洲各國的諒解與支持的海部來說，當然是十分失望。不過，江澤民對自衛隊參與PKO問題保持沉默，而一改前一陣子表示"憂慮"與要求日本方面"慎重考慮"的態度。從這角度來看，北京的鮮明態度未免有冲淡之嫌。難怪隨行訪華的日本官員要為此而沾沾自喜，認為保持沉默，就是海部此行的一大成績。

與此同時，據《讀賣新聞》報導，由於海部之到訪，原定於8月12日至13日在天津舉行，為戰爭期間被強擄到日本當苦工客死異鄉的中國人而舉行的追悼會已被取消。這個追悼會是由日本愛好和平人士發起的"強擄中國人問題思考會"主催的。另一個被迫取消的追悼會是由旅美華人主催，原定於8月13日至16日在南京舉行，追悼南京大屠殺（1937年）的集會。針對這兩項集會的取消，北京雖然沒有明確交代，但顯然是擔心兩者"破壞"海部到訪的友好氣氛。針對有關事件,筆者曾徵詢幾位從事日中友好工作的日本人士的看法,其反應是:友好外交與重視歷史教訓并無相抵觸之處。海部既然也已表明要"深刻地反省",江澤民又主張日本青年要"牢記歷史",北京又何必因此而制止兩項旨在促使日本人"深刻地反省"與籲請世人"牢記歷史教訓"的追悼會呢?與中國已故總理周恩來堅持的"前事不忘,後事之師"之原則相比較,北京對日的政策與態度,就顯得有點舉棋不定與不够明朗了。

(一九九一年八月)

日本"新天皇外交"面臨考驗

正當日本國會在熱烈討論一個旨在打破憲法禁忌,派遣自衛隊到海外的"聯合國和平維持活動合作法案"(即PKO法案)的時刻,日皇明仁也於9月26日啟程前往泰國、馬來西亞及印尼三國進行親善訪問。日本天皇於在位期間訪問亞洲國家,還是史無前例的。這就難怪日本官方要為明仁此次南訪大費周章,并嚴密注視各國反應。

旨在改變日本形象

對日皇明仁及皇后美智子的外遊,日本官方及大眾傳播媒介都希望他們能扮演重大角色,改善亞洲人民眼中的日本形象。保守的《產經新聞》的社論指出:

"兩陛下預定將到各訪問國之各地與民眾直接對話,加強親善活動。與昭和天皇(指已故日皇裕仁)不同的是,兩陛下曾訪問過許多國家,其次數就連外交官也自嘆不如。他們也學會了坦率與待人親切的本領。他們將完成其重大使命,是毫無疑問的。"

一年來極力主張擴大對"和平憲法"解釋,重視日本對"國際之貢獻"的《讀賣新聞》也發表社論,希望日皇此行能如他出發前所說一般,"努力傳達日本國民愛好和平及有意與各國加強友好關係的願望。"

各報也不忘指出,由於明仁與第二次世界大戰期間日本發動的戰爭沒有直接的關係,不會勾起人們對過去的回憶。因為,日皇這次訪問亞洲,將象徵着日本與亞洲"舊有的關係"的結束,而把希望寄託在"未來的友好合作關係"上。

選擇泰、馬、印之原因

不過,要清算日本與亞洲各國在歷史上留下來的恩怨,并不是單靠日皇臉孔的改變就能輕易辦到的。為了順利推行日本的"新天皇外交"活動,東京當局放棄日皇先到戰爭期間受害最大的中國,或者受日本殖民殘暴統治長達36年之久的韓國訪問的選擇,而決定到泰、馬、印三國進行訪問。

東京當局為甚么選擇上述三國作為日皇登基以來,也是日皇史上最早的亞洲訪問地呢?《讀賣新聞》的一篇文章,有着如下的解釋:

"實際上,……是有着這樣的'算盤'的。一方面得擺出表示重視亞洲的姿態,另一方面又得避免到還籠罩着戰爭陰影的國家。只有這樣,新時代新天皇的外交活動才能順利地展開,跨出第一步。因此,原本被列為可能訪問對象的菲律賓及新加坡,由於曾經是東南亞激烈戰爭的所在地而被抽掉。"

至於泰、馬、印三國之所以被看中,該報接着指出:

"在日本官員當中,甚至有人認為這三國不管是在貿易方面,投資方面或者(經濟)援助方面對日本的依賴性都非常強,早已沒有產生反日情緒之餘地。"

只提"過去"不談責任

也許是基於上述對三國國民"日本觀"之判斷,日本方面有人認為日皇明仁抵達各國時,對第二次世界大戰期間日軍所作所為可以索性一字不提。理由是對方既然沒有強烈的要求,也沒有與日本討價還價的本錢與力量,日本何必多此一舉。何況明仁與戰爭沒有直接關係,只要大談"未來"與"友好"可也。不過,日本外交部明白,日皇首次到亞洲訪問,其一言一語并不是只有上述的三國人民在關注，亞洲其他國家的人民也會密切注視。實際上，上述三國的人民也未必真的就不再記住過去的史實。在接受日本一家報章的訪談時，泰國朱拉隆功大學的一名副教授表示："在那場戰爭當中，不少亞洲人死於日本軍手中。我認為日皇不僅應向泰國，也應該向所有亞洲人民謝罪。"

在試探各方的反應之後，日本當局終於擬定了日皇到亞洲訪問時發表談話的核心原則：只提起"不幸的戰爭"，但避開"反省"與"謝罪"的字眼。它反映在日皇明仁於9月26日在泰王為他所設的晚宴上之致詞就是：

"日本決心成為和平國家，不再讓過去那非常不幸的戰爭的慘禍重演，……"

針對日皇上述只提起"不幸的戰爭的慘禍"，而未坦率承認日本發動侵略戰爭的過錯，甚至連"反省"與"謝罪"的字眼也省略的做法，不少日本有識之士表示不可理喻。他們認為，這是日本對歷史反省程度的一種倒退。因為，在今年5月，日本首相海部俊樹到訪新加坡時，還提起要"深刻地反省"（中文譯稿為"至誠懺悔"純為對外宣傳用途），但時隔僅四個多月，就連"反省"二字也免了。一位常與同行常到東南亞各地瞭解日軍在戰爭期間的醜惡行為的中學教員指出，日皇明仁這回的談話，比起去年5月底韓國總統盧泰愚訪日時所表達的對戰爭的"痛惜之念"還要輕微，確是開倒車。

一名日本作家則認為，日皇沒有必要像首相那樣唸着官員所擬好的稿子，而應該發表有如西德總統承認錯誤那樣坦率和清楚的談話，從而表現出格調高超的歷史意識。

以"坦率"和"清楚"傳達日本國民愛好和平為最高使命的日本新天皇明仁，沒想到在第一站——曼谷，就博得了"不够坦率與不够清楚"的評語。看來日本為躋身於世界大國而進行的"平成天皇外交"，前程未必會一帆風順。

（一九九一年九月）

評"日本沒有面孔論"

"日本沒有面孔"這句話,近幾年來經常在日本的大眾傳播媒介出現。意思是說,在世人眼中,日本的形象是十分模糊的,誰也看不清其真正的面貌,因此,誰也不知道這個國家在想甚麼,或者準備幹甚麼。其結果,世人都對日本投以懷疑的眼光。

針對這個"沒有面孔"的形象,日本有人認為是日本不善於交際與對話的結果。特別是國際社會裏,由於無法準確表達自己的看法,加以外語能力低,辭不達意,而時常引起外國人的"誤解"。因此,當務之急是掌握對話、交際的技巧與本領,加緊展開對外宣傳的攻勢。

也有認為,日本之所以沒有"面孔",是因為戰後的日本沒有明確的國內外政策。正當日本準備從經濟大國轉為政治大國的時刻,日本有必要明確本身在"國際新秩序"中所扮演的重大角色及所能做出的"貢獻",進而對外展開宣傳,突出日本的"面孔"與形象。

加強對外宣傳攻勢

兩者的論法雖然不同,結論卻是一致的:日本應該積極採取行動,在國內外開闢或佔領宣傳據點,對外"輸出"有關日本的信息。

日本人是不是真的比其他國家的人更不善於對話與交際?日本在國際社會中一直受到"誤解",是不是因為它不善於表達自己的看法,辭不達意的結果?是不是單靠積極發出信息與加強宣傳攻勢就能解決問題,是有待進一步商討與研究的。

至於由於日本國內外政策"不明確"而使人看不清楚日本面貌的理論,其實只是說明了事實的一半。因為,所謂日本面孔或面貌不清楚的形象,換個角度來看,其實就是"多臉譜"的結果。因為使用的臉譜多了,誰也分辨不出其真正面孔;而這個"多臉譜",與其說是日本國內外政策不明確的結果,不如說"多臉譜"本身就是戰後日本政策的一部分。

對內對外兩張面孔

有關日本"多面孔"的例子是不勝枚舉的。遠的不說,就以當前日本國內爭論得十分熾烈的戰後和平憲法問題,當局對內對外的說教手法就完全不同。自從去年8月伊拉克侵佔科威特,日本國內乘機掀起修改憲法及進一步曲解憲法的熱潮以來,任何堅持維護和平憲法的日本人士,都被戴上"一國和平主義者"或"一國繁榮主義者"的高帽,成為政界與報刊一致抨擊與聲討的對象。所謂"一國和平主義者"或"一國繁榮主義者",是指只照顧日本一國的和平與繁榮而忘記國際社會之"大義"。日本前社會黨主席土井多賀子由於反對派兵法案,堅持和平憲法精神,即被財界人士公開點名為"愚蠢的一國和平主義者"。但是,有趣的是,不管是今年5月3日(也就是日本的憲法紀念日)日本前首相海部俊樹到新加坡發表"反省"宣言,或者9月底日皇明仁在曼谷的談話,都不忘向世人宣稱日本將遵守和平憲法,并在和平憲法的基礎上對世界做出貢獻。兩相比較,日本當局對內與對外的臉孔是截然不同的。即使是口口聲聲強調對外"輸出"信息與塑造"日本面孔"之重要性的日本外交部,在實際上也喜歡咬文嚼字,對內、對外擺出兩張臉孔。至於日本對待歐美與對待亞洲鄰國所擺面孔之差異,更是眾所皆知的事。

除此之外,最近日本大眾傳播媒介對戰爭期間日軍俘虜在西伯利亞受虐待事件的大事渲染(其中包括要求蘇聯謝罪與賠償),如果是與大眾傳媒對日軍在亞洲推行"三光"政策及虐待俘虜事實之忽視與抹殺的態度相比較，日本對內對外面孔之不同，更為突出。一部分旅居新加坡的日本僑民甚至曾經認為聳立於市中心的"日本佔領時期死難人民紀念碑"有礙日本人的面子，主張將它遷往郊外而引起反感，就是其中的一個例子。

準確的說，所謂"日本沒有面孔論"，應該是日本處處以自己為中心與本位，因時、因地擺出不同臉孔的結果。因為臉孔多了，面貌也就模糊不清了。雖然如此，應該指出的是，在日本推行"八面玲瓏"外交政策的情況下，儘管日本臉譜變幻多端，世人仍然能從中分辨出其處處突出本身國益的清晰面貌。日本曾被譏為"經濟動物"，正說明了在世人眼中，日本并非沒有其固定的面孔與形象。如果這項判斷沒有錯誤的話，日本在國際上受到"誤解"，就未必與日本人不善於交際或者日本對外輸出信息不足有關，而是日本政策的產物。

至於為配合日本從經濟大國走向政治大國的政策，準備利用日本的高科技（包括衛星傳播）與經濟力量，尋求對外輸出信息的據點，進而塑造"日本面孔"的構想，那已經屬於日本旨在推行大國文化宣傳政策的範疇。它是否有助日本與各國間的正常交往與相互瞭解，是令人感到懷疑的。

（一九九一年十一月）

附錄

從東南亞看日中關係
——與田中宏教授對談

　　日中經濟協會是日本財界對華貿易的重要經濟團體，着重於收集、分析與出版有關中國及與中日關係有關的政治與經濟資料的工作。該協會也經常主辦演講會和座談會，探討有關的問題。以下是作者於1986年應該協會的邀請，與日本著名的亞洲問題專家愛知縣立大學教授田中宏進行對談的內容。

（一）日本對外態度的改變

　　田中：今天來談這個問題也許略為過時。你對一九七二年九月日本和中國恢復邦交，是否有留下甚麼印象？
　　卓：在談這個問題之前，我想有必要略談一下我個人留日期間的一些感受。我是在六十年代中期到日本留學的。那時，我們早已沒有把自己當為中國人的觀念。我們都認為自己是新加坡人或東南亞人。然而，到了日本，卻發現日本人依然把我們當作中國人看待。因此，日本政府或者說一般日本人對待中國人的看法和態度，也就很自然地應用在我們身上。
　　當時我深刻留下的印象是，日本人對中國人有着鄙視的態度。以我個人的經驗來說，在冬天如果偶爾穿上中國棉襖，在街上就會被人喊"支那人"。這真是非常不愉快的經驗。

那時的日本報紙,稱呼中國為"中共"。所謂"中共",在我們看來,當然是指中國共產黨,但據日本朋友的解釋,"中共"并不是中國共產黨的縮寫,而是中華人民共和國的簡稱。同樣使用漢字,日本人卻有如此不同的解釋,我當時真是大感吃驚。

一九七二年,中日終於復交。我對當時日本國內的變化,留下最深刻的印象有二:一是"熊貓熱";另一是"茅台酒熱"。我初次嘗試茅台酒的味道,還是拜這股熱潮之賜(笑)。至於日本的電視節目,更常有報導中國的消息。迄今印象最深刻的是,在那之後,日本的報導和電視,已不再稱呼中國為"中共",日本人對待中國的態度,有了一百八十度的改變。在和日本人的言談中,常常可以聽到諸如"中國是一個偉大的國家"等讚美的詞句。

日本人對民族的觀念,和我們來自多元民族國家的人的看法是不同的。在我們看來,民族未必和國家掛上等號,但對於長期以來接受單一民族、單一國家、單一語言理論影響的日本人來說,要了解多元民族的國家,是不容易的。

這次重遊日本,我深深地感受到日本對中國態度有着巨大的改變。現在,不管是出席日本官方或者是地方機構的宴會,到處可以看到中國人。來自中國的客人,常受到特別的重視。這和中日復交前,日本敵視中國的態度,真是天淵之別。

田中:日本對待中國的態度,的確有了極大的改變。我在從事照顧中國及東南亞留學生的工作過程中,也有着深刻的感受。就以招收留學生的制度來說,由於日本不承認"跳班"制,因此任何學生如果沒有完整的十二年教育,是不能投考大學的。對於這項制度,日本一向十分嚴格地執行。例如,菲律賓中學畢業生只受滿十年的教育,印度只有十一年的教育,因此,這些國家的學生要到日本大學留學,就得先在當地的大學多唸一兩年。

同樣的,中國的學生在進大學之前,只有受過十年的教育(現在情況已有所改變)。但是,為了方便中國學生到日本留學,日本特地在長春開設特別班。與此同時，日本教育部也修改規則，即只要修畢相當於十二年的教育課程，即可投考日本的大學。這實際上是等於修改了日本的學校教育法令。這事看起來似乎很小，但卻反映了日本官廳及日本人給予中國特別的照顧，也說明了日本方面對中國看法的改變。

卓：從我們的角度來看，這其實是力量對比的改變。日本人或者說日本政府，在這方面是頗有"靈活性"的（笑）。日本平時的態度非常保守與刻板，但從最近處理"國際化"的問題來看，日本其實也有"靈活性"的一面。

田中：事實的確是如此，但稱之為有靈活性，卻未免有挖苦之含意吧！

在進日本的大學之前，留學生面對的第一難題是語言問題。除此之外，就是數學、理科等科目的進修。在海外開辦大學先修班協助留學生搞好上述科目和語文，這在過去是沒有的，但日本對中國卻開了先例。

即使是對於根據戰爭賠償協定的印尼留學生，日本也從未想過要到印尼開辦先修班，不過，在中國開了先例之後，日本也已在"向東學習"的馬來西亞開辦類似的課程。這也許是必要的，但在中國開班之前，卻從未做到。由此可見，日本的政策的確是有"靈活性"（笑）。但從東南亞的角度來看，日本未免太過勢利眼了。我在從事照顧留學生的工作中，就常有這樣的感受。

卓：這是因為日本的留學生政策，原本就沒有固定的原則，它可以因時而異。

田中：去年年底，教育部的一個改革委員會的成員曾來過電話，要我針對日本教育的國際化問題發表意見，我就想這麼回答：如果日本教育的國際化，只是為了日本與大國之間關係的改變，有關政策的意義是要大打折扣的。對於這些問題，日本人（包括大眾傳播媒介）似乎都不大關心。

卓：一般而言，日本人表面說的和真心話是可以截然不同的，并沒有一定的準則。

兩三天前看到一則新聞，就使我產生一些感觸。最近以來，由於日本的醫科畢業生過剩，如果限制學生入學的人數，結果將造成醫學部學生不夠。於是，有人在報上主張多收亞洲的留學生。對於這點，我當然不會反對。但我卻不能同意把這樣的做法稱之為對亞洲的"人材援助"。因為，其出發點原本是為了解決日本國內的難題。日本如此這般的留學生政策，到底是旨在對外國的援助，還是對本身的援助，有時我們確也被搞糊塗了。

田中：兩三天前的報章的確是有這樣的報導。

卓：另一個有關聯的問題是，日本不久前曾表示有意在二十一世紀初期，將留學生的數目增加到十萬名（按：目前只有一萬餘名）。其實，這項政策和日本國內的問題是分不開的。因為，到了二十一世紀初期，由於日本"嬰孩激增期"已告結束，大學將多出十萬名學生的名額，如果學生沒有來源，屆時大學非削減教職員的數目不可，學校的設備和發展也將受到影響。這就是日本當局決定增加留學生數目，加強對外"人材援助"，或者是對東南亞進行"教育援助"的背景。

同樣的，日本方面動不動就使用"經濟援助"，或者"賠償援助"等字眼，這在其他國家是少有的現象。因為，日本的所謂"援助"，其實就是在做生意（笑）。可是，有些日本人卻會天真地說，那是靠我們日本國援助而建立起來的國家。日本方面這種想法和東南亞的看法，是有着巨大的差距的。

（二）日本人社會與"華僑論"

田中：接下來讓我們談談日本人眼中的中國人，當然，這也將牽涉到華僑論，或者是華人論。

卓：我最初到日本留學時，日本的大學週和今天是不大相同的。那時的學生常有許多研究成果發表。對於我們留學生來說，在大學週期間到各大學跑跑看看是一項莫大的樂趣。當時有一些大學，也有研究"華僑問題"，留學生也很喜歡前往和日本學生進行文化交流。但在我的記憶中，日本的學生時常無法回答留學生提出的簡單問題。從大學週的有關發表或資料展覽，我那時就深深地感受到，日本的大學對東南亞問題的教學，未免有點陳腐和落後。

那個時候，我們早已習慣稱呼自己為華人。我在中學時代，即五十年代後期，就已經不再有華僑的觀念。這在我們看來，是很自然的事。可是，一到日本，不管我們怎麼說，日本人都不相信我們真是把自己當為新加坡人看待。因為，在日本，表面說的和內心想的，可以是完全不同的。因此，在不少日本人看來，世界上其他民族，也和日本人一樣，有"表面話"和"內心話"分開的想法。也正因為如此，外國人坦率的發言，往往被誤解為只是外交辭令。這就是為甚麼有些問題我們老是和日本人談不通，無法使對方信服的原因。有趣的是，當時日本研究的重點，都是放在十九世紀或者戰前的華僑論。比華僑更令人反感的字眼是"華商"。因為，將所有的華人稱為"華商"，其實是有"東方猶太"的影射，這就為"排華主義"提供了"合法"的理論根據。

也有人把新加坡稱為"第三中國"。當時（即六〇年代）日本人寫的華僑論，我們都有閱讀，一般都難以接受。因為，內容幾乎完全忽視了現實社會存在的事實。可以說，還停留在三〇年代或四〇年代對華僑問題的認識。在和日本學生的討論過程中，我們也發現到他們無法對"華人"與"華僑"作個區別。其中有些人甚至不了解"僑"這個字的意義。

最近，日本傳播媒介時常報導和介紹海外日本人的社會動向。從這些報導節目中，我們可以看出日本人依然把在巴西或夏威夷定居的日裔視為日僑。也許是這樣的心理，日本人仍然稱呼我們為"華僑"。

然而，我們的情況是不同的。我們的父輩，由於多數是來自中國，他們對中國也許還有較濃厚的感情，因為那裏還有自己的兄弟和親戚。但對於我們土生土長的第二代或第三代來說，中國是十分陌生的。我初次到新中國還是不久前的事，而且只是從香港到廣州住兩晚而已。與此相反，單單一九八四年，日本就有三千名青年集體應邀訪問中國。由此可見，我們與中國之間的距離，要比中日之間的關係，疏遠得多。正因為如此，我們對一部分日本人，拼命在力證東南亞華人為"華僑"的研究，感到不可思議。我們不禁要問：他們到底動機何在？當然，并不是所有的研究者都是如此。但我想這是到了徹底改變看法的時候了。

田中：卓先生所說的，如果我們更深一層來看，就是日本人或者說日本社會十分重視血緣關係，而不管你是住在甚麼地方。因此，不管那些定居在南美或者美國而具有日本血統的人怎麼想，一般日本人仍然把他們當為自己人來看待。

另一個例子是定居在日本的朝鮮人問題。現在的朝鮮人定居者，有80%以上是在日本出生的。在日本人看來，這些人有自己的國家，不能被接納為日本社會的一分子。換句話說，他們是"外來者"，應該受到排斥。"你們是外國人，當然要蓋指紋"，就是這樣的一種邏輯。

排斥第二代、第三代的朝鮮居民，將海外有日本血統的人永遠視為日僑，甚至每年頒發勳章給他們。這些都充分地反映了日本人的意識形態。

卓：我也有同感。就以在日本定居的朝鮮人來說，他們和新加坡或馬來西亞的華人所面對的客觀環境是不同的。在新加坡或馬來西亞，華人都是當地的國民，擁有選舉權，享有政治上的權利和義務。但在日本，朝鮮人卻未被日本社會所接受。他們受盡歧視。日本這種保守的思想，在國際社會是行不通的。要以這種在國際社會行不通的觀念來理解國際社會，我想是有困難的。

田中：從外面的世界來看日本，日本真是一個不可思議的國家。在新加坡與馬來西亞，華人幾乎都擁有當地的公民權。但在日本，朝鮮居民未擁有公民權的人數卻非常多。

根據統計,戰後四十年來"歸化"日本籍的朝鮮人大約有十五萬名。日本人經常引用俗語"入鄉隨俗",認為金先生或者朴先生要申請日本國籍,就得換個日本姓名,這是天經地義的事。這種想法,不單單只是局限於法務省(律政部)的官員,即使是一般的老百姓也沒有兩樣。因此,任何外國人如果沒有拔除原本民族的特性,就無法被日本人當為自己人來看待和接受。

也就是因為有這種想法,日本人仍然視卓先生為中國人。但是,另一方面,在美國或者南美已經取得當地國籍的日本人,卻仍然使用日本姓。這就難怪外國人對日本人的精神結構,要感到迷惑不解了。正因為如此,日本人老是把東南亞華人視為華僑。對於這一點,日本的學者當然要負起部分責任,但我想根本原因是和日本全體社會對問題的思考方式有關。

卓:我完全同意您的分析。我之所以認為日本的華僑問題或者華人問題專家有問題,主要是因為他們當中有不少人在對現狀還未作深入了解之前,就大作文章。他們拼命在找"證據",說明東南亞的華人是"華僑"。這種態度,使我們不得不對其研究目的打個問號。

就以批判日本軍國主義動向的例子來說,從六○年代開始,不管是中國,或者東南亞,對日本都有一定的警惕心理。這一方面固然是由於歷史的因素,另一方面也和戰後日本自衛隊的成長過程以及日本當局對和平憲法任意曲解有關。因此,亞洲的一般民眾,即使是未受過高深教育者,或者與日本素來無緣的人,都對日本有着一定的共同看法,因為他們都共同嘗過日本統治的痛苦經驗。

對於亞洲民族這種共同經驗與感受,日本的一部分專家卻加以漠視。由於中國是個大國,他們對於來自中國的批判,也許還可以忍受,但如果東南亞小國也有批判,他們就會高嚷這是尾隨中國,受中國影響的結果。如果這些日本學者真正認真地去比較東南亞華文報與中國的報導與言論的異同,再做結論,我們當然沒有話說。問題是不少人是抱着先入為主的觀念,不進行徹底研究就妄下結論,這是令人遺憾的。

（三）亞洲人對日本的共同意識

卓：日本報章對中國問題的報導，也往往比我們的報紙多好幾倍。在我們那兒，中國的新聞擺在頭版頭條，是少有的。我們對日本問題的看法，并不會因為日中關係的改變而轉移。實際上，即使是在所謂"日中蜜月時代"，當我們認為有必要批評時，我們也依舊對日本提出批評。

一部分日本論客動不動就把東南亞華文報對日本教科書及靖國神社問題的批判，說是受中國的影響，這種說法是自欺欺人。事實上，早在教科書問題爆發時，我們的報紙就已不止一次地指出：有必要關注日本方面處理靖國神社問題的動向，因為它的結果可能比教科書問題還嚴重。而在當時，中國方面對靖國神社問題還保持沉默。由此可見，把東南亞華文報對待靖國神社問題的態度說是尾隨中國，并不符合事實，而是一種偏見。

田中：的確，這是亞洲人共同的看法。在教科書問題發生時，日本人沒有認清這個事實，是不對的。在戰後的歷史上，北京和漢城針對同一個問題發出同樣的論調，恐怕只有這一回。不僅如此，日本也成為台北及東南亞各國抨擊的目標。

卓：記得當時台北對日本的抨擊，比我們還要嚴厲。

田中：的確有這樣的報導。實際上，從各國報章的評論與社論對一九八二年日本教科書問題的批判，可以看出這個問題是超越社會制度及政治主義的範疇。日本成為眾矢之的這個事實所含的真正意義，日本當時并沒有認真地思考。但是，在去年靖國神社的問題上，日本對北京的動向，就顯得敏感、緊張……。

談到過去日本軍國主義留下的陰影，如果是以時間來計算，從甲午戰爭算起，日本對中國大陸的侵犯是五十年，台灣受日本殖民統治是五十年，朝鮮半島則被日本吞併了三十六年；至於新加坡，在第二次世界大戰期間也被日本統治了三年八個月。這些亞洲國家被日本統治的期間雖然長短不一，但卻形成了它們對日本的共同意識。對於這一點所含的意義，日本還未充分瞭解。

為了紀念戰後四十週年，中國在去年建立了南京大屠殺紀念館，據說去年的大眾傳播媒介曾大事報導有關的動向，日本報章也曾有一些介紹。在卓先生的國家新加坡，去年十二月間國家口述歷史館也曾舉辦日治時期的照片展覽會。

卓：是的。

田中：日本佔領時期留下的舊物不少。例如軍票以及工作時隨身而帶的"勞動手帳"、鄰組的班長所佩的腕章等，都展示在政府主辦的有關展覽會上。為了讓人們回憶當年的痛苦，據說還讓前往參觀者嘗試當年物資缺乏情況下的東西。

卓：主要是要讓人們了解戰爭帶來的災害。

田中：當時展示的東西，後來收集成一本照片集出版。去年剛好有朋友到新加坡，替我買了一本回來。

由此可見，當南京在建紀念館時，新加坡也有類似的展覽會。這說明只要日本留下的痕跡還遺存着一天，儘管中國或東南亞說要向日本學習科技，但與此同時，也對日本存有另一種看法。這是我們所不能不注意的。

談到靖國神社問題，卓先生服務的報紙（按：指前《星洲日報》）很早就對這個問題提出批評。早在一九七二年，我就曾將該報的評論和社論，譯成一册出版，書名為《凝視着日本的亞洲》。我今天也有帶來。在該書中，也收錄了一篇有關日本美化皇軍為英雄的社論。這篇社論是在一九七〇年八月二十日發表的。所謂"英雄"指的是甚麼呢？原來在戰亡者的追悼會上，日本當局播着貝多芬所作的英雄交響曲。最近是否如此，我不曉得。但當時的社論即以此為背景，指出："在追悼當年侵略我們國家的皇軍追悼會上，播着貝多芬的英雄交響曲，說明皇軍被美化為英雄的時代已經到來，我們對此不能不提高警惕。"

另一篇給我們留下深刻的印象的，是一九八三年卓先生在中曾根首相訪問東南亞之前寫的社論。社論寫道："在中曾根到訪前，我們倒希望東京能派人先往波恩取經，以免日相的東南亞之行又再空手而歸。"意思是說在歐洲犯過滔天罪行的德國，戰後對待戰爭問題的態度和看法，是值得日本學習的。為了紀念戰後四十週年，《朝日雜誌》在去年十二月二十七日出版了類似意旨的紀念號，全文刊登了去年七月中曾根在自民黨夏季研究會上發表的談話。與此同時，也并列了兩個月前，即五月間西德總統魏茨澤克演說的全文。《世界》月刊也曾全文登載西德總統演講的譯文，博得讀者的好評（按：西德總統演說的要旨，是徹底追討戰前德國法西斯分子的罪行，并矢言不讓國粹主義者捲土重來）。

兩相比較，可以一目瞭然看出日本與西德領導人看法之差異。有關這一點，卓先生早在兩年前就已經敏銳地指出了。可見，只要認真看待歷史，不管是大國或是小國，都會從日本留下的歷史發現到問題的根源。這一點，我們是有必要好好地思考的。

卓：一聽到北京、漢城和東南亞的國家發出類似的論調，就說後者是前者的拉拉隊，如果是華人，就說他們有中國血統，所以講同樣的話，這是非常膚淺的解釋。它也許可以牽強附會，把事件草草了結，但卻忽視了問題根源的所在，這對於日本人來說，是十分不幸的。

（四）日本的華人問題研究方向

田中：所謂華僑或華人論，并不單只是如何看待別人的問題，而是一旦按錯電鈕，反而會使自己的視覺遲鈍起來，聽不清楚別人的聲音。弄明白這個道理，是十分重要的。因此，作為第一個步驟，首先就得在教科書中，寫明華僑與華人的不同，大家放棄使用華僑的字眼，改稱華人。

卓：這不單只是字眼的問題，而是思想意識的問題。我就經常碰到有關的問題。

例如說，當中國發生大事件時日本報館的編輯往往會急着想瞭解東南亞"華僑"（現在，有時也已改稱為華人）的反應，我也常常被徵詢看法。其實，中國的大人物或領導層發生變化，或者哪一位官員死亡，對於我們來說，這只是一個鄰國國內的問題。對於這些變化，日本其實比我們還關注，原因是日本與中國之間，存有更多的利害關係。也許，基於血緣的關係，中國可以說是我們的遠親，但和我們卻是完全不同的國度，我們與中國之距離，是比日本還疏的。對於這一點，我希望日本的知識分子能搞清楚。

還有，日本的華僑或華人問題的研究者，有一大部分原本是研究中國問題的。由於懂得中文，就以為可以瞭解東南亞華人，這個想法我認為是錯的。如果他們到東南亞，能放棄日本單一民族論的觀點，而進行客觀的研究，他們對我們的真實情況，相信會有進一步的認識。令人遺憾的是，這樣的學者到目前為止還不多。在我所看到的華僑或者華人論當中，有不少還無法跳出戰前的框框。

首先，是關係到對歷史的認識及如何看待現狀與歷史相互聯繫的問題。例如說，一談到新加坡的"華僑"問題，日本學者馬上就舉陳嘉庚和胡文虎。一提起《南洋商報》和《星洲日報》，就說是陳嘉庚的報紙胡文虎的報紙。的確，直到不久前為止，胡文虎的家族還是《星洲日報》的擁有者，但現在已經沒有任何的關係。至於陳嘉庚，則早在戰前就把商報轉手給他人。當時，陳嘉庚看法比較革新，《南洋商報》的報導與評論未必反映陳氏的觀點。戰後，陳氏還另創一家華文報《南僑日報》，後來被禁。

由此可見，在談論今天新馬華文報時，動不動就抬出陳嘉庚，說那是陳氏的報紙，這是漠視現實，停留在戰前"華僑時代"的想法。同樣的，談到《星洲日報》，就說是反映胡文虎看法的報紙，這也未必符合現實。其實，這些年來不管是編輯也好，經營者也好，早已有極大的變化。日本的研究者對於這些發展和變化，有必要進一步地分析和研究，而不應該繼續停留在戰前的知識水平，或者是以戰前的情況來衡量或解釋現狀。

談到華人問題研究的目的，我想戰前日本基本上有兩種想法。其一是"排斥論"。由於華人是中國的支持者，在日本侵略中國時，東南亞華僑曾大力支援中國，因此非排斥華僑不可。換句話說，"華僑研究"，是一項瞭解敵情的研究。一九四二年日軍一抵新加坡，就對華人展開大屠殺的行動，正是這種心理狀態的反映。

另一是所謂"利用論"。據日本專家的研究，華人有做生意的才能，控制着商品的流通機構，如果沒有好好地利用他們，是不能打入當地市場的。因此，研究和瞭解華人及其心理，就顯得有必要。在戰後，固然有些研究人員已經擺脫這個框框，但保持戰前研究態度的，為數仍然不少。

以上兩種心態，可以說都不是站在平等及友好的立場來研究的。抱着這樣的態度觀點，日本人與東南亞華人，即東南亞人之間自然無法友好相處。

除此之外，日本方面也經常將東南亞華人與香港和澳門的"華僑"混為一談。在我們看來，香港與澳門的中國人并不是"華僑"，他們是住在成為外國殖民地的中國土地的中國人。至於新加坡、馬來西亞和印尼都是獨立的國家。日本的數目字統計表，為甚麼老是要把上述獨立國國民的華人和住在中國土地但受殖民地政府管轄的中國人，混為一談呢？我想，這是很容易引起誤會的。

田中：從東南亞的角度，你對日中之間的經濟關係，有何看法？

卓：由於經常閱讀日本的報紙和雜誌，我對日中關係的發展，也許會比較關注。不過，我想一般的印象是，日中之間的經濟關係十分密切，但在關係緊密的同時，也開始產生了一些摩擦。從東南亞人的角度來看，日中兩個大國能夠把政治對立的一面抛在一邊，集中於經濟的發展，這對於亞洲的和平與安定，是一件好事。

田中：日本拼命和中國打交道，東南亞人會不會有被冷落的感受？

卓：我想是不會的。因為我們原本就瞭解，日本的經濟活動，是以利潤的多寡為轉移。所謂"重視亞細安",那只不過是表面好看的招牌。對於這一點,我們再清楚也沒有了。

對於我們來說,只要日本在和美國或者中國大打交道的同時,能够以平等的姿態、朋友的態度對待我們,我們也就心滿意足了。

目前,東南亞各國都深受西方世界經濟不景氣的影響,新加坡正處於經濟的困境。在這樣的背景下,東南亞各國今後相信會和中國有進一步的經濟交流活動。當然,我們和日本與美國等國的關係,也還會繼續加強和發展。

(一九八六年二月)

日本首相竹下登獨家書面訪談

本文是日本首相竹下登上台後不久,接受作者(《聯合晚報》社論委員兼東京特派員)書面訪談之全文。

問:請閣下談談對外交的基本看法。特別是對亞洲國家,閣下將採取甚麼方針,進行怎麼樣的具體政策?

答:不管是在地理上、歷史上或者文化方面,日本與亞洲各國的關係都十分密切。促進和加強日本與亞洲各國的友好合作關係,是日本外交的基本方針之一。在尊重亞洲各國多樣化與自主性的基礎上,我國願意為各國的發展而提供協助,也希望透過交流與對話方式,加深雙方相互信賴的關係。

特別是對於新加坡所屬的亞細安,我國對它為亞太區域安定與發展所作出的貢獻,更予以極高的評價。我國一直都在致力於加強與亞細安的友好合作關係。例如一、在經濟方面,我國把亞細安視為對外經濟合作的最重要夥伴。我國也根據各國的需要,採取靈活性的態度,實施各項政策。二、在貿易與投資方面,我國也充分考慮亞細安各國的期望,盡可能採取積極的政策。三、在政治方面,例如柬埔寨等問題,我國將繼續採取合作的方針。

我將利用12月應邀出席亞細安高峰會議的機會,與各國領袖舉行會談。我國將配合亞細安對日本的期待,以積極的姿態出現。我希望日本與亞細安的關係,在邁向二十一世紀的過程中,將掀開新的篇章。

決心不成為軍事大國

問：亞洲鄰國對日本軍力的加強都非常關心。請問日本國防費在突破國民生產總值1%頂限的限制之後，將以甚麼新的措施，確保日本軍力不會無止境地發展？

答：在日美安保體制政策順利且有效推行下，我國依靠着最小限度的防衛力量，確保國家的安全。

對於防衛力量問題，我國一向堅持專於守衛，而不成為軍事大國的基本方針。在今年1月內閣部長通過的有關防衛力量問題議案中，也有如此明確的規定。

從理論上來說，防衛費是不應只與經濟數值相掛鈎的。由於這是一個牽涉到一國的存在、自由與獨立的問題，我國有必要根據國際形勢、經濟財政等情況，經常進行總的檢評，藉以維持最低的防衛力量。

1987年的防衛預算，雖然比國民生產總值1%略為多些，但如果因此而存有我國正在開始邁向軍事大國的想法，是不恰當的。

無論如何，在有關防衛的基本政策問題上，我國今後將繼續設法努力，促使各個鄰國瞭解我們的態度。

如何穩定國際金融市場

問：在股價暴跌、美元貶值、日圓增值的情況下，有人甚至擔心世界不景氣與大恐慌時代的到來，請問閣下，日本將採取何種政策穩定國際金融？

答：從股市的升降來看，東京市場是受到10月19日紐約股市風暴的影響而開始大幅度下跌的。在這之後，世界各國的股市反覆升降。

東京市場近來股價雖然繼續下降，但在基本上，我國的投資家并沒有出現急於拋售的現象。他們只是在靜觀各國的反應，以便作出判斷。

在貨幣匯率問題上，10月下旬以後，由於流傳着美國同意美元繼續下降的報導，市場曾經十分不安全。但在這之後，美國總統里根曾表示不希望美元再繼續下降，加以美國9月份貿易收支有所改善，美元匯率已有回升的跡象。

要穩定外匯市場，或者進一步穩定世界的經濟，美國削減財政赤字是十分重要的。我希望美國政府和國會之間，能早日對這問題達致有成果的協議。

總之，各國貨幣當局應該在羅浮協議的範圍內相互協調，以便對這市場的投機動向，採取有力的對策。

提供亞細安新資金

問：對於債務國，日本有資金回流計劃的方案。請閣下談談對亞細安的具體方法與實施日期？

答：為了協助亞細安各國民間經濟部門的發展及促進亞細安各國之間的合作，我國官民決定通過利用目前在實施中的200億美元以上的資金回流計劃，對亞細安提供無條件合作的新資金。

具體內容包括：一、官民合資設立促進亞細安投資的基金；二、考慮提供以兩階段方式為中心的無條件援助資金（日圓貸款及日本輸出入銀行貸款）。有關的款項，在三年內將不少於20億美元。

有關的詳情，將於12月亞細安峰會上發表。目前日本與亞細安正在進行討論。

新日經濟發展前景

問：新日經濟關係的發展十分順利。最近，由於日圓增值，日本對新加坡的投資大有增加，相信會有更多的日本公司將從新加坡買回產品。請閣下談談今後新日經濟發展前景。

答：正如你所指出一般，日本與新加坡之間近年來并沒有任何重大問題待解決，兩國關係非常良好。與日圓迅速增值多少有關，1986年度日本對新加坡的投資比前一年度增加了一倍。

我國希望擴大對外國的投資，正好與新加坡提高生產力，準備接受高科技轉移及新加坡工業結構改革的政策相一致。我也相信今後我國對新加坡的投資，將沿着新加坡政策的方向發展與擴大。

新加坡輸往日本的產品，以電器、電子產品為主。我國到新加坡投資的公司也以這類行業最受注目。今後預料從新加坡買回產品的比例（特別是以上述產品為中心），將會擴大與增加。

（一九八七年十二月）

日本專家眼中的日皇裕仁與日亞關係

　　本文爲作者以《南洋·星洲聯合早報》東京特派員名義，在日皇裕仁逝世後的第二天，在東京召開座談會的記錄。

日期：1989年1月8日
座談會主席：卓南生博士
出席者：《世界月刊》前總編輯、《岩波書店》董事總編輯安江良
　　　　介、駒澤大學教授小林英夫、愛知縣立大學教授田中宏
　　●主席：今天是日本改換年號的第一天，日本的傳播媒介都一齊以"日本進入平成時代"爲題大作文章。在這昭和史（"昭和"是已故日皇裕仁之年號）結束，"平成時代"開始的今天，我想請諸位談談對昭和天皇的評價，以及平成時代日本與亞洲的關係。
　　●安江：首先，必須指出的是，我并不認爲昭和的時代已經結束。日本的年號確是已經從"昭和"改爲"平成"，新天皇也可能帶來新的氣息，但昭和遺留下來的許多課題還未獲得解決。

　　就以日本發動的第二次世界大戰來說，迄今還有不少日本人認爲那場戰爭對東南亞的民族獨立運動有所貢獻，日本曾爲亞洲人做了許多事。大家對於新加坡大檢證大屠殺的事實既不瞭解，也不關心。

　　1958年，一名日本教育部高級官員緖方信一抵達新加坡時，就被新加坡人在機場高舉標語而轟走。因爲，他在日軍佔領新加坡時，是"昭南島"（按：1942年至1945年新加坡淪陷期間日本軍政當局強加予新加坡的辱稱。"昭"就是"昭和"的意思。）的警察首長。不過，對於這個事件，日本報章幾乎完全漠視。我特地到石原產業

公司翻閱新加坡的報章，才瞭解該事件的真相。

談到天皇的戰爭責任問題，我想可以分為幾個層次的問題來討論。

首先是，假如說戰爭責任可以分為積極責任與消極責任的話。那麼，姑且撇開直接責任不談，天皇至少也得員起消極（指阻止戰爭）的責任。這是誰也不能否定的。理由很簡單，一是在戰爭開始，裕仁在聽到夏威夷海戰的戰果時，就不止一次地向其重臣表示"一切進行得很好"。這些談話在《木廬日記》中都有記載，難以否認。其次是，即使是真的戰爭并非出自他本人的心願，但身為一國之最高首長，他對這場在他在位時期發生的戰爭，也應該員起沒有阻止戰爭的責任，向亞洲人及日本國民認錯。但他卻沒有做到這一點。也就是說，他連這項間接責任也不肯員起。

御前會議決定開戰

其次是，在談起天皇的戰爭責任時，不可避免地要談到日本人對戰爭的看法。可惜的是，直到今天日本人并未很好的給予總結。換句話說，這是一個牽涉到歷史觀的問題。

除此之外，更加嚴重的是，在戰後的日本，戰爭責任一直不能自由討論。不久前，長崎市市長本島等因為坦直指出天皇有戰爭責任便招惹不少麻煩，就是一個很好的例子。

●主席：小林教授是日本與亞洲關係史的專家。您對這問題有何看法？

●小林：所謂"天皇沒有戰爭責任"的說法，是違背歷史的基本事實的。因為誰都知道，開戰是在御前會議中作出的決定。天皇是御前會議的中心人物，不管他採取的是積極的態度，或者是消極的態度，他總是有份的，不能說沒有責任。

與此同時，必須指出是的，戰爭的侵略對象是亞洲，但日本人在談論這段歷史時卻往往忘記了這一點。因此，在談論起日本的戰爭責任時，不該只是從太平洋戰爭談起，而應該追溯到日本對韓國及中國的侵略行為。可是，對於不少日本人來說，他們只知道這場戰爭是敗給美國，而不認為被亞洲民眾所擊敗。也因為如此，在戰爭期間前往中國的兵士，據說有不少并不認為自己已經打了敗仗。

傳播媒介美化天皇

●田中：我同意安江先生的看法，日本的年號雖然改變，但昭和時代留下來的課題并未解決。特別是最近，越來越多的人在歌頌天皇的"偉大"。不久前，東京大學的一名副教授甚至公然表示，第二次世界大戰雖然有侵略的性質，但也有促進"亞洲解放"的積極作用。他認為日本人對戰爭不一定要存有罪惡感。正是在上述的空氣中，去年9月我從美國回抵日本，發現所有的電視台節目都在競相報導天皇病況的消息時，感到非常的震驚。當戰爭結束時，我還是小學三年級的學生，我對戰前日本當局怎樣吹捧天皇不太瞭解，但看到今日日本傳播媒介對天皇的渲染，不免感到可怕。因為，這是有政治意圖的宣傳。日本的民營電視台原本是有不少廣告的，但這回卻抽掉廣告，全面對天皇問題進行報導。這樣的例子是少見的。

談到天皇的戰爭責任問題時，日本的電視、報章都報導裕仁曾向當時美國的佔領軍總司令麥克阿瑟表示"負起全部責任"，但同樣的話，卻從未向亞洲人表示過。他在戰後曾到歐洲、美國訪問，但卻未踏上亞洲任何鄰國的土地，也未曾到國內受害最大的沖繩訪問。對於這樣的天皇，日本國內居然掀起美化的熱潮，是令人感到不可思議的。

從未向亞洲人認錯

●主席：對於天皇在戰前係受軍部擺布的看法，諸位是否同意？
●安江：我個人的看法是，天皇其實是一個一流的政治家，從戰前到戰後的動盪時期，天皇自始至終都在盡其最大的能力，保護其國體（按：即以天皇為中心的國家體制）。在戰爭開始的一年半後，天皇實際上已經知道日本處於敗局，因此就在研究如何使日本在維持國體的有利條件下結束戰爭。從1944開始，他就以保住日本國體為大前提，與美國進行談判，但不為美國所接受。1945年，大阪、名古屋、東京都遭受空襲，但天皇仍然不肯宣布戰敗，只有等到廣島和長崎遭受原子彈轟炸時，他才決定無條件投降。換句話說，為了保住國體，日本人作出了極大的犧牲。

當然，在日本軍閥當中，有強硬派與溫和派之分，但在開戰的第一年，天皇與海軍總司令山本五十六都是贊成發動戰爭的。然而，在戰後，當日本國內充滿厭戰與渴望和平的氣氛的時刻，天皇卻向某報社長表示："我是反對開戰的。但因為當時是君主立憲制，如果我反對，將會有損君主立憲的制度。"我對此感到十分震驚，因為果真如此，在日本戰敗時，天皇為何沒有採取同樣的立場與態度。由此可見，天皇其實是善於順應形勢發言，稱得上是一流的政治家。戰後日本傳播媒介把天皇的一生形容為"一身二生"，把歷史單純分割為兩個階段，其實是有值得商討的餘地的。

對亞洲毫不反省

●田中：這關係到我們怎樣看待8月15日日本戰敗日的問題。在1945年8月15日之前，我們稱英美為"鬼畜美英"，我們稱英語為敵國語言，禁止學習，但在8月15日之後，卻來個180度的轉變，美國成為我們最崇敬的國家，英語也解禁了。我們對此一點也不感到矛盾，因為，我們只認為在戰爭中輸給美國，而對亞洲毫無反省。

●安江：在紀念戰敗40周年時，日本一家大報的社論就強調戰敗主因是因為向美國宣戰。但實際上，在向美國宣戰之前，日本早已侵略亞洲。由此可見，經過40年之後，日本方面仍然沒有反省。這一點與西德是完全不同的。不久前，我到西德，不少朋友向我提出了不少問題。但我不是宮內廳發言人，我無法回答他們的問題。在世人眼中，也許日本已經成為了怪物。

新天皇能否帶來新形象

●主席：剛才大家談了不少有關昭和史及昭和天皇的問題，現在我想請大家談談對明仁新天皇及平成時代日本與亞洲關係的看法。

●小林：對於日本政府來說，如果能給新天皇製造一個新形象，是有利其外交活動的。

●田中：但從新天皇舉行的儀式來看，新天皇仍然不能擺脫戰前的本質。

●安江：在相對而言，新天皇也許是開放的。評論家國弘正雄就不斷主張應該給新天皇製造新的形象。新天皇常與孩子在一起，也把孩子送到英國留學。新天皇相信也會到東南亞訪問，改善日本與亞洲的關係。但與此同時，必須指出的是，天皇的作用與權威可能將因此而告加強。

●主席：不久前，我曾出席《讀賣新聞》為邀請諾貝爾得獎者到日本講學而舉行的大規模鷄尾酒會。當時還是皇太子的明仁夫婦前後在會場一個半鐘頭，并與我們出席者歡談與握手，這是少見的。後來據一位有關的朋友的反映，明仁非常重視這次的集會，因為這是他最後一次得以皇太子身份，與外界的人士自由暢談。據說宮內廳也有意讓明仁在最短的時間裏，接觸最多的外界人士，以便建立"開放的皇室"的形象。

開放程度令人懷疑

●安江：不過，如果我們與當年美智子以民間女入宮成為皇太子妃的情況比較，今日的美智子皇后已不像當年那麼開放，而新天皇也已不是當年傳播媒介渲染的"大眾天皇"。從這回大眾傳播媒介總動員的體制來看,新天皇的開放程度是令人感到懷疑的。

●小林:以目前日本的政治環境來看,要判斷今後天皇的地位是不容易的。從非現實與純理論的角度來看,也許有下列三種選擇。其一是"戰前復歸型";其二是在決定天皇的地位時考慮亞洲的因素;其三是索性廢除天皇。由於情況十分複雜,今後天皇制的動向仍然不明朗。

●主席:在平成的新時代,諸君是否認爲日本與亞洲關係會有新的變化。一般日本人的看法又是怎樣?

●小林:這是一個關係到日本人的亞洲意識問題。爲了改變學生對亞洲的態度,我常利用春假帶學生到東南亞旅行,結果發現到大多數學生在寫報告時,結論是"還是日本好"。他們對歷史并不關心。即使是看到新加坡的"日本佔領時期死難人民紀念碑",也當爲觀光地點,而不與歷史相關聯來考慮。作爲教師,我感到我們的責任是十分沉重的。

終歸成爲國際孤兒

現在是所謂"國際化時代"。每年到外國旅行的日本人多達800萬,而被派往海外工作的日本人也有50萬。另外,從亞洲到日本工作的,據說也有10萬人。在這樣的背景下,日本人不瞭解外國與外國人,堅持只在日本才行得通的理論和邏輯,終歸將成爲國際的孤兒。

●田中:在去年9月裕仁病重時,日本外相宇野宗佑居然放棄出席聯合國大會的原定計劃。這可以看出日本政治家對天皇所抱的仍然是過去的態度。

●安江:從最近幾個月以來論壇所反映的日本人與外國人對天皇問題看法之差異,可以預見今後亞太區域要組成一個經濟合作的大家庭并不容易,因爲首先面對的最大阻力,就是日本人與各國人士對史觀看法無法統一,日本人與亞洲人看法太多差異。

●主席：從各位的發言中，可以看出日本雖然進入平成時代，但只要日本不拋棄舊的包袱，只要日本人對亞洲仍然持有鄙視、漠視的心理，明仁新天皇未必能給日本帶來新的形象。實際上，竹下昨日在為裕仁逝世發表的談話，已經引起韓國的不滿。因為竹下有意否定裕仁的戰爭責任。看來日本與亞洲要建立起新關係仍有不少難題。

戰後日本政治外交大事表

1945年

8月14日　　日本決定接受波茨坦宣言。
8月15日　　日皇裕仁廣播"結束戰爭詔令"，宣布無條件投降。
8月17日　　東久邇宮稔彥內閣成立。

1946年

1月　　　　日皇發表"人格宣言"，承認自己是人而非神。
5月22日　　第一屆吉田內閣成立。

1947年

5月3日　　 日本國新憲法正式實施。
5月24日　　片山哲內閣成立。

1948年

3月10日　　蘆田均內閣成立。
10月15日　 第二屆吉田內閣成立。
12月24日　 甲級戰犯岸信介等獲釋放。

1950年

8月10日　　警察預備隊法令公布；23日，7000人入隊。

1951年

9月8日　　舊金山講和條約及和平條約簽字、日美安全保障條約簽字。

1952年

4月28日　　舊金山和平條約、日美安全保障條約正式生效；日華（台）和平條約簽字。
7月31日　　保安廳法令公布，警察預備隊改編為保安隊，並設立海上警備隊；10月15日保安隊成立。

1954年

7月1日　　防衛廳正式成立。
11月5日　　日緬（緬甸）和平條約及賠償協定簽字。
12月10日　　鳩山一郎內閣成立。

1956年

5月9日	日菲賠償協定簽字。
10月19日	日蘇發表共同宣言,兩國關係正常化。
12月23日	石橋湛山內閣成立。

1957年

2月25日	岸信介內閣成立。
9月28日	外交部發表外交三原則。

1960年

1月19日	新日美安全保障條約簽字。
7月19日	池田勇人內閣成立。

1962年

11月9日	日中綜合貿易協定簽字(廖、高貿易開始)。

1964年

4月28日	日本加入經濟合作與發展組織(OECD)。
10月10日	東京奧林匹克運動會開幕。

11月9日　　　第一屆佐藤榮作內閣成立。

1965年

6月22日　　　日韓條約簽字。

1968年

1月30日　　　佐藤首相在國會宣稱推行不開發、不導入與不擁有核武器的"非核三原則"。

1969年

11月21日　　佐藤、尼遜發表共同聲明。

1970年

3月14日　　　大阪萬國博覽會開幕。
6月23日　　　日美安保條約自動延長。
10月20日　　政府發表戰後第一個《防衛白皮書》。
11月25日　　作家三島由紀夫以武士道方式切腹自殺。

1971年

7月15日	尼遜總統發表訪中計劃。
8月15日	美國發表停止美元兌換黃金等新經濟政策。
8月28日	日圓改為浮動匯率制。
9月27日	日皇訪歐洲。
10月11日	防衛廳長官西村直巳提倡"自衛隊海外救災論",引起國內外輿論界之嘩然。
10月25日	聯合國通過接受中國,驅逐台灣的議案。
11月20日	泰國學生展開為期十天的抵制日貨運動。

1972年

5月15日	沖繩歸還日本。
7月7日	田中角榮內閣成立。
9月25日	田中訪問北京;29日,日中發表聯合聲明,兩國恢復邦交。
12月	第二屆田中內閣成立。

1973年

8月8日	金大中在東京被綁架。
10月10日	田中、布列茲涅夫發表日蘇聯合聲明。
12月10日	三木副總理以特使身分訪問中東七國,推行"親阿拉伯政策"。

1974年

1月7日	田中開始訪問亞細安五國。15日，印尼發生"反日"暴動。
11月26日	田中因"錢脈問題"辭職。
12月9日	三木武夫內閣成立。

1975年

1月6日	"祥和丸"在馬六甲海峽觸礁。
8月15日	三木首相以私人身分參拜靖國神社，開了在任首相參拜之先例。
9月30日	日皇裕仁訪問美國。

1976年

7月27日	田中前首相因洛希德事件被逮捕。
11月5日	政府議決防衛費不超越國民生產總值1%的頂限。
12月14日	福田赳夫內閣成立。

1977年

8月18日	福田在馬尼拉發表"福田主義"。

1978年

8月12日	日中和平友好條約簽字。
12月7日	大平正芳內閣成立。

1979年

6月28日	七國經濟峰會在東京召開。

1980年

1月15～20日	大平首相為推行"環太平洋國家合作構想"而訪問大洋洲三國。
5月16日	國會通過不信任大平內閣議案。
6月12日	大平首相因心臟病猝發逝世。
7月17日	鈴木善幸內閣成立。

1981年

1月8日	鈴木首相訪問亞細安。
8月15日	鈴木與18名閣僚參拜靖國神社。

1982年

7月26日	針對日本竄改教科書有關歷史之記述，中國提出抗議。
8月3日	韓國提出同樣的抗議。
8月26日	官方發表對歷史教科書問題的看法，表示政府將負起責任解決。
11月27日	中曾根康弘內閣成立。

1983年

1月11～12日	中曾根首相訪韓（日本首相首次正式訪韓）。
1月17～21日	中曾根訪問美國，強調日美的同盟關係，并發表要將日本建為"永不沉沒的航空母艦"的言論。
4月30日	中曾根訪問亞細安五國及汶萊。
5月26～30日	中曾根出席在威林堡舉行的經濟峰會。
6月23日	中曾根在沼津市讚賞軍歌"軍艦進行曲"為"名曲"。
8月15日	中曾根與14名閣僚共同參拜靖國神社，但對是否以首相身分拜祭的問題，避而不答。
11月9日	美國總統里根訪日。
11月23日	中國共產黨總書記胡耀邦訪日。
12月18日	眾議院選舉，自民黨席位減少36席，共得250席位。
12月27日	第二屆中曾根內閣成立。

1984年

1月26日	中曾根在自民黨代表大會上提出"戰後政治總清算"的看法。
3月23~26日	中曾根訪問中國。
6月6~13日	中曾根出席倫敦經濟峰會。
8月15日	中曾根與12名閣僚參拜靖國神社。
9月6日	全斗煥訪日（韓國總統首次正式訪日）。日皇對"不幸的過去"表示"遺憾"。
10月27日	前首相福田、鈴木等聯合部分反對黨，有意擁立二階堂。
10月28日	"二階堂擁立劇"未上演即告流產。
11月1日	第二屆中曾根內閣改組。

1985年

1月27日	財相竹下登向田中表明有意成立"創政會"。田中派呈現分裂狀態。
2月27日	田中角榮中風癱瘓進入醫院。
7月27日	中曾根在輕井澤舉行的自民黨研討會上，進一步表明其"戰後政治總清算"政策。
8月15日	中曾根以首相身分率領18名閣僚正式參拜靖國神社，引起亞洲鄰國輿論的猛烈抨擊。

1986年

7月6日　　　參眾議院同日舉行大選。自民黨在眾議院獲得304席，在參議院獲142席。
7月14日　　自民黨福田派（清和會）正式由安倍接管，成為安倍派。
7月22日　　第三屆中曾根內閣成立。
9月4日　　　宮澤喜一正式接管鈴木派，成立宮澤派。
9月5日　　　文部大臣藤尾正行在《文藝春秋》發表侵略有功論，引起韓國、中國等亞洲鄰國的不滿。
9月8日　　　中曾根罷免藤尾。
9月11日　　自民黨參眾兩院議員召開大會，同意修改憲章，讓中曾根總裁任期延長一年。
9月20日　　中曾根為出席亞洲運動會開幕儀式訪韓，並向全斗煥總統就藤尾事件道歉。
9月22日　　中曾根在自民黨研討會上發表"美國由於有黑人等少數民族，因此知識水平低"的談話，引起美國人的抗議。27日，中曾根表示道歉。
11月8日　　中曾根訪問中國，與胡耀邦舉行會談。
12月30日　 87年度政府預算案擬定。國防費用預算超越國民生產總值1％頂限。

1987年

1月10日　　中曾根到芬蘭、東德、南斯拉夫與波蘭四國訪問。
2月3日　　　內閣通過"銷售稅法案"。
3月8日　　　自民黨在岩手參議院議席補選中慘敗。
4月24日　　日圓猛漲，一美元跌破140日圓大關。

7月1日	田中派解散。4日竹下派（經世會）正式成立。
10月20日	中曾根指名竹下為下任的黨總裁。31日，在自民黨大會上，竹下正式被推舉為新總裁。
11月6日	竹下登內閣誕生。
12月15日	竹下首相出席馬尼拉亞細安高峰會議。

1988年

2月25日	竹下出席韓國總統盧泰愚就職典禮。
4月22日	國土廳長官奧野發表侵略戰爭無罪論，引起中韓等鄰國之抗議。
5月13日	在鄰國的抗議聲中，奧野被日本反對黨硬拉下台，宣告辭職。
6月20日	日美牛肉、柑橘問題談判告一段落。
6月29~7月6日	防衛廳長官瓦力到印尼及新加坡訪問。日本防衛廳長官訪問東南亞，這是戰後以來的首次。
8月25日	竹下訪問中國，答應提供總額達8100億日圓之貸款。
9月6日	竹下出席漢城奧運會開幕儀式。
9月19日	日皇裕仁吐血、病危，日本全國"自肅"并掀起"天皇熱"。
12月9日	副總理兼財相宮澤喜一因奉涉利庫特醜聞辭職。

1989年

1月7日	日皇裕仁逝世，皇太子明仁即位，年號改為"平成"。
2月18日	竹下在國會表示"第二次大戰是否侵略戰爭，有待後世史家判斷"之談話，引起中、韓、蘇等各國之

	抗議與批判。
3月13日	據時事通信社調查,竹下內閣支持率為13%,打破歷屆內閣支持率的最低紀錄。
4月29日~5月7日	竹下訪問亞細安。
6月2日	自民黨選出外相宇野宗佑為新總裁。宇野成為新首相。
7月23日	參議院選舉,社會黨大躍進,自民黨則因慘敗而喪失對參議院的控制權。
8月10日	海部俊樹內閣成立。

1990年

5月3日	泰國首相查猜向到訪的日本防衛廳長官石川建議日泰海軍進行共同演習,引起東南亞其他國家的非議。
5月24~26日	韓國總統盧泰愚訪日,日皇明仁對過去日本的行為表示"痛惜之念"。
6月4日	柬埔寨和平會議在東京召開。
8月29日	針對伊拉克侵佔科威特事件,日本政府發表初步的"中東貢獻政策"。
9月14日	日本政府進一步公布其中東貢獻政策。
9月24日	前副總理金丸信及社會黨副主席田邊誠訪問平壤,28日,兩者與朝鮮勞動黨簽署共同宣言,主張日朝早日建交。
9月27日	海部首相發表"聯合國和平合作法案",正式表示日本可以派遣自衛隊出國。
10月16日	內閣向國會提出"聯合國和平合作法案"。
11月7日	"聯合國和平合作法案"被迫宣布為廢案。
11月12日	日皇明仁舉行"即位儀式"。22日,舉行皇位繼承

儀式的"大嘗祭"。

1991年

1月9～10日	海部訪問韓國。
1月17日	海灣戰爭爆發。日本政府成立"海灣危機對策本部",考慮派遣自衛隊軍機出國載送難民等政策。
1月24日	日本政府決定向多國部隊增加90億美元的支援,并決定派遣自衛隊軍機出國。
2月28日	海灣戰爭結束。
4月16日	蘇聯總統戈爾巴喬夫訪日。18日,日蘇發表聯合公報,北方領土問題未有具體進展。
4月24日	日本內閣決定派遣海上自衛隊掃雷艦出航。26日掃雷艦打破憲法禁例,首次出國執行任務。
4月27日～5月6日	海部到亞細安五國訪問;5月3日,在新加坡針對日本在戰爭期間的行為表示"深刻地反省"。
5月15日	安倍晉太郎病逝。
6月20日	三塚博當選為安倍派新會長,安倍派易名為三塚派。
6月21日	社會黨主席土井多賀子因地方選舉失敗引咎辭職。
7月23日	田邊誠當選為社會黨主席,得票率僅56%,打破該黨史上最低紀錄。
7月26日	防衛廳發表"日本的防衛"白皮書,強調自衛隊對國際之貢獻,係日本國民面對的課題。
8月10～13日	海部訪問中國。
9月26日	日皇明仁到泰國、馬來西亞及印尼訪問(歷史上首位日皇到亞洲訪問)。
10月4日	海部被迫宣布放棄競選自民黨總裁的念頭。
10月9日	竹下派決定放棄從本派中推舉總裁候選人。

10月10日	宮澤喜一等接受竹下派代理會長小澤一郎別開生面之"面試"。第二天，金丸宣布竹下派支持宮澤。
10月27日	宮澤當選為自民黨總裁。
11月5日	宮澤喜一內閣成立。

八方文化企業公司
GLOBAL PUBLISHING CO. INC.

	日本政治評論二十年
作　　者：	卓南生
出 版 者：	八方文化企業公司
	Global Publishing Co. Inc.
	Suite 1B, 1060 Main Street,
	River Edge NJ 07661, USA
印　　刷：	Continental Press Pte Ltd
初　　版：	1992年2月
國際書號：	ISBN 1-879771-03-9 pbk
	ⓒ1992 Global Publishing Co. Inc.
封面設計：	劉濟琛